Seite 25

Howard G. Hendricks
William D. Hendricks

BIBELLESEN MIT GEWINN

Howard G. Hendricks und
William D. Hendricks

BIBELLESEN MIT GEWINN

Handbuch für das persönliche Bibelstudium

Christliche
Verlagsgesellschaft
Dillenburg

Hendricks, Howard G. und William D.
Bibellesen mit Gewinn
ISBN 3-89436-088-7

Originaltitel: Living by the book
© 1991 by Howard G. Hendricks und William D. Hendricks

© 1995 der deutschsprachigen Ausgabe:
Christliche Verlagsgesellschaft, Dillenburg
Übersetzung: Gisela und Bernd Flock, Joachim Pletsch
Umschlaggestaltung: Eberhard Platte, Wuppertal
Satz und Grafik Innenteil: rk-design, Bergisch Gladbach
Druck: Druckhaus Gummersbach
Printed in Germany

Alle Bibelzitate nach der Revidierten Elberfelder Übersetzung.

Inhalt

Vorwort von Chuck Swindoll 7

Vorwort zur deutschen Herausgabe 9

Einleitung 12

Warum die Bibel studieren? **13**
  1. Warum wir die Bibel nicht studieren 15
  2. Warum wir die Bibel studieren sollen 24
  3. Wie dieses Buch helfen kann 33
  4. Ein erster Überblick 42

Schritt 1: Beobachtung **53**
  5. Der Wert genauer Beobachtung 55
  6. Beginnen wir mit einem Vers 63
  7. Lerne zunächst richtiges Lesen 74

Zehn Strategien für richtiges Lesen **85**
  8. Lies mit Verstand 87
  9. Lies mehrmals 91
 10. Lies geduldig 97
 11. Lies selektiv 101
 12. Lies betend 107
 13. Lies phantasievoll 113
 14. Lies nachsinnend 120
 15. Lies zielbewußt 125
 16. Lies wißbegierig 133
 17. Lies teleskopisch 137
 18. Arbeite an einem Absatz 141

Sechs Dinge, auf die man achten sollte **151**
 19. Dinge, die betont sind 153
 20. Dinge, die wiederholt sind 158

21. Dinge, die verbunden sind 163
22. Dinge, die ähnlich und verschieden sind 168
23. Dinge, die lebensnah sind 174
24. Verschaffe dir einen Gesamteindruck 180
25. Fasse deine Beobachtungen zusammen 190
26. „Fakten sind so lange belanglos, bis ..." 199

Schritt 2: Auslegung **203**
27. Der Wert der Auslegung 205
28. Gehe sorgfältig damit um 212
29. Um welche Art von Literatur handelt es sich? 218

Fünf Schlüssel zu einer fundierten Auslegung **229**
30. Inhalt 231
31. Zusammenhang 233
32. Vergleich 238
33. Kultur 244
34. Beratung 251
35. Einzelne Begriffe 261
36. Bildliche Ausdrucksweise entschlüsseln 266
37. Alles miteinander verknüpfen 276
38. Jetzt nur nicht aufhören! 286

Schritt 3: Anwendung **289**
39. Der Wert von Anwendung 291
40. Vier Schritte bei der Anwendung 300
41. Neun Fragen zur Anwendung 313
42. Damals und heute 318
43. Prinzipien ableiten 327
44. Der Vorgang der Lebensveränderung 335
45. Drei Tips für den Start 342

Zusätzliche Hilfsmittel 353

VORWORT

Als ich Anfang 1960 mein erstes Jahr am Theologischen Seminar in Dallas, Texas, absolvierte, belegte ich einen Kurs von Dr. Howard Hendricks, der mein Leben und meinen Dienst bleibend prägen sollte. Tag für Tag hörte ich mir seine Vorträge an, eilte dann in unsere kleine Studentenwohnung zurück und stürzte mich mit Feuereifer auf die Aufgaben, die uns gestellt wurden. Wochen und Monate vergingen, und allmählich begann sich der Nebel zu lichten, der mir bis dahin die Schrift verhüllte. Vorher rätselhafte Schriftstellen schienen jetzt viel weniger abschreckend. Nachdem sich mir auch Zusammenhänge der Schrift erschlossen hatten, fühlte ich mich im Wort Gottes immer mehr zu Hause. Ich bekam mehr und mehr eine Vorstellung davon, was es heißt, daß Gottes Wort „eine Leuchte für meinen Fuß und ein Licht für meinen Pfad" ist (Psalm 119,105).

Heute würde ich es so ausdrücken: Die Bibel wurde „benutzerfreundlich" dank dieses Kurses, der dazu bestimmt war, mein ganzes Leben zu verändern. Dr. Hendricks überzeugte uns davon, daß die Bibel wirklich verstanden werden kann. Bedauerlicherweise scheint sie für den Durchschnittsmenschen jedoch eher abschreckend zu sein: ein dickes Buch, kleine Schrift und mit wenig Anreiz zur näheren Betrachtung. Howard Hendricks gab seinen Studenten Hilfen an die Hand, welche ihnen, trainiert durch tägliche Anwendung, die Wahrheiten der Bibel erschlossen. Bevor dieses eine Jahr vergangen war, lösten sich viele Geheimnisse in bedeutungsvolle und einsichtige Wahrheiten auf. Ich entdeckte bald, daß meine Frau Cynthia und ich uns nicht nur bloß über die Bibel austauschten, sondern auch anfingen, nach diesem Buch zu leben.

Während der mehr als dreißig Jahre, die inzwischen vergangen sind und in denen sich meine ganze Sichtweise verändert hat, habe ich oft gedacht, wie wundervoll es wäre, wenn jeder an einem solchen Kurs teilnehmen könnte ... wenn mein Betreuer am Seminar jedes Leben ebenso entscheidend beeinflussen könnte, wie er das meine geprägt hat. Ich überlegte, was es bedeuten würde, wenn das ganze Volk Gottes die Methoden und Prinzipien erfassen könnte, die für die Pflege der eigenen geistlichen Nahrung notwendig sind.

Unlängst erkannte ich dann, daß auch andere eigentlich die gleichen Vorrechte haben wie ich selbst. Dr. Hendricks und sein Sohn Bill beschlossen deshalb, seine Lektionen über das Studium der Bibel in diesem Buch zusammenzufassen. Ich kann gar nicht sagen, wie begeistert ich darüber bin, daß sie dieses Vorhaben in die Tat umgesetzt haben. Nach meiner Meinung bietet das Buch, das Sie jetzt in den Händen halten, die Chance, einen geistlichen Wendepunkt im Leben vieler Menschen zu markieren.

Auf eine einfache, schrittweise weiterführende Art erklären die Verfasser, wie man sich die Wahrheiten der Schrift erarbeiten kann. Ihre Sprache kann jeder verstehen. Auf weniger als 400 Seiten werden Sie eine Anleitung finden, wie Sie die Geheimnisse der Schrift selbst entdecken und verstehen können. Dieses Buch verhilft zu originellem Denken; Gott hat Ihnen einen Verstand und Auffassungsgabe gegeben. Das ist der Grund, warum „**Bibellesen mit Gewinn**" eine so wertvolle Hilfe ist - es bietet Ihnen ein Konzept, wie Sie Ihre Bibel entsprechend Ihrem eigenen Lerntempo studieren können. Es ist praxisbezogen, gut zu lesen und anwendbar. Ich kenne nichts dergleichen bis zum jetzigen Zeitpunkt.

Wenn Sie dieses Buch durchgearbeitet haben und die darin enthaltenen Richtlinien angewendet haben, garantiere ich Ihnen, daß Sie bald nach der Bibel **leben** werden und nicht nur zuhören, wenn andere darüber lehren.

Chuck Swindoll
Pastor, Autor, Rundfunk-Bibellehrer

Vorwort
zur deutschen Herausgabe
(mit einer Anleitung zum Gebrauch des Handbuchs)

Von Anfang an war es das Anliegen unseres Verlages, zur Förderung des Lesens und Verstehens der Heiligen Schrift beizutragen. Der Herr hat dazu Gnade gegeben, so daß bis heute eine Vielzahl von Veröffentlichungen möglich geworden ist, die, wie wir meinen, dem genannten Anliegen in guter Weise dienen.

Mit dem nun vorliegenden Handbuch zum persönlichen Bibellesen wollen wir versuchen, eine Lücke zu schließen, die bisher in der deutschen Bibelliteratur offensichtlich vorhanden war. Wir sind dankbar, daß der amerikanische Verlag uns ein Werk zur deutschen Herausgabe zur Verfügung gestellt hat, das schon viele Generationen von Christen drüben in Amerika entscheidend geprägt und zu einer Verbesserung und Intensivierung ihres persönlichen Bibellesens und -studierens angeleitet hat. Die eigentliche Quelle geistlichen Wachstums ist das Wort Gottes. Was liegt also näher, als sich persönlich mit diesem kostbaren Schatz zu beschäftigen, um daraus Gewinn für sein persönliches Glaubensleben zu ziehen. Die Autoren zeigen, daß persönliches Bibellesen und -studieren keine Angelegenheit nur für Spezialisten, sondern für jeden möglich ist. In einer einfachen und ausführlichen Weise leiten sie dazu an, das persönliche Bibellesen und Studieren in der Bibel zu intensivieren, ein Programm, das wirklich für jeden nachvollziehbar ist.

Um den Einstieg in dieses Buch zu erleichtern, möchten wir eine Vorgehensweise vorschlagen, bei der man schnell Klarheit über den Umfang des Materials gewinnt und seine Möglichkeiten und Schwierigkeiten realistisch einschätzt.

Das Handbuch ist in vier Hauptkapitel gegliedert. Das erste (Warum die Bibel studieren?) ist eine Art Einführung, die lediglich zu lesen ist. Alle drei weiteren (Schritt 1: Beobachtung, Schritt 2: Auslegung, Schritt 3: Anwendung) beinhalten insgesamt 41 Unterkapitel, die jeweils mit einer Übungsaufgabe verbunden sind, die einmal mehr und ein anderes mal weniger aufwendig sind. Z. T. erstrecken sich die Übungen über längere Zeiträume, so z. B. wenn einen Monat lang ein bestimmtes Buch der Bibel intensiv und systematisch gelesen werden soll. Im allgemeinen sind die Übungen aber innerhalb kürzerer Zeiträume zu erledigen.

Es gibt mehrere Möglichkeiten, dieses Buch kontinuierlich durchzuarbeiten. Zwei davon wollen wir hier vorstellen.

1. Sie entschließen sich zu einem **persönlichen und individuellen Studium**. Das bringt den Vorteil, in zeitlicher Hinsicht unabhängig zu bleiben und den Verlauf des Studiums ganz individuell Ihren Bedingungen und Möglichkeiten anzupassen. Sie sollten sich aber trotzdem einen zeitlichen Rahmen setzen und diesen diszipliniert einhalten. Geht man von der Gesamtdauer eines Jahres aus, kann man folgende Einteilung vornehmen.

1-2 Wochen: 1. Hauptkapitel (**Warum die Bibel studieren?**) mit 4 Unterkapiteln. Lesen der Einführung. Besorgung notwendiger Materialien und Unterlagen (Studienbibel, Schreibmaterial, Ordner). Aneignung bzw. Überprüfung von ersten Grundlagen im Umgang mit der Schrift (Auswahl der Bibelübersetzung, die biblischen Bücher im Überblick, Auffinden von Schriftstellen anhand von Stellenangaben usw.)

6 Monate: 2. Hauptkapitel (**Schritt 1: Beobachtung**) mit 22 Lektionen. Wochenweise je eine Lektion durcharbeiten (Lesen des Kapitels und Durchführen der Übungsaufgabe). Hier geht es in erster Linie darum, die vielfältigen Möglichkeiten der Beschäftigung mit den biblischen Texten kennenzulernen. Es geht weniger darum, hier schon zu endgültigen exegetischen Ergebnissen zu kommen, als vielmehr darum, Umgangsweisen mit den Schriften der Bibel einzuüben und die eigene Sehschärfe zu trainieren. Das Arbeiten in dieser Phase ist daher vor allem durch die Freude des Entdeckens geprägt.

4 Monate: 3. Hauptkapitel (**Schritt 2: Auslegung**) mit 12 Lektionen. Der Wochenrhythmus kann beibehalten werden, jedoch ist der Aufwand hier zum Teil größer, so daß es ratsam ist, einen zusätzlichen Monat (also insgesamt 4) für die Bearbeitung der Übungen zu veranschlagen. In dieser Phase geht es vorrangig darum, von den vielfältigen Beobachtungen am Bibeltext zu einer zusammenhängenden Auslegung des Textes zu gelangen nach folgendem Grundsatz: Zuerst die eigene Auslegung des Textes nach selbständiger Beobachtung und dann die Zuhilfenahme anderer Stellungnahmen (z. B. Kommentare) zur Korrektur und Ergänzung.

1-2 Monate: 4. Hauptkapitel (**Schritt 3: Anwendung**) mit 7 Lektionen, davon 5 mit Übungen. Dieser letzte Schritt ist der wichtigste, denn ohne Anwendung bleiben die schönsten und größten Erkenntnisse ohne Frucht. Das Ziel des Bibellesens ist die Veränderung des Lebens, und die geschieht nicht ohne Anwendung. Deshalb sollte diese letzte Phase des Studiums mit besonderer Intensität verfolgt und eingeübt werden.

Die hier angegebenen Zeitspannen sind als Richtwerte zu verstehen. Sie können je nach den persönlichen Bedingungen ausgeweitet oder sogar verdoppelt werden. Entscheidend ist, daß der Leser versteht, daß das Bibellesen und -studieren zu einem unaufhörlichen lebensbegleitenden Prozeß werden soll. Nach Durcharbeiten des Handbuchs ist daher dieser Prozeß nicht abgeschlossen, sondern kann permanent fortgesetzt werden.

Vorwort 11

2. Sie entschließen sich zum **gemeinsamen Studium** in einer kleinen Gruppe von Gleichgesinnten. Dies hat den Vorteil, daß Sie sich über Ihre Ergebnisse und Erlebnisse austauschen und dadurch noch mehr Gewinn haben können. Außerdem gehen Sie damit nicht nur gegenüber sich selbst die Verpflichtung zum disziplinierten und konsequenten Arbeiten ein, sondern auch gegenüber anderen. Der Zeitrahmen innerhalb einer Studiengruppe kann von den gleichen Richtwerten ausgehen wie oben angegeben.

Der auch anderweitig vielbeschäftigte Leser wird es nicht leicht haben, dieses Programm bis zum Ende durchzuarbeiten, eines ist jedoch sicher: Die darin investierte Zeit und Mühe lohnt sich, denn sie bringt Frucht für die Ewigkeit!

Wir wünschen Ihnen von Herzen Gottes Segen und Kraft für dieses gewinnbringende Unternehmen.

Der Herausgeber   Dillenburg, im September 1995

EINLEITUNG

Andere im Selbststudium der Bibel zu unterrichten ist wie eine Reise durch eine großartige Bergwelt. Jede Einzelheit ist fast unbeschreiblich. Man kann die Majestät und Größe nur spüren. Selbst wenn wir auf die Berge hinaufsteigen und die frische Bergluft einatmen, so suchen wir doch vergeblich nach Worten, um ein solches Abenteuer zu beschreiben. Wenn auch die ehrfurchtgebietende Majestät der Bibel unsere Selbstsicherheit und unseren Stolz zunichte macht, verliert sie doch niemals ihre Anziehungskraft. Dieser kraftvollen Botschaft ausgeliefert zu sein bedeutet einfach, immer wieder eine Neubelebung zu erfahren.

Während mehr als vier Jahrzehnten habe ich unzählige Studenten auf dem Weg zu diesen „Höhen" begleitet. Aber sogar ich keuche jedesmal wieder neu vor Anstrengung, wenn ich mich auf den Weg mache und darum kämpfe, das innere Bild, was ich dabei gewinne, in verständliche Worte zu fassen. Glücklicherweise haben die wißbegierigen Fragen unzähliger Teilnehmer in meinen Studiengruppen mir geholfen, viele von den Einsichten, die ich gewonnen habe, auf den Punkt zu bringen und die Anleitungen in diesem Buch besser anwendbar zu machen.

Wie verwandelt man aber die Vermittlung von Lernstoff innerhalb eines Klassenzimmers in ein benutzerfreundliches Handbuch? Wie findet man jemanden, der so schreibgewandt ist, daß er meine Ausdrucksweise in klare und verständliche Worte fassen kann? Jemanden, der in der Lage ist, theologische Wahrheiten für den täglichen Gebrauch fruchtbar zu machen? Jemanden, der Zugang findet zu der Denkweise eines alt gewordenen Professors, der einer anderen Generation angehört? Fast wäre mir entgangen, daß ich ein solches Talent bereits vor mehr als fünfunddreißig Jahren geschenkt bekam, als ich zum vierten Mal Vater wurde.

Mein Sohn Bill wurde für diese Aufgabe geboren. Er hat nicht nur Anteil an meinen erblichen Veranlagungen, sondern als einer meiner ehemaligen Studenten hat er auch mein akademisches Vorbild übernommen und ebenso bereits seine Fähigkeiten als Autor, Herausgeber und Videoproduzent unter Beweis gestellt. Seine Sachkenntnis steht seiner Rechtschaffenheit und Hingabe bei dieser Aufgabe in nichts nach. Seine Arbeit hat in vollster Weise meine Anerkennung gefunden.

Es ist ein großes Vorrecht, daß ich meine Lebensaufgabe zu Papier bringen darf - damit Gläubige, die sich auf ihre ewige Errettung in Christus stützen, seiner niedergeschriebenen Offenbarung mehr Gehör und Beachtung schenken. Das Studium der Bibel ist unverzichtbar für den Christen. Mehr als eine tägliche Pflicht bedeutet es Schutz für den täglichen Kampf, Trost für zerstörte Hoffnungen und ein fortgesetztes Training des Lebens, das sich wirklich zu leben lohnt.

Howard G. Hendricks

Warum die Bibel studieren?

1

WARUM WIR DIE BIBEL NICHT STUDIEREN

Kurz nachdem ich Christ wurde, schrieb jemand auf das Deckblatt meiner Bibel folgende Worte: „Dieses Buch wird dich von der Sünde abhalten, oder die Sünde wird dich von diesem Buch abhalten." Das war damals wahr, und es trifft heute immer noch zu. Eine verstaubte Bibel führt zu einem verschmutzten Leben! Es ist wahr, entweder bist du im Wort Gottes zu Hause und dieses Wort verwandelt dich in das Bild Jesu Christi, oder du bist in der Welt, und die Welt preßt dich in ihre Form.

Bis heute ist die größte Tragödie unter Christen, daß viele von ihnen zwar an Gottes Wort glauben, jedoch nicht nach dem Wort Gottes leben. Ich traf einmal einen Mann, der mit seiner ganzen Familie beinahe durch das halbe Land fuhr, um an einer Bibelkonferenz teilzunehmen. Erstaunt fragte ich ihn: „Warum bist du von so weither gekommen?" „Weil ich unter das Wort Gottes kommen wollte", sagte er.

Zuerst hörte sich das sehr gut an. Später jedoch versetzte es mir einen Schlag: Hier war ein Mann bereit, eintausendneunhundert Kilometer zu fahren, um unter das Wort Gottes zu kommen; aber war er ebenso bereit, durch sein Wohnzimmer zu gehen, eine Bibel aus dem Regal zu nehmen und sich selbst in das Wort Gottes hineinzuvertiefen?

Selbstverständlich möchte ich nicht in Frage stellen, daß Gläubige es nötig haben, über das Wort Gottes belehrt zu werden. Dies sollte ihnen aber Anstoß und nicht Ersatz dafür sein, sich selbst in das Wort Gottes hineinzuversenken.

Obwohl die Bibel das meistgekaufte Buch in der Welt ist, ist sie doch auch eines der am meisten vernachlässigten Bücher. Das Barna-Forschungsteam in Glenadale, Californien, berichtete, daß im Verlauf einer gewöhnlichen Woche nur 10 % der Amerikaner jeden Tag in der Bibel lesen. Und diese Zahl muß möglicherweise noch als zu hoch eingestuft werden, stellte George Barna, Präsident dieser Forschungsfirma, fest. Denn viele Leute, die behaupten, die Bibel einmal oder öfter in der Woche zu lesen, gaben zu, daß sie diese in der Woche vor der 1991 durchgeführten Umfrage nicht gelesen hätten.

Gallup-Umfragen bestätigen diese Ergebnisse. Eine Erhebung besagt, daß 82 % der Amerikaner glauben, die Bibel sei entweder im buchstäblichen Sinne oder „inspiriertes" Wort Gottes. Mehr als die Hälfte gab an, die Bibel mindestens einmal im Monat zu lesen. Doch die Hälfte konnte nicht einmal eines der vier Evangelien nennen, Matthäus, Markus, Lukas oder Johannes. Und weniger als die Hälfte wußte, wer die Bergpredigt gehalten hat.

Wie oft lesen wir die Bibel?

(landesweit in Prozent)[1]	1990	1986	1982	1978
täglich oder öfter	17	11	15	12
wöchentlich oder öfter	23	22	18	18
einmal im Monat oder öfter	13	14	12	11
weniger als einmal monatlich	25	26	25	28
kaum oder nie	20	22	24	24
weiß nicht	2	5	6	7

BIBELLESEN - 1986[2]

	täglich	wöchentlich	monatlich	weniger als monatlich	nie
Allgemein	11	22	14	26	22
Männer	8	18	12	30	27
Frauen	15	25	16	22	17
Weiße	11	21	14	26	23
Schwarze	17	31	12	21	15
Protestanten	18	27	15	23	12
Katholiken	4	16	13	32	31
Evangelikale	29	37	15	15	4
nicht Evangelikale	4	15	13	31	30

Quellen:
1. 1990 Gallup Poll Stichprobe von 1.000 Erwachsenen in allen Staaten während der Zeit vom 1.-4.November 1990
2. 1986 Gallup Poll von 1.559 Erwachsenen 18 Jahre und älter in mehr als 300 wissenschaftlich ausgesuchten Orten quer durch das Land während der Zeit vom 24.-27.Oktober 1986

Haben Sie schon einmal durch das Fenster eines Autos eine auf der Hutablage abgelegte Bibel gesehen? Diese Gepflogenheit ist, wo ich zu Hause bin, weit verbreitet. Jemand kommt aus der Gemeinde, springt in sein Auto hinein, wirft seine Bibel nach hinten und läßt sie dort bis zum nächsten Sonntag liegen. Eine deutliche Sprache über die Wertschätzung, die so jemand dem Wort Gottes gegenüber zeigt. Es bedeutet in bezug auf die Heilige Schrift schlicht und einfach, dieser Mensch ist an sechs von sieben Tagen der Woche ein Analphabet!

Man ist im Besitz einer Bibel, liest ab und zu darin und nimmt sie sogar mit in die Gemeinde - aber man studiert sie nicht. Warum eigentlich nicht? Warum

1. Warum wir die Bibel nicht studieren

beschäftigen sich die Leute nicht selbst mit der Bibel, um sie zu verstehen und um zu erfahren, daß sie eine Veränderung in ihrem Leben bewirkt? Wir wollen versuchen, es herauszufinden, indem wir dazu Stellungnahmen von Christen hören, die über ihre Erfahrungen diesbezüglich berichten.

KEN: „Ich brauche etwas, das funktioniert."

HGH: Ken, Sie sind ein leitender Angestellter mit großer Verantwortung. Sie haben eine gute Ausbildung genossen. Ich weiß, Sie lieben den Herrn. Welchen Platz hat das Bibelstudium in Ihrem Leben?

KEN: Als meine Kinder noch klein waren, lasen wir jeden Morgen beim Frühstück einen oder zwei Verse aus der Bibel, manchmal auch beim Abendessen. Ich könnte aber nicht behaupten, daß wir die Bibel studiert hätten. Und natürlich macht man so etwas auch nicht gerade während der Arbeitszeit.

HGH: Warum nicht?

KEN: Nun, Arbeit ist schließlich Arbeit. Man ist da, um seine Arbeit zu tun. Während der Arbeitszeit denke ich an unsere Lohnliste, an unsere Kunden, an die Rechnungen, die wir bezahlen müssen, und daran, was unsere Konkurrenz unternimmt. Die Bibel ist dabei fast das letzte, woran ich denke.

Bitte, verstehen Sie mich nicht falsch. Ich bin nicht jemand, der sich in der Gemeinde anders verhält als im Büro. Aber seien wir doch ehrlich - die Geschäftswelt ist nicht gerade eine Sonntagschulklasse. Man wird mit Dingen konfrontiert, die in der Bibel nicht einmal erwähnt werden. Also ist die Bibel wohl keine besonders gute Praxishilfe für den Alltag.

HGH: Ken, Sie haben ein wichtiges Problem angeschnitten. Und dies mag der vorrangige Grund dafür sein, weshalb heute Gottes Wort so wenig studiert wird. Man denkt, es sei veraltet und überholt. Es hat vielleicht einer vergangenen Generation manches zu sagen gehabt, aber es bestehen doch wohl berechtigte Zweifel, ob es uns heute noch etwas zu sagen hat. Doch wie wir sehen werden, ist Gottes Offenbarung heute noch genauso aktuell wie damals, als sie zum ersten Mal überliefert wurde.

WENDY: „Ich weiß nicht wie."

HGH: Kommen wir jetzt zu Wendy, die von Beruf Werbetexterin ist.

Wendy, es scheint, daß Sie eine Menge Energie haben und gerne Initiative ergreifen. Ich möchte wetten, daß Sie das Zeug zu einer hervorragenden Studentin der Bibel haben.

WENDY: In der Tat, ich habe es wirklich versucht, aber es ging einfach nicht.

HGH: Wieso nicht?

WENDY: Nun, zunächst einmal dauerte es eine ganze Weile, bevor ich mich dazu durchrang, wirklich die Bibel studieren zu wollen. Ich hörte, wie jemand in einer Seminarveranstaltung davon sprach, daß es unmöglich wäre, Gott zu kennen, wenn man nicht sein Wort kennt. Ich hatte den aufrichtigen Wunsch, näher zum Herrn zu kommen. Also entschied ich mich dazu, die Schrift intensiv zu studieren. Ich kaufte mir eine Menge Bücher über die Bibel. Jeden Abend, wenn ich von der Arbeit nach Hause kam, verbrachte ich ungefähr eine Stunde oder mehr mit dem Lesen der Bibel und dem Versuch, das Gelesene auch zu verstehen.

Doch ich merkte bald, was es bedeutet, weder Griechisch noch Hebräisch zu beherrschen. Und es gab so schrecklich viele Dinge, die über verschiedene Stellen gesagt wurden und die für mich keinen Sinn ergaben. Ich las, was jemand über einen Bibeltext zu sagen hatte, dann las ich den Text und konnte einfach nicht herausfinden, wie man das daraus abgeleitet hatte. Schließlich war ich so verwirrt, daß ich es aufgab.

HGH: Aha, Sie hatten also ein mehr „technisches" Problem, die richtige Methode zum Bibelstudium zu finden. Das geht leider vielen Leuten so. Sie sträuben sich, ins Wasser zu springen, weil sie wissen, daß sie nicht schwimmen können. Unsere Art Kultur hilft ihnen nicht sehr dabei. Mit Fernsehen, Computern und ähnlichem sind wir zwar visuell bestens versorgt, aber offen gesagt, verlieren wir dabei unsere Fähigkeit zu lesen. Deshalb ist es eines unserer wichtigsten Anliegen, die wir uns vornehmen werden, die Kunst des Bibellesens wiederzugewinnen.

ELLIOTT: „Ich bin nur Laie."

HGH: Okay, lernen wir jetzt Elliott kennen! Elliott ist der Mann, den Sie brauchen, wenn Ihr Schwimmbecken kaputt ist. Er kann Ihnen zeigen, wie Sie das Wasser kristallklar halten können. Er legt eine unglaublich starke Berufsmoral an den Tag, und ich habe den Eindruck, daß sein Glaube viel damit zu tun hat.

1. Warum wir die Bibel nicht studieren

Elliott, etwas sagt mir, daß Sie Ihrer Bibel viel Aufmerksamkeit schenken.

ELLIOTT: Nun, lassen Sie es mich so ausdrücken - ich schenke dem Aufmerksamkeit in der Bibel, was ich auch verstehe. Die „Zehn Gebote", zum Beispiel. Oder die „Goldene Regel" (vgl. Mt 7,12; Anm. d. Ü.). „Der Herr ist mein Hirte." Aussagen dieser Art. Aber den Rest überlasse ich meinem Pastor. Ich meine, er versteht all diese Dinge, und wenn ich ein Problem habe, dann gehe ich einfach zu ihm. Er scheint sich in diesen Dingen bestens auszukennen. Ich versuche dann, es so gut wie möglich in die Praxis umzusetzen.

HGH: Das ist sehr ermutigend. Sie versuchen, die Wahrheiten, die Sie verstanden haben, in die Praxis umzusetzen. Doch, lieber Elliott, ich höre Sie auch wie tausend andere Christen sagen: „Ich bin nur ein Laie." Oder: „Ich bin nur eine Hausfrau. Ich bin kein Akademiker. Sie können nicht von mir erwarten, daß eine Person wie ich, die keine theologische Ausbildung aufzuweisen hat und die nie eine Universität besucht hat, ein Buch wie dieses studieren soll."

Genauso fühlte ich mich, kurz nachdem ich zum Glauben gekommen war. Jemand sagte mir: „Howie, du mußt viel Zeit mit dem Wort verbringen."

Ich dagegen dachte, *wie in aller Welt sollte ich so etwas anstellen? Ich war nie auf einem Seminar. Ich bin kein Pfarrer, ich bin einfach nicht in der Lage, all diese Dinge zu verstehen!*

Aber wir werden noch sehen, daß man nicht unbedingt eine fachliche Ausbildung braucht, um die Bibel zu verstehen. Sie müssen kein Griechisch und auch kein Hebräisch lernen. Es genügt, wenn Sie lesen können. Dann wird es Ihnen auch möglich sein, sich selbständig in die Schrift hineinzuvertiefen. Mit Hilfe dieses Buches werde ich Ihnen eine Anleitung dazu geben.

Übrigens, lassen Sie sich nicht von dem Wort „**studieren**" abschrecken. Ich wünschte, wir hätten einen besseren Begriff als „**Bibelstudium**", denn die meisten von uns verbinden mit „**studieren**" etwas wenig Angenehmes. Es hat so wenig Anziehungskraft wie das Putzen der Zähne mit Zahnseide. Wir sind uns bewußt, daß wir es tun sollten, aber ... Doch wir werden entdecken, daß das Studium der Bibel unbeschreiblich fesselnd sein und sogar Spaß machen kann. Also, verlieren Sie bitte nicht den Mut!

LINDA: „Ich habe eigentlich keine Zeit."

HGH: Ich erwähnte Hausfrauen, und ich schätze, das trifft genau auf Sie zu, Linda. Sie müssen sich zu Hause den ganzen Tag um Ihre kleinen Kinder kümmern. Wie denken Sie über das Bibelstudium?

LINDA: Ach, ich würde natürlich sehr gerne die Bibel studieren, wirklich! Wie

Sie schon sagten, ich habe drei kleine Kinder, die mich ganz schön auf Trab halten. Manchmal würde ich alles dafür geben, nur um eine kurze Pause zu bekommen. Mein Mann arbeitet Tag und Nacht, damit ich zu Hause bleiben kann. Aber das bedeutet auch, daß ich den ganzen Tag mit den Kindern beschäftigt bin. Ich kann schon froh sein, wenn ich nur zwanzig Minuten am Tag für mich selbst habe. Aber in zwanzig Minuten kann man nicht die Bibel studieren. Auch wenn ich es könnte, reicht die Zeit höchstens dazu, um einmal kurz Luft zu holen. Ich würde kaum die Energie für mehr aufbringen.

HGH: Ich kann gut nachvollziehen, was Sie da erzählen. Meine Frau Jeanne und ich haben selbst vier Kinder großgezogen. Eltern zu sein ist eine Aufgabe, die einen total beansprucht. Für uns hatte es unbedingten Vorrang. Ich schätze, das ist die Frage, um die sich alles dreht - wohin gehört das Bibelstudium auf der Liste meiner Prioritäten? Bedauerlicherweise findet es sich bei den meisten erst an zwanzigster Stelle auf einer Liste mit siebenundzwanzig Dingen, die erledigt werden müssen. Es ist eine schöne Sache, aber wohl nicht unbedingt notwendig.

Behalten wir das in Erinnerung, denn im nächsten Kapitel werden wir entdecken, daß das Studieren des Wortes Gottes nicht nur wünschenswert, sondern sogar unentbehrlich ist.

TONI: „Ich habe so meine Zweifel an der Bibel."

HGH: Toni, ich bin gespannt, Ihre Meinung darüber zu erfahren. Sie sind Student an einer Universität. Ist in dieser Umgebung ein Studium der Schrift überhaupt noch denkbar?

TONI: Tja, ich bin schon der Meinung, daß jeder die Bibel lesen sollte. Es gibt einige sehr anregende Abschnitte darin. Ich bin mir aber nicht sicher, ob ich manche von den Wundern, Prophezeiungen und ähnlichem wirklich für wahr halten kann. Ich meine zum Beispiel „Jona und der Wal". Solche Dinge sind schwer zu glauben. Und ich weiß auch, daß viele Leute die Schrift zitieren, um zu beweisen, daß etwas richtig oder falsch ist. Aber es scheint mir eher so, als ob man die Bibel sagen lassen kann, was immer man will.

Also bin ich zu dem Schluß gekommen, daß man sie ruhig ab und zu lesen sollte, nur um zu wissen, was drin steht, oder vielleicht als Hilfe, wenn man gerade nicht so gut drauf ist. Aber sie studieren? Ich bin mir nicht sicher, ob das etwas bringt.

HGH: Gut, Sie haben sicherlich manche berechtigte Bedenken. Ist dieses Buch eigentlich zuverlässig? Besitzt es maßgebliche Autorität? Können wir unser Leben darauf stützen? Ist es glaubwürdig? Oder müssen wir nicht, wenn wir es le-

1. Warum wir die Bibel nicht studieren

sen, unseren Verstand an der Garderobe abgeben? Oder, wie jemand es einmal ausdrückte, daß wir uns anstrengen müssen, etwas zu glauben, was wir tief in unserem Verstand als völlig absurd erkannt haben? Doch wir werden entdecken, daß Gottes Wort wirklich zuverlässig ist und daß es uns, je mehr wir uns darin vertiefen, desto logischer und vernünftiger erscheinen wird.

GEORGE: „Ich kann bei anderen kein Interesse daran wecken."

HGH: Kommen wir zu unserer letzten Stellungnahme.

George, Ihr Interesse am Wort Gottes ist wohl hauptsächlich darauf zurückzuführen, daß Sie eine Sonntagschulklasse für Erwachsene in Ihrer Gemeinde unterrichten.

GEORGE: Richtig, ich nehme an, ich habe mehr Gründe als die meisten Menschen, die Bibel zu studieren. Wenn ich mir einen Bibeltext durchlese, denke ich ständig an meine Klasse und daran, wie ich es dort am besten weitergebe. Aber ich will ehrlich sein - es ist schwer, bei anderen ein Interesse an der Bibel zu wecken. Es scheint, als ob sie lieber über Sport oder über das, was bei der Arbeit passiert, reden wollen als über den Glauben.

Ich erwarte sicher nicht, daß jeder von ihnen ein großer Theologe wird. Aber 2Tim 3,16-17 sagt uns, daß die Bibel nützlich zur Lehre ist, und es scheint mir, daß viele Probleme, über die sich Menschen beklagen, behoben werden könnten, wenn sie dem, was die Bibel sagt, ein bißchen mehr Aufmerksamkeit schenken würden.

HGH: Ich glaube, Ihnen ist klar geworden, was jeder entdeckt, der geistliche Wahrheiten mitteilen will: Es ist sehr schwer, andere für die eigenen Einsichten in die Schrift zu begeistern. Wenn sie nicht ihre eigenen Entdeckungen über Themen machen, die direkt mit ihrer eigenen Erfahrung verbunden sind, wird Bibelstudium sie nur zum Heulen langweilen. Sie werden sich kaum dazu bewegen lassen, Zeit darin zu investieren. Genau darin besteht aber die Herausforderung für den Lehrer - ihnen ein Konzept anzubieten, durch welches sie geistliche Wahrheiten selbst entdecken können. Und ich bin zuversichtlich, daß Sie durch dieses Buch einige Schritte in diese Richtung lernen können.

Übrigens, was man auf jeden Fall vermeiden sollte, ist das Hervorrufen von Schuldgefühlen. Schuld ist ein schlechter Motivator. Sie ist zwar sehr wirkungsvoll, aber sie ist Gift für den Lernprozeß. Sie tötet die Freude, welche die erste Begegnung mit dem Wort prägen sollte. Schuldgefühle treiben mehr Menschen von der Schrift weg als zu ihr hin.

Was ist Ihre Meinung dazu?

Wir haben eine Reihe von Ursachen kennengelernt, warum man vor einem Studium der Bibel zurückschrecken kann. Welche davon treffen wohl auf Ihre Situation zu? Stellen Sie die Bedeutung der Bibel für alltägliche Lebensprobleme in Frage? Sind Sie von der Umsetzung eines solchen Vorhabens abgekommen, weil es Ihnen an geeigneten Mitteln oder an notwendigen Grundlagen fehlt? Sind Sie überzeugt davon, daß die Bibel nur für Experten geschrieben wurde, nicht aber für Laien; daß es einer speziellen Schulung bedarf, um die Bibel verstehen zu können? Hat Bibelstudium für Sie eine geringe (oder sogar keine) Priorität, besonders wo Sie mit so vielen anderen Dingen beschäftigt sind? Haben Sie Zweifel an der Zuverlässigkeit der Bibel und daran, ob Sie es jemals schaffen werden, ihren Sinn zu verstehen? Ist Bibelstudium für Sie eine schrecklich langweilige Angelegenheit, der man keine besondere Aufmerksamkeit schenken muß?

Wenn irgendeiner dieser Gründe auf Sie zutrifft, dann ist dieses Buch genau das richtige für Sie. Ich werde auf alle diese Hindernisse eingehen und noch manches mehr ansprechen. Jedes dieser Hindernisse kann überwunden werden.

Doch nachdem wir zunächst das Negative behandelt haben - warum Leute die Bibel nicht studieren -, wollen wir uns nun mit der umgekehrten Fragestellung beschäftigen: Warum müssen wir eigentlich die Bibel studieren? Im nächsten Kapitel werde ich deshalb drei wichtige Thesen vorstellen, warum Bibelstudium nicht nur wünschenswert, sondern sogar unentbehrlich ist.

Testen Sie sich selbst!

*„Die größte Tragödie unter Christen heute ist,
daß viele zwar über das Wort Gottes belehrt werden,
aber Gottes Wort nicht selbst studieren."*

Wie steht es mit Ihnen? Lesen und studieren Sie regelmäßig und selbständig die Bibel? Oder gehören Sie wie die meisten zu denen, die ihre Bibel selten oder überhaupt nicht aus eigenem Antrieb aufschlagen? Wir bieten Ihnen hier einen einfachen Test an, um Ihnen zu helfen, Ihre eigenen Lesegewohnheiten einzuschätzen.

1. Warum wir die Bibel nicht studieren   23

Wie oft lesen Sie in Ihrer Bibel? (Bitte einkreisen)

    nie   einmal   (einmal in)   zwei- bis dreimal   jeden Tag
             im Monat   der Woche   in der Woche

Wieviel Zeit verbringen Sie mit dem Lesen Ihrer Bibel?

  5 Minuten   15 Minuten   (30 Minuten)   45 Minuten   1 Stunde
oder weniger   oder mehr

Nachfolgend einige Einwände, die häufig als Begründung für die Vernachlässigung des Bibellesens angegeben werden. Kreuzen Sie an, welcher dieser Einwände auf Sie zutrifft!

- O Die Bibel hat für mich keinen Bezug zum Leben
- O Die Bibel ist für mich verwirrend und schwer zu verstehen. Ich weiß nicht, was ich mit ihr anfangen soll.
- O Früher habe ich in der Bibel gelesen und hatte Freude daran. Doch dann ließ diese Wirkung nach, und so habe ich es schließlich aufgegeben.
- O Ich fühle mich schuldig, wenn ich die Bibel gelesen habe.
- O Die Bibel ist hoffnungslos veraltet. Sie mag einige interessante Geschichten enthalten, aber sie hat wenig Bedeutung für die Gegenwart.
- ✓ Ich verlasse mich auf meinen Pfarrer oder Prediger, der mir die Bibel erklärt. Wenn ich etwas wissen muß, wird er mir das Nötige schon sagen können.
- O Ich habe Zweifel an der Zuverlässigkeit der Bibel.
- O Mit fehlt die Zeit. Ich bin zu sehr beschäftigt.
- O Die Bibel ist mir zu langweilig.
- O Ich besitze gar keine Bibel.
- O Die Bibel ist voller Märchen und Halbwahrheiten. Warum etwas studieren, dem es an Glaubwürdigkeit mangelt?
- O Ich lese weder die Bibel noch sonst etwas; ich lese überhaupt nichts.

2

WARUM WIR DIE BIBEL STUDIEREN SOLLEN

Im letzten Kapitel haben wir sechs Begründungen kennengelernt, warum Menschen sich nicht in die Schrift vertiefen. Ich möchte noch eine siebte hinzufügen: Niemand hat Ihnen jemals erzählt, was Sie dabei gewinnen können. Welches sind die Vorteile des Bibelstudiums? Was bringt es mir ein? Was habe ich davon, wenn ich meine Zeit darin investiere? Welche Auswirkung wird es auf mein Leben haben?

Bibelstudium ist notwendig für das Wachstum des Christen

Die erste Textstelle ist 1. Petrus 2,2:

> *„Seid wie neugeborene Kinder begierig nach der geistigen, unverfälschten Milch - damit ihr durch sie wachset zur Errettung."*

Anhand von drei Schlüsselbegriffen werde ich Ihnen die Wahrheit, die in diesem Vers enthalten ist, darlegen. Sie können sie neben diesem Vers an den Rand Ihrer Bibel schreiben. Der erste Begriff ist „Verhalten". Petrus beschreibt das Verhalten eines neugeborenen Kindes. Genau wie das Baby nach der Flasche greift, sollte ein Christ nach dem Wort Gottes verlangen. Das Baby braucht Milch, um am Leben zu bleiben; der Christ braucht die Schrift, um sein geistliches Leben zu erhalten.

Ich habe selbst vier Kinder großgezogen und lernte dabei sehr bald, daß ungefähr alle drei oder vier Stunden eine Art innerer Wecker im Kind losgeht, den man auf keinen Fall ignorieren sollte. Man tut gut, so schnell wie möglich mit einer Flasche Milch zur Stelle zu sein. Sobald das geschehen ist, kehrt schlagartig Ruhe ein. Petrus benutzt dieses eindrucksvolle Bild, um unmißverständlich klarzumachen, wie unsere Haltung zur Schrift aussehen sollte.

Er spricht aber auch davon, daß man regelrecht Hunger auf das Wort haben kann. Wir sollen „begierig" danach sein. Wir sollen die geistliche Milch, Gottes Wort, „begehren".

2. Warum wir die Bibel studieren sollen

Doch um ehrlich zu sein, müssen wir zugeben, daß es auch auf die Pflege unseres Geschmacks ankommt. Hin und wieder beklagt sich jemand bei mir und sagt: „Wissen Sie, Professor Hendricks, ich empfange wirklich nicht sehr viel aus der Bibel." Aber damit teilt er mir eher etwas über seine Person mit als über dieses Buch.

Psalm 19,10 sagt uns, daß die Schrift süßer ist als Honigseim, aber wenn man sich der Meinung mancher Christen anschließt, kann man diese Erfahrung nie machen. Schauen Sie, es gibt drei Arten von Bibellesern. Da ist zunächst der „Rizinusöl-Typ". Für solche hat das Wort einen bitteren Geschmack - brr! -, aber es lindert ihre Schmerzen recht gut. Dann gibt es den „Weizenschrot-Typ". Für diese ist die Schrift zwar nahrhaft, aber trocken. Es kommt ihnen vor, als würden sie Stroh verspeisen.

Die dritte Gruppe würde ich als „Erdbeeren-mit-Schlagsahne-Typ" bezeichnen. Sie können einfach nicht genug bekommen. Wie haben sie diesen Geschmack entwickelt? Für sie ist das Lesen im Wort wie ein Festessen! Sie entwickeln das, was Petrus hier beschreibt - einen unersättlichen Appetit auf geistliche Wahrheiten. Zu welchen von diesen dreien gehören Sie?

All das geschieht zu einem ganz bestimmten Zweck, und das bringt uns zu dem dritten Begriff: „Zielsetzung". Was ist das Ziel der Bibel? Der Text sagt uns: „damit ihr wachset ...". Beachten Sie bitte, es heißt nicht „damit dein Wissen wächst ..."! Gewiß kann man nicht wachsen, ohne damit auch sein Wissen zu vermehren. Man kann jedoch viel wissen, ohne zu wachsen. Die Bibel wurde nicht geschrieben, um unsere Neugier zu befriedigen, sondern um uns zu helfen, in das Bild Christi verwandelt zu werden. Sie will keine klugen Sünder aus uns machen, sondern sie will uns Christus ähnlich machen. Sie will unsere Köpfe nicht mit einer Sammlung biblischer Fakten füllen, sondern sie will uns verändern.

Als unsere Kinder noch klein waren, befestigten wir ein Metermaß an der Rückseite einer Schranktür. Während sie heranwuchsen, baten sie uns immer wieder, nachzumessen, wieviel sie schon gewachsen waren und dies an der Schranktür zu markieren. Es spielte keine Rolle, ob wenig oder viel dazukam; sie sprangen jedesmal auf und ab vor Aufregung, wenn sie schon wieder etwas größer geworden waren. Nachdem ich wieder einmal meine Tochter gemessen hatte, stellte sie mir eine dieser Fragen, von denen man sich wünscht, daß sie einem nie gestellt werden: „Papi, warum hören Leute auf zu wachsen?"

Wie sollte ich ihr erklären, daß erwachsene Menschen keineswegs aufhören zu wachsen - wir wachsen eben in eine andere Richtung, oder nicht? Ich weiß nicht mehr, was ich ihr geantwortet habe, aber bis zum heutigen Tag fragt mich der Herr immer noch: Hendricks, wirst du nur alt, oder wirst du auch erwachsen?

Wie steht es mit Ihnen? Wie viele Jahre sind Sie schon Christ? Neun Monate? Sieben oder acht Jahre? Neununddreißig Jahre? Die eigentliche Frage müßte lauten: Wieviel sind Sie gewachsen? Lassen Sie sich einmal von Gott eine Meßlatte anlegen, und stellen Sie fest, ob Sie Fortschritte gemacht haben! Das ist es, was uns dieser Abschnitt sagen soll.

Der erste Grund, warum wir die Schrift studieren sollten, ist also, daß sie uns zu geistlichem Wachstum verhilft. Es gibt kein Wachstum ohne das Wort Gottes. Es ist Gottes bevorzugtes Werkzeug, um aus Ihnen eine Persönlichkeit zu machen.

Bibelstudium ist notwendig für geistliche Reife

Die zweite Stelle, die wir uns anschauen müssen, ist Hebräer 5,11-14:

> „Darüber haben wir viel zu sagen, und es läßt sich schwer darlegen, weil ihr im Hören träge geworden seid. Denn während ihr der Zeit nach Lehrer sein solltet, habt ihr wieder nötig, daß man euch lehre, was die Anfangsgründe der Aussprüche Gottes sind; und ihr seid solche geworden, die Milch nötig haben und nicht feste Speise. Denn jeder, der noch Milch genießt, ist richtiger Rede unkundig, denn er ist ein Unmündiger; die feste Speise aber ist für Erwachsene, die infolge der Gewöhnung geübte Sinne haben zur Unterscheidung des Guten wie auch des Bösen."

Dies ist ein aufschlußreicher Text, was das Studium der Schrift angeht. Der Schreiber betont, daß er viel zu sagen hat, aber es ist „schwer zu erklären". Warum? Liegt es am Schwierigkeitsgrad der Offenbarung? Nein, wohl eher an der mangelnden Aufnahmebereitschaft der Empfänger des Briefes. Es liegt eine Lernbehinderung vor: „Ihr seid im Hören träge geworden", was bedeutet, daß „ihr langsam im Lernen seid".

Das Schlüsselwort in dieser Stelle ist „**Zeit**". Unterstreichen Sie es in Ihrer Bibel. Der Schreiber sagt seinen Lesern, aufgrund der Zeit, die vergangen ist, sollten sie eigentlich bereits auf der Universität sein, statt dessen aber müssen sie wieder in den Kindergarten gehen, um nochmals das ABC zu lernen. Während sie eigentlich schon anderen geistliche Wahrheiten mitteilen sollten, sind sie immer noch selbst auf jemanden angewiesen, der ihnen diese Wahrheiten vermittelt.

Tatsächlich stellt er fest, daß sie noch Milch brauchen statt fester Speise. Feste Speise ist für Erwachsene bestimmt. Doch wer sind diese Erwachsenen? Sind es Leute, die ein Seminar besuchen? Solche, die in einem theologischen Duell jeden schlagen können? Oder solche, welche die meisten Bibelverse auswendig kennen?

Keineswegs! Der Schreiber sagt, daß jemand erwachsen ist, wenn er sich selbst durch den kontinuierlichen Umgang mit der Schrift trainiert, um Gutes

2. Warum wir die Bibel studieren sollen

vom Bösen unterscheiden zu können. Das Zeichen geistlicher Reife ist nicht, wieviel man versteht, sondern wieviel man anwendet. Im geistlichen Bereich ist das Gegenteil von Unwissenheit nicht Wissen, sondern Gehorsam.

Damit ist also ein zweiter Grund deutlich geworden, weshalb Bibelstudium unentbehrlich ist. Die Bibel ist das göttliche Mittel, um geistliche Reife zu entwickeln. Es gibt keinen anderen Weg.

Bibelstudium ist notwendig für geistliche Wirksamkeit

Es gibt eine dritte Stelle, 2. Timotheus 3,16-17. George hat bereits in Kapitel 1 darauf hingewiesen:

> „Alle Schrift ist von Gott eingegeben und nützlich zur Lehre, zur Überführung, zur Zurechtweisung, zur Unterweisung in der Gerechtigkeit, damit der Mensch Gottes vollkommen sei, zu jedem guten Werk völlig zugerüstet."

„**Alle** Schrift". Das schließt 2. Chronik ein. Ich sagte dies einmal vor einer Gruppe von Zuhörern, und jemand meinte dazu: „Ich wußte nicht einmal, daß es eine erste Chronik gibt."

Was ist mit 5. Mose? Sind Sie in der Lage, es in Ihrer Bibel zu finden? Haben Sie jemals Ihre Stille Zeit darin verbracht? Als Jesus in der Wüste versucht wurde (Mt 4,1-11), besiegte er den Teufel dreimal, indem er sagte: „Es steht geschrieben." Alle drei Zitate waren aus dem 5. Buch Mose. Ich habe oft gedacht, *wenn mein geistliches Leben von meiner Kenntnis von 5. Mose abhängen würde, wie sollte ich es dann jemals schaffen?*

Paulus sagt, daß alle Schrift nützlich ist. Aber nützlich wofür? Er erwähnt vier Dinge. Zunächst Lehre bzw. Unterricht. Das bedeutet Schulung des Denkens. Eine entscheidende Sache, denn wenn Sie nicht richtig denken, werden Sie auch nicht richtig leben. Was Sie glauben, wird entscheidend dazu beitragen, wie Sie sich verhalten.

Er sagt aber auch, daß die Bibel nützlich ist, um Sie zu korrigieren. Das heißt, sie wird Ihnen klarmachen, wo Sie auf Abwege geraten sind. Sie ist wie ein Schiedsrichter beim Tennis, der Ihnen sagt, ob der Ball „gut" oder „draußen" war. Die Bibel sagt Ihnen, was Sünde ist. Sie sagt Ihnen, was Gott aus Ihrem Leben machen will. Er selbst setzt Ihnen die Maßstäbe für Ihr Leben.

Drittens ist die Bibel nützlich zur Zurechtweisung. Besitzen Sie einen Schrank, in den Sie all Ihren Ramsch hineintun können, für den Sie sonst keinen Platz finden? Sie stopfen alles hinein, und dann, eines Tages, längst haben

Sie es vergessen, öffnen Sie die Tür und - wumm! - alles kommt Ihnen entgegen. „Mahlzeit!" sagen Sie, „ich muß dieses Ding unbedingt mal aufräumen."
So etwas ist die Bibel. Sie öffnet Ihnen die Tür Ihres Lebens und entwickelt eine reinigende Energie, um Ihnen zu helfen, Sünden auszuräumen und zu lernen, sich nach Gottes Willen auszurichten.

Der vierte Vorzug der Bibel ist, daß sie Anleitung für einen geheiligten Lebensstil gibt. Gott benutzt sie, um Ihnen zu zeigen, wie Sie leben sollen. Nachdem er Sie in bezug auf die negativen Dinge korrigiert hat, gibt er Ihnen auch positive Richtlinien, denen Sie in Ihrem Leben folgen können.

Was ist der Zweck der ganzen Sache? Damit Sie zu jedem guten Werk ausgerüstet sind. Haben Sie sich jemals gesagt: „Ich wünschte mir, mein Leben wäre wirksamer für den Herrn."? Wenn ja, was haben Sie getan, um sich dafür zuzurüsten? Bibelstudium ist ein grundlegendes Mittel, um ein wirksamer Diener Jesu Christi zu werden.

Ich habe einmal einer Gruppe von Geschäftsleuten die Frage gestellt: „Wenn Sie nicht mehr über Ihr Geschäft oder über Ihren Beruf wüßten als das, was Sie innerhalb der gleichen Anzahl von Jahren als Christ dazugelernt haben, was würde dann geschehen?" Einer von ihnen platzte heraus: „Sie würden mich abservieren."

Sehen Sie, er hatte vollkommen recht. Der Grund, weshalb Gott Sie nicht mehr gebrauchen kann, wie er will, liegt vielleicht darin, daß Sie nicht zugerüstet sind. Vielleicht haben Sie Ihre Gemeinde seit fünf, zehn oder sogar zwanzig Jahren treu besucht, aber Sie haben nie die Bibel aufgeschlagen, um sich selbst als sein Werkzeug für den Dienst zurüsten zu lassen. Sie waren unter dem Wort, aber nicht in ihm für Ihr eigenes Wachstum.

Jetzt sind Sie an der Reihe! Gott möchte mit Ihnen jetzt in Verbindung treten. Er hat seine Botschaft in ein Buch niedergeschrieben. Er bittet Sie, hinzugehen und dieses Buch aus drei zwingenden Gründen intensiv zu studieren: es ist wichtig für Ihr geistliches Wachstum; es ist wichtig für den Reifungsprozeß; und es ist wichtig, um Sie auszurüsten und auszubilden, damit Sie ein gereinigtes und scharfes Werkzeug in seinen Händen werden, um seine Absichten auszuführen.

Sie stehen also vor der Frage: Kannst du es dir eigentlich leisten, die Bibel **nicht** zu studieren?

Können wir der Bibel Vertrauen schenken?

Als die Romanschriftstellerin Ayn Rand an der Universität Yale ihre Zuhörer bei einer Autorenlesung wieder einmal in Atem gehalten hatte, wurde sie von Reportern gefragt: „Was läuft eigentlich falsch in unserer Zeit?" Ohne

2. Warum wir die Bibel studieren sollen

auch nur einen Moment zu zögern, antwortete sie: „Nie zuvor wurde so verzweifelt nach Antworten auf kritische Fragen gesucht, und nie zuvor war die Welt gleichzeitig so wahnsinnig von dem Gedanken besessen, daß keine letzten Antworten mehr möglich sind. Um mit der Bibel zu sprechen - die Einstellung heute ist doch diese: Vater, vergib uns, denn wir wissen nicht, was wir tun - *aber bitte sage es uns auch nicht!*"

Und das ist die Sichtweise eines ausgesprochenen Agnostikers. Viele von uns erwarten, daß Gott zu ihnen redet, aber wir lehnen es ab, uns mit dem Wort Gottes zu beschäftigen. Wir wissen genug, um eine Bibel zu besitzen, aber nicht genug, damit die Bibel Besitz von uns ergreifen kann. Wir legen Lippenbekenntnisse für die Bibel ab, aber wir versäumen es, ihr mit unserem Leben zu dienen. In einer Welt, in der das einzig Absolute die Tatsache ist, daß es nichts Absolutes gibt, bleibt kein Raum mehr für das vollmächtige Wort Gottes, wie es in der Bibel geoffenbart wird.

Die Frage ist, können wir der Bibel wirklich vertrauen? Ist sie glaubwürdig? Ist sie zuverlässig? Hat sie uns etwas zu sagen für das Leben in unserer heutigen Zeit? Prüfen wir nach, was die Schrift selbst über sich sagt.

Die Bibel ist eine Einheit

Wenn Sie jemals irgendein komplexes oder umstrittenes Thema in seinem ganzen Umfang studiert haben, kennen Sie etwas von der Frustration bei der Suche nach zwei oder drei Autoritäten, die einstimmig dazu in allen Punkten einer Meinung wären. Das Gegenteil ist fast immer der Fall.

Die Bibel steht dazu in einem markanten Gegensatz. Sie ist einmalig darin, daß sich ihre einzelnen Teile zu einem einheitlichen Ganzen zusammenfügen. Schauen Sie, die Bibel ist nicht einfach **ein** Buch, sie besteht aus sechsundsechzig Büchern, die alle in einem Band zusammengefaßt sind. Diese sechsundsechzig einzelnen Dokumente sind über eine Spanne von mehr als eintausendsechshundert Jahren hinweg geschrieben worden - von mehr als vierzig Autoren, deren Leben ganz unterschiedliche Hintergründe hatte.

Und doch ist die Bibel ein harmonisches Ganzes, zusammengefügt durch das gemeinsame Thema von Gott und seiner Beziehung zu den Menschen. Jedes Buch, jeder Abschnitt, Absatz und Vers wirken zusammen miteinander, um Gottes Wahrheit zu offenbaren. Deshalb wird die Schrift am besten verstanden, wenn man ihre einzelnen Teile im Zusammenhang sieht.

Die Bibel ist Gottes Offenbarung

Die Bibel stellt sich selbst als geoffenbarte Wahrheit von Gott vor. Das Wort, welches für „offenbaren" verwendet wird, bedeutet eigentlich „enthüllen", so als ob man einen Vorhang zurückziehen würde, um zu zeigen, was sich dahinter verbirgt. In der Schrift offenbart Gott Dinge, die ansonsten überhaupt nicht erkannt würden. Er hat enthüllt, was absolut wahr ist - keine Spekulationen, Vermutungen oder Hypothesen! Die Schrift ist voll und ganz mit sich selbst im Einklang stehende Wahrheit - niemals sich selbst widersprechend, einen Kompromiß schließend oder widersprüchlich zu anderen Teilen der göttlichen Offenbarung.

Die Bibel ist von Gott inspiriert

Der große Theologe B. B. Warfield hat einmal gesagt: „Die Bibel ist das Wort Gottes. Wenn die Bibel spricht, spricht Gott selbst." Dies ist eine gute Beschreibung für Inspiration. Der Grund, weshalb wir die Bibel das Wort Gottes nennen, ist, weil es in der Tat genau die Worte sind, welche Gott uns mitteilen wollte.

Natürlich haben manche Schwierigkeiten mit dem Begriff „Inspiration". Erinnern Sie sich an 2. Timotheus 3,16-17? „Alle Schrift ist von Gott eingegeben." Das Wort, welches mit „eingegeben" übersetzt wird, bedeutet „Gottgehaucht". Es drückt den Gedanken aus, daß Gott die Schrift „ausgeatmet" hat. Und daran, daß das Wort für „Atem" auch mit „Geist" übersetzt werden kann, erkennen wir, wie der Heilige Geist den Vorgang des Niederschreibens überwachte.

Aber welchen Anteil hatten denn die menschlichen Autoren? Gott gebrauchte sie auf eine übernatürliche Weise, um seine Worte niederzuschreiben, ohne daß die absolute Vollkommenheit, Integrität oder Reinheit des Endresultates beeinträchtigt wurde. Man kann es auch als doppelte Autorenschaft bezeichnen. Charles Ryrie drückte es folgendermaßen aus: „Gott überwachte die menschlichen Autoren, ihre individuelle Persönlichkeit benutzend, so daß sie in der Lage waren, in den Worten der ursprünglichen Manuskripte seine Offenbarung für die Menschen ohne Fehler zusammenzufassen und aufzuzeichnen."

Petrus verwendete ein treffendes Wort, um diesen Vorgang zu beschreiben. Er schrieb, daß Menschen „von Gott her redeten ... getrieben vom Heiligen Geist" (2. Petrus 1,21). Das Wort **„getrieben"** ist das gleiche Wort, das damals verwendet wurde, um ein Schiff zu beschreiben, das sich unter der Kraft des Windes vorwärtsbewegt. Die Schreiber der Bibel wurden beim Schreiben getrieben, dorthin zu gehen, wohin Gott es wollte, und das hervorzubringen, was Gott hervorbringen wollte. Es steht außer Frage, daß sich ihre Persönlichkeit, ihr Schreibstil, ihre Sichtweise und ihre Besonderheiten

2. Warum wir die Bibel studieren sollen

in ihren Worten widerspiegeln. Aber ihre Berichte sind mehr als menschliche Worte - sie sind das Wort Gottes.

Haben Sie schon einmal vom „Jesus-Projekt" gehört? Bestimmte Gelehrte zweifeln an der Zuverlässigkeit der Worte Jesu, die in den Evangelien aufgezeichnet sind. So treffen sie sich einmal im Jahr, um diese Texte zu besprechen. Bei jeder Aussage, die Christus zugeschrieben wird, stimmen sie darüber ab, ob Jesus diese Worte wirklich gesagt hat oder ob die neutestamentlichen Schreiber sie ihm in den Mund gelegt haben.

Ihre Vorgehensweise dabei sieht folgendermaßen aus: Sie entscheiden sich entweder dafür, die Worte Jesu als „rot" einzustufen, was bedeutet, daß er sie wahrhaftig gesprochen hat. Andererseits werden diese Gelehrten sie aber als „schwarz" klassifizieren, wenn sie glauben, daß er sie bestimmt nicht gesprochen hat. Dazwischen liegen „rosa" (Jesus hat sie wahrscheinlich gesprochen, obwohl es einige Zweifel daran gibt) und „grau" (Jesus hat sie wahrscheinlich nicht gesprochen, obwohl es möglich ist, daß er es vielleicht doch getan hat).

Was ist der Zweck dieser Übung? Ein Sprecher dieser Gruppe meinte, daß sie den Glauben der Leute stärken wollten, indem sie sie wissen lassen, was zuverlässig Jesus gesagt hat und was nicht.

Ich weiß nicht, wie solch ein Projekt von Ihnen aufgenommen wird, aber mir erscheint es lächerlich - um nicht zu sagen gefährlich. Was soll man davon halten, wenn ein Komitee von Zweiflern sich zweitausend Jahre nach den Ereignissen qualifiziert fühlt, ein Urteil über die Autorität der Schrift zu fällen? Ich schätze, daß man sie für Vertreter einer „Inspiration durch gegenseitige Übereinkunft" halten sollte.

Ich ziehe „Inspiration durch den Heiligen Geist" vor. Der Text der Bibel ist nicht das Ergebnis menschlicher Grübeleien, sondern ein übernatürliches Werk - das wahrhaftige Wort Gottes.

Die Bibel ist frei von Fehlern

Als maßgebliche Autorität muß die Bibel wahr sein, das heißt ohne Fehler. Jemand drückte es so aus: „Entweder ist die Bibel ganz ohne Fehler, oder sie ist im Ganzen nicht ohne Fehler." Es gibt keinen Zwischenweg. Eine „teilweise fehlerfreie" Bibel wäre eine fehlerhafte Bibel.

„Fehlerfrei" bedeutet ohne Fehler - keine Irrtümer oder Fehler in ihren Originalmanuskripten, und ebenso keine Fehler in irgendeinem ihrer Teilbereiche. Das ist ein harter Brocken für unsere Generation. Wir tendieren zum Relativismus, d. h. Menschen zu sein, für die nichts in einem absoluten Sinn mehr wahr sein kann. Darüber hinaus will uns unsere moderne Kultur glauben machen, daß die moderne Wissenschaft die Bibel weit hinter sich zurückgelassen hat.

Die Wahrheit ist, daß die Schrift der Prüfung durch die echte Wissenschaft standgehalten hat. Viele der bedeutendsten Wissenschaftler unserer Tage werfen im Licht neuer Entwicklungen und Entdeckungen einen „dritten" Blick in die Schrift.

An eine fehlerfreie Bibel zu glauben bedeutet nicht, daß wir jede Aussage auf eine feste, buchstäbliche Weise verstehen müssen. Wie wir noch sehen werden, spricht die Schrift oft in bildlicher Sprache. Weiterhin akzeptieren wir, daß sich bei der Übertragung der Bibel von Kopie zu Kopie über die Jahre hinweg Fehler eingeschlichen haben können (allerdings erstaunlich wenige).

Ungeachtet dessen gibt die Bibel selbst Zeugnis von ihrer eigenen Unfehlbarkeit. Der kraftvollste Zeuge ist der Herr Jesus selbst. In Matthäus 4,1-11 betont er, daß die tatsächlichen, geschriebenen Worte der Schrift vertrauenswürdig sind, nicht nur die Gedanken, die sie enthalten. In Matthäus 5,17-18 erweitert er die absolute Zuverlässigkeit des Textes bis hin zu den einzelnen Buchstaben und sogar Teilen der Buchstaben.

Überall in den Evangelien verweist Jesus auf Teile der Schrift, die von manchen heutigen „Autoritäten" in Frage gestellt werden. Es gibt keinen Hinweis darauf, daß Jesus sie nicht als genau, zuverlässig und wahr ansah. (Allein in Matthäus siehe Kapitel 8,4; 10,15; 12,17.40; 19,3-5 und 24,38-39.)

Unfehlbar bedeutet ebenso, daß wir eine Bibel besitzen, die völlig vertrauenswürdig, zuverlässig und ohne Fehler in ihrer Originalform ist. Wenn wir sie studieren, können wir voller Spannung Antworten auf Fragen erwarten, die wichtig für unser Leben sind.

3

WIE DIESES BUCH HELFEN KANN

Ich hoffe sehr, daß Sie mittlerweile von der Notwendigkeit und dem Wert überzeugt sind, die Bibel aus erster Hand zu studieren. Ich bin bereits fünf Jahrzehnte gläubig und kann Ihnen versichern, daß das Lesen des Wortes Gottes das entscheidende Element in meinem Leben als Christ gewesen ist.

Es wird dasselbe bei Ihnen bewirken. Es wird Ihr Leben verändern. Wie wir bereits im letzten Kapitel gesehen haben, ist die Bibel der Schlüssel zu geistlichem Wachstum, Reife und wirksamem Dienst.

Aber bitte beachten Sie: Effektives Bibelstudium setzt eine Methode voraus. Man lehrt einem Kind nicht Schwimmen, indem man es einfach ins tiefe Wasser eines Schwimmbeckens hineinwirft und dabei sagt: „Okay, jetzt schwimm mal!"

Nein, man fängt langsam an, man zeigt ihm, wie es sich treiben lassen kann, wie es seinen Kopf über Wasser hält, wie es mit seinen Füßen schlagen und paddeln kann. Man gibt ihm Anleitung und genügend Zeit zum Lernen, damit es nach und nach die notwendige Geschicklichkeit entwickelt.

Dasselbe ist notwendig, wenn man die Bibel studieren will. Daher werde ich in diesem und im nächsten Kapitel eine Methode vorstellen, die es Ihnen ermöglicht, tiefer in das Wort Gottes einzudringen.

Mit „Methode" meine ich eine Strategie, einen Schlachtplan, der bei entsprechendem Einsatz an Zeit und Mühe ein Maximum an Ergebnissen bringen wird. Wenn Sie keine Methode anwenden, werden Sie sehr bald frustriert sein, so wie es Wendy in Kapitel 1 beklagt hat. Sie können es mit der Auslegung und Anwendung allerdings auch übertreiben. Das war es, worüber sich Toni beschwert hat, wenn Sie sich daran erinnern.

Was Sie von diesem Buch erwarten können

Dieses Buch bietet eine Methode zum Selbststudium der Bibel an. Ich will Ihnen von vornherein sagen, was es Sie kosten wird, aber auch welche Vorteile es Ihnen bringen wird, eine solche Methode anzuwenden. Rückblickend auf mehr als vierzig Jahre Unterricht über diesen Stoff, habe ich mindestens vier Vorteile entdeckt, die für die Anwendung dieser Methode sprechen.

1. Sie haben es mit einer einfachen und bewährten Vorgehensweise zu tun.

Wie wir bereits in Kapitel 1 gesehen haben, liegt ein wesentlicher Grund für mangelndes Bibelstudium darin, daß die meisten denken, es sei zu schwierig. „Ich bin nicht geschult", sagen sie. „Ich beherrsche weder Griechisch noch Hebräisch. Ich bin nur ein Laie. Ich bin nicht klug genug." Alle möglichen Arten von Ausreden. Doch die Wahrheit ist, daß sie das Bibelstudium schwerer machen, als es sein muß.

Das Konzept, welches hier in diesem Buch vorgestellt wird, ist etwas, das jeder anwenden kann, egal auf welchem Stand geistlicher Reife oder Erziehung er steht. Es macht nichts, ob Sie erst seit fünf Wochen oder bereits seit fünf Jahren gläubig sind - die Prinzipien bleiben die gleichen. Solange Sie lesen können, können Sie auch selbst die Bibel studieren. Ich behaupte nicht, daß es kein Vorteil wäre, die Originalsprachen der Bibel zu kennen. Aber mit all den uns heute zur Verfügung stehenden Hilfsmitteln ist man nicht sonderlich benachteiligt, wenn man diese Sprachkenntnisse nicht besitzt.

Ein weiterer Vorteil dieses Konzepts ist, daß es in dem Maße erweitert werden kann, wie die Fähigkeiten des Studierenden wachsen. Mit anderen Worten: Während Sie in Ihrer Erkenntnis und Einsicht in das Wort Gottes wachsen, wird diese Methode mit Ihnen wachsen. Sie werden nie aus ihr herauswachsen. Ich verwende sie nach all diesen Jahren immer noch. Gewiß habe ich hier und da manche Sachkenntnis hinzugewonnen, und mir gelingt vieles jetzt viel besser als damals in den Anfängen. Aber die grundlegende Methode ist dieselbe geblieben. Man kann sie vergleichen mit einem Satz Werkzeuge, dessen Brauchbarkeit in dem Maße steigt, wie die Geschicklichkeit des Handwerkers wächst.

2. Sie gewinnen Sicherheit und Selbstvertrauen im Umgang mit der Schrift.

Es gibt nichts Schöneres als die innere Festigkeit, die durch den direkten Umgang mit der Bibel entsteht. Sie gibt Ihnen den Mut, selbständig zu denken. Die meisten Menschen denken nicht - sie ändern lediglich ihre Vorurteile. Doch es ist etwas ganz anderes, wenn Sie wissen, was die Bibel sagt, wo sie es sagt und was es bedeutet. Diese Art des persönlichen Besitzes einer geistlichen Wahrheit löst Sie von der Fessel der allgemeinen Meinung.

Darüber hinaus befähigt Sie das Studium der Bibel aus erster Hand dazu, die Gedanken anderer zu beurteilen. Angenommen, ich stoße an einer bestimmten Stelle auf ein Problem. Dann nehme ich mir einfach einen Kommentar zur Hand, um herauszufinden, was das alles bedeutet. Ich lese Kommentar A und finden eine Antwort. Wie aufregend! Doch dann entscheide ich mich, dies mit Kommentar B zu vergleichen, nur um zu entdecken, daß B genau die

3. Wie dieses Buch helfen kann

entgegengesetzte Antwort zu A gibt. Was in aller Welt soll ich jetzt tun? Ich war vorher verwirrt; jetzt bin ich es noch mehr. Entscheide ich mich für A oder für B? Also ringe ich mich dazu durch, noch einen weiteren Kommentar zu lesen. Aber nun stecke ich erst recht in ernsthaften Schwierigkeiten. Der dritte stimmt nur zum Teil mit A überein, aber überhaupt nicht mit B. Was soll ich tun? Eine Münze werfen, um zu einer Entscheidung zu kommen?

Es ist erstaunlich, wieviel Licht die Schrift auf Kommentare wirft. Wenn ich eine Methode anwende, die mir hilft, mit dem Bibeltext zu arbeiten und zu verstehen, was der Text sagt, dann habe ich auch eine Grundlage dafür, um das zu beurteilen, was ein Kommentar dazu sagt.

3. Sie werden die Freude des persönlichen Entdeckens erleben.

Ich kann Ihnen versichern, keine Freude ist mit der zu vergleichen, die entsteht, wenn man die Schrift aus erster Hand studiert. Selbst zu entdecken, was Gott darin geoffenbart hat, wird Sie in helle Aufregung versetzen! Doch die meisten Leute sind leider nicht von den Wahrheiten der Schrift begeistert - sie sind von ihnen „einbalsamiert".

Ich habe u. a. auch in einer Klasse für Berufstätige unterrichtet. In dieser Klasse gab es einen Arzt, den ich nie vergessen werde. Er kam zu mir mit der Bibel in der Hand und sagte: „Hendricks, ich möchte Ihnen zeigen, was ich in dieser Stelle entdeckt habe." Er war außer sich vor Freude.

Sie verstehen, was er damit sagen wollte? „Ich wette, John Calvin hat dies nie erkannt. Ich wette, Martin Luther hat nie davon gehört." Und obwohl er es nicht aussprach, meinte er gewiß auch: „Hendricks, ich wette, nicht einmal Sie haben es bis jetzt entdeckt."

Eines Tages traf ich seine Frau auf dem Parkplatz bei der Gemeinde, und sie sagte zu mir: „Was in aller Welt haben Sie mit meinem Mann angestellt?"

„Warum, wo liegt das Problem?" fragte ich.

„Ich muß den Wecker stellen, um diesem Kerl zu sagen, wann es Zeit ist, ins Bett zu gehen. Er findet einfach kein Ende beim Lesen in der Bibel."

Plötzlich war bei diesem Mann ein neues Hobby entstanden. Aber es war einfach das Ergebnis der Tatsache, daß dieser Mann seine eigenen Entdeckungen im Wort Gottes gemacht hatte. Ich hoffe, Sie werden ebenso diese „Krankheit" bekommen, wenn Sie das in diesem Buch beschriebene Konzept anwenden.

4. Sie werden Ihre Beziehung zu Gott vertiefen.

Der größte Nutzen eines Bibelstudiums aus erster Hand ist, daß Sie sich in den Autor verlieben werden. Wissen Sie, es ist schwierig, sich mit Hilfe eines Stellvertreters zu verlieben. Predigten, Bücher, Kommentare und so weiter - sie alle können wundervolle Hilfsmittel für Ihr geistliches Wachstum sein. Aber sie sind alle nur aus zweiter Hand. Wenn Sie Gott direkt kennenlernen wollen, müssen

Die Bibel - 66 Bücher

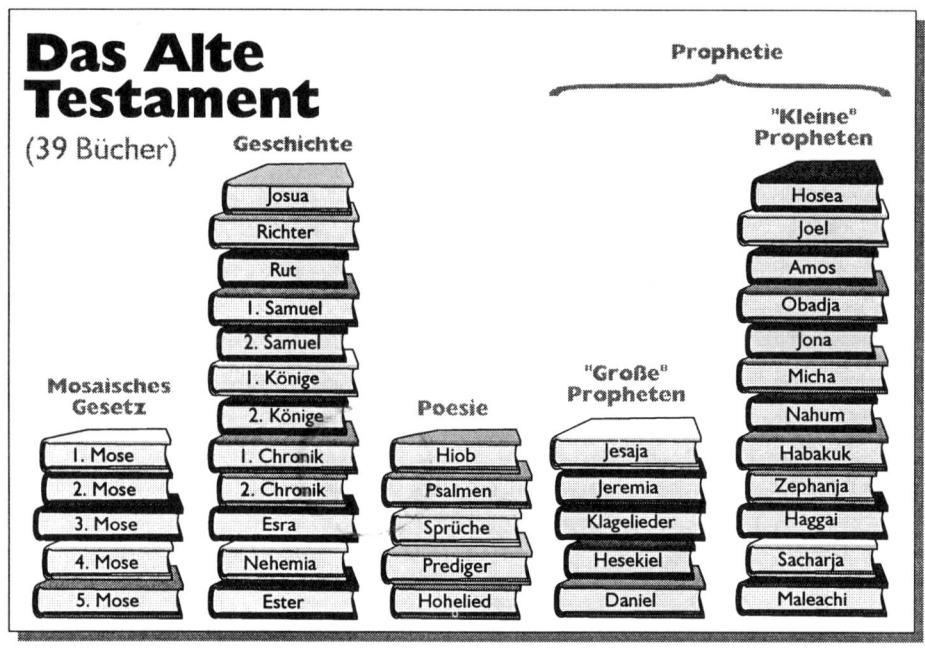

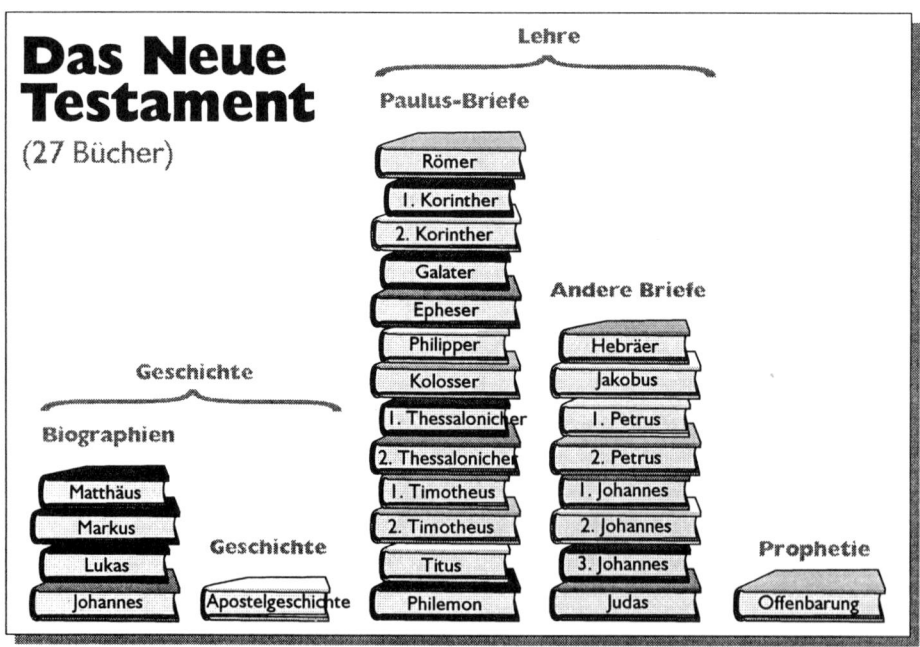

3. Wie dieses Buch helfen kann

Sie ihm direkt in seinem Wort begegnen.

Doch auch Bibelstudium kann zum Selbstzweck werden, wenn Sie es zulassen. Eines der großen Probleme, die Christen oftmals haben, ist, daß sie oft mehr über die Schrift als über den Gott der Heiligen Schrift wissen. Doch meine Bibel sagt mir: „Was kein Auge gesehen und kein Ohr gehört hat und in keines Menschen Herz gekommen ist, was Gott denen bereitet hat, die ihn lieben" (1Kor 2,9).

Gott hält wunderbare Dinge für Sie bereit. Die Heilige Schrift ist das von ihm vorgesehene Mittel, um sie in Ihren Besitz zu bringen.

Die Kosten

Aber damit sind auch Kosten verbunden. Gottes Reichtümer sind frei, aber sie sind nicht billig. Bibelstudium erfordert einige Voraussetzungen. Drei davon möchte ich nennen.

Bemühung

Die Schrift bringt ihre Früchte nicht zu den Faulen. Wie in jedem anderen Bereich des Lebens zahlt sich Bibelstudium in dem Maße aus, wie Sie darin investieren. Je mehr Sie investieren, desto mehr werden Sie auch gewinnen.

Offensichtlich wird es Zeit in Anspruch nehmen - die Schlußfolgerung, welche Linda, unsere Hausfrau aus Kapitel 1, ganz richtig getroffen hat. Aber wenn Ihr Bibelstudium fruchtbar sein wird, wenn Sie aufregende Entdeckungen machen, von denen Sie nie zuvor auch nur geahnt haben, daß es sie gibt, wenn das wirklich in Ihrem Leben Spuren hinterläßt - dann werden Sie sich bestimmt auch die Zeit dafür nehmen.

Andererseits können Sie sich natürlich auch mit irgend etwas anderem beschäftigen. Ich wünsche mir jedoch, daß dieses Buch Ihnen hilft, erfolgreiche Bemühungen in Gang zu setzen, damit die darin investierte Zeit ein Preis ist, den Sie gerne bereit sind zu zahlen für den Segen, den Sie dabei empfangen werden.

Offenheit für Gott

Wie ich bereits erwähnt habe, ist das höchste Ziel des Bibelstudiums, Gott näher kennenzulernen. Die Frage ist nur, wollen Sie ihn wirklich kennenlernen? Ist es das, wonach Sie streben? Wenn ja, verspricht Gott, Ihren Fleiß beim Studium des Wortes zu belohnen: *Glücklich der Mensch, der auf mich hört, indem er wacht in meinen Türen Tag für Tag, die Pfosten meiner Tore hütet! Denn wer mich findet, hat Leben gefunden, Gefallen erlangt von dem Herrn* (Sprüche 8,34-35).

Jeder verlangt nach dem Segen und dem Leben, von dem hier die Rede ist. Doch sind wir auch bereit, „Tag für Tag" an den Türen der Schrift zu wachen?

Bereitschaft zur Veränderung
Die Bibel wurde nicht geschrieben, um studiert zu werden, sondern um unser Leben zu verändern. Lebensumgestaltung ist das Ergebnis, worum wir uns bemühen. Dem menschlichen Herzen widerstrebt nichts mehr als Umgestaltung. Aber wenn man geistlich wachsen will, ist damit unweigerlich die Verpflichtung verbunden, sich verändern zu lassen.

In Römer 8,29 wird zum Beispiel gesagt, daß Gott die Absicht hat, Sie in das Bild Jesu Christi zu verwandeln - mit anderen Worten, Sie Christus gleich zu machen. Wenn dies zutrifft, welches Maß an Veränderung können Sie dann erwarten? Sind Sie offen dafür? Sind Sie bereit, Gott zu erlauben, mit seiner Wahrheit in Ihr ganzes Wesen und in Ihr Verhalten einzudringen?

Wir werden jetzt in die Arbeit einsteigen. Im nächsten Kapitel werde ich einen Überblick über die Methode geben, wie man die Bibel studieren kann. Aber bevor wir damit beginnen, möchte ich noch zwei Vorschläge machen.

1. Setzen Sie sich Ziele! Was wollen Sie mit diesem Konzept erreichen? Welche Nöte in Ihrem Leben müssen angesprochen werden? Gibt es Beziehungen, die geheilt, gepflegt oder geändert werden müssen? Gibt es Einstellungen, die verändert oder verstärkt werden müssen? Gibt es Gewohnheiten, mit denen Sie brechen oder die Sie ändern müssen? Fragen wie diese helfen Ihnen, zielbewußt die Bibel zu studieren.

2. Zügeln Sie Ihre Erwartungshaltung! Seien Sie realistisch! Sie mögen sich jetzt wie ein Tiger fühlen und vor Anspannung zittern. Sie können es kaum erwarten anzufangen. Das ist phantastisch! Aber vergessen Sie nicht, daß Sie dies alles nicht über Nacht beherrschen werden. Es braucht seine Zeit. Auf der anderen Seite könnten Sie sich jetzt auch wie eine Schildkröte fühlen: Sie werden dieses Ziel nie erreichen; es ist doch viel zu schwer ... Wenn das zutrifft, dann fassen Sie Mut! Das Entscheidende beim Studium der Bibel ist nicht die Geschwindigkeit, sondern die richtige Richtung! Entscheidend ist nicht, wie weit Sie kommen, sondern ob Sie dran bleiben und Fortschritte machen. Fleiß ist der Schlüssel.

Sind Sie bereit anzufangen? Dann beginnen Sie, mit mir das nächste Kapitel zu lesen, und lassen Sie uns anfangen, einen Eindruck davon zu bekommen, was Bibelstudium aus erster Hand konkret bedeutet.

Wie man eine geeignete Bibel auswählt

Das wichtigste Werkzeug, das Sie brauchen, um Gottes Wort selbständig zu studieren, ist eine Studienbibel. Wenn Sie noch keine besitzen, dann besorgen Sie sich eine. Sie wird ihren Preis wert sein. Verwenden Sie sie, sobald Sie anfangen, die in diesem Buch erklärten Prinzipien anzuwenden.

3. Wie dieses Buch helfen kann

Studienbibel

Es gibt viele ausgezeichnete Bibeln. Manche werden sogar ausdrücklich als „Studienbibel" bezeichnet, z. B. die **Thompson Studienbibel**. Als ich Christ wurde, gab mir jemand eine **Scofield Bibel**, die genau die Widmung auf dem Deckblatt enthielt, die ich bereits im ersten Kapitel erwähnt habe: „Dieses Buch wird dich von der Sünde abhalten, oder die Sünde wird dich von diesem Buch abhalten." Wie dem auch sei, wenn ich von einer Studienbibel rede, dann denke ich an eine Bibel, die folgende ideale Eigenschaften hat:

Großdruck
Bequemlichkeit ist ein Schlagwort unserer modernen Kultur. In bezug auf Bibeln bedeutet dies möglichst kleine Druckbuchstaben, denn kleiner Druck macht kleine Bibeln, die leichter zu tragen sind. Aber zu kleiner Druck kann auch das Studieren fast unmöglich machen. Es strengt nicht nur die Augen an, sondern es ist auch viel schwieriger, sich um den Text herum Notizen zu machen. Suchen Sie sich eine Bibel, deren Buchstaben groß genug zum Lesen sind und die genügend Raum bietet, um Notizen zu machen.

Breiter Rand
Wenn Sie eine solche Bibel finden können, werden Sie genügend Platz haben, um darin Ihre Beobachtungen und Einsichten niederzuschreiben.

Keine Anmerkungen
Wenn Sie das Wort Gottes studieren, werden Sie den Text unvoreingenommen lesen wollen, ohne daß Bemerkungen anderer dazu mit dem Bibeltext um Ihre Aufmerksamkeit kämpfen. Im Idealfall steht Ihnen ausschließlich der biblische Text zur Verfügung.

Keine Überschriften
Dies ist nicht ganz so entscheidend, aber - eine ideale Studienbibel wird zwar Kapitel und Versangaben haben, jedoch keine vom Herausgeber eingefügten Überschriften für Absätze und Abschnitte, wie z. B. „Rechtes Beten" oder „Missionsbefehl". Soche Überschriften können hilfreich sein, um bestimmte Inhalte im Text ausfindig zu machen, aber sie tendieren auch dazu, den Leser zu beeinflussen.

Parallelstellen
Sie können hilfreich sein, um die Schrift mit der Schrift zu vergleichen.

Einband und Papierqualität
Wenn Sie die Schrift so studieren, wie ich es in diesem Buch vorschlage, dann werden Sie von Ihrer Bibel viel Gebrauch machen. Sie werden sie von

einer Stelle zur anderen hin- und herschlagen, an den Rand schreiben, die Landkarten verwenden und hin und zurück in der Bibel und zweitrangigen Quellen herumblättern. Also benötigen Sie eine Ausgabe, die einem intensiven Gebrauch standhalten kann. Das erfordert beste Papierqualität und einen festen Einband, der nicht so leicht auseinanderfällt. Wenden Sie sich an einen Fachmann in Ihrer Fachbuchhandlung, der Ihnen die unterschiedlichen Qualitäten erläutern kann.

Konkordanz
Eine Konkordanz ist eine Auflistung von Wörtern, die im Bibeltext vorkommen, mit Stellenangaben, so daß man sie in seiner Bibel finden kann. Mehr über Konkordanzen werde ich in Kapitel 34 und 35 schreiben. Wenn eine kurze Konkordanz direkt in Ihrer Bibel enthalten ist, kann dies sehr hilfreich sein.

Landkarten
Für ernsthaftes Bibelstudium benötigen Sie einen Atlas, worauf ich ebenfalls später ausführlich eingehen werde. Aber ein paar Landkarten hinten in Ihrer Bibel für schnelle Auskünfte können auch schon sehr nützlich sein. Es ist entscheidend, darüber Bescheid zu wissen, an welchem Ort sich etwas in der Schrift abgespielt hat.

Besorgen Sie sich eine vollständige Bibelausgabe mit Altem und Neuem Testament. Wenn Sie nur ein Neues Testament verwenden, können Sie die alttestamentlichen Stellen nicht nachschlagen, die Licht auf das Neue Testament werfen. Sie stehen dann auch in der Gefahr, ein „Ein-Testament-Christ" zu werden. Denken Sie daran, daß beide Testamente Gottes Wort sind. Beide sind inspiriert. Alle sechsundsechzig Bücher sind von Nutzen (2Tim 3,16). In Hebräer 4,12 nennt der Schreiber die Schrift ein zweischneidiges Schwert. Aber manche Leute, die versuchen, mit einem kleinen Taschentestament zu arbeiten, haben sich statt eines Schwertes mit einem Taschenmesser zufriedengegeben.

Wahrscheinlich werden Sie mit einer deutschen Übersetzung arbeiten, wenn Sie nicht Griechisch oder Hebräisch beherrschen. Es stehen Ihnen Dutzende deutscher Bibeln zur Verfügung. Sie haben alle ihre Stärken und Schwächen. Am ehesten kann ich Ihnen solche empfehlen, die sich durch eine größtmögliche Nähe zum Grundtext auszeichnen, z. B. die Luther oder die Elberfelder Übersetzung. Auch die Schlachter und die Zürcher Bibel sind empfehlenswert.

Eine moderne und zeitgemäße Übersetzung ist „Hoffnung für alle". Bekannt

3. Wie dieses Buch helfen kann

ist auch die „Gute Nachricht". Sie ist jedoch mehr eine Übertragung als eine Übersetzung, d. h. in bezug auf den genauen Wortlaut sehr frei übersetzt. Welche Übersetzung Sie auch immer wählen, überzeugen Sie sich davon, daß Sie eine gute Studienbibel bekommen, wie ich sie oben beschrieben habe.

Als letzten Hinweis: Scheuen Sie sich nicht, in Ihre Bibel hineinzuschreiben. Manche bemerken dazu: „Ich will sie doch nicht verschmutzen." Nun, ich sage dagegen, verschmutzen Sie sie ruhig, wenn Sie es so nennen wollen. Schreiben Sie überall hinein. Sie sollten alle zwei oder drei Jahre einmal durch die Bibel gelangt sein, wenn Sie Ihr Studium mit Fleiß betreiben. Dann können Sie sich eine neue Bibel besorgen. Es ist eine wunderbare Sache, später einmal all die alten Bibeln zu betrachten und die Fortschritte zu sehen, die man in seiner geistlichen Entwicklung gemacht hat.

4

EIN ERSTER ÜBERBLICK

Jeanne und ich verbrachten vor einigen Jahren mit unserem Sohn Bill an der Westküste Amerikas unseren Urlaub. Wir hatten einen Freund dort, der ein Flugzeug besaß, und eines Tages fragte er uns, ob wir mit ihm zur Santa Catalina Insel fliegen wollten. Wir nahmen sein Angebot an, und schon am nächsten Morgen rasten wir die Startbahn entlang und stiegen auf gen Himmel über dem Bezirk Orange.

Als wir auf den Pazifik hinausflogen, drehte sich unser Freund um zu Bill, der im Sitz des Kopiloten saß, und brüllte, den Lärm des Motors übertönend: „Würdest du gerne mal selbst das Fliegen probieren?"

Immer zu einem Abenteuer bereit, antwortete dieser: „Na klar!" Bill hatte noch nie in seinem Leben ein Flugzeug geflogen - aber wen störte das schon?

Unser Freund gab ihm eine kurze Einführung in die Kunst des Fliegens - eine Art „Schnellkurs", wie man sagt. Dann überließ er ihm die Steuerung, und Bill führte das Kommando. Es klappte reibungslos, solange wir geradeaus flogen. Aber nach einigen Minuten rief ihm der Pilot zu: „Warum probierst du nicht mal eine Kurve?"

Bill neigte das Flugzeug nach links, und plötzlich fühlte ich mich ein wenig schwindelig. Nur einen Moment später sagte unser Freund: „Okay, probiere es jetzt nach der anderen Seite!" Das Flugzeug neigte sich nach rechts. Nun wurde uns beiden, Jeanne und mir, erst recht schwindelig. Wir waren erleichtert, als der Pilot schließlich seine Hand auf den Steuerknüppel legte, uns in die Gerade brachte und das Kommando wieder übernahm.

„Nicht schlecht!" rief er Bill zu, der wie ein erfahrener Pilot grinste. „Wir sind nicht mehr als 300 m gefallen."

Fliegen zu lernen erfordert offensichtlich mehr, als jemandem einfach die Steuerung zu übergeben und zu schreien: „Viel Spaß!" Es erfordert Fähigkeiten, für die man Jahre braucht, um sie zu entwickeln. Abgesehen davon, daß man Erfahrungen sammelt, nimmt man dabei schließlich auch sein Leben selbst in die Hand.

Beim Studium des Wortes Gottes geschieht nichts anderes. Es richtig zu erlernen ist eine Aufgabe, die nicht über Nacht erledigt werden kann. Doch dies ist genau das, was wir mit gerade zum Glauben Gekommenen tun, wenn wir ihnen

4. Ein erster Überblick

erzählen, daß sie Einblick in die Schrift bekommen müssen, ihnen eine Bibel in die Hand geben und erwarten, daß sie diese von selbst studieren und im Glauben wachsen. Kein Wunder, daß so viele Gläubige aus Frustration aufgeben.

In diesem Kapitel möchte ich einen Überblick zu diesem Bibelstudienkonzept geben. Zunächst werde ich definieren, was methodisches Vorgehen beim Bibelstudium beinhaltet. Dann werde ich im größeren Rahmen aufzeigen, worauf dieses Konzept hinzielt und was man damit erreichen kann, wenn man es anwendet.

Es ist nicht so abwegig, wie es zunächst scheint

Beginnen wir mit einer Definition. Ich definiere eine Bibelstudienmethode mit drei einfachen Aussagen. Zuallererst bedeutet Methode *methodisch vorgehen*. Das heißt, sie enthält bestimmte Schritte, die in einer bestimmten Reihenfolge zu einem bestimmten Ergebnis führen. Nicht einfach irgendwelche Schritte in irgendeiner Reihenfolge mit irgendwelchen Ergebnissen.

Das Ergebnis ist entscheidend. Was ist das Ergebnis eines methodischen Bibelstudiums? Was wollen Sie erreichen? Persönliches Bibelstudium hat ein ganz bestimmtes Ziel - nämlich Lebensveränderung.

Wie können Sie dies erreichen? Welcher Weg führt zu diesem Ziel? Ich schlage ein Drei-Stufen-Modell vor, welches Lebensveränderung garantieren wird - drei entscheidende Schritte in einer genau festgelegten Reihenfolge.

1. Beobachtung
Auf dieser Stufe werden Sie sich folgende Frage beantworten: „Was sehe ich?" Sobald Sie sich mit der Schrift näher beschäftigen, beginnen Sie zu fragen: „Was sind die Fakten?" Sie nehmen die Rolle eines Bibeldetektivs ein, der nach Hinweisen sucht. Keine Einzelheit ist unbedeutend. Das führt Sie zur zweiten Stufe.

2. Auslegung
Hier beantworten Sie sich die Frage: „Was bedeutet es?" Sie suchen nach der Bedeutung des Gesagten. Leider beginnt Bibelstudium oftmals mit Auslegung und endet auch damit. Ich werde Ihnen zeigen, daß es damit nicht beginnt. Bevor Sie verstehen, müssen Sie erst lernen zu sehen. Ebensowenig endet Bibelstudium nicht mit Auslegung, denn es gibt noch eine dritte Stufe.

3. Anwendung
Zum Schluß beantworten Sie sich die Frage: „Wie kann ich es anwenden?" Sie fragen nicht: „Kann ich es überhaupt anwenden?" Manche sagen, man müsse

die Bibel „anwendbar" machen. Aber wenn die Bibel nicht bereits anwendbar ist, dann kann Ihnen nichts, was Sie oder ich dabei tun können, helfen. Die Bibel ist bereits in sich anwendbar, weil sie geoffenbart wurde. Die Bibel zu studieren bedeutet, zur eigentlichen Realität zurückzukehren. Und bei denen, die sie lesen, wird sich ihr Leben wirklich verändern.

Sie brauchen Informationen aus erster Hand

Methode bedeutet also, *methodisch vorzugehen*. Doch lassen Sie mich dieser Definition eine zweite Aussage hinzufügen: *Methode bedeutet, methodisch vorzugehen in der Absicht, aufnahmebereit und fruchtbar zu werden.*

Wenn Sie auf Ihre Umgebung einwirken wollen, müssen Sie die Schrift zunächst einmal auf sich selbst einwirken lassen. Es ist ähnlich wie bei der menschlichen Fortpflanzung. Weder das männliche Sperma noch das weibliche Ei für sich allein sind fähig, sich zu reproduzieren. Nur wenn das Sperma eindringt und vom Ei aufgenommen wird, kommt es zu Empfängnis und Fortpflanzung.

Ebenso ist es im geistlichen Bereich. Wenn Gottes Wort und eine aufnahmebereite, gehorsame Person aufeinandertreffen, dann geben Sie acht! Das ist eine Kombination, die die Welt verändern kann. Und dazu kann Ihnen persönliches Bibelstudium verhelfen - Ihr Leben umzuwandeln und, als Folge davon, auch Ihre Umgebung zu verändern.

Eine dritte Aussage schließlich vervollständigt unsere Definition: *Methode bedeutet, methodisch vorzugehen in der Absicht, durch direkte Begegnung mit dem Wort aufnahmebereit und fruchtbar zu werden.*

Nichts ist so außergewöhnlich wie der Einfluß der Bibel, wenn sie regelmäßig zur Hand genommen wird. Sie ist voller Lebenskraft. Ohne sie werden Sie nie direkt an dem, was Gott sagt, beteiligt sein. Sie werden immer von einem Vermittler abhängig sein. Stellen Sie sich vor, Sie wollten sich auf diese Weise mit Ihrem Ehepartner verständigen. Was glauben Sie, wie lange Ihre Ehe dauern würde? Das gleiche trifft auch auf Ihre Beziehung zu Gott zu. Es gibt keinen Ersatz dafür, sein Wort aus erster Hand zu studieren.

Beginnen Sie mit Beobachtung

Jetzt, da Sie wissen, worauf diese Sache abzielt, schauen Sie sich dieses Konzept einmal genauer an. Rufen Sie sich in Ihr Gedächtnis zurück, daß Beobachtung der erste Schritt ist. Das ist der Moment, wo Sie sich die Frage stellen: „Was sehe ich?" und versuchen, sie zu beantworten. Sie müssen auf vier Dinge achtgeben.

4. Ein erster Überblick

1. Begriffe

Ein Begriff ist mehr als ein Wort. Er ist ein Schlüsselwort, das zu dem führt, was ein Autor sagen will. Im Johannesevangelium erscheint zum Beispiel das Wort „**glauben**" nicht weniger als neunundsiebzigmal und immer als Zeitwort, nie als Hauptwort. Forschen Sie nach, und Sie werden entdecken, daß Johannes „glauben" sehr zielbewußt verwendet. Es ist ein Schlüsselbegriff, der seine Absicht deutlich macht. Tatsächlich würde sich der Sinn seines Evangeliums vollkommen verändern, wenn er auf diesen Begriff verzichtet hätte.

2. Struktur

Im Gegensatz zur allgemeinen Auffassung ist die Bibel keineswegs nur eine Sammlung von wahllosen Reden und Geschichten, die jemand aufs Geratewohl zusammengestellt hat. Sie ist vielmehr eine ganze Bibliothek von sorgfältig erarbeiteten Büchern, die für solche, die danach suchen, zwei grundlegende Strukturen aufweisen.

Zunächst gibt es eine grammatische Struktur. Ich kann Sie bereits stöhnen hören: „Müssen wir das wiederholen? Ich habe das bereits im siebten Schuljahr aufgegeben." Wenn Sie aber die Schrift mit Gewinn studieren wollen, müssen Sie lernen, sie mit der Grammatik im Hinterkopf zu lesen. Welches ist das Subjekt des Satzes? Welches das Objekt? Welches ist das Hauptzeitwort? Je mehr Sie sich mit der Grammatik auskennen, desto mehr können Sie aus einer Stelle herausholen.

Es gibt aber auch eine literarische Struktur. Es gibt Fragen und Antworten. Es gibt einen Höhepunkt und seine Auflösung. Es gibt Ursache und Wirkung. Ich werde Ihnen viele verschiedene Variationen zeigen, wie die Autoren der Bibel ihre Schriften aufgebaut haben.

3. Literarische Form

Es ist erstaunlich, wie viele den Stil ignorieren, sobald sie sich näher mit den Büchern der Bibel beschäftigen. Sie behandeln sie alle gleich.

Und doch gibt es einen gewaltigen Unterschied zwischen der Poesie des Hebräerbriefs oder der Psalmen und den detailliert argumentierenden Briefen des Paulus, zwischen der großartigen und lebendigen Schilderung der beiden ersten Mosebücher und den einfachen, aber treffenden Erzählungen der Gleichnisse. Es gibt Allegorien und Liebespoesie, Satirisches und Apokalyptisches, Komödien und Tragödien und noch vieles mehr. Alle diese Formen verwendete der Heilige Geist, um seine Botschaft zu übermitteln. Wenn Sie also seine Botschaft verstehen möchten, müssen Sie jede spezielle Art der biblischen Literatur nach ihren eigenen „Regeln" lesen. Ich werde Ihnen in späteren Kapiteln zeigen, wie Ihnen dies gelingen kann.

4. Ein erster Überblick

4. Stimmung
Beim Lesen des biblischen Textes müssen Sie Einfühlungsvermögen für den Ort und die Stimmungslage entwickeln. Was spüren Sie, wenn Sie sich in die Lage des Autors versetzen? So sagt Paulus zum Beispiel: „Freut euch im Herrn allezeit! Wiederum will ich sagen: Freut euch!" (Phil 4,4). Das klingt gut. Aber wo war er? Im Maritim? Nicht ganz. Er befand sich in einem übelriechenden, römischen Gefängnis. Und hinter Gittern schaut das Leben ganz anders aus.

Sie dürfen ruhig alle Ihre Sinne mit in den Text hineinnehmen. Wenn von einem Sonnenuntergang die Rede ist, sehen Sie hin. Wenn ein Geruch erwähnt wird, riechen Sie ihn. Lesen Sie von einem Schrei der Qual, fühlen Sie mit. Studieren Sie zufällig gerade den Brief an die Epheser? Dann versetzen Sie sich einmal in die Gemeinde zu Ephesus, und hören Sie Paulus zu, wie er darüber schreibt, daß er auf seine Knie geht, um zu beten (Eph 3,14-21). Dies ist mehr eine Übung für die eigene Phantasie, weniger für den Verstand. Daher bedarf es auch keiner fachlichen Ausbildung, um zu dem situationsbedingten Hintergrund einer Schriftstelle durchzudringen und die Stimmungslage zu erfassen.

Gehen Sie über zur Auslegung

Beobachtung oder Analyse führt zum zweiten Schritt, zur Auslegung. Hier beantworten Sie sich die Frage: „Was bedeutet es?" Denken Sie daran, daß Ihr Hauptziel es ist, die Aussage des Textes zu erfassen. Ich möchte drei Dinge vorstellen, die Ihnen helfen können, die Bedeutung einer Schriftstelle klarwerden zu lassen.

1. Fragen
Wenn Sie einen biblischen Text verstehen wollen, müssen Sie ihn mit Fragen bombardieren. Sie können der Bibel nie genug Fragen stellen. Das bedeutet nicht, daß sie auch alle beantwortet werden. Aber Sie müssen sie trotzdem stellen, um herauszufinden, ob sie beantwortet werden können. Ich werde Ihnen eine Reihe von Fragen nennen, die Ihnen helfen werden, nach der Bedeutung zu suchen.

2. Antworten
Selbstverständlich müssen Sie, wenn Sie Fragen stellen, auch nach den entsprechenden Antworten suchen. Wo finden Sie diese? Im Text! Beobachtung führt Sie zu den grundlegenden Bausteinen, aus denen Sie die Aussage einer Textstelle formulieren können. Die Antworten auf Ihre Fragen werden sich direkt aus der Beobachtung ergeben.

Deshalb behaupte ich, je mehr Zeit Sie auf das genaue Beobachten verwenden, desto weniger werden Sie sich mit der Auslegung beschäftigen müssen. Je weniger Zeit Sie aber für das Beobachten verwenden, desto ungenauer werden auch Ihre Ergebnisse sein.

3. Zusammenfassung
Sie dürfen aber nicht nur Fragen an den Text stellen und entsprechende Antworten suchen, Sie müssen die Antworten auch zu einem bedeutungsvollen Ganzen zusammenfassen. Ansonsten haben Sie nichts als einen Korb voller Bruchstücke.

Ich wurde einmal gebeten, in einer Gemeinde zu predigen. „Such dir selbst ein Thema aus", sagte man mir, „nur nicht den Epheserbrief!"

Das schien mir eine merkwürdige Bitte zu sein, bis sie es schließlich erklärten: „Unser Prediger betrachtet nun schon drei Jahre mit uns den Epheserbrief, und wir sind erst im zweiten Kapitel."

Mit einigen dieser Leute ging ich zum Mittagessen und fragte sie bei der Gelegenheit: „Was ist denn das Thema des Epheserbriefes?"

Sie hatten keine Ahnung. Sie kannten alle möglichen Details, doch ihr Prediger hatte diese vielen Einzelheiten nie zu einem bedeutungsvollen Ganzen zusammengefaßt. Das Ergebnis war: Trotz drei Jahren des Lehrens hatte seine Gemeinde nie die eigentliche Bedeutung des Epheserbriefes entdeckt.

Zusammenfassung ist die Stufe, bei der Sie die Aussage einer Stelle neu formulieren, nachdem Sie sie vorher auseinandergenommen haben, um die Einzelheiten zu untersuchen.

Lesen, Aufschreiben, Nachsinnen

Wollen Sie mit Ihrem Schriftstudium gerne mehr erreichen als bisher? Dann empfehle ich Ihnen drei Angewohnheiten, die Sie intensivieren sollten, um Ihre Leistungsfähigkeit zu steigern. Praktizieren Sie sie immer dann, wenn Sie Ihre Bibel aufschlagen.

Lesen

Auf den ersten Blick scheint das selbstverständlich zu sein. Viele „Leser" blättern jedoch nur herum. Sie schlagen die Seiten um, wie sie Fernsehkanäle wechseln, um sich das anzuschauen, was ihr Interesse weckt. Beim Wort Gottes ist eine solche Methode fehl am Platz. Das Lesen des Wortes erfordert Konzentration. Lesen Sie also einzelne Teile der Bibel immer wieder neu. Je öfter Sie sie lesen, desto mehr wird

4. Ein erster Überblick

Ihnen klar werden. Vergessen Sie nicht, sich Kapitel 8 - 17 anzuschauen, wo ich zehn Tips für richtiges Lesen gebe.

Aufschreiben

Schreiben Sie Ihre Gedanken mit eigenen Worten auf. Notieren Sie, was Ihnen im Text aufgefallen ist. Schreiben Sie Ihre Einsichten und Fragen auf. Ich weiß nicht, wie oft mir jemand schon gesagt hat: „Herr Professor, was ich aufschreiben kann, ist nichts Besonderes." Tatsache ist aber doch, daß Sie nicht auf etwas aufbauen können, was Sie gar nicht haben. Beginnen Sie also, wo Sie gerade sind, auch mit ganz einfachen Dingen. Jeder fängt an diesem Punkt an. Vergessen Sie nicht, es niederzuschreiben.

Verwenden Sie einen Notizblock, um aufzuschreiben, was Ihnen auffällt. Formulieren Sie es mit Ihren eigenen Worten, fassen Sie Ihre Beobachtungen und Einsichten zusammen, damit sie Ihnen später wieder einfallen. Wenn Ihnen dies zur Gewohnheit wird, ist es eine wertvolle Hilfe, sich an das, was Sie einmal entdeckt haben, zu erinnern und es zu verwenden.

Nachsinnen

Nachsinnen bedeutet, sich Zeit zu nehmen, um über das Gelesene intensiv nachzudenken. Fragen Sie sich selbst: Was geschieht in dieser Textstelle? Was sagt sie mir über Gott? Was über mich selbst? Was muß ich tun, wie muß ich handeln nach dem, was ich hier lese? Wie wir noch sehen werden, ist das Nachsinnen entscheidend, um Gottes Wort zu verstehen und anzuwenden.

Gehen Sie über zur Anwendung

Beobachtung und Auslegung führen zur dritten Stufe, dem entscheidenden Schritt: zur Anwendung. Hier beantworten Sie sich die Frage: „Wie kann ich es anwenden? Was bedeutet es für mich?" Noch einmal, nicht „kann ich es überhaupt anwenden", sondern „wie kann ich es anwenden". Es sind dabei zwei Bereiche zu berücksichtigen.

1. Was bedeutet es *für mich*?
Dies kann eine sehr peinliche Frage sein. Wie uns bereits George, der Sonntagschullehrer, in Kapitel 1 mitteilte, ist es leicht, die Bibel zu studieren und zu sagen: „Du meine Güte! Dies ist genau das, was meine Klasse braucht. Mensch, ich kann es kaum erwarten, hinzugehen und es ihnen zu sagen." Doch wenn man so vorgeht, ist es leicht möglich, die persönlichen Fragen zu ignorieren, wie z. B. „Was sagt **mir** dies?" oder „Wie kann es sich in **meinem** Leben auswirken?" Denn wenn es bei mir nicht funktioniert, habe ich dann überhaupt die Berechtigung, es an andere weiterzugeben? Es fehlt mir doch dann an Glaubwürdigkeit.

2. Was bedeutet es *für andere*?
Natürlich hat die Bibel auch für andere Konsequenzen. Es ist berechtigt zu fragen: Wie kann dies das Leben anderer verändern? Ihre Ehe und Familie? Ihr Geschäft und ihren Beruf? Alle Bereiche des Lebens. Ich werde Ihnen einen Weg zeigen, wie man Anwendungen der Schrift für andere nutzbar macht.

Die Übersicht behalten

Damit ist gemeint, im Auge zu behalten, wo wir überhaupt hin wollen und wie wir dorthin gelangen. Jedesmal, wenn Sie einen Abschnitt im Wort Gottes lesen, behalten Sie dabei den Überblick:

> **Beobachtung:** Was sehe ich?
> **Auslegung:** Was sagt es aus?
> **Anwendung:** Was bedeutet es für mich?

Das ist unser Ziel. Begeben wir uns gemeinsam auf eine aufregende Reise!

Wie Sie Ihren Weg durch die Bibel finden

Haben Sie sich jemals völlig hilflos gefühlt, wenn Sie während einer Predigt aufgefordert wurden, diese oder jene Stelle in der Schrift aufzuschlagen? Vielleicht war es eines dieser fremdklingenden alttestamentlichen Bücher, wie Nahum, Zephanja oder Haggai. Sie blättern eine Zeitlang herum und tun so, als ob Sie wüßten, wo es zu finden ist. Schließlich schlagen Sie im Inhaltsverzeichnis nach. Wenn Sie dann endlich die angegebene Stelle aufgeschlagen haben, ist der Redner längst weitergegangen, und Sie haben den Faden erneut verloren.

Wenn man nicht weiß, wie man eine bestimmte Bibelstelle in der Schrift

4. Ein erster Überblick

finden kann, ist man so frustriert wie ein Wanderer ohne Landkarte auf einer Landstraße. Doch es gibt zwei Möglichkeiten, um dieses Problem aus der Welt zu schaffen.

1. Lernen Sie die Bücher der Bibel auswendig
Das ist keineswegs so schwer, wie Sie denken. Schauen Sie sich die sechsundsechzig, nach Kategorien aufgelisteten Bücher in der Grafik auf Seite 36 an. Es ist leichter, sie in Gruppen auswendig zu lernen. Sie können dies innerhalb weniger Wochen schaffen.

2. Lernen Sie, mit Stellenangaben umzugehen
Eine Stellenangabe ist vergleichbar mit einer Adresse. Sie sagt Ihnen, wo ein Vers in der Bibel „zu Hause" ist. Sie ist sinnvoller als eine Seitenangabe, weil der Text in den unterschiedlichen Bibelausgaben sich natürlich auf verschiedenen Seiten befindet.

Als Beispiel betrachten Sie einmal die Stellenangabe „Johannes 8,32". Sie wird „Johannes acht Vers zweiunddreißig" gelesen. „Johannes" ist der Name des Buches, das Evangelium des Johannes im Neuen Testament. Die „8" weist auf das achte Kapitel in diesem Buch hin. Die Versnummer ist „32". Sie wird meist durch ein Komma von der Kapitelangabe abgetrennt. Das ist schon alles, was Sie wissen müssen.

Oder versuchen Sie es mit „1. Korinther 4,2". Es wird „erster Korinther vier Vers zwei" gelesen (In manchen Gemeinden heißt es auch „eins Korinther vier zwei"). Das Buch ist „1. Korinther", „4" ist das Kapitel, und „2" ist der Vers.

Gelegentlich werden Ihnen vielleicht auch Stellenangaben begegnen, wie z. B. Johannes VIII.32 oder St. Johannes VIII.32, in denen römische Ziffern für die Kapitelangabe verwendet werden und ein Punkt statt eines Kommas, um die Kapitel und Verse auseinanderzuhalten. Es ist eine veraltete Form der Stellenangabe, die man hauptsächlich in Werken findet, die in europäischen Ländern gedruckt wurden. Doch das System ist das gleiche.

Für die Angabe eines Versbereiches wird ein Bindestrich zwischen dem ersten und letzten Vers verwendet. „Johannes 8,32-42" weist hin auf den Abschnitt in Johannes 8 von Vers 32 bis Vers 42. Wenn es nur um zwei Verse geht, kann man sie auch durch einen Punkt trennen, z. B. „Johannes 8,32.42". Man kann ebenso zwei aufeinanderfolgende Verse durch einen Punkt statt durch einen Bindestrich trennen, z. B. „Johannes 8,32.33".

Eine Stellenangabe kann auch einen Abschnitt angeben, der sich über zwei oder mehrere Kapitel erstreckt. Wenn z. B. „Johannes 8,32 - 9,12" angegeben wird, so bezeichnet dies den Abschnitt, der mit Vers 32 in Johannes 8 beginnt und fortlaufend bis zum Vers 12 in Johannes 9 weitergeht. Wenn der Verweis sich auf ganze Kapitel bezieht und es keinen Grund gibt, einzelne Verse anzugeben, sieht er folgendermaßen aus: „Johannes 8 - 9".

Wenn sich jedoch der Verweis auf ein Buch mit nur einem Kapitel bezieht, wie z. B. Obadja, Philemon oder Judas, erwähnt in solchen Fällen die Stellenangabe lediglich den Namen des Buches und die Versnummer. „Philemon 21" z. B. weist auf den einundzwanzigsten Vers des Buches Philemon hin.

Manchmal will man nur einen Teil eines Verses angeben statt den ganzen Vers. In solchen Fällen kann man ein kleines a oder b verwenden (oder manchmal sogar c, wenn der Vers übermäßig lang ist). „Römer 12,1a" z. B. weist auf die erste Hälfte von Römer 12,1 hin. „Jesaja 40,8b" weist auf die zweite Hälfte des angegebenen Verses hin.

Was aber ist mit mehrzahligen Verweisen, die mehr als eine Stelle angeben? Die Gepflogenheiten sind hier unterschiedlich, doch es ist allgemein üblich, eine Liste von Stellenangaben in der Reihenfolge aufzulisten, in der sie auch in der Bibel aufeinanderfolgen; getrennt durch ein Semikolon, um den Namen des jeweiligen Buches nur einmal anführen zu müssen. Z .B.: „1. Mose 3,17-19; Psalm 8,3-8; Prediger 3,12-13; 5,18; Epheser 4,28; 6,5-9; Kolosser 3,22 - 4,1".

Eine Bemerkung zum Schluß: Wenn Sie auf ein bestimmtes Kapitel in den Psalmen verweisen wollen, verwenden Sie den Singular „Psalm", z. B. „Psalm 23" - nicht „Psalmen 23". Das Buch der Psalmen ist eine Sammlung verschiedener „Psalmen" (Plural); jedes einzelne Kapitel besteht aus einem „Psalm" (Einzahl).

Schritt 1

Beobachtung

 **Was sehe ich?**

5

DER WERT GENAUER BEOBACHTUNG

Der erste Schritt im Bibelstudium ist Beobachtung, bei der wir uns die Frage stellen und beantworten: Was sehe ich? Wenn der Psalmist betete, „öffne meine Augen, damit ich schaue die Wunder aus deinem Gesetz" (Psalm 119,18), dann bat er um die Gabe der Beobachtung. Er bat Gott darum, die Binden von seinen Augen wegzureißen, damit er Einsicht bekam in die Wahrheiten, die Gott geoffenbart hat.

Warum ist der eine ein besserer Bibelstudent als ein anderer? Er kann mehr sehen, das ist alles. Für beide ist dieselbe Wahrheit im Text vorhanden. Der einzige Unterschied zwischen ihnen ist, was jeder von ihnen in einem Kubikmeter Raum zu entdecken vermag.

Haben Sie jemals an einem Bibelstudium teilgenommen oder eine Predigt angehört über eine Stelle, die Sie selbst schon studiert haben - und vielleicht sogar andere darüber belehrt haben -, doch jetzt fragen Sie sich erstaunt: „Betrachten wir hier eigentlich dieselbe Stelle?" Sie müssen sich mit der Frage auseinandersetzen: „Warum kann der andere darin mehr entdecken als ich? Warum hat er so viel mehr aus dem Text herausholen können?"

Der Unterschied zwischen Ihnen beiden ist der Unterschied, den ein Sherlock Holmes gerne hervorhob: „Du siehst, aber du beobachtest nicht."

Die Fähigkeit, zu beobachten, ist ein Wachstumsprozeß. Louis Agassiz, der berühmte Naturforscher des neunzehnten Jahrhunderts in Harvard, wurde einmal gefragt: „Was war Ihr größter Beitrag für die Wissenschaft?" Seine Antwort war: „Ich habe Männern und Frauen das Beobachten gelehrt."

Er pflegte ein beeindruckendes Experiment durchzuführen, um dies zu erreichen. Er stellte einen übelriechenden Fisch auf ein Seziertablett, hielt es dem Studenten unter die Nase und gab ihm den Auftrag: „Betrachten Sie dieses Exemplar eingehend, und schreiben Sie alles auf, was Sie sehen!"

Der Student begann, mit Begeisterung wenigstens zwanzig oder dreißig Einzelheiten aufzuschreiben. Währenddessen verschwand der Professor und ließ sich erst am nächsten Tag wieder blicken. Als er hinzutrat, fragte er einfach: „Na, wie geht's?"

„Oh, ich habe siebenunddreißig verschiedene Einzelheiten entdeckt", antwortete ihm der Student voller Stolz.

„Wunderbar", rief sein Lehrer. „Machen Sie weiter so!"

Der Student allerdings dachte bei sich: *Mensch, ich habe alles gesehen, was es bei diesem Fisch zu sehen gibt!* Doch solange der Professor ihm sagte, daß er weitermachen soll, ging er natürlich zum Fisch zurück und setzte seine Untersuchung fort.

Die Angelegenheit zog sich schließlich über zwei Wochen hin. Nichts als den Fisch anschauen! Sehen Sie, die Genialität des Professors lag in der Erkenntnis, daß die Grundlage wissenschaftlicher Forschung genaues Beobachten ist. Und das gleiche gilt für gutes Bibelstudium.

Auf den folgenden Seiten werde ich Ihnen eine Reihe von Hinweisen geben, wie Sie Ihre Fähigkeit zum Beobachten steigern können, wenn Sie in der Schrift lesen. Ich werden Ihnen ausreichend Möglichkeiten bieten, Ihre Fähigkeiten an verschiedenen Stellen des Wortes zu testen. Fürs erste genügt eine kleine Übung, um Ihnen deutlich zu machen, daß Sehen nicht das gleiche ist wie Beobachten. Beantworten Sie folgende Fragen aus dem Gedächtnis. Anschließend gehen Sie hin und stellen fest, ob Ihre Wahrnehmungen richtig sind:

1. Stellen Sie sich ein Treppenhaus oder Treppenstufen vor, die zu einem Gebäude gehören, das Sie regelmäßig betreten. Wie viele Stufen sind es?
2. Wie viele Verkehrsampeln gibt es auf Ihrem Weg zur Arbeit?
3. Welche der folgenden Inschriften sind auf der **Rückseite** eines 10-DM-Scheines **nicht** vorhanden?
    a) 1777 - 1855 Carl Friedr. Gauß
    b) Wer Banknoten nachmacht oder fälscht ...
    c) ZEHN DEUTSCHE MARK
    d) Mit freundlicher Genehmigung der Deutschen Bundesbank 1991
4. Denken Sie an jemanden, mit dem Sie zusammenleben oder mit dem Sie eng zusammenarbeiten. Beschreiben Sie im Detail, was diese Person getragen hat, als Sie sie das letzte Mal gesehen haben.
5. Wie viele Seiten hat dieses Buch? (Mindestens auf zehn Seiten genau schätzen!)
6. Was war das Thema der Predigt, die sie am letzten Sonntag gehört haben? Welcher Bibeltext wurde ausgelegt?
7. Ist Ihre Mutter Rechts- oder Linkshänderin? Und Ihr Vater?
8. Wenn Sie verheiratet sind: Welche Seite seines Gesichts rasiert Ihr Mann zuerst? Oder welche Seite ihres Gesichts cremt sich Ihre Frau zuerst ein?
9. Bei welchem Kilometerstand haben Sie das letzte Mal einen Ölwechsel machen lassen? (Auf 1000 km genau schätzen!) Wie viele Kilometer haben Sie mit Ihrem Auto zurückgelegt, seit Sie neue Reifen gekauft haben? Wie viele

5. Der Wert genauer Beobachtung

Kilometer, seit Sie zuletzt die Zündung haben einstellen lassen?
10. Welcher Mondphase war der Mond in der letzten Nacht am nächsten: Neumond, erstes Viertel, Vollmond oder letztes Viertel?

Wie haben Sie abgeschnitten? Besitzen Sie ein gutes Auge für Details? Oder sind Sie eher „stockblind"? Natürlich ist keines der Dinge in diesen zehn Fragen lebenswichtig (außer vielleicht der Ölwechsel bei Ihrem Auto).

Doch es ist ebenso interessant, wie viele Kleinigkeiten oft den Unterschied in einem Kriminalroman oder in einer waschechten polizeilichen Ermittlung ausmachen. Alles hängt von „unbedeutenden" Details ab - die Augenfarbe des Verdächtigen, die Tageszeit, eine falsche Aussprache. Die Fakten liegen auf der Hand, jeder kann sie sehen; doch nur der Meisterdetektiv bemerkt sie. „Du siehst, aber du beobachtest nicht."

Gestatten Sie mir, Ihnen zu helfen, die Schrift genau zu beobachten. Im nächsten Kapitel werden wir einen Vers betrachten und uns die einfache Frage stellen: Was sehe ich? Sie werden davon vielleicht überrascht sein.

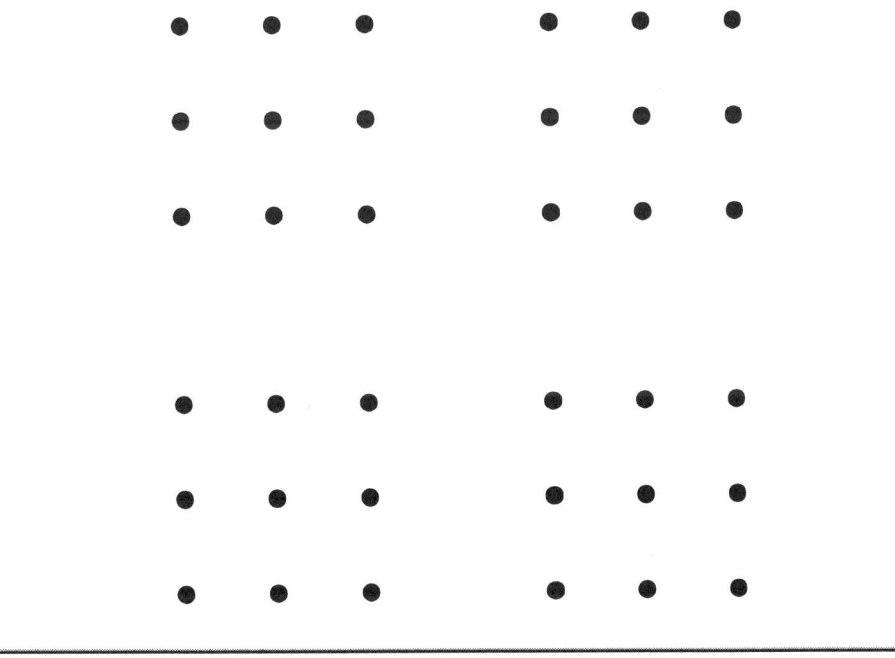

Schritt 1: Beobachtung

Wieviele Quadrate sehen Sie in dieser Abbildung?

5. Der Wert genauer Beobachtung

Versuchen Sie es selbst

Beobachtung ist eine der sinnvollsten Fähigkeiten, die Sie sich aneignen können. Es kann sogar eine Menge Spaß machen. Hier finden Sie eine Übung, die Sie mit jungen Leuten ausprobieren können. Sie schult die Beobachtungsgabe der Kinder und lehrt Sie selbst einiges über den Beobachtungsvorgang.

Stellen Sie in Abwesenheit der Kinder eine Gruppe von Gegenständen auf einem Tisch wie folgt zusammen:

einen Stein
ein Taschentuch
einen Kugelschreiber
zwei oder drei Muscheln
ein Spielzeugauto
fünf Wachsmalstifte
einen Legostein
ein Blatt Papier
einen Magneten
einen mehrfarbigen Schal
eine Krawatte
eine Zahnbürste

Es kommt nicht darauf an, was Sie auswählen und auf den Tisch legen. Versichern Sie sich nur, daß es sich auch um Gegenstände handelt, die den Kindern bekannt sind. Wählen Sie die Gegenstände auch danach aus, ob sie deutliche und interessante Merkmale besitzen, z. B. eigenartige Formen oder Farben.

Nachdem Sie die Gegenstände auf dem Tisch angeordnet haben, decken Sie sie mit einem Leinen- oder Tischtuch zu. Anschließend rufen Sie die Teilnehmer ins Zimmer und geben jedem einen Bleistift und ein Blatt Papier. Sagen Sie ihnen, daß sie aufschreiben sollen, was sie auf dem Tisch sehen. Ziehen Sie dann das Tuch ab, und zeigen Sie die Gegenstände für etwa 60 Sekunden. Dann decken Sie sie wieder zu.

Lassen Sie die Kinder jetzt aufschreiben, was sie gesehen haben oder - was sie denken, das sie gesehen haben. Bitten Sie sie, die Besonderheiten der Gegenstände zu beschreiben, wie z. B. Größe, Farbe, Kennzeichen usw. Erstellen Sie eine Liste von all ihren Beobachtungen. Dann ziehen Sie das Tuch erneut von den Gegenständen ab, und zeigen Sie sie noch einmal der Gruppe. Jeder wird erstaunt sein, was er aufgeschrieben hat und was nicht. Ihnen selbst wird klar werden, daß ein großer Unterschied zwischen bloßem Sehen und sorgfältigem Beobachten besteht.

Die Uhr

"Sie sagten, daß man es kaum vermeiden könne, einem Gegenstand, welchem auch immer, den man täglich in Gebrauch hat, den Stempel der eigenen Persönlichkeit aufzudrücken, und zwar derart deutlich, daß ein geübter Beobachter diesen Stempel ganz leicht zu lesen vermag. Nun, ich habe hier eine Uhr, die erst kürzlich in meinen Besitz gelangt ist. Wollen Sie die Güte haben, mich Ihre Ansicht über den Charakter und die Gewohnheiten des ehemaligen Besitzers wissen zu lassen?"

Ich reichte ihm mit einem leichten Anflug von Schadenfreude die Uhr hinüber, denn die Aufgabe schien mir unlösbar, und ich beabsichtigte, ihm auf diese Weise für den etwas überheblichen Ton, den er gelegentlich anzuschlagen pflegte, eine Lehre zu erteilen. Er wog die Uhr in der Hand, schaute das Zifferblatt aus nächster Nähe an, öffnete den Rückendeckel und prüfte das Werk, erst mit dem bloßen Auge, dann mit einer starken Lupe. Als er schließlich den Deckel zuschnappen ließ und mir die Uhr zurückreichte, konnte ich beim Anblick seines enttäuschten Gesichts kaum ein Lächeln unterdrücken.

"Die Uhr bietet nur wenige Anhaltspunkte", bemerkte er, "denn sie ist vor kurzem gereinigt worden, wodurch ich aufschlußreicher Spuren beraubt bin."

"Sie haben recht", antwortete ich, "sie wurde gereinigt, ehe man sie mir schickte."

In der Tiefe meines Herzen warf ich meinem Freund vor, eine lahme und wenig überzeugende Entschuldigung vorgebracht zu haben, um sein Versagen zu beschönigen. Was für Spuren hätte er in der nicht gereinigten Uhr schon finden können?

"Obwohl unbefriedigend, war meine Untersuchung doch nicht vollkommen fruchtlos", bemerkte er und starrte mit glanzlosen Augen zur Decke. "Ihre Korrektur vorbehalten, würde ich annehmen, daß die Uhr Ihrem älteren Bruder gehörte, der sie von Ihrem Vater geerbt hat."

"Das schließen Sie zweifellos aus den Initialen H.W. auf der Rückseite?"

"Genau. Das W läßt auf Ihren Familiennamen schließen. Das Herstellungsdatum der Uhr liegt etwa fünfzig Jahre zurück, und die Initialen sind so alt wie die Uhr selbst; folglich wurde sie schon für einen Vertreter der vergangenen Generation hergestellt. Wertgegenstände fallen bei der Erbschaft gewöhnlich dem ältesten Sohn zu, und es ist sehr wahrscheinlich, daß dieser den gleichen Namen trägt wie der Vater. Ihr Vater ist, wenn ich mich recht erinnere, schon seit vielen Jahren tot. Folglich war die Uhr im Besitz Ihres älteren Bruders."

5. Der Wert genauer Beobachtung

„Bis hierhin stimmt alles", bestätigte ich. „Haben Sie sonst noch etwas bemerkt?"

„Er war ein Mensch von nachlässigen Gewohnheiten - sehr nachlässigen und sehr leichtfertig. Er hatte gute Aussichten im Leben, verpaßte aber alle seine Chancen, lebte geraume Zeit in Armut, die gelegentlich von kurzen Zeiten des Wohlstands unterbrochen wurde, und starb schließlich, nachdem er sich dem Trunk ergeben hatte. Das ist alles, was ich daraus ersehen kann."

Ich sprang auf und hinkte erregt und mit beträchtlicher Entrüstung im Herzen durchs Zimmer.

„So etwas ist Ihrer unwürdig, Holmes", begann ich schließlich. „Ich hätte nie geglaubt, daß Sie so tief sinken könnten. Sie haben in meiner Familiengeschichte nachgeforscht und geben vor, all Ihr Wissen über das Leben meines unglücklichen Bruders auf irgendeine wundersame Weise von dieser Uhr abgelesen zu haben. Sie können nicht von mir erwarten, daß ich Ihnen das glaube! Es ist nicht nett von Ihnen und hat - um ganz offen zu sein - etwas Hochstaplerisches an sich."

„Mein lieber Doktor", sagte er begütigend, „ich bitte Sie um Entschuldigung. Da ich dies als ein unpersönliches Problem betrachtete, vergaß ich, wie persönlich und peinlich meine Aussage für Sie sein mußte. Ich versichere Ihnen jedenfalls, daß ich bis zu dem Augenblick, da Sie mir die Uhr aushändigten, nicht einmal wußte, daß Sie einen Bruder hatten."

„Aber um Himmels willen, wie kamen Sie dann zu diesen Schlüssen? Sie stimmen absolut, bis in jede Einzelheit!"

„Oh, das ist Glückssache. Ich konnte nur sagen, was annähernd wahrscheinlich ist, habe aber bei weitem nicht erwartet, daß meine Angaben exakt sein würden."

„Und Sie haben nicht nur geraten?"

„Nein, nein. Ich verlege mich nie aufs Raten, halte es vielmehr für eine entsetzliche Gewohnheit, die die Fähigkeit zu logischem Denken zerstört. Sonderbar erscheint Ihnen dies alles nur, weil Sie meinem Gedankengang nicht folgen oder weil Sie kleine Tatsachen nicht beachten, von denen die Schlußfolgerung weitgehend abhängt. Ich begann zum Beispiel mit der Feststellung, daß Ihr Bruder nachlässig war. Wenn Sie den unteren Teil dieses Uhrgehäuses betrachten, so sehen Sie, daß es nicht nur an zwei Stellen eingedrückt, sondern überall zerkratzt und abgeschürft ist von harten Gegenständen wie Schlüsseln oder Münzen, die er offenbar in der gleichen Tasche zu tragen pflegte. Es ist gewiß keine große Kunst, hieraus zu schließen, daß der Mann, der eine Uhr im Wert von fünf Pfund so 'fürsorglich' behandelt, ein nachlässiger Mensch sein muß. Ebensowenig ist es eine an den Haaren herbeigezogene Schlußfolgerung, daß ein Mann, der einen Gegenstand von einem solchen Wert erbt, auch in anderer Hinsicht recht wohl versorgt sein muß."

Ich nickte zum Zeichen, daß ich seinen Ausführungen folgen konnte.

„Es ist ein weitverbreiteter Brauch unter den Pfandleihern in England, die Nummer des Pfandscheins mit einer Nadel auf der Innenseite des Uhrdeckels einzuritzen. Das ist viel praktischer als ein Anhängezettel, weil man nicht Gefahr läuft, die Nummer zu verlieren oder zu verwechseln. Auf der Innenseite dieses Uhrdeckels sehe ich mit meiner Lupe nicht weniger als vier solcher Eintragungen. Daraus schließe ich erstens: Ihr Bruder saß oft auf dem Trockenen. Zweitens: Er kannte gelegentlich Zeiten des Wohlstands, sonst hätte er das Pfand nicht wieder einlösen können. Und zum Schluß bitte ich Sie, die hintere Platte anzuschauen, in der das Schlüsselloch ist. Sehen Sie die unzähligen Kratzer um das Loch herum - Spuren des ausrutschenden Schlüssels. Könnte der Schlüssel in der Hand eines nüchternen Mannes solche Rillen einkerben? Die Uhr eines Trinkers wird stets solche Kratzer aufweisen. Er zieht die Uhr nachts auf und hinterläßt die Spuren seiner unsicheren Hand. Sehen Sie in diesen Schlußfolgerungen irgend etwas Geheimnisvolles?"

Quelle: Sir Arthur Conan Doyle, Das Zeichen der Vier, S. 6-9.

6

BEGINNEN WIR MIT EINEM VERS

Sind Sie nun bereit, selbständig die Bibel zu studieren? Ich will es hoffen. In diesem Kapitel will ich von ganz vorne anfangen und einen einzelnen Vers betrachten, **Apostelgeschichte 1,8**. Ich werde Ihnen zeigen, wie man beim Beobachten vorgeht, damit Sie am Text sehen, wie man dies in die Tat umsetzen kann. Folgen Sie dem Text in Ihrer Bibel, während ich die Fragen dazu stelle (nachfolgend **fett** gedruckt), damit Sie sehen, was man dadurch entdecken kann. Erinnern Sie sich daran, was die Hauptsache bei der Beobachtung ist: Was sehe ich?

Beginnen Sie mit einzelnen Begriffen

Wir sagten uns in Kapitel 4, daß wir beim Beobachten damit beginnen müssen, uns einzelne Begriffe näher anzuschauen. **Welcher ist der wichtigste Begriff in diesem Vers?** Es ist das erste Wort, das ich sehe, „aber". Markieren Sie dieses Wort in Ihrer Bibel!

Das Wort „aber" weist auf einen Gegensatz hin. Später werden wir noch sehen, daß Gegensätze in der Schrift immer wichtig sind. Sie zeigen einen Richtungswechsel an. **Was zwingt mich das Wort „aber" an dieser Stelle zu tun?** Zum vorhergehenden Text zurückzugehen ist ein weiterer wichtiger Aspekt des Bibelstudiums, den wir unbedingt berücksichtigen müssen. Ich beginne dieses Kapitel mit Vers 8. Wir sollten jedoch nie etwas isoliert studieren, sondern immer im Zusammenhang. Weil wir uns nahe am Anfang der Apostelgeschichte befinden, lassen Sie uns zurückgehen und von Beginn an den Kontext einbeziehen.

Vers 1 beginnt mit der Erwähnung „des ersten Berichts", der sich nach kurzem Nachforschen als das Lukas-Evangelium entpuppt. Ich stelle also sofort fest, daß die Apostelgeschichte von demselben Schreiber, „Dr. Lukas", verfaßt wurde. (Eine wichtige Frage, die Sie sich jetzt beantworten sollten: **Wer war Lukas?** Schreiben Sie alles auf, was Sie über ihn in Erfahrung bringen können.) Das Lukas-Evangelium und die Apostelgeschichte bilden also ein zweibändiges Werk. Das Lukas-Evangelium beginnt mit der Geschichte, und die Apostelgeschichte setzt sie fort.

Weiterhin erkenne ich, daß das Lukas-Evangelium und die Apostelgeschichte das gleiche Thema haben: „Alles, was Jesus angefangen hat, zu tun und auch zu lehren." Dies ist ein deutlicher Hinweis, daß die Apostelgeschichte mir einen Bericht über den fortlaufenden Dienst Christi durch seine Apostel geben wird.

Das Lukasevangelium und die Apostelgeschichte haben aber nicht nur das gleiche Thema, sie sind auch an denselben Empfänger gerichtet, an einen Mann namens Theophilus. **Wer war Theophilus?** Wenn ich zurückgehe zu Lukas 1,3, dann entdecke ich, daß er dort „vortrefflichster Theophilus" genannt wird, was vielleicht bedeutet, daß er einen Titel und eine bedeutende Stellung innehatte. Aber hier wird er einfach Theophilus genannt. Vielleicht hat er in der Zeit zwischen der Verfassung des Lukas-Evangeliums und der Apostelgeschichte Christus kennengelernt und seine Stellung verloren. Vielleicht verwendete Lukas auch nur eine kürzere Form der Anrede, weil sie inzwischen vertrauten Umgang miteinander hatten. Auf jeden Fall hatte Lukas eine bestimmte Person vor Augen, als er die Apostelgeschichte verfaßte.

Die Apostelgeschichte beginnt mit einem Gespräch. In Vers 6 finde ich den Herrn und seine Jünger, wie sie über das Reich Gottes reden. Der Text sagt: „Sie nun, als sie zusammengekommen waren, fragten ihn und sagten: ..." Das erste, was sie tun, ist, eine Frage zu stellen: „Ist dies die Zeit, in der du für Israel das Reich wiederherstellst?"

Jesus beantwortet ihre Frage. Zunächst abweisend, indem er mit Nachdruck sagt: „Es ist nicht eure Sache ... zu wissen" (Vers 7). Dann jedoch positiv (Vers 8) - das ist die Stelle, an der das Wörtchen „aber" eine so wichtige Rolle spielt - „Aber dies ist eure Verantwortung". Also ist Vers 8 Teil eines Gesprächs, bei dem die Jünger Fragen stellen und der Herr sie beantwortet.

Hier besteht also ein Zusammenhang mit dem Vorhergehenden. Betrachten wir nun, was in den Versen 9-11 folgt, denn sie berichten von der Himmelfahrt unseres Herrn. Bedenken Sie, daß Sie nicht nur nach einzelnen Worten, sondern auch nach Stimmungen Ausschau halten sollen. Diese Verse beinhalten eine ungeheuer emotionsgeladene Stimmung, denn wenn dies die Himmelfahrt ist, dann sind diese Worte Jesu in Vers 8 die letzten, die er an seine Jünger gerichtet hat. Im Grunde gibt er ihnen ihre Marschroute an. „Jetzt ist es eure Arbeit", sagt er ihnen. Und dann, während sie noch zuschauen, fährt er auf gen Himmel. Er ist weg - und nun sind sie dran.

Wann immer Sie irgendeinen Vers der Schrift studieren, betrachten Sie ihn unter allen Umständen im Zusammenhang. Studieren Sie ihn in bezug zu dem, was vorher steht und was danach folgt.

6. Beginnen wir mit einem Vers

Zusammenhang   *Gespräch* | *Frage*
Gegensatz   *Antwort*   *negativ*
                                     positiv

Aber ihr werdet Kraft empfangen

     wenn der Heilige Geist auf euch gekommen ist;

und ihr werdet meine Zeugen sein,

     sowohl in Jerusalem

     als auch in ganz Judäa

         und Samaria

     und bis an das Ende der Erde.

Wer sind die Beteiligten?

Lassen Sie uns nun zu Vers 8 zurückkehren. Ich erwähnte bereits die Bedeutung des „aber" als Hinweis auf einen Gegensatz. Es gibt noch einen zweiten Begriff, den Sie beachten sollten. **Welcher ist es?** Das Wörtchen „ihr". Beachten Sie, daß es wiederholt wird: „Ihr werdet Kraft empfangen ... ihr werdet meine Zeugen sein."

Dies führt uns zu der Frage: **Wer sind diese Leute?** Aus dem Zusammenhang erkennen wir, daß es die Apostel sind (Vers 2). An dieser Stelle möchte ich eine Liste allgemeiner Informationen einfügen, die bereits über diese Personen bekannt sind:

1. Sie gingen ungefähr drei Jahre mit Jesus während seines Dienstes.
2. Jesus erwählte sie.
3. Sie waren in Sorge. Aus diesem Grund haben sie wahrscheinlich auch die Frage über das Reich gestellt.
4. Sie alle waren Juden.
5. Einige von ihnen waren Fischer.

Ich könnte noch mehr hinzufügen. Das Entscheidende ist jedoch, daß Sie sich, wenn Sie an solche Stellen kommen, einen Eindruck verschaffen, wer diese Menschen waren. In diesem Fall sind es Leute, die Jesu Lehre gehört, seine Wunder miterlebt und viel Zeit mit dem Herrn verbracht haben. Jetzt bekommen sie die Möglichkeit, ihm die wichtigste Frage ihres Lebens zu stellen.

Eine andere Frage ist diese: **Welches ist das Hauptzeitwort in diesem Vers?** Hier ist es „werdet empfangen". **Welche Zeitform hat es?** Zukunft. Dieser Vers schaut voraus auf etwas, das später geschehen wird.

Was sollen sie empfangen? „Kraft". So könnte dieses Wort übersetzt werden - in manchen Übersetzungen werden Sie feststellen, daß es mit „Fähigkeit" wiedergegeben wird. Jesus spricht nicht nur von physischer Kraft, er spricht von der Fähigkeit der Apostel auszuführen, was er von ihnen verlangt.

Achten Sie auf das Prinzip von Ursache und Wirkung

Als nächstes kommt ein entscheidender Ausspruch: „wenn der Heilige Geist auf euch gekommen ist." **Was beinhaltet dieser Zusatz?** Zuerst weist er auf einen Zusammenhang von Ursache und Wirkung hin. Die Kraft wird nicht kommen, bevor nicht der Heilige Geist gekommen ist. Zweitens beantwortet er die Frage nach dem Zeitpunkt. Er sagt uns, daß das Empfangen der Kraft geschehen wird, wenn der Heilige Geist auf sie kommt.

Vorhin habe ich darauf hingewiesen, daß das Wörtchen „ihr" die Apostel meint. Hier stoße ich auf eine andere Person, den Heiligen Geist. **Wer ist das?** Wieder könnte ich eine Liste aufstellen von dem, was ich über den Heiligen Geist weiß. Zum ersten ist er die dritte Person der Dreieinigkeit; er ist übernatürlich. Und er ist die Person, die mit der „Kraft" in Zusammenhang steht. Also sprechen wir von „übernatürlicher Kraft".

Brauchten die Apostel diese? Zweifellos. Das letzte, was sie getan hatten, war, ihren Herrn zu einem Zeitpunkt am Kreuz im Stich zu lassen, der ganz entscheidend war. Sie benötigten also wirklich diese Fähigkeit, diese Kraft, welche nur der Heilige Geist geben kann.

Beachten Sie auch, daß Jesus sagt, der Heilige Geist werde „auf" sie kommen. Die Kraft existiert nicht in ihnen selbst, sondern sie wird von außen kommen. Es handelt sich um die Übertragung einer übernatürlichen Gabe auf gewöhnliche Menschen. Dies sagt uns viel über die Aufgabe, zu der Jesus sie ruft.

Gerade haben wir einen Ursache-Wirkung-Zusammenhang kennengelernt. Jetzt möchte ich, daß Sie Ihr Augenmerk auf die Beziehung zwischen zwei Aus-

6. Beginnen wir mit einem Vers

sagen richten: „ihr werdet Kraft empfangen" und die nächste Aussage: „und ihr werdet meine Zeugen sein". Die Apostel werden Kraft empfangen; das ist die Ursache. Die Wirkung ist, daß sie etwas sein werden - „Zeugen".

Zusammenhang
Gegensatz *Gespräch / Frage*
Antwort
Wer? Zukunft *negativ*
positiv

Aber ihr werdet Kraft empfangen

übernatürlich

Zeit **wenn der Heilige Geist auf euch gekommen ist;**

und ihr werdet meine Zeugen sein,

    sowohl in Jerusalem

    als auch in ganz Judäa

    und Samaria

    und bis an das Ende der Erde.

(9-11) Himmelfahrt
    Stimmungslage - letzte Woche

Ich stelle fest, daß dies ebenfalls in der Zunkunftsform steht. Das ist von besonderer Bedeutung, wie wir noch sehen werden. Es heißt nicht: „Ihr werdet meine Zeugen sein und dann Kraft empfangen", sondern genau umgekehrt: „Ihr werdet Kraft empfangen, was zu dem Ergebnis führt, daß ihr Zeugen sein werdet."

Das ist ein interessanter Gesichtspunkt, denn oftmals verbringen wir eine Menge Zeit damit, andere zu drängen, Zeugnis über ihren Glauben abzulegen. Aber nichts, was in ihnen selbst ist, wird sie jemals dazu bevollmächtigen. Sie haben anderen nichts mitzuteilen, und wenn sie es trotzdem versuchen, tun sie nichts weiter, als ein Schauspiel zu inszenieren.

Im Gegensatz dazu nehmen wir einmal an, eine meiner Studentinnen hätte sich im Sommer verlobt. Im Herbst kommt sie in meine Klasse, und das erste, was sie macht, ist dies: Sie hält mir ihren Ringfinger unter die Nase. Ich hätte sie nie darum gebeten, mir ihren Ring zu zeigen. Nein, etwas in ihr zwingt sie, von selbst die Initiative zu ergreifen. Sie ist in einen Mann verliebt, und sie muß es einfach mitteilen. Sie kann es nicht für sich behalten.

Das ist die Art von Dynamik, auf die Lukas uns an dieser Stelle hinweisen möchte. Als Folge von dem, was die Apostel empfangen, werden sie Zeugen sein. **Doch wessen Zeugen?** Christi Zeugen. Durch persönliche Identifizierung mit ihm. Sie sollen ihn repräsentieren.

Die Begriffe definieren

Was ist ein Zeuge? Eine einfache Definition könnte so lauten: jemand, der ein Ereignis, eine Person oder einen Umstand gesehen hat und anderen darüber berichten kann. Ein Zeuge ist jemand, der etwas erlebt hat. Genau das sollen diese Apostel werden. Dreieinhalb Jahre haben sie zusammen mit dem Heiland verbracht. Nun werden sie durch die Verbindung mit dem Heiligen Geist und durch die Bereitstellung seiner Kraft völlig andere Menschen sein.

Bis jetzt haben sie weitgehend aus eigener Kraft gelebt. Ihre Leistungen waren nicht gerade beeindruckend, wenn man die Evangelien liest. Immer wieder fielen sie auf die Nase, besonders dann, wenn es darauf ankam. Doch jetzt, da der Geist ihnen Kraft geben wird, werden sie Zeugen des Heilands sein.

Womit beginnt die nächste Aussage? „Sowohl in Jerusalem, als auch ..." Wenn ich zu Ihnen sage, daß sowohl Sie als auch ich in eine Stadt gehen wollen, werden Sie annehmen, daß es sich um zwei Personen handelt. Aber hier ist von mehr als zwei Dingen die Rede. Hier werden wenigstens vier verschiedene Orte erwähnt. Das ist doch eigenartig und ein triftiger Grund, diese Stelle in einem Kommtar nachzuschlagen, den jemand verfaßt hat, der Griechisch-Kenntnisse besitzt und erklärt, warum Lukas diesen Ausdruck verwendet. Ich werde unter Schritt 2 („Auslegung") über Kommentare Näheres ausführen.

Ich habe es nachgeschlagen und dabei gelernt, daß das Wort, welches mit „sowohl ... als auch" übersetzt wurde, ein interessanter Begriff ist. Es leitet den Beginn einer Aneinanderreihung ein. Diese Aneinanderreihung kann aus zwei Elementen bestehen, sie kann aber auch zweiundzwanzig umfassen. Hier finden wir nur vier. Die Formulierung „sowohl ... als auch" leitet eine Aneinanderreihung von vier Orten ein, an denen die Apostel als Zeugen für Christus auftreten werden.

6. Beginnen wir mit einem Vers

Die Bedeutung eines Ortes

Der erste Ort, der hier genannt wird, ist Jerusalem. Was weiß ich über Jerusalem? Stellen wir eine Liste zusammen:

1. Jerusalem ist eine Stadt.
2. Der Tempel befindet sich dort.
3. Es ist ihr derzeitiger Aufenthaltsort.
4. Jerusalem ist ihre Heimat geworden. Sie werden zu Hause anfangen, Zeugnis abzulegen. Ein einfacher Ort, um zu beginnen, nicht wahr? Kaum! Haben Sie jemals versucht, Ihren Glauben Ihren eigenen Angehörigen mitzuteilen? Es ist eine Sache, die Straße hinunterzugehen und einem Fremden etwas über Jesus Christus zu erzählen. Aber versuchen Sie es gegenüber Ihren Kindern, Ihren Eltern oder jemand anderem, der Sie gut kennt. Man wird wahrscheinlich so reagieren: „Verschone mich mit deinem religiösen Trip!" Dennoch sagt Jesus den Aposteln, daß sie hier in Jerusalem anfangen werden, was wegen des fünften Punktes besonders interessant ist:
5. Dort hat die Kreuzigung stattgefunden. Sie sind dort bekannt. Der Beginn der Verkündigung des Evangeliums wird in feindlicher Umgebung geschehen.

Aber nachdem sie in Jerusalem begonnen haben, werden sie auch nach Judäa gehen. **Wie kann ich den Unterschied zwischen Jerusalem und Judäa feststellen?** Ein Blick in einen guten Atlas zeigt mir, daß es eine Stadt in einem Landesteil ist, so wie Köln in Nordrhein-Westfalen oder München in Bayern. Jerusalem war die Stadt innerhalb eines größeren Landesteiles (Provinz), Judäa genannt. Die Reihenfolge, die der Herr angibt, geht also von der Stadt zur nächstgrößeren Einheit, einem Landesteil.

Drei Provinzen standen im Blickpunkt der Apostel: Judäa im Süden, Galiläa im Norden und dazwischen - Samaria. Es gab noch eine vierte Provinz auf der Ostseite des Jordans, genannt Peräa. Jesus gab ihnen den Auftrag, in Jerusalem zu beginnen und dann nach Judäa zu gehen.

Beachten Sie jedoch das kleine Bindewort „und", das sie zum dritten Ort bringt - Samaria. Sie liebten Samaria, nicht wahr? Keineswegs!

Erinnern Sie sich an die Frau am Jakobsbrunnen in Johannes 4? Der Text dort sagt uns, daß Jesus durch Samaria ziehen **mußte** (Vers 4). Er befand sich im Süden und wollte nach Galiläa im Norden gehen. Die Juden hätten gesagt: „Nein, du solltest nicht durch Samaria gehen." Statt dessen hätten sie ihn nach Osten gewiesen, über den Jordan das Ostufer hinauf und schließlich wieder westlich zurück nach Galiläa hinein. Um zurückzugelangen, brauchte er nur den gleichen Weg in entgegengesetzter Richtung zu gehen. Mit anderen Worten, er sollte einen riesigen Umweg machen. Unter keinen Umständen sollte er jemals durch Samaria ziehen. Warum eigentlich nicht? Johannes 4,9 erklärt uns das: „Denn die Juden verkehren nicht mit den Samaritern."

Doch in Apostelgeschichte 1,8 spricht Jesus davon, daß sich die Apostel genau in dieses Gebiet begeben sollten, das sie normalerweise peinlichst gemieden hätten.

Im nächsten Satz sagt Jesus ihnen, wohin sie noch gehen müssen: „und bis an das Ende der Erde." Jesus verwendet hier für „Erde" ein Wort, das die bewohnte Welt bezeichnet. Nachdem ich ein Bibellexikon zu Rate gezogen hatte, entdeckte ich, daß im Neuen Testament verschiedene Wörter für „Erde" verwendet werden. Später zeige ich Ihnen, wie man solche Wörter nachschlägt, ihre Bedeutung entdeckt und Unterschiede zwischen ihnen herausarbeitet. Hier spricht Jesus also über die bewohnte Welt. Er erwartet von den Jüngern nicht, daß sie die ganze Erdoberfläche abgrasen, sondern überall dorthin zu gehen, wo es Menschen gibt.

Zusammenhang *Gespräch* / *Frage*
Gegensatz *Antwort*
Wer? *Zukunft* ? *negativ*
? *positiv*

Aber ihr werdet Kraft empfangen

übernatürlich

Zeit **wenn der Heilige Geist auf euch gekommen ist;**

Zukunft Christus

und ihr werdet meine Zeugen sein,

sowohl in Jerusalem *Beginn einer*
Aufzählung

als auch in ganz Judäa

und Samaria

und bis an das Ende der Erde.

(9-11) Himmelfahrt

Stimmungslage - letzte Woche

6. Beginnen wir mit einem Vers

Betrachten Sie einen Vers in Beziehung zum ganzen Buch

Nehmen wir an, dies sei das erste Mal, daß ich einen Vers studiere. Was habe ich bisher entdeckt? Nun, zwei Dinge, die gewöhnlich nichts miteinander zu tun haben - Judäa und Samaria - , sind plötzlich miteinander verbunden wie eins. Ich habe ebenso erkannt, daß die Apostel so lange nicht aufhören sollen, bis sie auch zum letzten Fleck der bewohnten Welt gelangt sind. Und mir ist aufgefallen, daß dies die letzten Worte des Herrn sind.

Die Frage, die ich mir jetzt stelle, lautet also: **Ist es möglich, daß dieser Vers auf irgendeine Weise einen Überblick über das ganze Buch gibt? Folgen die Apostel eigentlich dieser Anweisung?** Wenn ich das Buch als Ganzes studiere, entdecke ich, daß die Antwort auf beide Fragen nur „Ja" lauten kann. Fangen sie in Jerusalem an? Apostelgeschichte 2 zeigt uns, daß sie dies taten. Gingen sie dann auch nach Judäa? Ja - aber nicht freiwillig. Sie wurden durch Verfolgung dazu gebracht hinauszuziehen (8,1), bis sie am Ende dieses Buches schließlich auf dem besten Wege sind, die gesamte damals bewohnte Welt zu erreichen.

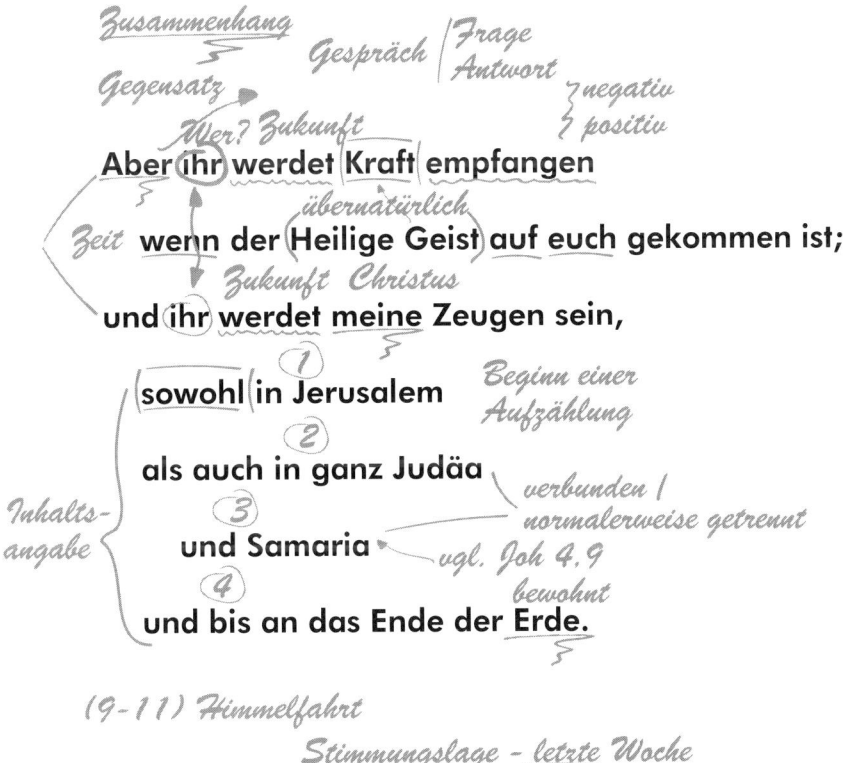

Es gibt keine Begrenzung für genaues Beobachten

Rufen Sie sich noch einmal alles ins Gedächtnis, was wir in dieser Übung herausgefunden haben. Zählen Sie nach und Sie werden feststellen, daß ich es wenigstens bis auf dreißig Beobachtungen in Apostelgeschichte 1,8 gebracht habe. (Und dies ist nur **ein** Vers. Ich habe noch nicht einmal einen Absatz, geschweige denn ein Kapitel oder gar das ganze Buch der Apostelgeschichte studiert - nur **einen** Vers!) Doch jedesmal, wenn ich neu diesen Vers lese, entdecke ich noch mehr. Eine der Aufgaben, die ich meinen Studenten im Seminar immer stelle, ist, so viele Beobachtungen wie nur möglich aus diesem einen Vers herauszuholen. Bis jetzt haben sie mehr als sechshundert verschiedene entdeckt.

Stellen Sie sich vor, welche Freude Sie an sechshundert Beobachtungen aus dieser Stelle haben könnten. Würden Sie die Schrift gerne mit solchen Augen betrachten? Ich helfe Ihnen gern, diese Fähigkeit zu entwickeln. Ich versichere Ihnen, daß es der entscheidende erste Schritt beim methodischen Studieren der Bibel ist. In den nächsten Kapiteln werden ich Ihnen einige Möglichkeiten zeigen, wie Sie Ihr Beobachtungsvermögen noch steigern können.

Versuchen Sie es selbst

Jetzt, da Sie gesehen haben, wie ich Apostelgeschichte 1,8 durch genaue Beobachtung analysiert habe, probieren Sie es selbst aus. Untersuchen Sie folgenden Text aus Josua 1,8:

**Dieses Buch des Gesetzes soll nicht
   von deinem Mund weichen,
und
   du sollst Tag und Nacht darüber nachsinnen,
damit
   du darauf achtest, nach alledem zu handeln,
      was darin geschrieben ist;**

6. Beginnen wir mit einem Vers

denn
dann wirst du auf deinen Wegen
  zum Ziel gelangen,
und
dann wirst du Erfolg haben.

Denken Sie daran, beim genauen Beobachten ist Ihre Hauptfrage an den Text: Was sehe ich? Achten Sie besonders auf einzelne Begriffe und grammatische Strukturen. Berücksichtigen Sie auch den Zusammenhang. Benutzen Sie einen Bleistift, um Ihre Beobachtungen aufzuschreiben. Sehen Sie zu, was Sie alles aus diesem faszinierenden Text herausholen können.

7

LERNE ZUNÄCHST RICHTIGES LESEN

Haben Sie jemals Ihre Bibel voller Enttäuschung wieder zugeschlagen und sich gewundert, warum Sie beim Studium der Schrift nicht mehr herausgeholt haben? In Kapitel 1 teilte uns Wendy mit, daß dies ihre Erfahrung war. Vielleicht haben Sie sich wie sie irgendwann mit ehrlichem Bemühen darangesetzt, Gottes Wort zu studieren. Sie haben andere über die darin enthaltenen Reichtümer reden gehört und wollten nun gerne selbst ein paar Schätze ausgraben. Doch nachdem Sie viel Zeit und Energie darauf verwendet haben, stellten Sie fest, daß es sich kaum gelohnt hat. Die wenigen Goldsplitter, die Sie gefunden haben, waren die Mühe eigentlich nicht wert. Es endete schließlich damit, daß Sie jegliches Bibelstudium aufgegeben haben. Andere mögen vielleicht Nutzen davon haben, sie selbst jedenfalls nicht.

Darf ich Ihnen zwei Gründe nennen, warum Sie keinen Gewinn davon hatten? Erst einmal ist Ihnen nicht bewußt, wie man überhaupt richtig liest. Und zweitens ist Ihnen nicht klar, worauf Sie eigentlich Ihr Augenmerk richten müssen.

Nun, ich will Sie nicht beleidigen, aber ich bin überzeugt, daß ich Ihnen weiterhelfen kann. Unsere Kultur hat im letzten Jahrhundert einen radikalen Wandel durchgemacht von einer wortorientierten Leserschaft zu einer bildorientierten Gesellschaft von Zuschauern. Das Medium unserer Zeit ist der Fernseher, nicht das Buch. Als Folge davon wissen wir im Gegensatz zu früheren Generationen nicht mehr, wie man richtig liest. Zum größten Teil ist uns diese Kunst verlorengegangen.

Und doch ist die Bibel ein Buch, was bedeutet, daß sie gelesen werden muß, um verstanden und mit entsprechender Wertschätzung gewürdigt zu werden. Wir müssen die Fähigkeit des Lesens wiedererlangen, wenn wir brauchbare Bibelstudenten werden wollen. In diesem und im nächsten Kapitel möchte ich Ihnen daher Hinweise geben, wie man richtig liest. Danach werden ich darauf eingehen, worauf Sie Ihr Augenmerk richten müssen.

Bei elf verschiedenen Anlässen sagte Jesus zu den Gelehrten seiner Zeit: „Habt ihr jemals gelesen?" Natürlich hatten sie gelesen. Sie verbrachten ihr

7. Lerne zunächst richtiges Lesen

ganzes Leben damit zu lesen. Aber sie verstanden nicht, was sie lasen.

Es ging ihnen genauso wie dem Student, den ich einmal in der Bibliothek traf und der vor seinem Buch eingeschlafen war. Ich dachte, ich könnte mir einen Spaß mit ihm erlauben, und so steckte ich meinen Kopf neben sein Ohr und sagte: „Buh!" Er ging hoch wie eine Rakete.

„Was in aller Welt liest du denn da?" fragte ich ihn, nachdem er sich wieder gefangen hatte. „Wenn es so aufregend ist, sollte ich es vielleicht einer meiner Klassen als Aufgabe stellen."

Er lachte.

„Ist es etwa lustig?" fragte ich ihn.

„Es ist eher traurig", sagte er. „Als ich auf Seite 37 angelangt war, wurde mir klar, daß ich nicht die leiseste Ahnung hatte, was ich überhaupt gelesen habe."

Er hatte recht. Das ist wirklich eine Tragödie. Wenn Sie nicht auch verstehen, was Sie lesen, dann lesen Sie nicht - Sie verschwenden nur Ihre Zeit. Ich fürchte, daß viele beim Bibellesen im Grunde nur ihre Zeit verschwenden, denn sie können Ihnen nachher nicht einmal sagen, was sie gelesen haben, und wenn ihr Leben davon abhinge.

Ist das auch bei Ihnen der Fall? Wenn ja, dann lassen Sie mich Ihnen drei Anregungen geben, um Ihnen zu helfen, besser lesen zu lernen.

Lernen Sie, besser und schneller zu lesen

Es besteht ein direkter Zusammenhang zwischen der Fähigkeit, die Schrift zu analysieren, und der Fähigkeit zu lesen. Etwas, das Ihre Lesegewohnheiten verbessert, wird Sie also zwangsläufig einen gewaltigen Satz nach vorne bringen, was Ihre analytischen Fähigkeiten beim Bibelstudium betrifft.

Leider habe ich feststellen müssen, daß eine immer größer werdende Zahl von Absolventen der Gymnasien und höheren Lehranstalten in unserem Land sich mit dem Lesen sehr schwer tut. Einmal stellte ich in einem meiner Seminare die Frage: „Wenn Sie Ihr Universitätsstudium abgeschlossen haben und weder lesen noch schreiben können, was werden Sie dann tun?" Ein Spaßvogel platzte heraus: „Fernsehen!"

Das ist traurig, aber wahr. Eines meiner Kinder hatte das erste Schuljahr schon fast hinter sich, als ich merkte, daß man ihm nicht beigebracht hatte, wie man liest. Ich ging also zur Lehrerin, um mich bei ihr darüber zu beschweren.

„Sie verstehen nicht, Herr Hendricks", sagte sie mir. „Die wichtigste Sache ist nicht, daß Ihr Kind lesen kann, sondern daß Ihr Kind glücklich ist."

Gegen alle Vernunft entschied ich mich, es zunächst dabei zu belassen. Doch am Ende des Jahres mußte ich feststellen, daß mein Kind zwar ausgesprochen glücklich war, daß es aber immer noch nicht lesen konnte. Ich ging also noch einmal zu der Lehrerin und sagte zu ihr: „Ist es Ihnen jemals in den Sinn gekommen, daß Kinder vielleicht noch glücklicher sind, wenn sie lesen können?"

Es kostete mich ein Monatsgehalt, um meinem Jungen Nachhilfestunden im Lesen zu geben. Aber dies war eine der besten Investitionen, die ich jemals gemacht habe. Heute liest er besser und schneller als ich, was bedeutet, daß er ziemlich gut ist. Deshalb bin ich überzeugt davon, daß es eines der wichtigsten Dinge, die man für andere tun kann, ist, ihnen zu helfen, mit dem Lesen klarzukommen.

Nehmen wir an, Sie wollen den Brief an die Epheser studieren. Sie lesen vielleicht sehr langsam und brauchen etwa eine halbe Stunde, um die ganzen sechs Kapitel zu lesen. Aber stellen Sie sich einmal vor, Sie würden es in fünfzehn Minuten lesen und Ihre Erkenntnisse dabei verdoppeln. In der gleichen Zeit also - einer halben Stunde - würden Sie Ihren Nutzen vervierfachen. Das ist doch die Mühe wert.

Ich möchte Ihnen ein Buch empfehlen, das Ihnen in dieser Angelegenheit weiterhelfen wird. Es ist ein Buch, das den Verlauf meines Lebens geändert hat, der Klassiker von Mortimer J. Adler „How to read a book" (Wie man ein Buch liest). Mittlerweile erhältlich als Taschenbuch, ist dies ein Hilfsmittel, auf das Sie nicht verzichten sollten. Es wird Ihr Leben revolutionieren.[1]

Ich habe die Highschool mit Auszeichnung abgeschlossen. In Englisch habe ich sogar eine besondere Auszeichnung erhalten. Dann ging ich auf die Universität - eine dieser seltsamen Schulen, wo man von Ihnen erwartet, daß Sie selbständig studieren. Leider habe ich das auf der Highschool nie gelernt. Ich habe niemals ein Buch von der Schule mit nach Hause genommen. An der Universität machte ich erst einmal einen Aufnahmetest und wurde der niedrigsten Englischklasse zugeteilt. Und das trotz meiner Auszeichnung in Englisch. (Später stellte sich allerdings heraus, daß mir nichts Besseres passieren konnte, weil man uns hilfsbedürftigen Studenten den besten Professor gab.)

Nun, alles, womit ich mich während der ersten sechs Wochen ausschließlich beschäftigte, war das Studium. Keine Verabredungen. Kein Sport. Und trotzdem schaffte ich es, in drei Kursen durchzufallen. Das hat mich ganz schön wachgerüttelt. Ich dachte, *du wirst es nie schaffen.*

Ich ging deshalb zu meinem Professor. Er sprach ganz offen mit mir: „Howie, dein Problem ist, daß du nicht weißt, wie man richtig liest." Und so gab er mir das Buch von Mortimer Adler. Ich las es, und es veränderte meine Lesegewohnheiten völlig. Offen gesagt, es hat den Lauf meines Lebens verändert. Und das kann es auch für Sie in bezug auf Ihr Bibelstudium tun.

---

[1] Vergleichbare Bücher im Deutschen: Helmut Dittrich, Besser lesen, verstehen, behalten!, Humboldt-Tb-Verlag München; Franz Loeser, Schneller und besser lesen, Ein 30-Stunden-Arbeitsbuch, Eisbär Verlag Berlin 1993 (Anm. d. dt. Hrsg.).

7. Lerne zunächst richtiges Lesen

Adler gibt praktische Ratschläge, z. B. wie man Bücher klassifiziert, wie man die Absicht des Autors entdeckt, wie man ein Buch zusammenfaßt und wie man Schlüsselbegriffe ausfindig macht. Er teilt mit, welches die vier Fragen sind, die sich jeder Leser stellen sollte, worin der Unterschied zwischen einem Satz und einer Präposition besteht und welchen Einfluß gute Bücher auf Sie ausüben können. Er erzählt Ihnen, wie man Handbücher, Romane oder Geschichtsbücher liest und vieles mehr. Sein Buch enthält auch eine Liste von lesenswerten Werken der klassischen Literatur. Kurz gesagt, wenn auch „How to read a book" (Wie man ein Buch liest) von Büchern im allgemeinen handelt, ist es doch auch eine hervorragende Quelle fürs Bibelstudium, weil es Ihnen vermittelt, wie man richtig liest.

Ein weiteres nützliches Buch ist „How to Read Better and Faster" (Wie man schneller und besser lesen lernt) von Norman Lewis. Es ist ein Arbeitsbuch, das Ihnen garantiert, daß Sie am Ende 50 bis 60 Prozent schneller lesen als bisher, gleichzeitig verbunden mit besserem Verständnis. Lewis erklärt, wie man Hauptgedanken herausliest, wie man mit dem Autor mitdenkt und wie man mit Fragen im Hinterkopf liest. Das Buch enthält zweiundvierzig praktische Lektionen und Dutzende von Übungen, die Ihnen helfen, sich diese Vorgehensweise anzueignen. Ich empfehle Ihnen dieses Buch sehr.

Lernen Sie, einen Text zu lesen, als wäre es das erste Mal

Es wird oft behauptet, daß Vertrautheit abstoßen kann. Nun, etwas anderes, was sie hervorruft, ist Unwissenheit. In dem Moment, wo Sie an eine Stelle der Schrift gelangen und sagen: „Ach, das kenne ich schon", sitzen Sie bereits in der Patsche. Sie müssen jedem Text neu begegnen, als hätten Sie ihn noch nie zuvor in Ihrem Leben gelesen. Das ist echte Selbstdisziplin. Es bedeutet, eine bestimmte Haltung und Einstellung gegenüber dem Wort einzunehmen.

Dabei ist es hilfreich, die Bibel in verschiedenen Übersetzungen zu lesen. Wenn Sie schon über Jahre hinweg die gleiche Übersetzung benutzen, probieren Sie doch zur Abwechslung mal etwas Frisches und Zeitgemäßes, wie z. B. „Die Hoffnung für alle". Wenn Sie aber andererseits noch nicht mit der klassischen Lutherübersetzung vertraut sind, dann sollten Sie diese unbedingt lesen. Eine neue Übersetzung wird Ihre Aufmerksamkeit ganz neu fesseln, und Sie werden beginnen, die Bibel wieder mit neuen Augen zu sehen.

Wichtig ist, daß Sie alles dafür tun, um Ihre Begegnung mit dem Wort Gottes um eine neue Perspektive zu bereichern. Der größte Feind des Bibelstudiums ist die Bemerkung: „Das kenne ich schon."

Testen Sie Ihre Lesekunst

Wie steht es mit Ihrer Kunst zu lesen? Das hier ist eine Übung, um Sie zu testen. Lesen Sie folgenden Text in 90 Sekunden oder weniger, und kreisen Sie anschließend bei jeder Aussage das **R** oder **F** ein (jedoch ohne noch einmal in den Text hineinzuschauen). Stellen Sie sich einen Wecker, oder lassen Sie sich von jemand anderem die Zeit von 90 Sekunden stoppen. Brechen Sie ab, wenn die Zeit vorbei ist, egal ob Sie fertig geworden sind oder nicht.

Trockeneis

Können Sie sich Eis vorstellen, das weder schmilzt noch naß ist? Dann wissen Sie, was Trockeneis ist. Trockeneis wird durch das Einfrieren eines Gases, Kohlendioxyd, hergestellt. Trockeneis unterscheidet sich völlig von herkömmlichem Eis, das einfach gefrorenes Wasser ist.

Trockeneis wurde zum ersten Mal 1925 hergestellt. Es übertraf die kühnsten Erwartungen seines Erfinders. Es kann verwendet werden, um im Film künstlichen Nebel zu erzeugen (wenn Dampf über Trockeneis geblasen wird, erhebt sich ein sehr dichter Nebel) und um Ungeziefer in Getreidevorräten unschädlich zu machen. Es ist praktischer als herkömmliches Eis, weil es weniger Platz beansprucht und etwa 80 Grad kälter ist. Aus diesen Gründen ist es sehr beliebt, und viele ziehen es dem herkömmlichen Eis vor.

Trockeneis ist so kalt, daß Sie sich daran verbrennen, wenn Sie damit in Berührung kommen.

Beantwortung

1. Trockeneis wird aus Wasser hergestellt, aber weil es einer besonderen Behandlung unterzogen wird, schmilzt es nicht.   R (F)
2. Das erste Trockeneis wurde in den 50er Jahren des zwanzigsten Jahrhunderts hergestellt.   R (F)
3. Trockeneis besitzt mehr Verwendungsmöglichkeiten als herkömmliches Eis.   (R) F
4. Trockeneis ist nicht so kalt wie herkömmliches Eis.   R (F)
5. Künstlicher Nebel wird erzeugt, indem man Dampf über Trockeneis bläst.   (R) F

> Haben Sie es innerhalb 90 Sekunden geschafft? Wenn nicht - machen Sie sich keine Gedanken darüber. Sie stehen erst am Anfang Ihrer Bemühungen zu schnellem Lesen und genauem Beantworten. Ihr Ziel ist es, sich allmählich und beständig zu verbessern, und nicht, sofort ein Experte zu sein.
>
> (Richtige Antworten auf Seite 83)
> Quelle: Norman Lewis, How to Read Better and Faster, 4. Aufl. (New York 1978, S. 14-15)

Lesen Sie die Bibel wie einen Liebesbrief

Sind Sie jemals verliebt gewesen? Ich will es hoffen. Ich habe mich in das Mädchen, das später meine Frau wurde, Jeanne, durch einen Briefwechsel verliebt. Fünf Jahre lang machte ich Jagd auf diese Frau, bis sie endlich mich einfing.

Raten Sie mal, was ich tat, wenn einer ihrer Briefe ankam? Knurrte ich mir dann etwa in den Bart: „O nein, schon wieder ein Brief von Jeanne (Seufzer)."? Setzte ich mich hin mit dem Gedanken: „Ich lese ihn wohl besser sofort."? Habe ich nach dem ersten Absatz etwa zu mir gesagt: „Okay, das reicht für heute. Das kann ich schon mal von meiner Liste streichen."?

Selbstverständlich nicht! Jeden einzelnen ihrer Briefe habe ich vier- oder fünfmal gelesen. Beim Anstellen in der Schlange vor dem Speisesaal der Universität habe ich ihre Briefe gelesen. Ich las sie nachts, bevor ich zu Bett ging. Ich steckte sie unter mein Kopfkissen, damit ich sie herausziehen konnte, falls ich mitten in der Nacht aufwachte. Und warum? Weil ich verliebt war in die Person, die sie geschrieben hatte.

Auf die gleiche Weise sollten Sie mit Gottes Wort umgehen. Lesen Sie es, als ob es Gottes Liebesbrief an Sie persönlich wäre.

Als Mortimer Adlers Buch zum ersten Mal erschien, wurde es in der New York Times mit dem Werbeslogan angekündigt „Wie man einen Liebesbrief liest". Das Bild zeigte einen verwirrten jungen Mann beim sorgfältigen Studieren eines Briefes. Folgende Beschreibung wurde dazu gegeben:

> Dieser junge Mann hat gerade seinen ersten Liebesbrief bekommen. Er hat ihn vielleicht schon drei- oder viermal gelesen, aber er steht noch ganz am Anfang. Um ihn so intensiv zu studieren, wie er es gerne möchte, bedarf es wohl einiger Wörterbücher und einer Menge Arbeit unter Mithilfe einiger Experten der Etymologie und Philologie.
>
> Aber er wird es wohl auch ohne sie schaffen.
>
> Er wird über die Bedeutung eines jeden einzelnen Wortes oder Satzzeichens genau nachdenken. Sie hat den Brief mit „Lieber John" begonnen. Was, wird er sich fragen, ist wohl die genaue Bedeutung dieser Worte?

Warum traut sie sich nicht, „Liebster" zu sagen? Weil sie schüchtern ist? Würde „Mein Lieber" etwas zu förmlich klingen?

Vielleicht würde sie „Lieber Soundso" auch zu jedem anderen sagen!

Ein besorgtes Stirnrunzeln erscheint auf seinem Gesicht. Aber es verschwindet wieder, sobald er über den ersten Satz nachzudenken beginnt. Sie würde so etwas bestimmt nicht irgend jemandem schreiben!

Und so arbeitet er sich durch den ganzen Brief hindurch, fühlt sich einen Moment im siebten Himmel und im nächsten jämmerlich in sich zusammengesunken. Hundert Fragen kommen ihm in den Sinn. Er könnte den ganzen Brief auswendig zitieren. Und das wird er auch tun - sich selbst - Wochen später noch.

Der Anzeigentext schloß mit der Bemerkung:

Wenn jeder mit der annähernd gleichen Konzentration Bücher lesen würde, wären wir längst eine Rasse von geistigen Riesen[2].

Auf uns übertragen, würde es bedeuten: Wenn wir mit dem gleichen Engagement unsere Bibel lesen würden, wären wir längst ein Rasse von *geistlichen* Riesen.

Wenn Sie Ihre Bibel verstehen wollen, müssen Sie lernen, wie man sie richtig liest - besser und schneller, so als wäre es das erste Mal, und so als läsen Sie einen Liebesbrief. Denken Sie daran: Gott möchte mit Ihnen im zwanzigsten Jahrhundert in Verbindung treten - und er hat seine Botschaft in ein Buch geschrieben.

---

[2] Quelle: Robert A. Traina, *Methodical Bibel Study: A New Approach to Hermeneutics* (Wilmore Ky.: Robert A. Traina, 1952), S.97-98.

7. Lerne zunächst richtiges Lesen

Vier verschiedene Übersetzungen von 1. Korinther 13

Elberfelder
Wenn ich mit den Sprachen der Menschen und der Engel rede, aber nicht Liebe habe, so bin ich ein tönendes Erz geworden oder eine schallende Zimbel. Und wenn ich Prophezeiung habe und alle Geheimnisse und alle Erkenntnis weiß, und wenn ich allen Glauben habe, so daß ich Berge versetze, aber nicht Liebe habe, so bin ich nichts. Und wenn ich alle meine Habe zur Speisung der Armen austeilen werde, und wenn ich meinen Leib hingebe, auf daß ich verbrannt werde, aber nicht Liebe habe, so ist es mir nichts nütze. Die Liebe ist langmütig, ist gütig; die Liebe neidet nicht; die Liebe tut nicht groß, sie bläht sich nicht auf, sie gebärdet sich nicht unanständig, sie sucht nicht das Ihrige, sie läßt sich nicht erbittern, sie rechnet Böses nicht zu, sie freut sich nicht über die Ungerechtigkeit, sondern sie freut sich mit der Wahrheit, sie erträgt alles, sie glaubt alles, sie hofft alles, sie erduldet alles. Die Liebe vergeht nimmer; seien es aber Prophezeiungen, sie werden weggetan werden, seien es Sprachen, sie werden aufhören, sei es Erkenntnis, sie wird weggetan werden. Denn wir erkennen stückweise, und wir prophezeien stückweise; wenn aber das Vollkommene gekommen sein wird, so wird das, was stückweise ist, weggetan werden. Als ich ein Kind war, redete ich wie ein Kind, dachte wie ein Kind, urteilte wie ein Kind; als ich ein Mann wurde, tat ich weg, was kindisch war. Denn wir sehen jetzt durch einen Spiegel, undeutlich, dann aber von Angesicht zu Angesicht. Jetzt erkenne ich stückweise, dann aber werde ich erkennen, gleichwie auch ich erkannt worden bin. Nun aber bleibt Glaube, Hoffnung, Liebe, diese drei; die größte aber von diesen ist die Liebe.

Revidierte Elberfelder
Wenn ich in den Sprachen der Menschen und der Engel rede, aber keine Liebe habe, so bin ich ein tönendes Erz geworden oder eine schallende Zimbel. Und wenn ich Weissagung habe und alle Geheimnisse und alle Erkenntnis weiß und wenn ich allen Glauben habe, so daß ich Berge versetze, aber keine Liebe habe, so bin ich nichts. Und wenn ich alle meine Habe zur Speisung der Armen austeile und wenn ich meinen Leib hingebe, damit ich verbrannt werde, aber keine Liebe habe, so nützt es mir nichts. Die Liebe ist langmütig, die Liebe ist gütig; sie neidet nicht; die Liebe tut nicht groß, sie bläht sich nicht auf, sie benimmt sich nicht unanständig, sie sucht nicht das Ihre, sie läßt sich nicht erbittern, sie rechnet Böses nicht zu, sie freut sich

nicht über die Ungerechtigkeit, sondern sie freut sich mit der Wahrheit, sie erträgt alles, sie glaubt alles, sie hofft alles, sie erduldet alles. Die Liebe vergeht niemals; seien es aber Weissagungen, sie werden weggetan werden; seien es Sprachen, sie werden aufhören; sei es Erkenntnis, sie wird weggetan werden. Denn wir erkennen stückweise, und wir weissagen stückweise; wenn aber das Vollkommene kommt, wird das, was stückweise ist, weggetan werden. Als ich ein Kind war, redete ich wie ein Kind, dachte wie ein Kind, urteilte wie ein Kind; als ich ein Mann wurde, tat ich weg, was kindlich war. Denn wir sehen jetzt mittels eines Spiegels, undeutlich, dann aber von Angesicht zu Angesicht. Jetzt erkenne ich stückweise, dann aber werde ich erkennen, gleich wie auch ich erkannt worden bin. Nun aber bleibt Glaube, Hoffnung, Liebe, diese drei; die größte aber von diesen ist die Liebe.

Hoffnung für alle
Ohne Liebe bin ich nichts. Selbst wenn ich in allen Sprachen der Welt, ja mit Engelzungen reden könnte, aber ich hätte keine Liebe, so wären alle meine Worte hohl und leer, ohne jeden Klang, wie dröhnendes Eisen oder ein dumpfer Paukenschlag. Könnte ich aus göttlicher Eingebung reden, wüßte ich alle Geheimnisse Gottes, könnte seine Gedanken erkennen und hätte einen Glauben, der Berge versetzt, aber mir würde die Liebe fehlen, so wäre das alles nichts. Selbst wenn ich all meinen Besitz an die Armen verschenken und für meinen Glauben das Leben opfern würde, hätte aber keine Liebe, dann wäre alles umsonst. Liebe ist geduldig und freundlich. Sie kennt keinen Neid, keine Selbstsucht, sie prahlt nicht und ist nicht überheblich. Liebe ist weder verletzend noch auf sich selbst bedacht, weder reizbar noch nachtragend. Sie freut sich nicht am Unrecht, sondern freut sich, wenn die Wahrheit siegt. Diese Liebe erträgt alles, sie glaubt alles, sie hofft alles und hält allem stand.
Einmal werden keine Propheten mehr zu uns sprechen, das Beten in anderen Sprachen wird aufhören, die Erkenntnis der Absichten Gottes mit uns wird nicht mehr nötig sein. Nur eins wird bleiben: die Liebe. Denn unsere Erkenntnis ist bruchstückhaft, ebenso wie unser prophetisches Reden. Wenn aber das Vollkommene - Gottes Reich - da ist, wird alles Vorläufige vergangen sein. Als Kind redete, dachte und urteilte ich wie ein Kind. Jetzt bin ich ein Mann und habe das kindliche Wesen abgelegt. Noch ist uns bei aller prophetischen Schau vieles unklar und rätselhaft. Einmal aber werden wir Gott sehen, wie er ist. Jetzt erkenne ich nur Bruchstücke, doch einmal werde ich alles klar erkennen, so deutlich, wie Gott mich jetzt schon kennt. Was bleibt, sind Glaube, Hoffnung und Liebe. Die Liebe aber ist das Größte.

7. Lerne zunächst richtiges Lesen

Luther 1912
Wenn ich mit Menschen- und mit Engelzungen redete und hätte der Liebe nicht, so wäre ich ein tönend Erz oder eine klingende Schelle. Und wenn ich weissagen könnte und wüßte alle Geheimnisse und alle Erkenntnis und hätte allen Glauben, also daß ich Berge versetzte, und hätte der Liebe nicht, so wäre ich nichts. Und wenn ich alle meine Habe den Armen gäbe und ließe meinen Leib brennen und hätte der Liebe nicht, so wäre mirs nichts nütze. Die Liebe ist langmütig und freundlich, die Liebe eifert nicht, die Liebe treibt nicht Mutwillen, sie blähet sich nicht. Sie stellt sich nicht ungebärdig, sie suchet nicht das Ihre, sie läßt sich nicht erbittern, sie rechnet das Böse nicht zu. Sie freut sich nicht der Ungerechtigkeit, sie freuet sich aber der Wahrheit; sie verträgt alles, sie glaubet alles, sie hoffet alles, sie duldet alles. Die Liebe höret nimmer auf, so doch die Weissagungen aufhören werden und die Sprachen aufhören werden und die Erkenntnis aufhören wird. Denn unser Wissen ist Stückwerk, und unser Weissagen ist Stückwerk. Wenn aber kommen wird das Vollkommene, so wird das Stückwerk aufhören. Da ich ein Kind war, da redete ich wie ein Kind und war klug wie ein Kind und hatte kindische Anschläge; da ich aber ein Mann ward, tat ich ab, was kindisch war. Wir sehen jetzt durch einen Spiegel in einem dunklen Wort; dann aber von Angesicht zu Angesicht. Jetzt erkenne ich's stückweise; dann aber werde ich erkennen, gleichwie ich erkannt bin. Nun aber bleibt Glaube, Hoffnung, Liebe, diese drei; aber die Liebe ist die größte unter ihnen.

Antworten auf die Textfragen zum Lesen auf Seite 78/79: 1. **F**; 2. **F**; 3. **R**; 4. **F**; 5. **R**.
Wieviel Prozent haben Sie richtig beantwortet?

ZEHN REGELN FÜR RICHTIGES LESEN

- 📖 Lies mit Verstand
- 📖 Lies mehrmals
- 📖 Lies mit Geduld
- 📖 Lies selektiv
- 📖 Lies betend
- 📖 Lies phantasievoll
- 📖 Lies nachsinnend
- 📖 Lies zielbewußt
- 📖 Lies wißbegierig
- 📖 Lies teleskopisch

8
LIES MIT VERSTAND

Der Schritt des Beobachtens verlangt von Ihnen, die Rolle eines Bibel-Detektivs anzunehmen, der nach Hinweisen für die Aussage eines Textes sucht. Aber wie jeder Detektiv Ihnen sagen wird, gibt es mehr als eine Methode, um einen Fall zu lösen.

Sherlock Holmes, den Meisterdetektiv, kann man manchmal auf Händen und Füßen den Fußboden nach Zigarrenasche oder Fußabdrücken absuchen sehen. Bei anderen Gelegenheiten wiederum grübelt er stundenlang herum und denkt über Fakten nach, um Antworten zu finden. Er verkleidet sich, täuscht Krankheiten vor, macht Experimente - was immer nötig sein mag, um ein Geheimnis zu enträtseln.

Hinweise im biblischen Text zu finden erfordert ebenfalls mehr als nur eine Methode. Die Bibel muß man zunächst lesen, um sie zu verstehen. Aber es gibt mehr als eine Möglichkeit, wie man sie liest. Ich werde Ihnen zehn Strategien an die Hand geben, die Sie zu einem erstklassigen Leser machen können. Jede einzelne davon wird Ihnen unterschiedliche Aufschlüsse über die Aussage des Textes geben. Die erste lautet:

Lesen Sie die Bibel mit Verstand

Aufmerksames Lesen erfordert echtes Studieren. Keine Langeweile. Keineswegs! Wenn Sie die Bibel aufschlagen, müssen Sie anfangen zu denken. Schalten Sie Ihr Gehirn nicht auf Durchzug. Wenden Sie die gleiche geistige Disziplin an, die Sie für ein Thema aufbringen würden, an dem Sie besonders interessiert sind. Sind Sie ein Börsenspekulant? Dann verwenden Sie die gleiche geistige Tatkraft beim Schriftstudium wie beim Lesen des „Wall Street Journals". Sind Sie ein Pilot? Dann schenken Sie dem Wort Gottes genausoviel Aufmerksamkeit wie einem Flugplan oder einer Wettervorhersage. Sind Sie von Beruf Krankenschwester? Dann achten Sie auf „lebenswichtige Funktionen" im biblischen Text genauso, wie Sie es bei einem Ihrer Patienten auf der Station tun würden. Die Bibel teilt ihre Früchte nicht an Faule aus.

Sprüche 2,4 teilt uns eine interessante Einsicht über die Reichtümer des Wortes Gottes mit. Biblische Weisheit wird dort mit kostbarem Erz verglichen, das man nicht an der Oberfläche findet, sondern nach dem man tief graben muß. Ein guter Vergleich aus unserer heutigen Zeit wären die vielen Ölablagerungen unter dem trockenen Wüstenboden des Mittleren Ostens. Seit Jahrtausenden sind unzählige Menschen durch diese weglose Wüste gewandert, ohne zu ahnen, daß nur ein paar tausend Meter unter ihnen ein unvorstellbarer Wert an Bodenschätzen lag.

Ebenso verhält es sich mit der Schrift. Kostbare göttliche Wahrheiten sind darin enthalten. Sie sind in der Lage, Ihr Leben zu verändern. Aber Sie müssen danach graben. Sie müssen die Oberfläche mit mehr als nur einem flüchtigen Blick durchdringen. Anders ausgedrückt, Sie müssen anfangen zu denken.

Ihr Ziel muß es sein - um ein anderes Bild zu verwenden -, eine Art geistliches „Wiederkäuen" zu entwickeln, damit Sie etwas haben, worüber Sie nachdenken können, etwas, worauf Sie „herumkauen" können. Ja, Sie müßten eigentlich Ihren Verstand mit göttlicher Wahrheit programmieren.

Das Buch, das sich weigerte, geschrieben zu werden

Eines der besten Beispiele verständigen Bibellesens, das ich kenne, ist die Geschichte von Frank Morison. Ein englischer Journalist zur Zeit der Jahrhundertwende setzte sich daran, die Auferstehung Jesu Christi zu widerlegen:

> „Als ich als junger Mann anfing, ernsthaft das Leben Christi zu untersuchen, tat ich dies mit dem sicheren Gefühl, daß seine Geschichte - wenn ich so sagen darf - auf sehr wackeligem Boden stand."[3]

Morison stand unter dem Einfluß von solchen zeitgenössischen Gelehrten, die darauf auswaren, einen biblischen Bericht zu untergraben und die Glaubwürdigkeit der Schrift in Frage zu stellen. Außerdem schien es so zu sein, daß die Wissenschaft die Schrift an vielen Stellen unterlaufen konnte.

> „Etwa zu diesem Zeitpunkt hatte ich - mehr zu meiner eigenen Befriedigung als für die Veröffentlichung - die Idee, eine kurze Abhandlung darüber zu schreiben, was für mich die äußerst wichtige und entscheidende Phase im Leben Christi zu sein schien, - die letzten sieben Tage ...
>
> Es kam mir so vor, daß, wenn ich die Wahrheit herausfinden wollte, warum dieser Mann einen so grausamen Tod von seiten der römischen Machthaber sterben mußte, wie er selbst diese Sache betrachtete und

---

[3] Frank Morison, *Who moved the stone?*, Faber und Faber, London 1930, S. 9.

8. Lies mit Verstand

insbesondere, wie er sich angesichts dieser Prüfung verhielt, ich der wahren Lösung des Problems ein wenig näherkommen könnte."⁴

Das Problem, welches Morison lösen wollte, war das gleiche, welches viele moderne Menschen haben: Wie kann man an übernatürliche Wunder glauben, wenn die Welt offensichtlich von Naturgesetzen und Naturkräften beherrscht wird? Das größte Wunder in der Schrift ist die Auferstehung Christi. Wenn man diese wegerklären kann, dann werden gleichzeitig auch die anderen Wunder verschwinden.

Morisons Versuch, die Auferstehung zu widerlegen, verschaffte ihm eine direkte Begegnung mit den vier Evangelien. Er studierte das Leben Christi bis ins kleinste Detail und mit besonderem Augenmerk auf die letzten sieben Tage vor seiner Kreuzigung. Er untersuchte den Prozeß Jesu vor den jüdischen Führern und dem römischen Statthalter Pilatus. Er bewertete den zeitlichen Ablauf der Ereignisse und die örtlichen Gegebenheiten, an denen sie geschehen waren. Er erwog die psychologischen Aspekte, die dem Verhalten von Pilatus und seiner Frau Claudia zugrunde lagen. Er verglich das Verhalten derer, die Christus im Stich ließen, mit denen, die an seiner Seite blieben.

Morison stellte sich die alles entscheidende Frage: Was veranlaßte die Nachfolger Jesu allesamt, so schnell und einstimmig zu behaupten, daß er von den Toten auferstanden war? Er betrachtete zwei der Jünger im Detail: Petrus, den Fischer, und Jakobus, den Bruder Jesu. Er untersuchte auch die Bekehrung und Überwindung des Saulus von Tarsus.

Zusammengefaßt,

„bekam ich die Gelegenheit, das Leben Christi so zu *studieren*, wie ich es schon lange *studieren* wollte, nämlich die Herkunft der Literatur darüber zu *erforschen*, einige der Aussagen aus erster Hand zu *durchsieben* und mir mein eigenes *Urteil* über das Problem, welches sich mir stellte, zu bilden. Es genügt zu sagen, daß es *eine Revolutionierung meines Denkens* auslöste. In dieser Geschichte aus der alten Welt tauchten Dinge auf, die ich vorher für unmöglich gehalten hätte. Langsam aber sicher wuchs in mir die *Überzeugung*, daß das Drama dieser unvergeßlichen Wochen der Menschheitsgeschichte seltsamer und tiefgründiger war, als es zunächst den Anschein hatte. Es war die Eigenartigkeit vieler beachtenswerter Einzelheiten in dieser Geschichte, die zuerst mein *Interesse* fesselte und aufrechterhielt. Nur wenig später wurde mir auch *die unwiderstehliche Logik ihrer Aussage* bewußt."⁵

---

[4] Morison, S. 11.
[5] Morison, S. 11-12, Hervorhebung (kursiv) durch den Verfasser hinzugefügt.

Haben Sie bemerkt, wie Morisons Verstand in den Vorgang des Bibelstudiums mit einbezogen war? Er war jemand, der mit Verstand gelesen hat. Er wendete das gleiche geistige Verfahren beim Studium des Neuen Testamentes an wie bei seiner journalistischen Arbeit.

Das Ergebnis war: Das Buch, welches er schreiben wollte, erwies sich als „Buch, das sich weigerte, geschrieben zu werden". Stattdessen veranlaßte ihn seine Rechtschaffenheit dazu, das Buch „Wer bewegte den Stein?" zu verfassen. 1930 zum ersten Mal erschienen, ist es bis heute eine der besten Verteidigungen der Auferstehung Christi, die jemals geschrieben wurden. Es ist der wahrheitsgetreue Bericht der Bekehrung Morisons zum Christentum. Und es ist ein Paradebeispiel für die erste Strategie des Bibellesens: Lies mit Verstand.

Versuchen Sie es selbst

Dies ist eine Übung, die Ihnen helfen wird, Ihre Fähigkeiten, die Schrift zu lesen, weiterzuentwickeln. Es handelt sich um das kleine Buch Philemon im Neuen Testament. In nur fünfundzwanzig Versen berichtet der Brief an Philemon vom Rat des Paulus an einen alten Freund, dessen Sklave Onesimus weggelaufen war. Onesimus begegnete Paulus in Rom und wurde dort gläubig. Nun schickt ihn Paulus mit einem Brief wieder zu seinem Herrn zurück.

Lesen Sie Philemon nach den Regeln eines Lesens mit Verstand. Bombardieren Sie den Text mit Fragen. Was können Sie über die Beziehung zwischen Paulus, Philemon und Onesimus herausfinden? Welche Gefühle werden vielleicht eine Rolle gespielt haben? Welche praktischen Überlegungen? Welche Fragen bleiben unbeantwortet? Welche Probleme treten auf? Welche Fragen werden angeschnitten? Warum, denken Sie, ist es berechtigt, daß dieser Brief ins Neue Testament aufgenommen wurde? Welche Probleme bestehen heute noch, die dieses Buch vielleicht anspricht? Was würden Sie über dieses Buch und die Einsichten, die Sie daraus gewonnen haben, an andere weitergeben?

9
LIES MEHRMALS

Vor einigen Jahren las ich ein Buch, in dem der Autor folgendes schilderte: „Als ich diese Stelle zum hundertsten Mal gelesen hatte, kam mir folgender Gedanke ..."

Ich dachte so bei mir: *Der macht wohl Witze!* Damals wäre es schon ungewöhnlich gewesen, wenn ich einen Teil der Schrift nur zweimal gelesen hätte. Wenn ich ihn drei- oder viermal gelesen hätte, wäre es ein Wunder gewesen. Aber hier versuchte mir dieser großartige, erfahrene Bibelstudent begreiflich zu machen, daß ich es immer wieder lesen muß - nicht ein- oder zweimal, sondern wenn nötig auch hundertmal, wenn ich Einblick in die Tiefe bekommen wollte.

Heute ist mir klar, daß er auf verständliche Weise die zweite Strategie für richtiges Bibellesen praktizierte.

Lesen Sie die Bibel immer wieder

Die Genialität des Wortes Gottes liegt darin, daß es bleibende Kraft besitzt. Es ist in der Lage, einer fortwährenden „Enthüllung" standzuhalten. Das ist der eigentliche Punkt, worin es sich von anderen Büchern so sehr unterscheidet. Sie sind vielleicht auf einem bestimmten Gebiet ein Experte. Wenn Sie ein Buch über dieses Fachgebiet zwei- oder dreimal lesen, haben Sie es bestimmt begriffen. Sie können es getrost ins Regal stellen und zu etwas anderem übergehen. Aber so etwas kann man mit der Bibel niemals tun. Lesen Sie sie immer und immer wieder, und Sie werden immer wieder neue Dinge entdecken, die Ihnen vorher noch niemals aufgegangen sind.

Erlauben Sie mir, einige Gedanken zu äußern, um Sie in dieser Sache voranzubringen.

Lesen Sie ganze Bücher in einem durch
Ich weiß, was Sie jetzt denken. Sie denken sofort an Bücher wie Jesaja oder Jeremia, und Sie sagen: „Mann, ich werde längst gestorben sein, bevor ich das geschafft habe." Aber darf ich Sie darauf aufmerksam machen, daß der größte Teil der biblischen Bücher kaum mehr umfaßt als zwei oder drei gewöhnliche

Spalten in einer Zeitung. Und auch die längeren Bücher sind kürzer als die meisten Romane. Also vorwärts! Lesen Sie die Bücher der Bibel in einem durch.

Das Wertvolle daran ist, daß Sie so die Einheit eines jeden Buches schätzen lernen. Das versäumen die meisten, wenn sie von einer Stelle zur anderen springen. Sie bekommen nie einen Sinn für das Ganze. Folglich ist ihre Wahrnehmung bruchstückhaft. Es ist, als ob man beim Fernsehen von einem Programm zum anderen umschalten würde, ein paar Szenen oder Bruchstücke eines Gesprächs aufschnappt, aber nie eine vollständige Sendung in ihrer ganzen Länge zu sehen bekommt.

Ich erinnere mich an die Zeit, als ich das Matthäusevangelium studiert habe. Ich studierte zunächst darin und lehrte dann sogar darüber. Aber offen gesagt, begriff ich nie ganz, worauf der Schreiber hinauswollte. Also hielt ich mir an einem Samstagmorgen einige Zeit frei und las die ganzen achtundzwanzig Kapitel durch. Zum ersten Mal in meinem Leben begann ich endlich zu verstehen, was Matthäus in seinem Buch mitteilen wollte.

Das gleiche gilt auch für alle anderen Bücher der Bibel. Jedes wurde als eine Einheit geschrieben, die auch nur als solche erkennbar wird, wenn man es im Zusammenhang liest. Es in einem durchzulesen, wird Ihnen helfen, einen Gesamteindruck zu bekommen.

Beginnen Sie am Anfang eines Buches
Es gibt Leser, die mitten in ein Buch der Bibel eintauchen und sich dann darüber wundern, daß das Gelesene für sie keinen Sinn ergibt. Sie würden normalerweise nicht auf die Idee kommen, einen Roman im fünften oder sechsten Kapitel anzufangen, um ihn dann als langweilig und uninteressant zu verurteilen. Aber genau das tun sie mit der Schrift. Sie nehmen sich einen Abschnitt, reißen ihn aus seinem Zusammenhang, daß es nur so schmerzt; und dann wundern sie sich, warum sie nichts verstehen.

Erinnern Sie sich an unser Studium von Apostelgeschichte 1,8? Glücklicherweise signalisierte uns das erste Wort „aber", zurückzugehen und den Vers im Zusammenhang zu betrachten. Und weil wir erst beim achten Vers waren, bedeutete es kein Problem, die Erzählung von Anfang an aufzunehmen. Dies ermöglichte uns, manche faszinierende Einzelheit z. B. über den Zweck des Buches, den Schreiber, den Mann, an den es gerichtet war, und den Zusammenhang, auf den der Vers 8 Bezug nimmt, zu entdecken.

Doch nehmen wir an, wir wollten uns näher mit Apostelgeschichte 2,8 oder 8,8 oder 28,8 beschäftigen. Für sich allein machen diese Verse wenig Sinn. Das tun sie so lange nicht, bis wir sie mit den sie umgebenden Absätzen und diese Absätze wiederum mit den sie umgebenden Abschnitten und diese Abschnitte schließlich mit dem ganzen Buch verbinden, so daß sie an Bedeutung gewinnen.

9. Lies mehrmals

Damit stehen wir wieder am Anfang des Problems: die Bücher der Bibel sind jeweils als Einheit geschrieben. Wenn Sie sie an irgendeiner Stelle auseinanderreißen, fangen sie an zu „bluten". Und wenn Kapitel 7 „die Masern bekommt", können Sie sicher sein, daß auch Kapitel 6 und 8 die gleiche Krankheit haben werden.

Lesen Sie die Bibel in verschiedenen Übersetzungen
Die Gefahr beim wiederholten Lesen ist die Gewöhnung an den Wortlaut des Textes. Nach einer Weile geht man langsam aber sicher in den Schlafzustand über. Eine Möglichkeit, dem aus dem Weg zu gehen, ist die Verwendung verschiedener Übersetzungen. Wenn Sie sich an die eine gewöhnt haben, sollten Sie es einmal mit einer anderen versuchen. Das hält Sie lebendig, und Sie werden sicherlich wieder Neues entdecken.

Hören Sie sich die Bibel auf Kassetten an
Eine der aufregendsten Entwicklungen der letzten Jahre ist die wachsende Verbreitung von Bibelkassetten. Sie können fast jede Übersetzung bekommen, die Sie haben wollen. Ich höre sie mir im Auto an, aber nichts hindert Sie daran, sie sich auch bei der Arbeit im Garten, beim Anstreichen der Garage oder beim Jogging anzuhören.

Der Nutzen einer solchen Angewohnheit ist groß. Erstens schalten Sie Ihre Empfangsorgane vom Sehen auf das Hören um. Für große Teile der Schrift kommt man dadurch der Art und Weise, wie die Botschaft ursprünglich verbreitet wurde, viel näher als in seiner jetzigen geschriebenen Form. So sind zum Beispiel alle Lehren Jesu, die Gleichnisse und die Bergpredigt eingeschlossen, mündlich wiedergegeben worden. Das Buch Hiob wurde wahrscheinlich lange, bevor es niedergeschrieben wurde, mündlich vorgetragen. Und die Psalmen wurden meist gesungen und nicht gelesen. Die Worte zu hören, läßt sie viel unmittelbarer in unser Bewußtsein treten, als wenn wir sie lesen.

Die Stimme des Lesers hilft ebenso. Keine zwei Menschen lesen die Schrift auf genau die gleiche Weise. Die Bibel auf Kassette zu hören ist, als ob man es mit einer ganz neuen Übersetzung zu tun bekommt. Die Worte können die gleichen sein, aber die Betonung ist ganz anders; und wenn der Sprecher etwas davon versteht, kann er den Text bei entsprechendem Engagement sogar lebendig werden lassen.

Ein weiterer Vorteil der Bibel auf Kassette ist schließlich, daß man sie immer wieder abspielen und damit die Vorteile des Wiederholens nutzen kann. Ich habe den Mann erwähnt, der einen bestimmten Abschnitt wenigstens hundertmal las. Stellen Sie sich vor, Sie würden einen Abschnitt hundertmal hören. Man sollte annehmen, daß Sie sich dann an den einen oder anderen Gedanken in diesem Abschnitt erinnern werden.

Lesen Sie die Bibel laut
Dies folgt aus dem, was ich bereits gesagt habe. Es gibt nichts Vergleichbares als den Klang der eigenen Stimme, die mich in die Schrift hineinversetzt. Laut zu lesen zwingt Sie, sich auf jedes einzelne Wort zu konzentrieren.

Außerdem gibt es dafür einen biblischen Präzedenzfall. 5. Mose 6,7 weist Eltern und besonders Väter dazu an, die Worte „deinen Kindern ein(zu)schärfen, und du sollst davon reden, wenn du in deinem Hause sitzt und wenn du auf dem Weg gehst, wenn du dich hinlegst und wenn du aufstehst". Mit anderen Worten, Gottes Wort soll ganz und gar ein Bestandteil Ihrer Gespräche zu Hause sein. Angesichts dieses Grundsatzes frage ich Sie: Wann haben Sie das letzte Mal Ihren Kindern aus der Bibel vorgelesen?

Am liebsten möchte ich Sie ermutigen, Ihrer ganzen Familie zu erlauben mitzumachen. Lassen Sie Ihre Kinder Ihnen vorlesen, dann lesen Sie Ihren Kindern vor. Arbeiten Sie sich durch einen der Briefe hindurch. Verwenden Sie eine Übersetzung, die leicht zu lesen ist. Ich garantiere Ihnen, Sie katapultieren biblische Wahrheiten dahin, wo sie hingehören - in Ihr Gedächtnis.

Stellen Sie einen Zeitplan für Ihr Bibellesen auf
Diese Idee gibt es schon seit Jahren, und dies aus gutem Grund. Viele von uns fühlen sich erschöpft, wenn sie die Bibel nur anschauen. Wir meinen, daß wir alt und grau werden, bis wir endlich das ganze Werk durchgelesen haben. Aber die Wahrheit ist, daß man die ganze Bibel in nur einem Jahr lesen kann, wenn man nur ein paar Kapitel pro Tag liest. Viele Bibeln enthalten auf den letzten Seiten solch einen Zeitplan.

Stellen Sie sich vor, ein Programm wie dieses, Jahr für Jahr einzuhalten. Es würde nicht lange dauern und Sie hätten jeden Vers zehn-, zwanzig- oder sogar dreißigmal gelesen.

Natürlich müssen Sie nicht diese Einmal-im-Jahr-durch-die-Bibel-Methode verwenden. Sie können auch versuchen, morgens und abends einen Psalm zu lesen. Das würde Sie fast fünfmal in einem Jahr durch das ganze Buch der Psalmen bringen. Oder lesen Sie jeden Tag ein Kapitel der Sprüche - das ganze Buch jeden Monat. Oder konzentrieren Sie sich auf ein Buch pro Monat: ein Kapitel von Epheser oder Galater jeden Tag von Montag bis Samstag, viermal dasselbe; oder ein Kapitel von 1. Johannes jeden Tag, dreißig Tage lang.

Sie können sich Ihren eigenen Zeitplan aufstellen, um diese Bücher zu lesen. Machen Sie sich Ihre eigene Marschroute. Sie müssen selbst herausfinden, was der beste Weg für Sie ist und welcher Sie am besten vorwärtsbringt. Wenn Sie jemand sind, der genau festgelegte Strukturen braucht oder zielstrebig ist, bedeutet dies eine hervorragende Möglichkeit, die Schrift wieder und wieder zu lesen.

9. Lies mehrmals

Dies ist ein Bibelleseplan, der Sie - beginnend im Herbst - innerhalb eines Jahres mit 11 verschiedenen Büchern bekannt machen wird.

Versuchen Sie es selbst

Sind Sie vom Wert des fortwährenden Bibellesens überzeugt? Dies hier ist eine Übung, die Ihnen auch die letzten Zweifel noch nehmen wird: Lesen Sie einmal am Tag und sieben Tage hintereinander im Alten Testament das ganze Buch Ester. Es sollte nicht mehr als etwa eine halbe Stunde am Tag beanspruchen. Verwenden Sie einige der Vorschläge, die ich in diesem Kapitel gemacht habe, z. B. in verschiedenen Übersetzungen zu lesen, laut zu lesen oder sich den Bibeltext auf einer Kassette anzuhören. Natürlich sollten Sie auch die Techniken zur Beobachtung verwenden, die ich bereits vorher beschrieben habe. Halten Sie fest, wie viele neue Dinge Ihnen an jedem Tag aufgehen. Erstellen Sie eine Liste Ihrer Beobachtungen, oder schreiben Sie sie in Ihrer Bibel auf. Testen Sie am Ende der Woche, ob Sie die Geschichte klar und genau wiedergeben können, indem Sie sie jemand anderem erzählen. Ebenso, welche Erkenntnisse Sie aus der Geschichte gewonnen haben.

10

LIES GEDULDIG

Es gibt ein altes Sprichwort, daß eine gute Sache niemals übereilt geschieht. Ich weiß nicht, ob das immer zutrifft, aber auf das Bibelstudium bestimmt. Wenn Sie keine fortgeschrittene Lesetechnik entwickelt haben, wird es kaum möglich sein, daß Sie sich für fünf Minuten ins Wort hineinvertiefen und mit einer Menge von Erkenntnissen wieder auftauchen. Tatsächlich verwenden hochbegabte Leser weit mehr als fünf Minuten auf diese Aufgabe. Sie haben gelernt, sich mit der Schrift gemäß der dritten Strategie richtigen Lesens zu beschäftigen.

Lesen Sie die Bibel geduldig

Für die meisten von uns ist das keine einfache Angelegenheit. Wir leben in einer Welt, in der alles sofort geschehen muß. Dinge, die wir eigentlich erst morgen brauchen, wollen wir auf einmal sofort. Und Dinge, die wir sofort brauchen, hätten wir am liebsten schon gestern. Man braucht sich also nicht zu wundern, daß wir erwarten, sofort und ohne Mühe Ergebnisse zu bekommen, wenn wir uns dazu durchringen, die Bibel aufzuschlagen. Wenn wir dann nicht gleich einen Haupttreffer landen, laufen wir Gefahr, sehr schnell enttäuscht zu werden.

Aber die Frucht des Wortes Gottes braucht Zeit, um zu reifen. Wenn Sie also im Kleinen schon ungeduldig sind, besteht die Gefahr, daß Sie zu früh abspringen und eine reiche Ernte verpassen. Das geht vielen so. Sie sind am Ende enttäuscht darüber. Vielleicht suchen Sie nach Unterhaltung, statt nach Erleuchtung. Manche sagen zu mir: „Schauen Sie, ich versuche ja, in der Bibel zu lesen, aber es ist, als ob man durch Beton pflügt."

Andere wiederum geben es auf, die Bibel zu lesen, und wenden sich sekundären Quellen zu. In dem Moment, wo sie den Eindruck gewinnen, daß der Text ihnen über den Kopf wächst, stürzen sie sich auf einen Kommentar, um nachzulesen, was ein anderer bedeutender Ausleger über diese Stelle zu sagen hat. Sie bringen sich um ihre eigenen Erfahrungen, weil sie zu früh aufgegeben haben. Oft stehen sie ganz kurz vor dem Erfolg ihrer Bemühungen, wenn sie sich sekundären Quellen zuwenden. Es ist eigentlich nichts gegen die Verwendung von sekundären Quellen einzuwenden - aber erst nachdem man alles, was der biblische Text zu sagen hat, selbst ausgeschöpft hat!

Ausdauer zeigen

Als ich auf dem College war, habe ich auch an Wettläufen teilgenommen. Ich lief niedrige Hürden, was ganz folgerichtig war, da ich ziemlich nahe zur Erde gebaut bin. Damals war jemand namens Gil Dodds der Schnellste der Welt auf der Meile in der Halle.

Ich werde nie vergessen, wie ich ihm zum ersten Mal begegnet bin. Wir standen auf der Laufbahn, als er mir auf die Schulter klopfte und sagte: „Komm, Howie! Laß uns eine Runde drehen." Also lief ich los. Ich lief einige Schritte vor ihm, was mich sehr verwirrte. Ich dachte: *Wenn er Weltmeister auf der Meile in der Halle ist, warum läuft er dann nicht schneller als du?*

Was ich nicht begriff, war, daß er noch eine weitere Runde laufen wollte. Ich lief, so schnell ich konnte. Aber als ich die Runde endlich beendet hatte, klopfte er mir wieder auf die Schulter und rief: „Los, Howie. Nur noch drei Runden." Ich dachte: *Na gute Nacht, das überlebe ich nicht!*

Sehen Sie, es besteht ein gewaltiger Unterschied zwischen einem Sprint und einem Langlauf. Bei letzterem muß man Ausdauer entwickeln. Man muß seine Ausdauer trainieren. Genauso ist es mit dem Bibellesen. Sie müssen Ausdauer entwickeln, Energie, um am Text dranzubleiben, bis Sie anfangen, Fortschritte zu machen. Erlauben Sie mir, Ihnen dafür einige Tips zu geben.

Beschäftigen Sie sich einen Monat lang mit einem Buch

Ich bin der Meinung, daß es einen festen Rhythmus in unserem Leben gibt, und bei den meisten von uns dauert dieser Zyklus ungefähr vier bis sechs Wochen. Solange etwa können wir an einer Sache dran bleiben, doch dann brauchen wir eine Abwechslung.

Beim Bibelstudium ist mit fünf Wochen für ein Buch meist schon ausreichend Zeit aufgewendet, um entscheidende Fortschritte zu machen. In fünf Wochen kann man das Buch einige Male durchgelesen haben. Sie können die Struktur untersuchen, Schlüsselstellen ausfindig machen, die besonderen Merkmale untersuchen, den Hintergrund mit Hilfe sekundärer Quellen erschließen und sich klar werden, auf welche Weise man die Wahrheiten des Buches auf sein eigenes Leben anwenden kann. Ich werde auf alle diese Aufgaben in späteren Kapiteln ausführlicher eingehen.

Der entscheidende Punkt ist, daß Sie innerhalb eines Monats von einem

10. Lies geduldig

Buch der Bibel Besitz ergreifen. Ein solches Buch mag zunächst unscheinbar wirken, aber es wird vielleicht mehr bieten, als Sie bis jetzt davon verstehen. Nach einem Jahr haben Sie zwölf Bücher bewältigt; in fünfeinhalb Jahren sechsundsechzig. Können Sie sich vorstellen, daß Sie weniger als sechs Jahre davon entfernt sind, von der gesamten Bibel einen persönlichen Eindruck zu bekommen?

Jedes Buch wird in einen Studienplan von fünf oder sechs Wochen hineinpassen, aber womit Sie beginnen könnten, wären Nehemia, Jona, das Evangelium nach Markus, 1. Korinther, Philipper, Jakobus oder 1. Petrus. Nehemia, Jona und Markus sind „leserfreundliche" Erzählungen mit einer durchgehenden Handlung und Beschreibung. Die vier anderen erwähnten Bücher sind kurze und praktische Briefe an Christen. Sie werden keine Schwierigkeiten haben herauszufinden, was ihre Schreiber sagen wollen.

Betrachten Sie näher und wieder weiter

Ein Monat scheint eine lange Zeit zu sein, um sich mit einem einzigen Buch zu beschäftigen, aber in Wirklichkeit ist es nicht viel Zeit. Und weil es in jedem Abschnitt so viel zu entdecken gibt (denken Sie daran, daß wir nicht weniger als dreißig Beobachtungen allein in Apostelgeschichte 1,8 festgehalten haben), werden Sie sich mit einer begrenzten Zielsetzung zufriedengeben müssen.

Eine gute Vorgehensweise ist die Anwendung der Methode des „Zoomens". Beginnen Sie mit einer „Weitwinkeleinstellung". Erfassen Sie zunächst einen großen Bildausschnitt, und lesen Sie das Buch ganz durch. Bemühen Sie sich, den Sachverhalt, den Verlauf der Ereignisse oder den Gedankengang zu erfassen. Dann schauen Sie durch ein „Teleobjektiv" auf Einzelheiten, die Ihnen auffällig erscheinen. Wenn Sie die „Ein-Monat-Methode" anwenden, dann beschäftigen Sie sich ungefähr einen Woche lang mit diesem einen Ereignis oder Gedanken.

Im ersten Buch Mose zum Beispiel fegen die ersten elf Kapitel von der Schöpfung des Alls, über die Sintflut bis zur babylonischen Sprachverwirrung nur so hinweg. Danach umfassen die nächsten neununddreißig Kapitel lediglich vier Generationen, vertreten durch vier Männer - Abraham, Isaak, Jakob und Joseph. Das ist die „Gesamtaufnahme" vom ersten Buch Mose. Aber einige Ereignisse, die es sich lohnt, näher zu betrachten, sind z. B. der Schöpfungsbericht (Kapitel 1-2), die Sintflut (Kapitel 8-10), die Opferung Isaaks (Kapitel 22) und die Prophezeiungen Jakobs über seine Söhne (Kapitel 49).

Wenn Sie sich eine Zeitlang mit einem dieser kleineren Ereignisse beschäftigt haben, können Sie noch näher heranrücken und eine besondere Einzelheit im Detail betrachten. Im Schöpfungsbericht zum Beispiel stiftet Gott die Ehe (2,18-25). Es lohnt sich, diesen Abschnitt intensiv zu studieren, weil die Prinzipien, die hier aufgestellt werden, durch die ganze Schrift hindurch gelten. Jesus bezieht sich auf diese Stelle (Matthäus 19,4-6), ebenso Paulus (Epheser 5,31). In 1. Mose aber zwingt sich Ihnen die Frage auf: Warum wird gerade hier die Ehe erwähnt?

Nachdem Sie ein besonderes Ereignis, einen Begriff oder ein einzelnes Wort näher untersucht haben, schalten Sie um, und rufen Sie sich das Gesamtbild ins Gedächtnis zurück. Denken Sie daran, daß Sie am Ende nicht mit einer Unmenge von zusammenhanglosen Fragmenten dastehen wollen, sondern mit einem harmonischen Gesamteindruck, in dem alle Details mit der Botschaft des ganzen Buches übereinstimmen.

Wechseln Sie Ihre Betrachtungsweise

Wie wir sehen, gibt es mehr als eine Möglichkeit, die Schrift zu studieren. Je mehr Techniken Sie anwenden, desto mehr Einblick werden Sie gewinnen. Wenn Sie beim Bibelstudium über einen längeren Zeitraum hinweg durchhalten wollen, sollten Sie Ihre Betrachtungsweise verändern, wie ein Läufer sein Lauftempo wechselt. In den folgenden Kapiteln werden wir über verschiedene Betrachtungsweisen informieren, die Sie je nach Art des Stoffes anwenden können.

Zwei Prinzipien für Ausdauer

Die Schlüssel für Durchhaltevermögen beim Bibellesen lauten: Haben Sie Geduld mit dem Text, und haben Sie Geduld mit sich selbst. Ich habe bereits einige Möglichkeiten aufgezeigt, wie man mit dem Text Geduld haben kann, um ihm die Möglichkeit zu geben, seine Botschaft zu offenbaren.

Das schwierigere Prinzip, besonders für den unerfahrenen Bibelleser, ist vielleicht, mit sich selbst Geduld zu haben. Häufig besucht jemand einen Gottesdienst oder eine Bibelkonferenz, wo er von einem Redner eine ungeheuer mitreißende Predigt zu hören bekommt. Als Reaktion darauf ist er begeistert und kann es kaum erwarten, die Bibel selbst zu studieren. Er ist so motiviert, die Wahrheiten selbst zu entdecken, daß er kaum noch klar denken kann. Und das ist wunderbar.

Was er aber vergißt, ist, daß der Redner die Schrift bereits seit Jahren sorgfältig studiert hat. Für einen Anfänger ist es unmöglich, auf dieser Ebene anzufangen. Denken Sie an mein „Wettrennen" mit Gil Dodds. Ich begann wie der Blitz. Aber der Meister wußte, was nötig war, um über die ganze Distanz zu kommen. Ich nicht.

Wenn Sie sich selbst in Gottes Wort vertiefen wollen, entspannen Sie sich und genießen Sie diese Erfahrung. Gottes Wahrheit ist darin enthalten, und Sie werden sie entdecken, wenn Sie sich dafür Zeit nehmen und Geduld dabei haben.

11

LIES SELEKTIV

Meine Söhne könnten Ihnen etwas davon erzählen, daß ich kein großer Angler bin. Ich angle gern, aber ich fange nicht viel. Während eines Urlaubs unserer ganzen Familie in Colorado gingen wir zu einem kleinen Teich, in dem es Forellen gab, die so groß wie ein halbes Kanu waren! Aber glauben Sie, ich hätte einen dieser Riesen fangen können? Kein Gedanke!

Ich habe alles probiert, was der Anglerladen nur hergab. Aber ohne Erfolg. Diese Fische kamen fast bis ans Ufer herauf, und ich ließ den Haken direkt vor ihrer Nase baumeln. Aber alles in allem kam nur sehr wenig dabei heraus.

Das Frustrierende an der Sache war, daß es nur ein wenig weiter den Strand herunter zwei alte Zeitgenossen gab, die mit zwei oder drei Angelruten jede Menge Fische nicht schnell genug hereinholen konnten. Wir sprachen mit ihnen, als sie gerade einen herauszogen, während der nächste schon an der Schnur zappelte.

Was war ihr Geheimnis? Sie kannten nicht nur den Teich und die Forellen, sondern sie wußten auch, welchen Köder sie zu verwenden hatten. Sie demonstrierten die vierte Strategie richtigen Bibellesens.

Lesen Sie die Bibel selektiv

Selektives Bibellesen heißt, den richtigen Köder beim Angeln in der Heiligen Schrift zu verwenden. Hier sind sechs „Köder", die Sie bei jedem Bibelabschnitt verwenden können, sechs Fragen, die Sie bei allen Texten der Schrift stellen können.

Wer?

Wer sind die Menschen im Text? Dies ist eine Frage, die ziemlich einfach zu beantworten ist. Lesen Sie einfach den Text. Wenn Sie dann erst einmal festgestellt haben, wer in dieser Stelle vorkommt, schlage ich vor, daß Sie nach zwei Dingen Ausschau halten.

Was wird über diese Person oder diese Leute gesagt? Josua 2,1 zum Beispiel stellt Rahab vor, identifiziert sie aber als „eine Hure; ihr Name war Rahab". Und von da an ist sie nur noch als „Rahab, die Hure" bekannt. Möchten Sie so ein Schild um den Hals hängen haben? Sie wird in diesem Bericht nie ohne ihren vollen „Titel" genannt.

Oder was ist mit Andreas, dem Bruder des Simon Petrus? Kennen Sie jemanden, der einen berühmten Bruder, eine berühmte Schwester oder einen berühmten Elternteil hat? Jedesmal, wenn Andreas vorgestellt wird, heißt es: „Dies ist Andreas. Du weißt schon, der Bruder von Petrus." Es ist, als ob er keine eigene Identität besäße. Dies war die wenig angenehme Situation von Andreas. Was ich sagen will: wenn etwas über eine Person mitgeteilt wird, dann notieren Sie es.

Vergessen Sie nicht, andere Stellen zu befragen, um alles herauszufinden, was über diese Person mitgeteilt wird. Der erste Vers in Psalm 88 sagt uns z. B., daß dieser Psalm „ein Maskil von Ethan, dem Esrachiter" ist. Wer in aller Welt ist Ethan, der Esrachiter? Der Psalm selbst verrät es Ihnen nicht. Sie müssen zu den historischen Büchern zurückblättern, um es herauszufinden. Wenn Sie das tun, können Sie sich ein hervorragendes Bild davon machen, warum Psalm 88 so düster und beunruhigend wirkt.

Oder nehmen wir Hebräer 11. Es listet mehr als ein Dutzend Personen des Alten Testamentes auf. Aber wenn Sie nicht zurückblättern und nachlesen, was dort über sie geschrieben steht, werden Sie es nie zu schätzen wissen, was der Hebräerbrief an dieser Stelle zu sagen hat.

Eine zweite Sache, nach der Sie Ausschau halten sollten, ist, was die betreffende Person sagt. Nehmen wir Petrus auf dem Berg der Verklärung (Matthäus 17,1.8). Er erfreut sich dort an einer der unglaublichsten Erfahrungen, die jemals einem Menschen anvertraut wurde. Was sagt er? „Herr, es ist gut, daß wir hier sind." (Das muß die Untertreibung des ersten Jahrhunderts gewesen sein.) „Laß uns drei Hütten machen und hier oben bleiben und diese Konferenz fortsetzen." Sehen Sie, Petrus war diese Art von Mensch, deren Motto es ist: Steh nicht nur herum - sag etwas.

Sie wundern sich vielleicht, warum Gott den biblischen Text mit solchen Dingen auffüllt. Warum gibt es so viele scheinbar nebensächliche und nutzlose Details? Weil er Sie erkennen lassen will, was in den Menschen vor sich ging und wie sie zu den Schlüssen gelangt sind, die sie gezogen haben.

Was?

Die zweite Frage, die wir uns stellen sollten, lautet: Was passiert in diesem Textabschnitt? Was sind die Ereignisse? In welcher Reihenfolge geschehen sie? Was geschieht mit den Charakteren? Oder wenn es sich um eine Textstelle handelt, die einen Sachverhalt diskutiert: Was ist die Sache? Worum geht es? Was versucht der Schreiber, seinen Lesern mitzuteilen?

Eine weitere Was-Frage lautet: Was ist falsch daran? Es gibt eine ganze Reihe Beispiele dafür im Alten Testament. Z. B. führt König Saul in 1. Samuel 15 Krieg gegen die Amalekiter. Er vernichtet sie, nimmt ihren König gefangen,

11. Lies selektiv

plündert ihren Besitz und bereitet sich darauf vor, Gott durch Opfer zu loben. Aber was ist falsch daran? Samuel zeigt mit dem Finger auf den wunden Punkt (15,19): „Warum hast du denn der Stimme des Herrn nicht gehorcht?" Saul hatte nicht völlig gehorcht. Und in Gottes Haushalt ist ein Teilweise-Gehorsam Ungehorsam.

Wo?
Diese Frage erschließt die örtlichen Gegebenheiten. Wo ereignet sich die Erzählung? Wo befinden sich die Menschen in dieser Geschichte? Wo kommen sie her? Wo gehen sie hin? Wo befindet sich der Schreiber? Wo lebten die ursprünglichen Leser des Textes?

Die Frage „Wo?" ist einer der Gründe, warum Sie verschiedene Landkarten oder einen Bibelatlas zur Hand haben sollten, wenn Sie die Bibel studieren. Deshalb findet man auf den letzten Seiten mancher Bibel einige Karten. Sie befinden sich dort nicht, weil den Herausgebern nichts Besseres eingefallen ist, sondern um Ihnen zu zeigen, wo die biblischen Ereignisse stattgefunden haben.

Studieren Sie gerade eine Reise? Dann zeichnen Sie sie in eine Karte ein. Studieren Sie den 1. Korintherbrief? Suchen Sie Korinth auf einer Landkarte. Sind Sie gerade bei Apostelgeschichte 8 mit Philippus und dem Kämmerer? Versuchen Sie, etwas über die Straße von Jerusalem nach Gaza herauszufinden und durch welche Art Landschaft der Beamte gereist ist.

Ich unterrichtete einmal in einer Klasse, zu der auch eine Frau gehörte, die einige höhere akademische Grade erworben hatte. Mitten in einer unserer Sitzungen hob sie ihre Hand und fragte mich: „Dr. Hendricks, in welchem Teil Südamerikas ist das passiert?" Wir studierten gerade das Markusevangelium.

Hier meldete sich eine offensichtlich intellektuelle und gebildete Person. Aber ich hatte ganz und gar die Tatsache übersehen, daß sie überhaupt keine Ahnung von neutestamentlicher Geographie hatte. Sie war nicht die einzige. Dies ist ein Schwachpunkt unserer heutigen Kultur. Wenn Sie etwas über Örtlichkeiten in der Bibel lesen, setzen Sie nicht allzuviel voraus; dann werden Sie auch weniger enttäuscht werden. Die meisten haben nämlich keine Ahnung, wo biblische Ereignisse stattgefunden haben.

Wann?
Dies ist die Frage nach dem Zeitpunkt. Wann sind die geschilderten Ereignisse geschehen? Wann passieren sie im Vergleich zu anderen Ereignissen in der Schrift? Wann wurden sie aufgeschrieben?

Kurz gesagt, stellen Sie immer fest, um welchen Zeitpunkt es sich handelt. In Markus 1,35 lesen wir z. B.: „Und frühmorgens, als es noch sehr dunkel war, stand er (Jesus) auf und ging hinaus und ging fort an einen einsamen Ort und betete dort." Es ist leicht zu erkennen, wann dies geschah: „frühmorgens". Aber welcher Morgen? Es war der Morgen nach dem arbeitsreichsten Tag im

Leben Jesu, von dem berichtet wird. Es gibt nur zweiundfünfzig davon in den Evangelien. Dieser eine bestimmte Tag war voll mit Wundern, Lehren und Heilungen.

Darf ich es in aller Ehrfurcht so ausdrücken? Jesus hätte guten Grund gehabt, an diesem Morgen auszuschlafen. Er hätte sogar eine gute Ausrede haben können: „Ich war mit deinen Angelegenheiten beschäftigt, Vater." Aber die Verbindung mit seinem Vater stand so hoch oben auf seiner Prioritätenliste, daß er, lange bevor es hell wurde, aufstand, an einen einsamen Ort ging und betete. Wenn Jesus Christus, der eine ununterbrochene Gemeinschaft und Verbindung mit dem Vater pflegte, das Bedürfnis hatte zu beten, wie groß müßte dann mein Bedürfnis danach sein? Wie groß müßte Ihr Bedürfnis danach sein?

Wir lernen solche Dinge durch die einfache Frage: Wann geschah dies?

Warum?

Es gibt unzählige Warum-Fragen, die man an den Bibeltext stellen kann. Warum ist dies hier mit einbezogen? Warum wird es hier angeführt? Warum folgt es diesem? Warum geht es jenem voraus? Warum sagt diese Person das? Warum sagt jemand nichts? „Warum?" ist eine Frage, mit der man nach der Bedeutung einer Aussage forscht.

Das Gleichnis vom verlorenen Sohn ist z. B. nur bei Lukas zu finden - nicht bei Matthäus, auch nicht bei Markus oder Johannes. Warum nicht? Warum zeichnet nur Lukas dieses ausdrucksstarke Gleichnis auf?

Oder nehmen wir die Apostelgeschichte. Ehrlich gesagt, sie hat eigentlich gar kein richtiges Ende. Paulus ist in Rom. Er lehrt und predigt dort. Aber wir erfahren nichts darüber, was mit ihm danach geschieht oder mit der Urgemeinde oder mit den anderen Aposteln. Warum nicht? Warum setzte Lukas seinen Bericht nicht fort? Warum hat niemand anders daran angeknüpft, wo er aufgehört hat?

Die Frage „Warum?" untersucht den Text mehr als jede andere. Wenn man sie stellt, wird man unweigerlich zu neuen Einsichten kommen.

Weshalb?

Ich möchte diese Frage so umschreiben: Wozu? Was würde es ausmachen, wenn ich diese Wahrheit auf mich anwenden würde?

„Weshalb?" ist die Frage, die mich dazu bringt, etwas in bezug auf das, was ich gelesen habe, zu unternehmen. Bedenken Sie, daß das Wort Gottes nicht geschrieben wurde, um einfach unsere Neugier zu befriedigen; es wurde geschrieben, um unser Leben zu verändern. An jeder Stelle der Schrift müssen wir uns deshalb fragen: Weshalb? Wenn wir zur Anwendung kommen, werde ich Ihnen eine Reihe von Möglichkeiten zeigen, wie man diese Frage beantworten kann.

11. Lies selektiv

Selektives Lesen in 10 000 m Höhe

Können diese sechs Fragen Ihnen wirklich den Zugang zur Bibel erschließen? Eigentlich sind es ja sehr einfache Fragen. Reporter benutzen sie schon immer, um Fakten für ihre Stories zu sammeln. Was können sie also wirklich leisten?

Einmal flog ich mit einer 747 von Dallas nach San Francisco. Im Flugzeug befanden sich acht Passagiere und fünfzehn Flugbegleiter. Nachdem wir in der Luft waren, begann ich, mein Neues Testament zu lesen. Eine Flugbegleiterin kam den Gang entlang. Als sie mich mit der geöffneten Bibel in der Hand erblickte, hielt sie an und fragte mich: „Ach, sie sind gläubig?"

„Ganz bestimmt bin ich es", sagte ich. „Und wie steht es mit Ihnen?"

„Ich auch", antwortete sie mit einem Lächeln.

Wir begannen ein Gespräch über geistliche Dinge. Schließlich sagte ich zu ihr: „Macht es Ihnen etwas aus, wenn ich Ihnen eine Frage stelle?"

„Natürlich nicht."

„Studieren Sie regelmäßig die Bibel?"

„Nein, leider nicht."

„Warum nicht?"

Sie sagte: „Ich weiß nicht, warum. Ich weiß nicht, wo ich anfangen soll."

Also fragte ich sie: „Würden Sie das Studieren in der Bibel gerne lernen?"

„Sehr gerne."

„Haben Sie etwas Zeit?"

Sie hatte Zeit in Hülle und Fülle während dieses Fluges. Ich nahm also eine dieser Tüten, die man benutzt, wenn einem schlecht wird (man kann sie hervorragend als Schreibpapier verwenden), und schrieb die sechs oben erwähnten Fragen auf: Wer? Was? Wo? Wann? Warum? Weshalb?

Dann gingen wir gemeinsam durch Markus 4,35-41, die Stillung des Sturms. Ich bat sie, den Text zu lesen, und dann gingen wir die Fragen durch: Wer sind die beteiligten Personen? Was passiert in diesem Abschnitt? Wo findet es statt? Wann findet es statt? Warum hat Gott es wohl in den Verlauf der Erzählung mit einfließen lassen? Und welche Veränderung würde es in ihrem Leben bewirken?

Ich habe selten jemanden so aufgeregt erlebt. Als wir fertig waren, fragte sie mich: „Wie kommt es, daß ich nun schon sieben Jahre lang Christ bin und mir nie jemand beigebracht hat, wie man die Bibel studiert?"

Das ist eine gute Frage. Aber es ist auch eine echte Tragödie. Die Gemeinde von heute führt Menschen zu Christus, aber sie sind manchmal zehn, fünfzehn oder sogar zwanzig Jahre gläubig, ohne gelernt zu haben, wie man die Bibel studiert. Und der Grund? Sie wissen nicht, wo sie anfangen sollen. Sie wissen nicht, wie sie es angehen sollen.

Sie sind in einer ähnlichen Situation wie ich an diesem Teich in Colorado -

wie ich mir die Fische anschaue, aber nicht fähig bin, sie selbst zu fangen. Das ist nicht so schlimm, wenn Sie nur im Urlaub sind. Aber wenn Sie geistlich dabei sind zu verhungern - und die meisten sind es -, müssen Sie lernen, wie man angelt.

Ich schlage vor, Sie versuchen es jetzt einmal selbst mit den sechs „Ködern" des selektiven Bibellesens, die ich vorgestellt habe. Sie können jedem helfen, einige dicke Brocken zu fangen.

Versuchen Sie es selbst

Die sechs Fragen des selektiven Bibellesens machen besonders viel Freude, wenn Sie biblische Erzählungen studieren. Lukas 24,13-25 hält eine der faszinierendsten fest - den Bericht über Jesus, als er nach seiner Auferstehung auf dem Weg nach Emmaus zwei von seinen Jüngern begegnete. Lesen Sie den Abschnitt zwei- oder dreimal, und dann untersuchen Sie den Text mit Hilfe der sechs Fragen aus diesem Kapitel. Vergessen Sie nicht, Ihre Beobachtungen aufzuschreiben.

12

LIES BETEND

Eine fünfte Strategie, um die Schrift zu öffnen, lautet:

Lesen Sie die Bibel betend

Wir neigen dazu zu denken, daß Bibelstudium und Gebet zwei getrennte Disziplinen sind, aber Tatsache ist, daß sie untrennbar miteinander verbunden sind. Gebet ist der Schlüssel zu effektivem Bibelstudium. Lernen Sie zu beten, vor, während und nach dem Lesen der Schrift.

Gebet ist besonders wichtig, wenn Sie beim Bibelstudium an eine Stelle geraten, wo Sie hängenbleiben und durcheinanderkommen. Das ist eine gute Gelegenheit zur Unterbrechung und zum Gespräch mit Gott: „Herr, diese Stelle ergibt für mich überhaupt keinen Sinn. Ich verstehe sie nicht. Gib mir Einsicht. Hilf mir, deine Wahrheiten zu entdecken."

Trotzdem kämpfen wir meistens sehr mit uns, wenn das Beten an der Reihe ist. Sie auch? Wollen Sie lernen, wie man betet? Hier sind einige Vorschläge - etwas, das man vermeiden, und etwas, das man tun sollte.

Versuchen Sie nicht, andere zu imitieren

Wenn Sie sich zu sehr an den Gebeten anderer orientieren, werden Sie nur ihre Klischees, ihre Sprache und ihren speziellen „Dialekt" übernehmen. Natürlich ist es keine Frage, daß Christen gemeinsam miteinander beten sollen. Aber das bedeutet nicht, daß sie auch auf die gleiche Weise beten sollen.

Ich habe entdeckt, daß es zwei Gruppen von Menschen gibt, von denen Sie am ehesten etwas über das Beten lernen können. Die erste sind Kinder. Kinder beten erfrischend und realistisch. Was glauben Sie, wie viele Gemeinden Woche für Woche das Vater-Unser aufsagen? Woche für Woche das gleiche - dieselben Wörter, derselbe Reim, dasselbe gemeinsame Gemurmel. Aber was für ein Unterschied ist es, wenn ein vierjähriges Kind eine einfache, aber ausdrucksvolle Mitteilung vor dem Abendessen oder beim Zubettgehen aus sich heraussprudeln läßt.

Die andere Gruppe, der Sie zuhören sollten, sind Neubekehrte. Sie haben die „Sprache Kanaans" nie gelernt. Ein Mann in unserer Gemeinde, der Christus angenommen hatte, entschloß sich, zu einem Gebetstreffen und Bibelstudium am Mittwochabend zu gehen. Wir hielten zuerst die Bibelbetrachtung, dann teilten wir uns zum Beten in Gruppen auf.

„Hallo, Howie. Wohin gehen wir?" fragte er mich, als wir den Gang hinuntergingen.

„Wir gehen jetzt zum Beten", sagte ich.

„Na, dann gute Nacht, ich habe da ein echtes Problem", sagte er.

„Was für ein Problem?"

„Ich kann nicht beten. Ich meine, ich kann mich nicht so ausdrücken wie ihr."

Ich sagte ihm darauf: „Freund, das ist überhaupt kein Problem. Danke Gott dafür!"

Wir begannen also mit dem Beten. Ich wußte, daß er sich gerne beteiligen wollte, aber er zögerte. Schließlich stieß ich ihn an, um ihn zu ermuntern. Hätte ich doch nur die Möglichkeit gehabt, das aufzuzeichnen, was jetzt kam.

Er betete etwa folgendes: „Herr, hier ist Jim. Ich bin der, den du letzten Donnerstag getroffen hast, erinnerst du dich?" (Ich dachte schon, er wollte Gott jetzt seine Adresse geben.) „Entschuldige, daß ich mich nicht so ausdrücken kann, wie meine Brüder hier, aber ich liebe dich wirklich. Ehrlich. Und ich hoffe, daß, wenn ich dich ein bißchen besser kennengelernt habe, ich mich schon viel besser ausdrücken kann. Vielen Dank. Bis später."

Wissen Sie, was dieser Mann tat? Er brachte ein Gebetstreffen auf Trab. Sehen Sie, wir anderen haben unsere Gebete gesprochen. Wir spulten wie immer unsere gesammelten Erkenntnisse herunter, drehten eine Runde über das Missionsfeld und kratzten ein bißchen an der Milchstraße. Aber dieser Kerl betete. Er redete einfach mit Gott. Ohne daß er es merkte, war er uns weit voraus, denn er war ehrlich gegenüber seinem himmlischen Vater. Das einzige, was den Vater bewegt, ist unser Herz.

Lassen Sie die Schrift in Ihr Gebet mit einfließen

Gott liebt es, an seine Verheißungen erinnert zu werden. Reden Sie also mit ihm darüber! Erinnern Sie ihn daran. Berufen Sie sich auf seine Verheißungen.

Ich möchte Ihnen mit Nehemia ein schönes Beispiel dafür zeigen. Wir werden in Kapitel 18 wieder auf diesen Mann zurückkommen, wenn wir uns damit beschäftigen, wie man einen ganzen Abschnitt studiert. Für jetzt genügt es, deutlich zu machen, wie Nehemia Gottes Wort in sein Gebet mit einfließen

12. Lies betend

läßt. Wenn Sie beten lernen wollen, dann studieren Sie sein Gebet. Es ist geradezu ein „Klassiker". (Sie finden es auf Seite 142 abgedruckt, oder schlagen Sie einfach Nehemia 1,4-11 in Ihrer Bibel auf!)

Zunächst ein kurzer Überblick: Nehemia ist ein hochgestellter, jüdischer Beamter am Hof des persischen Königs. Gesandte kommen und erzählen ihm, daß sich seine Heimatstadt Jerusalem in äußerster Not befindet. Ihre Mauern sind zerstört, und die Menschen sind in Bedrängnis geraten.

Nehemia geht also auf seine Knie. Seine instinktive Reaktion ist Gebet. Gerade hier finden wir eine wichtige Lektion. Als erstes betet er Gott an (1,5):

> „Ach, Herr, Gott des Himmels, du großer und furchtbarer Gott, der den Bund und die Gnade denen bewahrt, die ihn lieben und seine Gebote bewahren."

Wir könnten das Etikett „Anbetung" neben diesen Vers setzen. Bevor er auf irgend etwas anderes eingeht, beschäftigt sich Nehemia damit, wer Gott ist.

Beten wir auch so? Nein, wir sagen eher: „Ach, Herr, ich sitze in der Klemme. Bitte, hole mich da heraus." Unsere ganze Konzentration ist auf uns selbst gerichtet.

Die Gebete der Bibel haben jedoch eine Eigenschaft gemeinsam: Sie konzentrieren sich immer auf die Person, an die das Gebet gerichtet ist. Wenn wir einen Scheck ausschreiben, müssen wir zuerst feststellen, wieviel wir noch auf dem Konto haben. Das gleiche sollten wir auch in unseren Gebeten tun. Wenn wir überlegen, was uns fehlt, sollten wir auch danach fragen, mit wem wir reden. Was ist das Wesen dieser Person? Nehemias Gedanken sind erfüllt davon, wer Gott ist.

Dann ändert sich der Inhalt seines Gebets. Nachdem er sich mit Gott beschäftigt hat, ist sein nächster Schritt, sowohl seine eigenen als auch die Sünden seines Volkes zu bekennen (1,6-7):

> „Auch ich und meines Vaters Haus, wir haben gesündigt. Sehr böse haben wir gegen dich gehandelt und haben nicht die Gebote und die Ordnungen und die Rechtsbestimmungen bewahrt, die du deinem Knecht Mose geboten hast."

Wir könnten ein zweites Etikett neben diesen Vers schreiben: „Bekenntnis". Das Gebet konzentriert sich jetzt auf Sünde - nicht nur auf die Sünden des Volkes, sondern auch auf Nehemias eigene Sünde. Wenn Sie Kinder haben, kennen Sie auch ihre Neigung, die Sünden ihrer Geschwister zu bekennen. Aber Nehemia gibt uns ein anderes Beispiel. Er sagt im Grunde: „Das erste, was ich den Herrn wissen lassen möchte, ist, daß wir gesündigt haben." Es sind nicht die Sünder „irgendwo da draußen", sondern „wir hier drinnen".

Haben Sie den Zusammenhang bemerkt, der zwischen Nehemias Sündenbekenntnis und seiner Konzentration auf Gott besteht? Er ist ziemlich deutlich, nicht wahr? Die Erkenntnis unserer Sündhaftigkeit folgt immer auf die Wahrnehmung der Heiligkeit Gottes. Sehen Sie, der Grund, warum wir denken, daß wir so fähige Leute sind, liegt darin, daß wir nicht wirklich erkennen, mit welch einem Gott wir in Verbindung stehen. Wenn aber unsere Gedanken von dem erfüllt sind, wer Gott ist, dann kommt unser wahrer Zustand ans Licht.

Geben Sie in den nächsten drei Versen besonders acht, denn sie bringen das ganze Gebet genau auf den Punkt. Nehemia beginnt mit Anbetung und konzentriert sich darauf, wer Gott ist. Dann geht er über zum Sündenbekenntnis. Jetzt schließt er sein Gebet, indem er Gottes Verheißungen in Anspruch nimmt (1,11):

> „Ach, Herr, laß doch dein Ohr aufmerksam sein auf das Gebet deines Knechtes und auf das Gebet deiner Knechte, die gewillt sind, deinen Namen zu fürchten! Laß es doch deinem Knecht heute gelingen und gewähre ihm Barmherzigkeit vor diesem Mann!"

Nehemia geht dazu über, was wir „Fürbitte" nennen. Er konzentriert sich auf die Bedürfnisse seines Volkes. Und während er seine Bitte vorträgt, verläßt er sich auf Gottes Verheißungen. Er war offensichtlich ein guter Bibelschüler, denn in den Versen 8-9 zitiert er einige Sätze aus den ersten fünf Büchern der Bibel, in denen Gott seine Bedingungen für Segen oder Fluch je nach Treue oder Untreue seines Volkes festgelegt hat. Nehemia erinnert ihn daran: „Herr, erinnerst du dich an das, was du verheißen hast? Nun, ich bitte dich, es jetzt auch zu tun."

Hier liegt eine großartige Lehre vor uns. Beten Sie immer auf der Grundlage der Verheißungen Gottes. Schließlich kommt es bei einer Verheißung darauf an, wer sie gegeben hat, nicht wahr? Ich kann sagen: „Bill, ich werde dir eine Million Dollar für deine Sache geben." Ein großartiges Versprechen! Aber wer hat es gegeben? Ein Typ, der wahrscheinlich gerade mal zehn Dollar in der Tasche hat. Wenn jemand etwas verspricht, fragen Sie immer danach, wer dieses Versprechen gegeben hat.

Wollen Sie wissen, wie man betet? Nehemia zeigt es Ihnen: Beginnen Sie mit Anbetung. Beschäftigen Sie sich damit, wer Gott ist. Das wird Sie zum Bekennen Ihrer Sünden bringen, weil Sie sich dann aus der richtigen Perspektive betrachten. Danach sind Sie vorbereitet, sich mit Ihren Bitten an Gott zu wenden.

Übrigens können Sie auch versuchen, ein Vergleichsstudium von Stellen wie 2. Mose 3 und Jesaja 6 vorzunehmen. Sie werden solche Gebetsbeispiele von 1. Mose bis zur Offenbarung finden.

12. Lies betend

Ein Psalm als Beispiel für ein Bibelstudium mit Gebet

Es gibt einen Präzedenzfall für Bibelstudium mit Gebet in Psalm 119. Von Bedeutung ist zunächst, daß es der längste Psalm in der Bibel ist. Er umfaßt sogar mehr Verse (176) als jedes andere Kapitel im biblischen Kanon. Und jeder einzelne Vers hat etwas über Gottes Wort mitzuteilen - seinen Zweck, seine Vorteile und seinen Wert. Ich empfehle Ihnen dringend, diesen Psalm im Detail zu studieren.

Eine Anzahl Verse bezieht sich speziell auf Bibellesen mit Gebet. Zum Beispiel verwendet der Psalmist diesen Begriff im Lobpreis Gottes (Vers 12). Er bittet Gott, daß er ein wachsamer Leser werde (Vers 18). Er betet um Verständnis für Gottes Wahrheiten (Verse 27.34). Er bittet Gott um Hilfe, diese Wahrheiten in seinem Leben auch anzuwenden (Verse 33.35-36.133). Er weist darauf hin, daß Gottes Gesetz übertreten wird; deshalb ist es an der Zeit, daß Gott handelt (Vers 126). Er betet um Barmherzigkeit, ausgehend von Gottes Wesen (Vers 123). Er gründet seine Bitten auf Gottes Verheißungen (Verse 169-170). Er betet um Vergebung, nachdem er über Gottes Gebote nachgedacht hat (Vers 176).

Welch ein glänzendes Beispiel für ein Bibelstudium mit Gebet. Stellen Sie sich vor, was möglich wäre, wenn Christen heute auf diese Weise dem Wort Gottes begegnen würden.

Versuchen Sie es selbst

Von allen Strategien des richtigen Bibellesens beansprucht das Lesen mit Gebet wahrscheinlich den meisten Aufwand. Dies hier sind drei Aufgaben als Starthilfe:

Psalm 23
Psalm 23 ist vielleicht der bekannteste Abschnitt der ganzen Schrift, und dies aus gutem Grund: Er zeichnet ein wunderschönes Bild von der zärtlichen Beziehung zwischen Gott und einem seiner Kinder. Sie können diesen Psalm in ein persönliches Gebet umwandeln, wenn Sie Ihren Namen überall dort einsetzen, wo Sie die Personalpronomen „mein", „mir" oder „ich" finden.

Jesaja 40,28-31
Dies ist ebenfalls ein Abschnitt, den Sie durch Gebet zu Ihrem eigenen Besitz

machen können. Betrachten Sie die gewaltigen Verheißungen Gottes in diesem Text. Spüren Sie ein Verlangen nach den Erfahrungen, die Gott hier anbietet? Machen Sie diesen Abschnitt zu Ihrem eigenen Gebet, und bitten Sie Gott, es zu verwirklichen.

Philipper 4,8-9
Dies ist eine Reihe von weiteren Verheißungen und Bedingungen, die Sie lesen und - verbunden mit Gebet - studieren können. Überprüfen Sie die Auflistung von Eigenschaften und fragen Sie sich: Gibt es dafür Beispiele in meinem Leben? Dann in bezug auf Vers 8: Womit muß ich beginnen, um den Frieden Gottes kennenzulernen? Reden Sie mit Gott über die Dinge, die in diesem Vers erwähnt werden, und über Ihre persönliche Antwort darauf. Wo muß Gott bei Ihnen Veränderungen bewirken? Wo brauchen Sie seine Hilfe, um die richtige Einstellung und Denkweise zu entwickeln?

13

LIES PHANTASIEVOLL

Es ist traurig, aber wahr: der Durchschnittsmensch denkt, daß das Lesen der Bibel furchtbar langweilig ist. Das einzige, was allenfalls noch langweiliger wäre, ist das Zuhören, wenn jemand über die Bibel lehrt. Doch ich bin überzeugt, der Grund, weshalb es vielen langweilig erscheint, ist die Tatsache, daß sie bereits gelangweilt sind, bevor sie überhaupt die Bibel aufschlagen. Es sähe anders aus, wenn wir nur die sechste Strategie des richtigen Bibellesens anwenden würden:

Lesen Sie die Bibel mit Phantasie

„Warum lesen Sie nicht die Bibel?" habe ich oft Leute gefragt.

„Die Bibel?" erwidern sie skeptisch. „Kommen Sie, ich kann etwas Besseres mit meiner Zeit anfangen." Wenn man ihnen eine Bibel gibt, beschleicht sie das Gefühl, daß sie erst einmal den Staub wegblasen müssen, bevor sie sie aufschlagen.

Kein Wunder, denn wenn wir die Schrift aufschlagen, tun wir das oft ideenlos und verwenden die altmodischsten Methoden. Ein Beipiel: Wie oft haben Sie in einer Gruppe schon den Leiter sagen hören: „Laßt uns alle diese oder jene Stelle aufschlagen." Sie warten, bis jeder die Stelle gefunden hat. Das kostet Zeit.

Dann fährt der Leiter fort: „Nun werden wir diese Stelle zusammen lesen. Jim, warum fängst du nicht mit Vers 1 an? Dann, Susie, nimm du Vers 2, so daß einer nach dem anderen dran kommt."

Jim fängt also an. Leider ist er kein besonders guter Leser, und er benutzt eine alte Lutherübersetzung mit solchen Worten wie „thun" und „sintemal". Überall im Text bleibt er hängen und versucht, mit dem alten Deutsch etwas anzufangen. Bis er fertig ist, hat jeder schon abgeschaltet.

Dann kommt Susie mit einer ultramodernen Übersetzung, und keiner kann ihr folgen. Die Katastrophe tritt ein, als die nächste Person Vers 3 liest, es ist aber der 3. Vers aus einem anderen Kapitel. Und so geht es weiter. Am Ende hat keiner die leiseste Ahnung, was die Stelle wirklich sagt. Aber es macht nichts, denn die meisten haben innerlich schon lange abgeschaltet.

Im Gegensatz dazu gab es in unserer Gemeinde einen Prediger, der ein Meister darin war, dramatische Vorstellungen von Inhalten der Schrift zu geben. Er hatte Erfahrungen mit Theaterinszenierungen gesammelt und nutzte dies zu seinen Zwecken. Oft nahm er vor der ganzen Gemeinde die Rolle einer biblischen Person an. Er schminkte sich und zog ein Kostüm an. Er studierte sorgfältig den zeitgeschichtlichen Hintergrund, um uns einen Eindruck von der kulturellen Situation zu vermitteln. Er erzählte die Geschichte einzelner Charaktere in der ersten Person und gebrauchte eine leicht verständliche Alltagssprache.

Das Ergebnis war, daß wir am Ende nicht einfach nur unterhalten, sondern auch unterwiesen wurden. Unsere Phantasie wurde eingeschaltet, und wir wurden in das Geschehen regelrecht hineinversetzt. Wir erlebten, wie biblische Wahrheit und menschliche Erfahrung sich miteinander vermischen können.[6]

Ich würde zu gerne sehen, wie noch mehr Menschen ein solch einfaches Gebet sprechen, wie das folgende, wenn sie die Bibel studieren: „Herr, überkleide die Tatsachen mit Faszination. Hilf mir, in die Haut dieser Menschen zu schlüpfen, mit ihren Augen zu sehen, mit ihren Händen zu fühlen, mit ihrem Herzen zu verstehen und ihre Gedanken zu erfassen." Dann wird das Wort Gottes lebendig werden.

Hier sind einige Vorschläge für phantasievolles Bibellesen.

Verwenden Sie verschiedene Übersetzungen und Übertragungen
Ich werde immer wieder darauf hinweisen. Verschiedene Übersetzungen der Bibel zu lesen ist eine aufregende Art, die eigene Phantasie anzuregen.

Heutzutage sind wir unglaublich gesegnet, solch eine Vielfalt von Übersetzungen zu haben. Lange Zeit konnten Christen grundsätzlich nur eine Übersetzung in ihrer jeweiligen Landessprache lesen. (In Deutschland war es die Lutherübersetzung.) Aber dank großer Fortschritte im Umgang mit Althebräisch und Griechisch besitzen wir inzwischen außerordentlich genaue Übersetzungen, ebenso einige, die sehr gut lesbar sind (z. B. „Hoffnung für Alle" oder „Die gute Nachricht").

Vergleichen wir nur die Begegnung des Paulus mit den Philosophen von Athen (Apostelgeschichte 17,16-21) in der „Hoffnung für Alle" mit der Revidierten Elberfelder:

„Während aber Paulus sie in Athen erwartete, wurde sein Geist in ihm erregt, da er die Stadt voll von Götzenbildern sah. Er unterredete sich

---

[6] Dieses Beispiel halten wir für nicht empfehlenswert. Der Zweck heiligt nicht die Mittel. Die Bibel ist kein Manuskript für Theaterstücke; sie ist Gottes heiliges Wort. Wenn wir auf die Wiedergabe dieses Beispiels in der deutschen Übersetzung trotzdem nicht verzichten, dann nur aus dem Grunde, weil es das Anliegen des Autors deutlich macht (Anm. d. dt. Hrsg.).

13. Lies phantasievoll 115

nun in der Synagoge mit den Juden und mit den Anbetern und auf dem Markt an jedem Tag mit denen, die gerade herzukamen. Aber auch einige der epikuräischen und stoischen Philosophen griffen ihn an; und einige sagten: Was will wohl dieser Schwätzer sagen? andere aber: Er scheint ein Verkündiger fremder Götter zu sein, weil er das Evangelium von Jesus und der Auferstehung verkündigte. Und sie ergriffen ihn, führten ihn zum Areopag und sagten: Können wir erfahren, was diese neue Lehre ist, von der du redest? Denn du bringst etwas Fremdes vor unsere Ohren. Wir möchten nun wissen, was das sein mag. Alle Athener aber und die Fremden, die sich da aufhielten, brachten ihre Zeit mit nichts anderem zu, als etwas Neues zu sagen und zu hören." (Revidierte Elberfelder)

Vergleichen Sie mit dem folgenden Text:

„Als aber Paulus auf sie zu Athen wartete, ergrimmte sein Geist in ihm, da er sah die Stadt voller Götzenbilder. Und er redete zu den Juden und Gottesfürchtigen in der Synagoge, auch auf dem Markte alle Tage zu denen, die sich herzufanden. Etliche Philosophen aber, Epikureer und Stoiker, stritten mit ihm. Und etliche sprachen: Was will dieser Schwätzer sagen? Etliche aber: Es sieht aus, als wolle er fremde Götter verkündigen. Er hatte nämlich das Evangelium von Jesus und von der Auferstehung verkündigt. Sie nahmen ihn aber und führten ihn auf den Areopag und sprachen: Können wir erfahren, was das für eine neue Lehre ist, die du lehrst? Denn du bringst etwas Neues vor unsere Ohren; so wollen wir gerne wissen, was das sei. Die Athener aber, alle, auch die Fremdlinge, die bei ihnen wohnten, waren gerichtet auf nichts anderes, als etwas Neues zu sagen oder zu hören." (Hoffnung für Alle)

Bemerken Sie den Unterschied? Wenn Sie mit nur einer bestimmten Bibelübersetzung aufgewachsen sind, empfehle ich Ihnen, Ihren Geist einmal mit etwas Neuem zu erfrischen.

Schreiben Sie den Text neu in einer eigenen Übertragung
Das ist eine Weiterführung dessen, was wir gerade nachvollzogen haben. Übersetzer müssen viel Phantasie aufbringen, um den originalen Text der Heiligen Schrift in die jeweilige Sprache zu übertragen. Ihre eigene Phantasie wird ebenso herausgefordert, wenn Sie den Text mit Ihren eigenen Worten, die Ihnen sinnvoll erscheinen, aufschreiben.

In der Revidierten Elberfelder Übersetzung von Apostelgeschichte 17,16 beschreiben die Übersetzer z. B. die Empfindungen des Paulus über die Götzen mit den Worten „wurde sein Geist in ihm erregt". Wie würden Sie das ausdrücken? Daß er „sehr bestürzt", „pikiert" oder „innerlich aufgewühlt" war? Oder „sich bis zum Erbrechen krank fühlte" oder „sich die Haare raufte"?

Versuchen Sie, Apostelgeschichte 17,16-21 mit Ihren eigenen Worten wiederzugeben. Prüfen Sie, ob Ihre Kreativität und Ihr Interesse am Text dadurch angeregt werden.

Lesen Sie die Schrift in einer anderen Sprache
Wenn Sie eine Fremdsprache beherrschen, dann lesen Sie eine Bibelübersetzung in dieser Sprache. Sie werden alle möglichen Entdeckungen dabei machen. Diese Methode bringt die gleichen Vorteile wie das Lesen verschiedener Übersetzungen und Übertragungen.

Lassen Sie sich den Text laut vorlesen
In einem früheren Kapitel habe ich bereits darauf hingewiesen, daß die menschliche Stimme die Worte zum Leben erwecken kann. Lassen Sie Kinder die Geschichten aus der Schrift unbedingt laut vorlesen. Und wenn Sie einen Studenten aus einem anderen Land kennen oder jemanden, der in einer anderen Kultur aufgewachsen ist, dann laden Sie diese Person ein, und bitten Sie sie, Ihnen den Text laut vorzulesen. Ihr Akzent wird Sie den Abschnitt mit ganz anderen Augen sehen lassen, was für Sie nur von Vorteil sein kann.

Variieren Sie Ihre Umgebung
Ich bin überzeugt, daß es wertvoll ist, eine feste Zeit und einen bestimmten Ort für das Schriftstudium zu haben. Doch wenn Sie Ihre Phantasie anregen wollen, versuchen Sie einmal, die Bibel in einer neuen Umgebung zu lesen.

Jesus hat z. B. viele Gleichnisse am See von Galiläa erzählt. Wenn Sie also an einem See oder am Strand wohnen, ziehen Sie es ruhig in Erwägung, Ihre Bibel dorthin mitzunehmen und über die Lehren des Herrn nachzusinnen. Ebenso wurden viele Psalmen von David draußen auf dem Feld komponiert, als er noch Hirte war. Sie können vielleicht aufs Land hinausfahren und dort Ihre Zeit verbringen, um diese Stellen zu studieren.

Der Sinn des Ganzen ist, alles Nötige dafür zu tun, um das Wort aus einer anderen Perspektive zu betrachten. Wenn wir die Schrift immer auf die gleiche Weise und am gleichen Ort lesen, laufen wir Gefahr, es zu einer alltäglichen Gewohnheit werden zu lassen, bei der bald unser Interesse und unsere Begeisterung verlorengehen. Welch eine Tragödie wäre das, besonders wenn wir bedenken, daß die größten Kunstwerke und die schönste Musik in der Geschichte von Menschen geschaffen wurden, die gelernt haben, die Bibel mit Phantasie zu lesen.

13. Lies phantasievoll

Versuchen Sie es selbst

Dies hier ist eine Möglichkeit, Ihre Kreativität zu steigern. Sehen Sie selbst, was Sie aus diesen Übungen zum phantasievollen Bibellesen machen können.

Apostelgeschichte 16,16-40
Dies ist die lebendige Schilderung über den Aufenthalt von Paulus und Silas in Philippi. Lesen Sie sorgfältig und beobachten Sie die Ereignisse, von denen in diesem Abschnitt berichtet wird, und dann tragen Sie sie Ihrer Familie oder Ihren Freunden vor.

Psalm 19
Dieser Psalm ist ein Lobpreis über die Werke und das Wort Gottes. Betrachten Sie ihn sorgfältig, und dann versuchen Sie, ihn ganz neu zu schreiben - an eine Gruppe von Studenten der Physik oder der Philosophie.

1. Samuel 17
Dies ist ein Heldenepos über den Kampf zwischen David und Goliath. Obwohl viele diese Geschichte kennen, wissen sie nur sehr wenig über das, was wirklich damals geschah. Lesen Sie das Kapitel sorgfältig durch, und schreiben Sie es neu für eine Bande von Jugendlichen.

Apostelgeschichte 15,22-29
Lukas gibt hier einen Brief wieder, den das Apostelkonzil in Jerusalem den Gläubigen in Antiochien, Syrien und Cilicien sandte. Studieren Sie sorgfältig den Zusammenhang, und schreiben Sie ihn dann neu als „Fax" an eine Gruppe Jungbekehrter, die sich in Ihrer Stadt treffen.

Weihnachten in einer Apfelsinenkiste[7]

Dies ist ein Beispiel, wie man die Bibel phantasievoll lesen kann. Es ist die Übertragung der Weihnachtsgeschichte nach dem Lukasevangelium auf heute vergleichbare Umstände und Bedingungen. Beurteilen Sie, ob hier die Schrift in einer Art und Weise übertragen wird, die dem Leser von heute hilft, in der gleichen Weise an den Geschehnissen Anteil zu nehmen, wie es die ersten Christen empfunden haben.

„Es geschah in jenen Tagen, daß vom Kaiser Augustus der Befehl zur Volkszählung gegeben wurde. Es war die erste Volkszählung, seit Quirinius Minister von Syrien war. Jeder sollte sich in seiner Heimatstadt registrieren lassen. So ging auch Josef von Nazareth in Galiläa nach Bethlehem in Judäa, dem Geburtsort des Königs David, um sich zusammen mit seiner Verlobten Maria, die schwanger war, dort registrieren zu lassen. Er gehörte nämlich zu den Nachkommen Davids.

Als sie dort angelangt waren, setzten bei Maria die Wehen ein, und sie brachte einen Sohn zur Welt, ihren Erstgeborenen. Sie wickelte ihn in eine Wolldecke und legte ihn in eine Apfelsinenkiste, denn im Krankenhaus war für sie kein Bett mehr frei.

In der Nähe waren zu später Stunde noch einige Hirten damit beschäftigt, ihre Herden zu hüten. Plötzlich trat ein Bote des Herrn zu ihnen, und die strahlende Herrlichkeit Gottes ließ alles um sie herum taghell werden, so daß sie es mit der Angst zu tun bekamen. Doch der Bote redete ihnen gut zu: 'Habt keine Angst. Ich bin nur beauftragt, euch ein frohes Ereignis mitzuteilen, von dem das ganze Land erfahren soll. Ganz in der Nähe, in der Geburtsstadt Davids, wurde heute euer Befreier geboren, der berechtigte Ansprüche auf die Herrschaft hat. Und daran werdet ihr ihn erkennen: ihr werdet einen Säugling finden, der in eine Wolldecke gewickelt ist und in einer Apfelsinenkiste liegt.'

Plötzlich erschienen um den Überbringer der Nachricht herum eine Menge himmlischer Wesen, die aus vollem Halse Gott lobten und riefen:

---

[7] Gegenüber dem engl. Original abgeändert und an dt. Verhältnisse angepaßt (Anm. d. Übers.).

13. Lies phantasievoll

'Ehre sei Gott in der Höhe,
und Friede auf Erden den Menschen,
die ihm gefallen.'

Und als alle Engel wieder in den Himmel zurück verschwunden waren, berieten sich die Hirten untereinander und faßten folgenden Beschluß: 'Gehen wir doch nach Bethlehem und überzeugen uns davon, was dort geschehen ist und wovon der Herr uns Mitteilung gemacht hat.'
Sie machten sich also schnell auf den Weg und entdeckten schließlich Maria und Josef mit dem Kind, das wirklich in einer Apfelsinenkiste lag.
Als sie dies gesehen hatten, brachten sie diese Neuigkeit unter die Leute, so daß jeder, der davon hörte, sich sehr über diese Geschichte wunderte, die von den Hirten erzählt wurde.
Maria aber merkte sich alles genau, was sie von den Hirten gehört hatte, und dachte noch lange darüber nach.
Als die Hirten zu ihrer Herde zurückgekehrt waren, sangen sie und lobten Gott für alles, was sie erlebt und gehört hatten, genauso wie es ihnen beschrieben worden war."

14

LIES NACHSINNEND

Die siebte Strategie, um ein erstklassiger Bibelleser zu werden, ist für die meisten von uns keine leichte Sache:

Lesen Sie die Bibel besinnlich

Mit anderen Worten, lernen Sie, über die Bibel nachzusinnen. Dies ist deshalb schwer, weil immer mehr von uns sich an das Zeitalter des Jet-Set gewöhnt haben. Wenn in vergangenen Tagen jemand die Postkutsche verpaßte, sagte er einfach: „Das macht nichts, dann nehme ich eben die nächste in einem Monat." Wenn heute jemand nicht gleich die Lücke in einer Drehtür erwischt, gerät er schon ins Schleudern.

Als Folge davon ist besinnliches Bibellesen in Ungnade gefallen. Ich kann mich an ein Lied erinnern, das wir oft gesungen haben: „Nimm dir Zeit, heilig zu sein." Aber so etwas bekommt man heute kaum noch zu hören, und mir ist auch klar, warum. Zeit ist genau das, was wir brauchen, um heilig zu werden. Wir können nicht im Eiltempo heilig werden. Aber wir leben in einer „Sofort"-Gesellschaft. Wollen Sie fernsehen? Dann brauchen Sie nur einen Knopf zu drücken, und schon haben Sie Farbe und Ton. Wollen Sie eine Tasse Kaffee trinken? Lösen Sie einfach etwas Pulver in kochendem Wasser auf, und schon ist sie fertig. Aber so etwas wie geistliches Leben auf Bestellung gibt es nun mal nicht.

Deshalb spricht die Schrift so oft vom Nachsinnen. Ich will Sie auf fünf Stellen hinweisen, um Ihren Appetit darauf anzuregen.

Josua 1,8

„Dieses Buch des Gesetzes soll nicht von deinem Mund weichen, und du sollst Tag und Nacht darüber *nachsinnen*, damit du darauf achtest, nach alledem zu handeln, was darin geschrieben ist; denn dann wirst du auf deinen Wegen zum Ziel gelangen, und dann wirst du Erfolg haben." (kursiv hinzugefügt)

14. Lies nachsinnend

Dieser Vers zeigt uns, daß es einen direkten Zusammenhang zwischen dem Nachsinnen über Gottes Wort und dem Handeln nach Gottes Wort gibt. Dies wird der Schlüssel sein, wenn wir zum Schritt der Anwendung kommen. An dieser Stelle möchte ich lediglich auf die Häufigkeit hinweisen, mit der die biblischen Wahrheiten durch unsere Gedanken rinnen sollten: Tag und Nacht. Das veranlaßt mich zu fragen: An welchen Abschnitt der Schrift habe ich heute morgen gedacht, als ich meinen Tag begann? Während der Arbeit? Auf dem Weg nach Hause? Wann habe ich überhaupt das letztemal bewußt über biblische Wahrheiten und Prinzipien nachgedacht?

Sprüche 23,7
Eines Tages las ich im Buch der Sprüche folgenden Satz: „Denn wie einer, der in seiner Seele berechnet, so ist er." Dieser Satz sprach mich vielleicht deshalb so an, weil ich gerade ein Schild in einem Büro gesehen hatte, auf dem stand: „Du bist nicht das, was du von dir denkst. So wie du denkst, so bist du auch." Die Schrift lehrt das grundlegende Prinzip, daß man das wird, was man denkt. Seien Sie also vorsichtig mit dem, was Sie denken.

Psalm 1,1-2
Der erste Psalm enthält eine ähnliche Botschaft:

> „Glücklich der Mann, der nicht folgt dem Rat der Gottlosen, den Weg der Sünder nicht betritt und nicht im Kreis der Spötter sitzt, sondern seine Lust hat am Gesetz des Herrn und über sein Gesetz sinnt Tag und Nacht!"

Hier ist wieder dieses „Tag-und-Nacht"-Muster. Das ist typisch für das Nachsinnen. Es ist keine Übung, die Sie in ein paar Minuten erledigen und von Ihrer Liste streichen können. Es ist eine geistige Disziplin, die Sie durch den ganzen Tag hindurch beibehalten. Es ist eine Denkweise, ein Lebensstil, in dem das Wort Gottes fortwährend in Ihre Gedanken einfließt.

Das ist es, was das biblische Nachsinnen so sehr unterscheidet von Meditation, die wir von unserer Gesellschaft her kennen. Meditation, wie sie allgemein von den östlichen Philosophien gelehrt wird, besagt, daß man seine Gedanken abschalten soll - genau das Gegenteil von dem, was die Schrift sagt. Biblische Meditation bedeutet, die eigenen Gedanken mit der Wahrheit, die Gott geoffenbart hat, zu füllen.

Psalm 119,97
Psalm 119 bekräftigt diesen Gedanken, wenn der Psalmist ruft:

„Wie liebe ich dein Gesetz! Es ist mein *Nachdenken* den ganzen Tag."
(kursiv hinzugefügt)

Ist Ihnen jemals aufgefallen, daß die meisten von uns schrecklich viel Zeit verschwenden? Zeit bei alltägliche Dingen, die wir zu erledigen haben: beim Warten an der Telefonzelle, beim Schlangestehen, auf der Fahrt zur Arbeit. Ich fragte einen Freund aus Los Angeles, wieviel Zeit er für das Pendeln hin und her braucht. „Eineinhalb Stunden zur Arbeit und eineinhalb Stunden wieder zurück", sagte er mir. Das sind jeden Tag drei Stunden, an fünf, manchmal an sechs Tagen in der Woche - eine gewaltige Menge an Zeit. Millionen von Pendlern verbringen genausoviel oder noch mehr Zeit damit, um zur Arbeit und zurück zu kommen.

Die Frage ist nur, was sie mit ihren Gedanken während dieser Zeit machen? Ich fürchte, die meisten sind unterwegs und lassen ihre Gedanken einfach ins Leere laufen, hören Radio oder regen sich über andere Autofahrer auf. Aber was für eine hervorragende Gelegenheit, die eigenen Gedanken einzuschalten.

Aus diesem Grund habe ich begonnen, Bibelkassetten zu hören, wenn ich mit dem Auto unterwegs bin, wie ich schon in Kapitel 9 angedeutet habe. Es ist unglaublich, wie gut mir das Hören von Gottes Wort tut, insbesondere im Blick auf die Vorbereitung für die tägliche Arbeit. Es verhilft der Wahrheit dazu, mein Herz zu durchdringen.

Psalm 19

Psalm 19 bietet tiefe Einblicke in die Schrift. Sie sollten diesen Abschnitt unbedingt studieren. Der Psalm konzentriert sich auf Gottes Wort und sagt Ihnen, was dessen Eigenschaften sind: „Das Gesetz des Herrn ist vollkommen ... Das Zeugnis des Herrn ist zuverlässig ... Die Vorschriften des Herrn sind richtig ..." usw. (Verse 7-8).

Er spricht aber auch von dem, was das Wort Gottes bewirkt. Ein Beispiel: Es „erquickt die Seele". Haben Sie sich jemals kraftlos gefühlt? Das Wort Gottes hilft Ihnen, sich wieder neu aufzuraffen. Es macht auch „den Einfältigen weise". Es spielt keine Rolle, ob Sie eine Universität besucht haben oder wie hoch Ihr IQ ist. Worauf es ankommt, ist, ob Sie bereit sind zu lernen und aufgeschlossen dafür sind, Ihre Gedanken mit den Weisheiten der Schrift zu füllen.

Der Höhepunkt dieses Psalms ist das Gebet:

„Laß das Reden meines Mundes und das *Sinnen* meines Herzens wohlgefällig vor dir sein, Herr, mein Fels und mein Erlöser!" (Vers 14, kursiv hinzugefügt)

Es ist ein aufschlußreiches Gebet. Es macht deutlich, daß der Psalmist Nachsinnen als unbedingt notwendig für sein geistliches Leben ansah. Aber wenn

14. Lies nachsinnend

dies für ihn zu seiner Zeit schon so war, wieviel unentbehrlicher muß es für unsere heutige Generation sein, die dem Druck unserer Gesellschaft ausgesetzt ist. Wir müssen unsere Gedanken im „Wasser" des Wortes „baden", damit unsere Worte und Gedanken vor Gott wohlgefällig werden.

Nutzen Sie Ihre Zeit - am Anfang des Tages, bei der Kaffeepause, während des Mittagessens, auf der Heimfahrt und bevor sie schlafen gehen -, um über die Wahrheiten, die Sie gerade studieren, nachzusinnen.

Um ehrlich zu sein, zu den größten Veränderungen, die Gott in meinem Leben bewirkt hat, bin ich durch Nachsinnen gelangt - einfach dadurch, daß ich dem Wort Gottes gestattete, mein Denken und mein Leben zu durchdringen. Ich habe entdeckt, daß richtiges Bibellesen kein Schnappschuß ist, sondern eine Langzeitaufnahme.

Versuchen Sie es selbst

Wenn Sie es nicht gewohnt sind, die Bibel nachsinnend zu lesen, dann finden Sie hier einen Vorschlag, um damit anzufangen: Bestimmen Sie einen Tag, an dem Sie sich von Ihren Alltagsproblemen freimachen können - keine Arbeit, keine Unterbrechungen, keine Verpflichtungen. Vielleicht kennen Sie einen ruhigen Ort auf dem Lande oder am Strand; oder vielleicht haben Sie Zugang zu einem Ferienhaus. Was es auch immer sein mag, suchen Sie sich einen Platz, wo Sie für einige Stunden alleine sein können.

Widmen Sie Ihre Zeit dem intensiven Nachsinnen über Johannes 4,1-42, dem Bericht über den Besuch Jesu in Samaria. Beginnen Sie mit der Bitte zu Gott, Ihnen dabei zu helfen, Einsicht in sein Wort zu bekommen, und Ihnen zu zeigen, wie Sie es anwenden können. Dann lesen Sie diese Stelle mehrmals. Setzen Sie die Vorschläge für wiederholendes Bibellesen aus Kapitel 9 in die Tat um.

Untersuchen Sie die Absätze vor und nach Johannes 4, damit Sie den Zusammenhang herstellen können. Dann schauen Sie sich den Abschnitt genau an, und stellen Sie Fragen wie folgt dazu: Wer sind die beteiligten Personen in dieser Geschichte? Wer waren die Samariter? Warum war es ungewöhnlich, daß Jesus mit dieser Frau sprach? Was war die Reaktion ihrer Nachbarn oder der Jünger? Was sagte Jesus zu ihnen, als sie zurückkamen? Was lehrt uns dieser Abschnitt über die Weitergabe des Evangeliums?

Wenn Sie diese Geschichte verstanden haben, denken Sie darüber nach, welche Bedeutung sie für Sie selbst haben könnte. Zum Beispiel: Welche Art von Menschen meiden Sie normalerweise? Wie würden diese Menschen auf das Evangelium reagieren? Gibt es etwas, das Sie tun oder sagen könnten, das sie näher zu Christus bringt und letztendlich dazu, ihm zu vertrauen? Wenn es ums Evangelisieren geht, sind Sie ein Sämann oder ein Erntearbeiter (Vers 36-38)? Oder weder das eine noch das andere? Mit welcher Person dieser Geschichte indentifizieren Sie sich am meisten? Warum?

Wie sind Sie zum Glauben an Jesus Christus gekommen? Wer hat Ihnen von Jesus erzählt? Was war Ihre Reaktion? Wem haben Sie selbst von Jesus erzählt? Was haben Sie dabei gesagt? Was war die Reaktion darauf? Gibt es Grundsätze in dieser Geschichte, die Sie das nächste Mal anwenden könnten, wenn Sie anderen von Jesus erzählen?

Sie können sich weitere Fragen selbst ausdenken. Ziel ist es, das Wort aufzunehmen, Einsichten zu gewinnen und sich darin zu üben, wie man die Schrift praktisch anwenden kann. Schreiben Sie auf jeden Fall alles auf, was Ihnen in diesem Abschnitt aufgefallen ist, ebenso die Schlüsse, die Sie daraus gezogen haben. Verwenden Sie Zeit fürs Gebet. Was will Ihnen Gott sagen mit dem, was Sie studiert und worüber Sie nachgedacht haben? Was sollten Sie Ihm sagen? Worin brauchen Sie seine Hilfe und Unterstützung? Welche Möglichkeiten zum Evangelisieren soll er Ihnen eröffnen?

15

LIES ZIELBEWUSST

Erinnern Sie sich an 2. Timotheus 3,16? Wir haben diese Stelle bereits in Kapitel 2 einmal betrachtet. Sie sagt uns, daß alle Schrift von Gott inspiriert wurde und „nützlich" ist. Mit anderen Worten, sie dient einem Zweck - eigentlich vier Zwecken: Lehren, Überführen, Zurechtweisen und Unterweisen in der Gerechtigkeit. Dies führt uns zu einer achten Strategie des richtigen Bibellesens:

Lesen Sie die Bibel im Bewußtsein der Absicht des Autors

Zielbewußtes Bibellesen fragt vor allem nach der Absicht des Autors. Es gibt keinen Vers in der Schrift, der aus Versehen hinzugefügt worden wäre. Jedes einzelne Wort trägt zum Sinn des Ganzen bei. Die Herausforderung an den Leser ist es, diesen Sinn zu erkennen.

Wie kann Ihnen dies gelingen? Einer der Schlüssel dazu ist das Achtgeben auf die Struktur. Jedes Buch der Bibel hat sowohl eine grammatikalische als auch eine literarische Struktur. Wir wollen dies in der Praxis beobachten und darüber nachdenken, wie sie zum Sinn des Ganzen beitragen.

Mitteilung der Intention durch grammatikalische Struktur

Viele Autoren der Bibel vermitteln den Sinn ihrer Geschichten durch eine sorgfältig ausgewählte Grammatik. Ich weiß, daß es heutzutage eine wachsende Tendenz gibt, Grammatik als Marotte eines übereifrigen Lehrers zu betrachten. Aber die Bibel ist keineswegs gleichgültig in der Wahl ihrer Worte und deren Reihenfolge. Eigentlich ist ihre Grammatik sogar entscheidend für die Lehre. Wir müssen also sorgfältig auf die folgenden grammatischen Eigenschaften eines Textes achten.

Zeitwörter

Zeitwörter sind wichtig. Sie sind die Wörter, die uns sagen, wer was genau tut. In Epheser 5,18 schreibt Paulus z. B.: „Werdet voll Geist." Das Zeitwort „werdet voll" ist passiv. Er sagt nicht: „Füllt euch selbst mit dem Geist." Er fordert uns auf, sich dem Einfluß des Geistes zu öffnen und sich seinem Willen auszuliefern. Dies ist eine wichtige Beobachtung, denn der Epheserbrief teilt uns mit, wie das Leben im Geist in der Gemeinde aussieht.

Ein anderes interessantes Zeitwort finden wir in 1. Mose 22,10, wo Abraham seinen Sohn Isaak zum Berg Morija mitnimmt, um ihn dort zu opfern: „Und Abraham streckte seine Hand aus und nahm das Messer, um seinen Sohn zu schlachten."

Man kann es in der deutschen Übersetzung nicht erkennen, aber ein Kommentar wird Sie bestimmt darauf hinweisen, daß hier das Zeitwort eine vollendete Tat andeutet, so als ob Abraham seinen Sohn wirklich schlachtet. Für ihn ist die Tat schon geschehen; er hat Gott bis zum äußersten gehorcht. Es ist wichtig zu verstehen, was der Autor hier ausdrücken will. Er zeigt uns den Glauben Abrahams - einen Glauben, der von völligem Gehorsam geprägt ist. Wie Paulus später im Römerbrief schreibt, war Abrahams Vertrauen in Gott so groß, daß Gott den Isaak - um den Erben zu erhalten - wieder vom Tode auferwecken würde, wenn er ihn wirklich geopfert hätte (Römer 4,16-21).

Subjekt und Objekt

Das Subjekt eines Satzes handelt, und das Objekt ist Gegenstand einer Handlung. Es ist wichtig, beides nicht zu verwechseln. Philipper 2,3 ermahnt uns, „... daß in der Demut einer den anderen höher achtet als sich selbst". Die Reihenfolge ist wichtig. „Achtet" ist das Zeitwort; „einer" ist das Subjekt; „den anderen" ist das Objekt. Paulus schreibt einige herausfordernde Worte über die Demut Christi, welche die Beziehungen von Gläubigen kennzeichnen sollte.

Ein ähnlicher Vers ist Galater 6,4: „Ein jeder prüfe sein eigenes Werk, und dann wird er nur im Blick auf sich selbst Ruhm haben und nicht im Blick auf den anderen." Dies ist ein Vers für „Gesinnungsprüfer", denn viele von uns tendieren dahin, auf die geistliche Frucht anderer zu achten, wo sie eigentlich mehr auf ihre eigene achtgeben sollten.

Das Zeitwort ist „prüfe"; das Subjekt ist „jeder", und als Folgerung „jeder von euch Gläubigen"; das Objekt ist „sein eigenes Werk". Paulus argumentiert also für Selbstüberprüfung, ein wichtiger Schwerpunkt in diesem Teil des Galaterbriefes. Er spricht von Gläubigen, die sich in das Leben anderer einschalten, wenn diese gesündigt haben.

Bestimmungswörter

Bestimmungswörter sind beschreibende Worte, ähnlich wie Eigenschaftswörter und Adverbien. Sie ergänzen die Bedeutung der Wörter, auf die sie sich bezie-

15. Lies zielbewußt

hen, und sehr oft bringen sie die Aussage auf den Punkt. In Philipper 4 z. B. dankt Paulus den Philippern für eine Gabe, die sie ihm gesandt hatten. Wir wissen nicht genau, worin diese Gabe bestand, aber Paulus ermutigt diejenigen, die sie geschickt haben, mit einer oft wiederholten Verheißung: „Mein Gott aber wird alles, was ihr bedürft, erfüllen nach seinem Reichtum in Herrlichkeit in Christus Jesus" (Vers 19).

Dieser Vers wird regelmäßig aus dem Zusammenhang gerissen, um den Eindruck zu erwecken, daß Gott verspricht, alle unsere Wünsche zu erfüllen, statt alle unsere Bedürfnisse. Statt dessen bezieht sich die optimistische Aussage des Paulus auf Gottes Fürsorge. Wie optimistisch war er? Das Bestimmungswort „alles" ist entscheidend: „Mein Gott aber wird alles, was ihr bedürft, erfüllen", wörtlich: „jedes eurer Bedürfnisse". Mit ihm kommen wir nicht zu kurz. Er gibt uns nicht nur, was wir brauchen, er gibt uns *alles*, was wir brauchen.

Präpositionale Ausdrücke
Präpositionen sind kleine Wörter, die uns sagen, wo die Handlung stattfindet: *in, auf, durch, zu, usw.* Denken Sie nur an einige wenige der vielen Präpositionen, die in der Schrift vorkommen, und Ihnen wird klar, wie wichtig es ist, sie zu beachten: „in Christus", „am Anfang", „durch den Geist", „nach dem Geist", „im Fleisch", „unter dem Gesetz", „durch Glauben", „nach dem Wort des Herrn".

Bindewörter
Zwei der mächtigsten Wörter der Bibel sind „*und*" und „*aber*". Wir haben gesehen, wie wichtig das Wörtchen „aber" in Apostelgeschichte 1,8 war. Schlagen Sie 4. Mose 13,31, 2. Samuel 11,1, Lukas 22,26, Johannes 8,1 und 1. Johannes 3,17 auf. Sie werden noch mehr Beispiele für die Aussagekraft dieses Wortes finden.

„*Und*" ist jedoch ebenso wichtig: „Befiehl dem Herrn deinen Weg und vertraue auf ihn, so wird er handeln" (Psalm 37,5); „Bleibt in mir und ich in euch" (Joh 15,4); Paulus und Barnabas (Apg 13,42-43); „Naht euch Gott, und er wird sich euch nahen" (Jak 4,8).

Noch ein wichtiges Bindewort ist „*deshalb*" (oder „*darum*"). Immer wenn Sie ein „*Deshalb*" entdecken, gehen Sie zurück und prüfen Sie nach, weshalb es da steht. Der Römerbrief enthält viele „*Deshalb*", wenn sich Paulus seinen Weg durch die komplizierte Struktur eines seiner Argumente bahnt. Die alttestamentlichen Propheten verwendeten „*Darum*" sehr ausgiebig. Immer wieder legen sie dem Volk ihre Klage vor und rufen dann: „*Darum, so spricht der Herr.*"

Mitteilung der Intention durch literarische Struktur

Zusätzlich zu grammatikalischen Mustern übermitteln biblische Autoren ihre Absichten durch literarische Strukturen. Auch wenn Sie ein unerfahrener Leser sind, werden Sie wahrscheinlich doch mit literarischer Struktur vertraut sein. In Fernsehfilmen und Romanen werden sie ständig angewandt.

Denken Sie nur daran, wie viele Krimis und Thriller die folgende Struktur aufweisen: 1. Vorstellung der handelnden Personen und der Ausgangssituation; 2. Begehen eines Verbrechens, meist ein Mord oder ein Diebstahl; 3. Ermittlung durch die Hauptfigur; 4. Flucht des Täters; 5. Krise, z. B. eine Verfolgungsjagd oder Schießerei; 6. Auflösung, d. h. der Täter wird in Handschellen abgeführt, und die Hauptfigur bekommt das hübsche Mädchen. So sieht gewöhnlich der Ablauf eines Fernsehfilms aus.

Die Bibel weist auch eine literarische Struktur auf, obwohl sie weitaus feiner ist. Wenn wir uns mit der zweiten Stufe, der Interpretation, näher beschäftigen, werden wir merken, daß je nach Art der Literatur auch verschiedene Arten von literarischen Strukturen verwendet werden. Fürs erste beschreibe ich hier fünf verschiedene Arten, auf die Sie achten können.

Biographische Struktur
Eine biographische Struktur kann man gewöhnlich in Erzählbüchern finden. Sie baut sich auf eine Schlüsselfigur in der Geschichte auf. Wie ich schon sagte, konzentriert sich 1. Mose 12 - 50 auf die Erfahrungen der vier Patriarchen Abraham, Isaak, Jakob und Joseph. Das Buch Richter gründet sich auf die Führer Israels in der Zeit zwischen Josua und dem ersten König der Nation, Saul. In 1. und 2. Samuel bewegt sich die Erzählung von Samuel über Saul zu David. In der Apostelgeschichte bestimmt Paulus das Handlungsgeschehen im zweiten Teil des Buches.

Geographische Struktur
Der Schlüssel hier ist die Ortsangabe. Die Struktur in 2. Mose hängt besonders von den Orten ab, die Israel auf seinem Weg von Ägypten in das verheißene Land aufsuchte.

Geschichtliche Struktur
Schlüsselereignisse sind auf geschichtliche Struktur gegründet. Das Buch Josua ist eine gutes Beispiel dafür. Das Buch beginnt damit, daß Josua Befehle vom Herrn erhält. Dann durchquert das Volk den Jordan. Danach erobern sie Jericho. Dann werden sie bei Ai geschlagen. Und so geht es weiter durch das

15. Lies zielbewußt

ganze Buch, wie sie in das Land eindringen und es nach und nach besetzen.

Das Johannesevangelium benutzt ebenfalls eine geschichtliche Struktur, um seine Absichten zu erläutern. Es stellt sieben exemplarische Wunder vor, die eine hauptsächliche Absicht unterstützen:

> „Auch viele andere Zeichen hat nun zwar Jesus vor den Jüngern getan, die nicht in diesem Buch geschrieben sind. Diese aber sind geschrieben, *damit ihr glaubt*, daß Jesus der Christus ist, der Sohn Gottes, und damit ihr durch den Glauben Leben habt in seinem Namen." (Joh 20,30-31; kursiv hinzugefügt)

Eine der interessantesten Verwendungen von geschichtlicher Struktur begegnet uns in der Offenbarung. Johannes teilt uns zu Beginn seines Buches mit, daß sein Buch eine Vision wiedergibt, die Gott ihm gab, nachdem er auf die Insel Patmos verbannt wurde. Diese Vision enthält bestürzende Ereignisse weltweiten Ausmaßes, und die Erzählung schreitet von einem Geschehnis zum anderen voran, bis sie in Kapitel 21 mit der Erscheinung eines neuen Himmels und einer neuen Erde ihren Höhepunkt erreicht.

Chronologische Struktur

Die chronologische Struktur ist eng mit der geschichtlichen Struktur verbunden, und zwar dort, wo ein Autor den Stoff nach Zeitangaben gliedert. Es ist ein klarer zeitlicher Ablauf erkennbar, die Ereignisse der Geschichte passieren folgerichtig. 1. und 2. Samuel beinhalten, wie ich bereits erwähnte, eine biographische Struktur, aber sie weisen auch eine chronologische Struktur auf. Die Erzählung bewegt sich wie ein Tagebuch durch die Frühzeit der Könige Israels. Ein Ereignis nach dem anderen beginnt mit dem Wort „Dann ...", „Dann ...", „Dann ...".

Gedankliche Struktur

Die meisten Briefe des Paulus an Gemeinden sind nach Gedankengängen und Konzepten gegliedert. Der Römerbrief ist ein klassisches Beispiel dafür. Er argumentiert eindrucksvoll und umfassend zu dem einen Hauptgedanken, der in Kap. 1,16 zusammengefaßt ist: das Evangelium ist die Kraft Gottes zum Heil. Wenn Paulus sein Anliegen vorbringt, äußert er Gedanken zu Sünde, Gesetz, Glauben, Gnade und dem Leben im Geist.

Eine gedankliche Struktur macht es leicht, den Überblick von einem Buch zu gewinnen. Wenn Sie erst einmal das zentrale Thema und die zentrale Absicht des Autors verstehen, können Sie auch darlegen, was jeder einzelne Teil zum Verständnis des Themas und der Absicht beiträgt.

Die Suche nach Bedeutung

Die Struktur zu ermitteln ist ein wichtiger Schritt beim Bibelstudium. Wenn wir zur Auslegung kommen, werden wir uns fragen: „Was bedeutet der Text?" Wir werden diese Frage aber nicht richtig beantworten können, bevor wir nicht auch die Beobachtungsfrage „Was sehe ich?" beantwortet haben. Struktur ist die Tür zum Verständnis der Absicht des Autors.

Versuchen Sie es selbst

Die Bücher der Bibel sind voll von Aussagen, welche die Absicht des Schreibers enthüllen. Johannes 20,30-31 sagt es geradeheraus. Andere sind nicht so offensichtlich. Ein aufmerksamer Leser wird sie aber meist finden. Dies hier ist eine Reihe von Aussagen, welche die Absicht des Autors deutlich machen. Lesen Sie jede dieser Stellen sorgfältig durch, dann überfliegen Sie den Rest des Buches, in dem sie zu finden ist. Achten Sie darauf, wie der Schreiber seine Absicht ausführt in der Art und Weise, wie er seinen Stoff präsentiert.

- 5. Mose 1,1; 4,1; 32,44-47
- Sprüche 1,1-6
- Prediger 1,1-2; 12,13-14
- Jesaja 6,9-13
- Maleachi 4,4-6
- Lukas 1,1-4
- 2. Korinther 1,8; 13,1-10
- Titus 1,5; 2,15
- 2. Petrus 3,1-2
- 1. Johannes 5,13

15. Lies zielbewußt

Die Gesetze der Struktur

Gesetz	Beschreibung	Beispiele
Ursache und Wirkung	Ein Ereignis, ein Gedanke oder eine Handlung, die eine weitere auslöst. (Schlüsselbegriffe: darum, deshalb, so, daraus folgt, daß)	Mk 11,27 - 12,44 Röm 1,24-32; 8,18-30
Höhepunkt	Eine Reihenfolge von Ereignissen oder Gedanken, die sich bis zu einem gewissen Höhepunkt steigern und sich dann wieder abschwächen.	2Mo 40,34-35 2Sam 11 Mk 4,35 - 5,43
Vergleich	Zwei oder mehrere Elemente, die ähnlich sind. (Schlüsselbegriff: wie, so wie, auch, ebenso wie)	Ps 1,3-4 Joh 3,8.12.14 Hebr 5,1-10
Gegensatz	Zwei oder mehrere Elemente, die unähnlich oder verschieden sind. (Schlüsselbegriffe: aber, doch)	Ps 73 Apg 4,32 - 5,11 Gal 5,19-23
Erklärung oder Begründung	Die Darlegung eines Gedankens oder eines Ereignisses mit einer Erklärung, die folgt.	Dan 2; 4; 5; 7 - 9 Mk 4,13-20 Apg 11,1-18
Abwechslung	Wenn eine Handlung, ein Gespräch oder ein Gedanke zu einem anderen hin und zurück wechselt.	1Mo 37 - 39 1Sam 1 - 3 Lk 1 - 2
Einführung und Zusammenfassung	Eröffnende oder abschließende Bemerkungen zu einem Thema oder zu einer Situation	1Mo 2,4-25; 3 Jos 12 Mt 6,1
Wendepunkt	Ein plötzlicher Richtungswechsel in der Darstellung des Zusammenhangs, ein kleiner Höhepunkt.	2Sam 11 - 12 Mt 12 Apg 2

Gesetz	Beschreibung	Beispiele
Größen-ordnung	Hervorhebung, gekennzeichnet durch den Umfang, den der Schreiber einem Thema widmet.	1Mo 1 - 11; 12 - 50 Lk 9,51 - 19,27 Eph 5,21 - 6,4
Absicht	Erklärung der Absichten des Autors	Joh 20,30--31 Apg 1,8 Tit 1,1
Fragen und Antworten	Die Verwendung von Fragen bzw. Fragen und Antworten	Maleachi Mk 11,27 - 12,44 Lk 11,1-13
Wieder-holung	Begriffe oder Formulierungen, die zwei- oder dreimal verwendet werden.	Ps 136 Mt 5,21-48 Hebr 11
Vom Besonderen zum Allgemeinen	Vertiefung eines Gedankens von einem einzelnen Beispiel hin zu einem allgemeinen Prinzip.	Mt 6,1-18 Apg 1,8 Jak 2

Bearbeitet nach einer unveröffentlichten Tabelle von John Hansel. Abdruck mit Erlaubnis.

16

LIES WISSBEGIERIG

Vor einigen Jahren stand ich eines Morgens auf, ging ins Badezimmer, ließ Wasser ins Waschbecken laufen und begann, mich zu rasieren. Als ich jedoch mein Rasiermesser ins Wasser tauchen wollte, stellte ich überrascht fest, daß kein Wasser mehr im Becken war. Na ja, es ist noch früh am Morgen, dachte ich und füllte das Waschbecken erneut mit Wasser. Aber schon nach kurzer Zeit war das Wasser wieder abgeflossen. Ich entschloß mich also, die Sache etwas genauer in Augenschein zu nehmen. Ich überprüfte den Stöpsel und entdeckte, daß eines meiner aufgeweckten Kinder einen Eispickel genommen und fünf nette kleine Löcher sternförmig hineingestochen hatte.

Das ist ein gutes Beispiel dafür, was viele von uns erlebt haben, als sie sich in der Ausbildung befanden. Wir bekamen Löcher in unserem Gehirn. Es war wie ein Sieb, in dem nicht viel hängen bleibt, zumindest nichts, was von besonderer Bedeutung wäre.

Wir lesen ein Buch, und schon eine Woche später können wir uns nicht mehr an den Inhalt erinnern. Wir gehen zum Unterricht und haben später nicht die leiseste Ahnung, was der Lehrer überhaupt vorgetragen hat. Wir hören am Sonntagmorgen eine Predigt, und schon am Sonntagabend können wir uns nicht einmal mehr daran erinnern, welchen Text sie behandelte. Es ist, als ob wir Schmiere im Gehirn hätten - alles flutscht wieder heraus.

Wir müssen uns also eine andere Vorgehensweise aneignen, wenn wir von biblischen Wahrheiten Besitz ergreifen wollen. Wir müssen lernen, mit der neunten Strategie des richtigen Bibellesens umzugehen:

Lesen Sie die Bibel wißbegierig

Das bedeutet: Nicht nur lesen, um etwas aufzunehmen, sondern auch, um etwas zu behalten; nicht nur lesen, um wahrzunehmen, sondern auch, um in Besitz zu nehmen. Erheben Sie Anspruch auf den Text. Ergreifen Sie Besitz davon.

Wie kann das geschehen? Der Schlüssel dazu ist ein persönlich und aktives Sich-Einlassen auf die Vorgehensweise dieser Methode. Es gibt ein altes Sprichwort: „Ich höre und vergesse. Ich sehe und merke es mir. Ich handle und verstehe."

Die moderne Psychologie hat das mit wissenschaftlichen Daten bestätigt: Wir erinnern uns an höchstens 10 Prozent von dem, was wir hören; an 50 Prozent von dem, was wir sehen und hören; aber an 90 Prozent (!) von dem, was wir tun, sehen und hören.

Deshalb habe ich über vierzig Jahre lang niemals eine Prüfung in einem meiner Bibelstudienkurse durchgeführt. Meine Studenten halten dies fast nicht für möglich. (Manche Professoren haben ebenfalls Probleme, mir das abzunehmen.) Mir war es aber viel lieber, wenn die Studenten das selbst in die Hand nahmen - das Studium der Schrift und nicht das Büffeln für irgendeine Prüfung. Bin ich etwa dafür zuständig, daß ein Schüler eine Auszeichnung für einen bestandenen Test erhält? Die entscheidende Frage ist doch: Ist er oder sie in der Lage, mit dem Wort zu arbeiten, es zu verstehen, es in Besitz zu nehmen und anzuwenden?

Anstelle einer Abschlußprüfung bitte ich meine Studenten, auf kreative Weise einen Bibeltext zu studieren und vorzutragen. Sie können einzeln arbeiten oder in Gruppen. Beim letzten Zusammensein der Klasse stellen sie dann ihre Projekte der ganzen Gruppe vor. Ich bin bis jetzt noch nie enttäuscht worden.

Eine Gruppe von sechs Studenten inszenierte z. B. ein Drama nach Apostelgeschichte 1,8, in dem sie drei Paar Füße darstellten, die das Evangelium bis ans Ende der Erde brachten. Sie gebrauchten ihre schöpferische Begabung zum Schreiben, um ihre Darbietung humorvoll, dramatisch und eindrucksvoll zu gestalten.

Eine andere Gruppe erarbeitete eine Aufführung für ein komplettes Puppentheater, um biblische Prinzipien zu demonstrieren. Ich habe audivisuelle Darbietungen gesehen, illusionistische Shows, Vorlesungen und sogar kreatives Tanzen erlebt. Ich habe Gedichte, Lieder, schauspielerische Lesungen und Kurzgeschichten gehört. Und alles gegründet auf die Schrift. Alles genau nach dem biblischen Text.

Beachten Sie jetzt unbedingt folgendes: Dies sind keine Spielereien oder nette Tricks. Sicher, man könnte sie so verstehen. Aber für die Studenten, die sich damit beschäftigten, waren es Übungen eines wißbegierigen Bibelstudiums. Ich garantiere dafür, wenn man sie heute fragen würde, könnten diejenigen, die sich mit einer solchen Aufgabenstellung wirklich Mühe gemacht haben, immer noch genau sagen, nicht nur, was sie getan haben, sondern auch, was sie dabei gelernt haben. (An wieviele Aufgaben aus Ihrer Schul- oder Studienzeit können Sie sich noch erinnern?)

Lassen Sie sich auf diese Methode ein

Dieses Buch wird in dem Maße wertvoller, wie man sich davon anstecken läßt. Was nützt es, wenn Sie jede Seite gelesen und vielleicht sogar einige Stellen im

16. Lies wißbegierig

Text unterstrichen haben, aber am Ende Ihre Bibel im Regal stehen lassen und sie niemals selbst studieren? Mein Ziel - und ich hoffe auch Ihres - ist es, daß sich durch die Begegnung mit Gottes Wort Ihr ganzes Leben und Ihr Lebensstil verändert.

Welche Gedanken kommen Ihnen, um Ihren Umgang mit biblischen Texten dauerhaft zu pflegen? Studieren Sie gerade Elia auf dem Berg Karmel? Wie wäre es, wenn Sie diese Geschichte zusammen mit Ihrer Familie oder mit einigen Ihrer Freunde nachspielen würden? Eine Gruppe von Betreuern tat dies vor den Teilnehmern eines Freizeitlagers - samt dem Feuer vom Himmel. Diese Kinder haben das nie vergessen.

Oder versuchen Sie, Texte wie Prediger 3,1-8 („Alles hat seine Zeit"), Lukas 19,1-10 (Zachäus) oder 1. Korinther 13 (das Hohelied der Liebe) mit Ihren eigenen Worten neu zu schreiben.

Oder versuchen Sie, einen Monat lang ein konzentriertes Studium der Biographie einer besonderen biblischen Person durchzuführen. Schlagen Sie jede Parallelstelle über diese Person in der Bibel nach. Besorgen Sie sich ein Bibellexikon, und lesen Sie etwas über die kulturellen und geschichtlichen Hintergründe der Zeit, in der diese Person gelebt hat (siehe Kapitel 34 über Bibellexika). Suchen Sie die Orte im Atlas, an denen diese Person gelebt hat oder zu denen sie gereist ist.

Erstellen Sie ruhig auch einmal eine psychologische Kurzbiographie: Welche Art von Mensch war das? Welche Einstellungen und Gefühle hatte er? Welche Vorurteile? Welche Ziele? Was war sein familiärer Hintergrund? Was waren seine Beweggründe? Entwickeln Sie sich zum Spezialisten über das Leben dieser Person. Wenn sie Ihnen auf der Straße begegnen würde, müssen Sie sie mit einem Blick erkennen können.

Kurz, setzen Sie alles in Bewegung, um ein wißbegieriger Bibelleser zu werden. Verbinden Sie die Wahrheiten des Wortes Gottes mit Ihren eigenen Erfahrungen und Interessen - durch persönliches Engagement in Verbindung mit dieser Methode des Bibellesens. Sie werden sich dann an viel mehr Einzelheiten aus der Schrift erinnern und das Gelesene zu Ihrem persönlichen Besitz machen.

Versuchen Sie es selbst

Hier ist ein Vorschlag, wie Sie sich die Schrift zu eigen machen können. Schlagen Sie 4. Mose 13 auf, die Geschichte über die Spione, die Mose ins Verheißene Land geschickt hat. Lesen Sie die Erzählung sorgfältig und wenden Sie die Prinzipien an, die wir bis jetzt behandelt haben. Dann schreiben Sie Ihre eigene Wiedergabe der Geschichte. Hier sind einige Vorschläge:

1. Überlegen Sie, was der Hauptaspekt dieser Geschichte ist. Was geschieht hier? Warum ist dieses Ereignis von Bedeutung?
2. Überlegen Sie, ob es Parallelen dazu in der Geschichte Ihrer eigenen Familie, Gemeinde, Nation oder in Ihrem eigenen Leben gibt.
3. Entscheiden Sie sich für den Blickwinkel, aus dem Sie dieses Ereignis darstellen wollen. Zum Beispiel als Bericht einer Projektgruppe für die Israel GmbH (eine geschäftsorientierte Betrachtungsweise), als Stammesrat (die Perspektive eines Ureinwohners) oder als politischer Wahlkampf zwischen zwei Parteien (die staatspolitische oder administrative Betrachtungsweise). Der Gedanke ist, etwas auszuwählen, was der Situation angemessen ist und dieses Ereignis beachtenswert für Sie macht.
4. Schreiben Sie die Geschichte neu, entsprechend der Perspektive, für die Sie sich entschieden haben. Verwenden Sie eine Ausdrucksweise, die zu Ihrem Motiv paßt. Schildern Sie die Personen lebensnah. Ändern Sie Namen und Orte, um sie Ihrem Stil anzupassen.
5. Wenn Sie fertig sind, lesen Sie Ihren Entwurf einem Freund oder jemandem aus Ihrer Familie vor.

17

LIES TELESKOPISCH

Die zehnte und letzte Strategie, um seine Fähigkeiten als Studierender der Schrift zu entwickeln, lautet:

Lesen Sie die Bibel teleskopisch

Teleskopisch lesen bedeutet, die einzelnen Teile im Lichte des Ganzen zu betrachten.

Der Präsident der Firma Sony, Akio Morita, kam vor einiger Zeit nach Texas, um die Frage zu beantworten, warum die Japaner sich weigern, Produkte in den Vereinigten Staaten herzustellen. Seine Antwort war: Sie können keine amerikanischen Bauteile finden, die ihre Qualitätsanforderungen erfüllen.

Nehmen wir z. B. den Sony Videocamcorder, erklärte er. Die Firma Sony hat eine Produktionsnorm aufgestellt, die es zuläßt, daß lediglich eins von hundert Geräten fehlerhaft sein darf. Das scheint leicht erreichbar zu sein - bis einem klar wird, daß ein einzelnes Gerät aus zweitausend Einzelteilen gefertigt wird. Bei so vielen Teilen muß jedes einzelne fehlerfrei funktionieren - höchstens vielleicht ein Ausfall pro Hunderttausend oder sogar pro einer Million - damit das komplette Gerät auch der Norm entspricht. Das Ganze beinhaltet mehr als nur die Summe seiner einzelnen Teile.

So ist es auch mit der Bibel. Sie ist nicht nur eine Sammlung von einzelnen Teilen. Sie ist eine zusammenhängende Botschaft, in der das Ganze viel mehr umfaßt als nur die Summe seiner einzelnen Teile. Das ist schlechte Mathematik, aber gute Methodik. Doch beim Bibelstudium und im Bibelunterricht wird oftmals alles zerredet, bis wir nichts weiter haben als einen Korb voller Bruchstücke. Was wir heute brauchen, sind Leute, die diese Einzelteile wieder zu einem bedeutungsvollen und aussagekräftigen Ganzen zusammenfügen können.

Jedesmal also, wenn Sie in der Schrift lesen und sie zerlegen, wenn sie alles Stück für Stück auseinandernehmen, seien Sie sich bewußt, daß damit erst die Hälfte der Arbeit erledigt ist. Ihr nächster Schritt muß sein, es wieder zusammenzufügen.

Wie kann Ihnen dies gelingen?

Achten Sie auf Verknüpfungen

In Kapitel 15 haben wir uns die Bedeutung der kleinen Wörter „aber", „und" und „darum" bewußtgemacht. Diese und andere Wörter sind „Verknüpfungen"; sie binden den Text zusammen. Sie sind die Kupplungsbolzen eines Zuges von miteinander verbundenen Wörtern und Sätzen, die zusammenarbeiten, um eine Aussage zu vermitteln. Teleskopisches Lesen verlangt von Ihnen, auf diese Verknüpfungen achtzugeben, damit Sie die Botschaft des Autors in Ihren Gedanken „zusammenbinden" können.

Geben Sie auf den Zusammenhang acht

Wir haben gesehen, wie wichtig der Zusammenhang sein kann, als wir Apostelgeschichte 1,8 studierten. Wir werden darauf zurückkommen, wenn wir uns mit dem zweiten Schritt, der Auslegung, näher beschäftigen. Das Prinzip ist ganz einfach folgendes: Immer wenn Sie einen Vers oder Absatz studieren, schauen Sie sich auch die vorausgehenden und nachfolgenden Verse oder Absätze an, damit Sie den größeren Zusammenhang erkennen. Teleskopisches Lesen ist auf dieses Prinzip aufgebaut. Man gibt sich dabei niemals nur mit Nahaufnahmen zufrieden, sondern wirft immer auch mal mit der Frage „Was ist das Gesamtbild?" einen Blick durch das Weitwinkelobjektiv.

Werten Sie eine Stelle im Licht des ganzen Buches aus

Dies beinhaltet die höchstmögliche Ausweitung der Kontextanalyse. Es ist, als ob man in einem Flugzeug über ein Stück Land fliegt, um die Entfernungen und Zusammenhänge zu erfassen.

Wenn Sie z. B. gerade dabei sein sollten, sich Vers für Vers durch das Markusevangelium zu kämpfen, haben Sie wahrscheinlich die Erzählung genießen können, die Botschaft des Autors aber ist Ihnen vielleicht dabei entgangen. Offensichtlich schreibt er über das Leben Jesu. Aber das ist in drei anderen Büchern des Neuen Testaments ebenso der Fall. Worin liegt der Unterschied zu den anderen?

Erst wenn Sie zurücktreten und einen Blick auf das Buch als Ganzes werfen, werden sie entdecken, daß Markus seinen Bericht in zwei Hauptabschnitte gliedert. Von Kap. 1,1 bis Kap. 8,26 zeigt er die Person des Christus; von Kap. 8,31 bis 16,20 zeigt er die Absicht des Christus. Der Wendepunkt des Buches liegt bei Kap. 8,27-30, wo Jesus die entscheidende Frage stellt: „Was sagen die Menschen, wer ich bin?" Alle möglichen Einsichten ergeben sich aus dieser Strukturierung. Doch das können Sie nur entdecken, wenn Sie eine „Satellitenaufnahme" von diesem Buch machen und sie untersuchen.

Achten Sie auf den geschichtlichen Zusammenhang des Buches

Ich bin zu der Überzeugung gekommen, daß Geschichte eines der faszinie-

17. Lies teleskopisch

rendsten Lehrfächer ist, die es gibt. Durch das Studium der Geschichte bekommen sonst eher unscheinbare Details eine wichtige Bedeutung. Wir sind z. B. alle mit der Weihnachtsgeschichte vertraut, die so beginnt: „Es geschah aber in jenen Tagen, daß eine Verordnung vom Kaiser Augustus ausging, den ganzen Erdkreis einzuschreiben" (Lk 2,1).

Aber wer von uns schätzt es schon richtig ein, daß Kaiser Augustus der erste römische Kaiser war? Wie kam es dazu? Vielleicht haben Sie die Tragödie „Julius Caesar" von Shakespeare gelesen und wissen, daß Caesar 44 v. Chr. ermordet wurde. Er war zum Diktator geworden. Vorher aber war Rom eine Republik, ähnlich wie die Vereinigten Staaten. Nach Caesars Tod hat ein Machtkampf stattgefunden, und ein Mann namens Octavianus ging als Sieger daraus hervor. Im Jahre 30 v. Chr. wurde Octavianus zum Kaiser ernannt und nahm den Titel Augustus an.

Eine andere interessante Tatsache ist, daß Rom Judäa, das Land, in dem Christus geboren wurde, im Jahre 6 v. Chr. annektierte.

Wenn also Lukas das zweite Kapitel mit dem Hinweis auf Kaiser Augustus beginnt, erinnert er den Leser an die außerordentlichen politischen Umwälzungen, die in dieser Zeit im Gange waren. Hat dies eine Auswirkung auf den Bericht? Vermittelt uns dies irgendwelche Einblicke in die Umstände, die Jesu Leben und Tod betrafen? Wirft es Licht auf den Bericht der Apostelgeschichte, der das Evangelium fortsetzt? Gibt es uns irgendwelche Hinweise über die Person, an die Lukas schreibt, und was dieser Person, die sich nach Lukas 1,3 und Apostelgeschichte 1,1 Theophilus nannte, wichtig gewesen wäre?

Wann immer Sie sich mit einem Buch der Bibel beschäftigen, fragen Sie folgendes: Wie paßt dieses Buch in die zeitgeschichtlichen Vorgänge hinein? Wann wurde es geschrieben? Wann geschahen die Ereignisse? Was passierte anderswo zur gleichen Zeit in der Welt?

Fragen Sie auch danach, wie dieses Buch in den geschichtlichen Ablauf innerhalb der Bibel hineingehört? Gehört es in die Zeit vor, während oder nach Christus? Wie viele Bücher der Bibel waren zur Zeit der Verfassung eines bestimmten Buches bereits geschrieben? Anders ausgedrückt, wieviel konnten der Autor des Buches und die im Buch erwähnten Personen bereits über Gott wissen?

Sie werden wahrscheinlich sekundäre Quellen verwenden müssen, um etwas über die geschichtlichen Zusammenhänge der biblischen Bücher herauszufinden. Ich werde über einige davon etwas in Kapitel 34 schreiben. Fürs erste halten Sie fest, daß Gott der Gott der Geschichte ist. Er arbeitet in und durch wirkliche Menschen in einer realen Welt, um seine Absichten auszuführen. Sie können eine Menge über diese Absichten herausfinden, wenn Sie sein Wort teleskopisch lesen.

Versuchen Sie es selbst

Um ein Buch der Bibel teleskopisch zu lesen, müssen Sie das Gesamtbild im Auge behalten. Sie sollten synthetisch, nicht analytisch lesen. Das heißt, die ganze Landschaft überblicken, bevor Sie anfangen, Löcher zu graben. Verschaffen Sie sich einen Überblick von dem, was der Schreiber behandelt und insbesondere, wieviel Platz er jedem einzelnen Thema widmet.

Das Buch der Richter läßt sich sehr gut auf diese Weise studieren. Es handelt von der Zeit direkt nach Josuas Tod, bevor Israel einen König hatte. Gott erweckte einzelne Führer, Richter genannt, die das Volk führten, nachdem sie sich im Verheißenen Land niedergelassen hatten.

Um einen Gesamteindruck zu bekommen, lesen Sie das ganze Buch in einem durch, und erstellen Sie eine Liste der Hauptpersonen - der Richter - mit den Stellenangaben, wo sie zum ersten Mal erwähnt werden. (Eine Schlüsselaussage lautet: „Und die Söhne Israel taten, was böse war in den Augen des HERRN.")

Als nächsten Schritt erstellen Sie eine Tabelle, die deutlich macht, an welcher Stelle im Buch jeder der Richter vorkommt und wieviel Platz ihm oder ihr eingeräumt wird. (Siehe auch Kapitel 25 mit Beispielen verschiedener Tabellen. Ich empfehle Ihnen, eine Tabelle ähnlich der von Lukas auf Seite 195 zu verwenden).

Wenn Sie diese Übung abgeschlossen haben, sind Sie bestens gerüstet, das Buch Richter teleskopisch zu lesen. Wenn Sie das Gesamtbild vor Augen haben, werden Sie auch den Zusammenhang verstehen, in den die Richter eingeordnet werden müssen.

Einige andere alttestamentliche Bücher, die Sie auf die gleiche Art und Weise lesen könnten, sind 1. und 2. Samuel, 1. und 2. Könige sowie 1. und 2. Chronik.

18

ARBEITE AN EINEM ABSATZ

Ich habe unseren Austausch über Beobachtung mit einer genauen Betrachtung von Apostelgeschichte 1,8 begonnen. Jetzt möchte ich zu einem ganzen Absatz übergehen. Ein Absatz ist die grundlegende Einheit des Bibelstudiums - nicht der Vers und auch nicht das Kapitel. Gewiß mag ein Absatz so kurz wie ein Vers sein oder auch ein ganzes Kapitel umfassen. Auf jeden Fall stellt ein Absatz einen vollständigen Gedanken dar. Er besteht aus einer Gruppe von miteinander verbundenen Sätzen und Aussagen, die sich mit einem Hauptthema oder -gedanken beschäftigen. Das macht den Absatz zum idealen Gegenstand für ein Bibelstudium mit genauer Beobachtung.

Übrigens waren die originalen Schriften der Bibel nicht in Kapitel, Absätze oder Verse eingeteilt. Sie bestanden einfach aus endlosen Textpassagen (siehe Seite 150). Erst zwölfhundert Jahre n. Chr. haben Gelehrte damit begonnen, sie so zu gliedern, wie sie uns heute vorliegen. Sie taten dies, um das Bibelstudium zu erleichtern, aber ihre Bemühungen waren keineswegs vom Heiligen Geist inspiriert. Tatsächlich sind viele der Trennungen dem Text künstlich auferlegt. Manchmal müssen wir sie daher ignorieren, um die einzelnen Bücher richtig lesen zu können.

Das Gebet Nehemias

Der Absatz, den wir jetzt studieren wollen, ist Nehemia 1,4-11. Ich schlage vor, daß Sie dazu Ihre Bibel aufschlagen, aber Sie finden ihn auch hier wiedergegeben:

> 4 Und es geschah, als ich diese Worte hörte, setzte ich mich hin, weinte und trauerte tagelang. Und ich fastete und betete vor dem Gott des Himmels.
> 5 Und ich sprach: Ach, HERR, Gott des Himmels, du großer und furchtbarer Gott, der den Bund und die Gnade denen bewahrt, die ihn lieben und seine Gebote bewahren!
> 6 Laß doch dein Ohr aufmerksam und deine Augen offen sein, daß du auf das Gebet deines Knechtes hörst, das ich heute, Tag und Nacht, für

die Söhne Israel, deine Knechte, vor dir bete und mit dem ich die Sünden der Söhne Israel bekenne, die wir gegen dich begangen haben! Auch ich und meines Vaters Haus, wir haben gesündigt.
7 Sehr böse haben wir gegen dich gehandelt und haben nicht die Gebote und die Ordnungen und die Rechtsbestimmungen bewahrt, die du deinem Knecht Mose geboten hast.
8 Denke doch an das Wort, das du deinem Knecht Mose geboten hast, indem du sprachst: Werdet ihr treulos handeln, dann werde ich euch unter die Völker zerstreuen!
9 Kehrt ihr aber zu mir um und bewahrt meine Gebote und tut sie - wenn auch eure Vertriebenen am Ende des Himmels sein sollten, selbst von dort werde ich sie sammeln und sie an den Ort bringen, den ich erwählt habe, um meinen Namen dort wohnen zu lassen!
10 Sie sind ja deine Knechte und dein Volk, das du erlöst hast durch deine große Kraft und deine starke Hand.
11 Ach, HERR, laß doch dein Ohr aufmerksam sein auf das Gebet deines Knechtes und auf das Gebet deiner Knechte, die gewillt sind, deinen Namen zu fürchten! Laß es doch deinem Knecht heute gelingen und gewähre ihm Barmherzigkeit vor diesem Mann! - Ich war nämlich Mundschenk des Königs.

Wenn ich diesen Absatz jetzt erörtere, sind alle Fragen, die ich dazu stelle, nachfolgend fett gedruckt, so wie bereits in Kapitel 6.

Überprüfen Sie den Zusammenhang

Vers 4 beginnt: „Und es geschah, als ich diese Worte hörte." **Was ist die Bedeutung des Wortes „und"?** Es ist ein Bindewort. Es verbindet diesen Absatz mit etwas anderem. Weiterhin zwingt mich die Aussage „diese Worte" zu fragen, **welche Worte?** Diese beiden Fragen veranlassen mich also, zum Anfang des Buches zurückzugehen, um den Zusammenhang zu verstehen.

Der erste Satz von Vers 1 gibt mir eine Einführung in das Buch Nehemia. **Was finde ich hier?** Es gibt drei wichtige Hinweise - Hinweise, die von den meisten nicht beachtet werden. Erstens entdecke ich etwas über den Charakter oder Inhalt des Buches - es sind Worte einer bestimmten Person. Zweitens stelle ich fest, wer diese Person ist - Nehemia. Drittens lerne ich etwas über die Familie, aus der Nehemia stammte, was sehr hilfreich ist, denn der Name „Nehemia" kommt auch noch an anderen Stellen vor; aber es handelt sich dort jeweils um einen anderen Nehemia.

Im letzten Teil des ersten Verses lese ich: „Und es geschah". Und - **was fällt mir da auf?** Drei präpositionale Aussagen: „im Monat Kislew, des zwan-

18. Arbeite an einem Absatz

zigsten Jahres, als ich in der Burg Susa war." Ich frage mich also, **worauf deutet das hin? Welches Wort könnte ich neben die ersten beiden Aussagen schreiben?** „Zeit", weil sie mir Monat und Jahr angeben.

Ein Bibellexikon kann mir helfen festzustellen, welcher Monat „Kislew" ist. Ich entdecke, daß die alten Hebräer einen ganz anderen Kalender benutzten als wir heute. Sie hatten nicht die Reihenfolge Januar, Februar, März usw. „Kislew" war ihr neunter Monat, der im November anfing und bis in den Dezember ging. Wenn wir also annehmen würden, daß die Ereignisse dieser Erzählung sich in der nördlichen Hemisphäre abgespielt hätten, dann wäre es früher Winter.

Ich entdecke auch, daß der Kalender der Hebräer sich von dem der Perser unterscheidet, was in dem Moment eine Bedeutung bekommt, wenn ich feststelle, daß Nehemia sich im Exil in Persien befindet. Tatsächlich hatte er sogar eine hohe Stellung innerhalb der Regierung inne. Aber er beschrieb den Zeitpunkt nach dem jüdischen Kalender.

Als nächstes sagt er, daß es sich um ein Ereignis „des zwanzigsten Jahres" handelte, welches er hier beschreibt. Dies bringt mich zu der Frage, **des zwanzigsten Jahres wovon?** Ich kann das an dieser Stelle noch nicht beantworten. Ich erfahre erst am Anfang des zweiten Kapitels mehr darüber.

Schließlich noch die Frage: **Was sagt mir „die Burg Susa"?** Das ist eine Antwort auf die Frage „Wo?" Aber ich habe auch noch darüber nachzudenken, wozu diese Burg Susa gehörte. Wenn ich in einem Bibellexikon nachschlage, entdecke ich, daß es zwei Burgen in diesem Reich gab. Susa war der Winterpalast. (Erinnern Sie sich, dies alles findet statt im November bzw. Dezember.) Es gab auch einen Sommerpalast in Ekbatana. Aber Nehemia war in der Burg Susa - und das war keine bescheidene Hütte! Tatsächlich umfaßte sie rund 4 500 Hektar und war außerordentlich luxuriös ausgestattet.

Hier haben wir es also mit einem Mann zu tun, der sich in einer luxuriösen und privilegierten Umgebung befindet. Und er bekommt eine Nachricht überbracht (Vers 2): Hanani kommt zu ihm. **Wie verhält sich Nehemia?** Er fragt ihn etwas. **Was sind die beiden Fragen, die er stellt?** Zuerst fragt er „nach den Juden". Das hat etwas mit seinem Volk zu tun. Und dann fragt er „nach Jerusalem". Das hat etwas mit dem Ort zu tun, mit seiner Heimat.

Vers 3 enthält Hananis Antwort. Ich stelle also fest, daß hier ein Gespräch stattfindet, eine Frage-und-Antwort-Situation. **Welche Beziehung hat die Antwort zur Frage?** Nehemia fragt nach dem Volk und der Stadt. Die Brüder geben ihm eine Antwort, die aus drei Teilen besteht: (1) „Die Übriggebliebenen ... leben in großem Unglück und Schmach" (das bezieht sich auf das Volk); (2) „Und die Mauer von Jerusalem ist niedergerissen" (bezieht sich auf den Ort); (3) „und seine Tore sind mit Feuer verbrannt" (was ebenfalls auf den Ort bezogen ist).

Die Reihenfolge der Antwort gleicht also genau der Reihenfolge der Frage: das Volk zuerst, dann der Ort. Ich denke, dies teilt uns einiges über Nehemia mit. Seine erste Sorge galt dem Volk, nicht den Örtlichkeiten. Später entdecke ich, wie sehr das zu dem paßt, was im weiteren Verlauf des Buches geschieht.

1a *Inhalte / Verfasser / familiärer Hintergrund*   *Einführung*

1b Und es geschah   *Bericht*

    1. (im) Monat Kislew —— *wann?*   *Zeitpunkt: November/Dezember*

    2. (des) zwanzigsten Jahres, *welches Jahr?*

    3. als ich (in) der Burg Susa war, *Ort / wo?*

  da kam Hanani ...

  Und ich fragte sie

    nach den Juden ...

    und nach Jerusalem.

  Und sie sagten zu mir:

    Die Übriggebliebenen ... in großem Unglück und in Schmach.

    Und die Mauer von Jerusalem ist niedergerissen,

    und seine Tore sind mit Feuer verbrannt.

3

4 (Und) es geschah,   *welche Worte?*

  als ich diese Worte hörte,

    setzte ich mich hin { weinte / trauerte / fastete / betete

---

9. Monat des 41. Jahres

18. Arbeite an einem Absatz

Kennzeichnen Sie Ihre Beobachtungen

Gut, jetzt habe ich den Zusammenhang begriffen. Ich komme nun zu meinem Text in Vers 4. Was tut Nehemia, als er den Bericht über sein Volk und die Stadt hört? Vier Dinge: er weint, trauert, fastet und betet.

Ist es möglich, dies zusammenzufassen? Nun, Weinen und Trauern haben etwas mit Gefühlen zu tun. Was aber ist mit Fasten und Beten? Sie weisen auf eine geistliche Reaktion hin.

Sie dürfen beim Bibelstudium nicht vergessen, Ihre Beobachtungen mit eindeutigen Bezeichnungen zu verknüpfen. Sie sind eine gute Hilfe, um den Stoff in den Griff zu bekommen. Neben Vers 1b kann ich z. B. „Bericht" schreiben. Wenn Sie eine andere Bezeichnung vorziehen, tun Sie das ruhig; aber wählen Sie etwas aus, das wirklich den Inhalt für Sie zusammenfaßt.

Wenn Vers 1b der Bericht ist, dann ist Vers 4 die „Reaktion". Nehemia zeigte eine deutliche Reaktion auf den Bericht, sowohl von seinen Gefühlen her als auch in geistlicher Hinsicht.

Wenn ich weitergehe zu Vers 5, finde ich ein Gebet. Ich könnte es - um bei dem Beispiel zu bleiben - auch als Bitte bezeichnen, die Nehemia äußert. Wir haben uns dieses Gebet bereits in Kapitel 12 angeschaut. Erinnern Sie sich noch an die Reihenfolge? Nehemia beginnt mit Anbetung (Vers 5). Er lobt Gott für seine Treue und Liebe. Dann bekennt er Schuld und Sünde (Vers 6-7). Wenn wir Gott erkennen, wie er wirklich ist, dann erkennen wir auch, was wir selbst sind - Sünder, die seine Barmherzigkeit brauchen. Erst nachdem er seine Sünde und die seines Volkes bekannt hat, bringt Nehemia seine Bitte vor Gott und stützt sich dabei auf Gottes Verheißungen.

Nehemias Gebet ist ein Beispiel dafür, wie wir uns Gott nähern können. Aber wenn ich sein Gebet im Zusammenhang betrachte, dann erkenne ich auch, daß es in direkter Beziehung zu dem Bericht Hananis und seiner Brüder steht. Sie kommen und sagen: „Das Volk lebt im Unglück, und die Mauern der Stadt sind zerstört." Und Nehemias sofortige Reaktion ist Gebet, aber es ist ein Gebet auf der Grundlage des Wortes Gottes. Gott hatte angekündigt, daß er Israel zerstreuen würde, wenn es ungehorsam ist; wenn sie aber zu ihm umkehren, würde er ihr Land wiederherstellen (Vers 8-9). Nehemia hört den Bericht, erinnert sich an Gottes Wort und fällt dann auf seine Knie, um zu beten.

Schritt 1: Beobachtung

1a *Inhalte / Verfasser / familiärer Hintergrund* *Einführung*

1b Und es geschah *Bericht*

    1. (im) Monat Kislew —— *wann?* *Zeitpunkt: November/Dezember*

    2. (des) zwanzigsten Jahres, *welches Jahr?*

    3. als ich (in) der Burg Susa war, *Ort / wo?*

    da kam Hanani ...

7 Und ich fragte sie

    { 1. nach den Juden ... *die Menschen*

      2. und nach Jerusalem. *der Ort*

A Und sie sagten zu mir:

die Menschen — Die Übriggebliebenen ... in großem Unglück und in Schmach.

der Ort — Und die Mauer von Jerusalem ist niedergerissen,

und seine Tore sind mit Feuer verbrannt.

3

4 Und es geschah, *welche Worte?* *Reaktion*

    als ich diese Worte hörte,

    setzte ich mich hin { 1 weinte — *emotional*
                                  2 trauerte
                                  3 fastete — *geistlich*
                                  4 betete

18. Arbeite an einem Absatz

Keine Einzelheit ist unbedeutend

Ist dies schon das Ende des Absatzes? Nein. **Was sollte mir im letzten Teil von Vers 11 noch auffallen?** Nehemia fügt ein interessantes Detail hinzu: „Ich war nämlich Mundschenk des Königs." Das ist unheimlich wichtig. Doch achten die meisten nicht auf diese entscheidende Aussage. Beim Schritt der Beobachtung frage ich jedoch: „Was sehe ich?" Ich nehme die Rolle eines Bibeldetektivs an - kein Detail ist dabei unwichtig.

Welche Aufgabe hatte ein Mundschenk? Ich habe herausgefunden, daß die meisten denken, es sei jemand gewesen, der mit einem Kelch in der Hand herumlief, als ob er nichts Besseres zu tun hätte. Hier ist wieder so eine Stelle, wo ein gutes Bibellexikon weiterhelfen kann. Ich schlage „Mundschenk" nach und finde heraus, daß dieser Titel damit zusammenhängt, daß ein Mundschenk die Aufgabe hatte, den Wein des Königs zu kosten. Sie können sich sicher vorstellen, was dies in einer Zeit bedeutete, die voll von Intrigen und Machenschaften war, unliebsame Personen einfach zu beseitigen. Die Herrscher schenkten damals also niemandem Vertrauen - außer ihrem Mundschenk.

Der Mundschenk war praktisch so etwas wie der Premierminister, die zweithöchste Person im Reich. Er besaß ein Privatkonto für seine Unkosten und hatte direkten Zugang zum König.

Der Heilige Geist fügt also dieses Detail über Nehemia hinzu, um mir zu zeigen, wie Gott seine Absicht ausführt. Im weiteren Verlauf des Buches werde ich entdecken, daß der König Nehemia die Erlaubnis gab, in sein Land zurückzukehren und die Stadt mit ihren Mauern wieder aufzubauen, weil er Mundschenk war. Gott hatte seinen Mann in einer strategisch wichtigen Stellung. Es war Nehemia möglich, diese Stellung zu nutzen, damit sich Gottes Absichten erfüllen konnten.

Haben Sie sich schon einmal gefragt, wohin Gott Sie gestellt hat? Vielleicht sind Sie Lehrerin, Krankenschwester, Computerfachmann, Tischler oder Arzt. In welcher Lage auch immer Sie sich befinden, welche Gelegenheit hat Gott Ihnen gegeben, seine Absichten auszuführen? Ich garantiere Ihnen, daß er jedes seiner Kinder in eine strategisch wichtige Position hineinstellt. Er will Sie zu seiner Ehre und Verherrlichung gebrauchen.

Schritt 1: Beobachtung

1a *Inhalte / Verfasser / familiärer Hintergrund* — *Einführung*

1b Und es geschah — *Bericht*

   1. (im) Monat Kislew — *wann?* — *Zeitpunkt: November/Dezember*

   2. (des) zwanzigsten Jahres, *welches Jahr?*

   3. als ich (in) der Burg Susa war, *Ort / wo?*

   da kam Hanani ...

2 Und ich fragte sie

   1. nach den Juden ... *die Menschen*

   2. und nach Jerusalem. *der Ort*

A Und sie sagten zu mir:

die Menschen — Die Übriggebliebenen ... in großem Unglück und in Schmach.

der Ort — Und die Mauer von Jerusalem ist niedergerissen,

   und seine Tore sind mit Feuer verbrannt.

3

4 Und es geschah, *welche Worte?* — *Reaktion*

   als ich diese Worte hörte,

   setzte ich mich hin
- 1 weinte — *emotional*
- 2 trauerte
- 3 fastete — *geistlich*
- 4 betete

5 Und ich sprach: — *Bitte*

   Ach, HERR, Gott des Himmels ... *Anbetung (5)*

11a *Mundschenk* — *Bekenntnis (6–7)*

   Bitte (8–11)

18. Arbeite an einem Absatz

„Ich weiß aber nicht, wo ich anfangen soll"

Es gibt noch viel mehr Beobachtungen, die in diesem Absatz gemacht werden könnten. Dieses Buch ist für mich sogar eines der faszinierendsten, die ich jemals im Wort Gottes studiert habe. Ich habe jedoch am Anfang längst nicht so viel im Text entdeckt wie jetzt. Weit davon entfernt.

Nicht lange nachdem ich Christ wurde, ermutigte mich jemand zum Bibellesen. „Jetzt, da du zum Glauben gekommen bist, mußt das Wort Gottes kennenlernen."

„Schön", sagte ich. „Womit soll ich anfangen?"

„Fang einfach irgendwo an, Bruder. Es ist alles von Nutzen."

Ich ging also nach Hause, öffnete meine Bibel - und landete bei Hesekiel. Direkt zwischen den Rädern. Ich schlug mich eine Weile mit dieser Stelle herum, bis ich zu dem Schluß kam: *Das muß eine Ausnahme sein.* Also versuchte ich es am anderen Ende der Bibel - in der Offenbarung. Posaunen, Siegel und Zornesschalen brachten mich vollends in Verwirrung. Ich schäme mich, es zuzugeben, aber ich legte die Bibel für ein ganzes Jahr auf Eis. Ich war zu der Überzeugung gekommen, daß das, was die Priester mir immer eingeschärft hatten, wirklich stimmte - man braucht einen professionellen Fachmann, um das Wort Gottes unter die Leute zu bringen.

Aber durch Gottes Gnade kam schließlich jemand daher und fragte mich: „Hendricks, sind Sie mit der Heiligen Schrift vertraut?"

„Ich glaube nicht", sagte ich zu ihm.

„Wieso nicht?"

Ich gab ihm eine ehrliche Antwort: „Ich weiß nicht, wie ich es anstellen soll. Und auch nicht, wo ich anfangen soll."

Nun, Sie wissen schon jetzt unendlich viel mehr als ich damals, wo ich gerade erst anfing, Gottes Wort zu studieren. Sie haben miterlebt, wie man Beobachtungen an einem Vers und jetzt auch an einem Absatz vornimmt. Sie haben ebenso entdeckt, daß man intensiver und schneller lesen muß, so, wie wenn man etwas zum ersten Mal oder wie einen Liebesbrief liest. Sie haben zehn Strategien kennengelernt, die garantiert einen erstklassigen Bibelleser aus Ihnen machen.

Sie sollen aber nicht nur lesen lernen, Sie sollen auch lernen, auf was Sie beim Lesen achten müssen. In den nächsten Kapiteln werde ich Ihnen sechs Hinweise geben, die Ihnen den Bibeltext aufschließen können.

Schritt 1: Beobachtung

Versuchen Sie es selbst

In diesem Kapitel habe ich mit einem Textabsatz gearbeitet und Nehemia dabei beobachtet, wie er auf den Bericht von Hanani und den Brüdern reagiert hat. Jetzt sind Sie dran. Unten steht ein Absatz aus dem Brief des Paulus an Titus, der im ersten Jahrhundert n. Chr. auf der Mittelmeerinsel Kreta tätig war.

Lesen Sie den Absatz sorgfältig durch, und wenden Sie die zehn Strategien des erstklassigen Lesens an. Achten Sie dabei auf wichtige Begriffe und grammatikalische Strukturen. Machen Sie sich die Mühe und versuchen Sie, etwas über den Lebensstil herauszufinden, der alle Gläubigen und besonders die Führer einer Gemeinde kennzeichnen sollte.

„Deswegen ließ ich dich in Kreta zurück, damit du, was noch mangelte, in Ordnung bringen und in jeder Stadt Älteste anstellen solltest, wie ich dir geboten hatte, wenn jemand untadelig ist, Mann einer Frau, gläubige Kinder hat, die nicht eines ausschweifenden Lebens beschuldigt oder aufsässig sind. Denn der Aufseher muß untadelig sein als Gottes Verwalter, nicht eigenmächtig, nicht jähzornig, nicht dem Wein ergeben, nicht ein Schläger, nicht schändlichem Gewinn nachgehend, sondern gastfrei, das Gute liebend, besonnen, gerecht, heilig, enthaltsam, der an dem der Lehre gemäßen zuverlässigen Wort festhält, damit er fähig sei, sowohl mit der gesunden Lehre zu ermahnen als auch die Widersprechenden zu überführen" (Titus 1,5-9).

Man geht davon aus, daß dieses Bibelexemplar um 1180 in Cambridge, England, per Hand auf Pergament übertragen wurde. Wie alle Bibeln aus dieser Zeit, besaß sie keine Kapitel- oder Versangaben. Die Kapitelnummern (farbig) wurden erst später hinzugefügt. Ein Schreiber brauchte ungefähr zwei Jahre, um eine Bibel wie diese zu reproduzieren.

SECHS DINGE, AUF DIE MAN ACHTEN SOLLTE

- Dinge, die betont sind

- Dinge, die wiederholt sind

- Dinge, die verbunden sind

- Dinge, die ähnlich oder verschieden sind

- Dinge, die lebensnah sind

19

DINGE, DIE BETONT SIND

Sind Sie schon einmal mit Halsschmerzen zu einem Arzt gegangen? Als erstes bittet er Sie, die Zunge herauszustrecken. Er schaut Ihnen in den Hals und sagt: „Aha." Er weiß sofort, was los ist. Ich könnte eine Ewigkeit lang in Ihren Mund schauen, und es würde zu nichts führen, denn ich weiß gar nicht, worauf ich achten muß.

Das gleiche Prinzip gilt für das Bibelstudium. Man verbringt Stunden damit, das Wort Gottes durchzublättern, aber es ist reine Zeitverschwendung, wenn man nicht weiß, worauf man überhaupt achten soll. Das ist der Grund, weshalb Sie sich bei der Beobachtung die Frage stellen sollen: Was sehe ich? Sie haben die Rolle eines Bibeldetektivs angenommen und suchen nach Hinweisen - und kein Detail ist unwichtig.

Es gibt sechs Anhaltspunkte, auf die Sie beim Lesen in der Schrift achten sollten. Sie werden großen Nutzen davon haben, wenn Sie auf diese Anhaltspunkte stoßen. Und Gott hat Ihnen ein passendes Körperteil gegeben, das Ihnen hilft, sich daran zu erinnern - Ihre Hand. Für jeden Ihrer Finger gibt es je einen Hinweis und zusätzlich noch einen für Ihre Handfläche. In diesem und in den nächsten vier Kapiteln werde ich Ihnen zeigen, wie Sie diese sechs wichtigen Hinweise erkennen können.

Fangen wir bei Ihrem Daumen an. Der erste Hinweis, auf den Sie achten sollten, ist:

Dinge, die betont sind

Die Bibel verwendet verschiedene Möglichkeiten, Dinge hervorzuheben. Lassen Sie mich vier davon nennen.

Benötigter Umfang

In einem Buch kann etwas dadurch hervorgehoben werden, indem ihm viel Platz eingeräumt wird. Wir haben dies bereits im ersten Buch Mose festgestellt. Es umfaßt 50 Kapitel. Die ersten elf behandeln die Schöpfung, den Sündenfall, die Sintflut, den Turmbau von Babel und andere Details. All diese Ereignisse werden in elf Kapiteln komprimiert dargestellt. Im Gegensatz dazu widmet der

Schreiber die Kapitel 12 - 50 dem Leben von nur vier Personen: Abraham, Isaak, Jakob und Joseph. Durch diese Hervorhebung lehrt uns der Heilige Geist, daß das Wichtigste in diesem Buch die Familie ist, die Gott sich zu seinem Volk erwählt hat.

Das gleiche Prinzip erkennen wir, wenn wir die Evangelien aufschlagen. Von 1062 Versen im Matthäusevangelium geben mindestens 342 - ein Drittel des Buches - Reden des Heilands wieder. Dies hat enorme Konsequenzen im Blick auf die Zielsetzung des ganzen Buches. Ebenso räumen manche Evangelien dem Bericht über die Kreuzigung viel mehr Platz ein, als sie es mit anderen Ereignissen aus dem Leben Christi tun.

In den Briefen des Paulus finden wir immer wieder Belehrungen, gefolgt von praktischen Anwendungen, die sich auf diese Lehre gründen. So sagt uns Epheser 1 - 3 z. B. etwas darüber, was Gott für uns getan hat. Epheser 4 - 6 zeigt uns dann, welche Konsequenzen wir daraus ziehen sollen. Das ist ein ausgeglichenes Verhältnis von Theorie und Praxis. Das gleiche Prinzip kann man

19. Dinge, die betont sind

auch im Kolosserbrief beobachten. Im Römerbrief jedoch besteht dieses Verhältnis aus elf Kapiteln Lehre und fünf Kapiteln Anwendung, was uns ebenfalls die Gewichtung erkennen läßt, die Paulus hier vornimmt.

Wenn Sie also einen Bibeltext untersuchen, fragen Sie sich immer auch folgendes: Wieviel Platz wird diesem Thema eingeräumt? Was will der Schreiber betonen?

Äußerung der Absicht
Eine andere Art, wie die Schreiber der Bibel bestimmte Gewichtungen vornehmen, ist die direkte Äußerung darüber, was sie sagen wollen. Erinnern Sie sich an das gute Beispiel dafür in Johannes 20,30-31?

> „Auch viele andere Zeichen hat nun zwar Jesus vor den Jüngern getan, die nicht in diesem Buch geschrieben sind. Diese aber sind geschrieben, damit ihr glaubt, daß Jesus der Christus ist, der Sohn Gottes, und damit ihr durch den Glauben Leben habt in seinem Namen."

Wie ich bereits in Kapitel 15 gezeigt habe, teilt uns Johannes in seinem Evangelium sieben sorgfältig ausgewählte Zeichen mit, die seinem Zweck dienen - zu zeigen, daß Jesus der Christus ist, der Sohn Gottes, und daß er deshalb auch vertrauenswürdig ist.

Oder nehmen wir das Buch der Sprüche. Salomo beginnt diese faszinierende Sammlung von Weisheiten damit, daß er dem Leser sagt, warum er das Buch lesen soll:

> „Um zu erkennen Weisheit und Zucht,
> um zu verstehen verständige Worte,
> um anzunehmen Zucht mit Einsicht,
> dazu Gerechtigkeit, Recht und Aufrichtigkeit,
> um Einfältigen Klugheit zu geben,
> dem jungen Mann Erkenntnis und Besonnenheit.
> Der Weise höre und mehre die Kenntnis,
> und der Verständige erwerbe weisen Rat,
> um zu verstehen Spruch und Bildrede,
> Worte von Weisen und ihre Rätsel!
> (Sprüche 1,2-6)

Dies sind eindrucksvolle Segensworte. Und im ganzen Buch der Sprüche folgen weitere solcher Verheißungen. Indem er seine Absicht von Anfang an bekannt macht, beeinflußt der Schreiber das Denken des Lesers, wenn sich dieser mit dem Inhalt des Buches näher beschäftigt. Was immer Sie sonst noch vom Buch der Sprüche erwarten, Sie wissen auf jeden Fall, daß es die Weisheit hervorheben will.

Reihenfolge

Eine dritte Möglichkeit, etwas zu betonen, besteht darin, dem, was betont werden soll, einen vorangigen Platz im Inhalt des Buches einzuräumen: Dies kommt vor dem; oder dieses folgt jenem.

In 1. Mose 2 z. B. bringt Gott Adam und Eva in einen Garten, damit sie ihn bebauen und bewahren (2,15). Dann - in Kapitel 3 - sündigt das erste Menschenpaar, und Gott vertreibt es aus diesem Garten und verflucht den Erdboden (3,17-24). Diese Reihenfolge erhält besondere Bedeutung, wenn wir über unsere Arbeit nachdenken, denn manche Leute glauben, daß die Arbeit unter diesem Fluch steht. Aber die Reihenfolge der Ereignisse in 1. Mose läßt eine solche Auslegung nicht zu.

Ein anderes Beispiel aus dem Leben Christi: In Lukas 3 lesen Sie von der Taufe des Heilands. In Lukas 4 finden Sie die Versuchung Christi. Beachten Sie die Reihenfolge: bei der Taufe wird er von Gott bestätigt; bei der Versuchung wird er von Satan auf die Probe gestellt. Die Reihenfolge ist wichtig.

Oder nehmen wir ein drittes Beispiel, ebenfalls aus dem Lukasevangelium. In Kapitel 6 berichten die Verse 14-16 von der Erwählung der Zwölf. Schauen Sie sich die Reihenfolge genau an: Simon Petrus und Andreas; Jakobus und Johannes, des Alphäus Sohn, und Judas Ischarioth. Wer wird zuerst erwähnt? Wer wird wem zugeordnet? Wer wird als letztes genannt?

Durch die Entscheidung darüber, an welcher Stelle er Menschen, Ereignisse, Gedanken usw. auftreten läßt, kann ein Schreiber die Aufmerksamkeit auf etwas Bestimmtes lenken. Achten Sie auf die vorgegebene Reihenfolge. Das kann Ihnen tiefe Einblicke in den Text erschließen.

Wechsel vom Geringeren zum Größeren und umgekehrt

Das sind Spezialfälle in bezug auf das, was wir gerade unter dem Begriff „Reihenfolge" behandelt haben. Wenn ein Schreiber auf einen Höhepunkt zusteuert, präsentiert er oft eine wichtige Mitteilung. So berichtet 2. Samuel 11 - 12 über die vielleicht einschneidendsten Ereignisse in Davids Leben - der Mord an Uria und sein Ehebruch mit Batseba. Diese beiden Kapitel markieren einen Wendepunkt im ganzen Buch. Alles Vorherige läuft darauf zu, und alles Nachfolgende leitet sich davon ab.

Oder nehmen wir Apostelgeschichte 2. Wenn Sie die Apostelgeschichte studieren, werden Sie bald entdecken, daß Kapitel 2 ein Wendepunkt ist. Es ist das eine Kapitel, ohne das es alles andere nicht geben würde. Alles leitet sich von dem ab, was hier geschieht. Das ist die Art und Weise, wie Lukas Dinge hervorhebt.

Der erste Anhaltspunkt, den Sie beim Studium der Schrift beachten sollten, ist also das, was besonders hervorgehoben wird. Die Schreiber haben sich viel Mühe gegeben, um an entsprechender Stelle ein Zeichen zu setzen, das besagt: „Dies hier ist wichtig. Gebt acht!" Richten Sie Ihre Aufmerksamkeit also auf die

19. Dinge, die betont sind

vier verschiedenen Arten der Betonung, die ich beschrieben habe. Dann werden Sie schnell erfassen, was im Text wichtig ist.

> ### *Versuchen Sie es selbst*
>
> Hier sind zwei Texte der Schrift, in denen Sie beobachten können, auf welche Weise Dinge hervorgehoben werden.
>
> **1. und 2. Samuel**
> Erstellen Sie einen tabellarischen Überblick vom Inhalt dieser beiden Bücher und zeigen Sie, wieviel Platz im Verhältnis der jeweiligen Hauptperson eingeräumt wird: Samuel, Saul und David. (Sie sollten eine ähnliche Tabelle bereits am Schluß von Kapitel 17 erstellt haben. Sie finden auf Seite 195 ein gutes Beispiel für die Art von Tabellen, die ich meine.) Welcher der Charaktere war dem Schreiber am wichtigsten? Was sagt Ihnen dies über den Zweck der beiden Bücher 1. und 2. Samuel?
>
> **Apostelgeschichte 1,8**
> In welcher Reihenfolge werden hier die Orte genannt? Welche Beziehung haben diese Orte zueinander? (Wir haben dies bereits in Kapitel 6 untersucht.) Wie kann man die Reihenfolge der Orte in Kapitel 1,8 mit der Verbreitung des Evangeliums im weiteren Verlauf der Apostelgeschichte vergleichen? Versuchen Sie festzustellen, wieviel Platz „Dr. Lukas" jedem Ort einräumt und wieviel Zeit die Apostel an den einzelnen Orten verbringen. Welche Bedeutung könnte dies in bezug auf den Sinn und Zweck der Apostelgeschichte haben?

20

DINGE, DIE WIEDERHOLT SIND

Es gibt wahrscheinlich kein wirksameres Mittel beim Lernvorgang als die Wiederholung. Wenn ich sicher sein will, daß jemand begreift, was ich sage, werde ich es wiederholen, immer und immer wieder. Beständige Wiederholung! Einen zweiten Anhaltspunkt bei Ihrer Textbeobachtung bilden deshalb:

Dinge, die wiederholt sind

Ist Ihnen schon aufgefallen, wie oft Jesus Dinge, die er zu seinen Jüngern sagt, wiederholt? Die Evangelien berichten von mindestens neun verschiedenen Begebenheiten, bei denen er sagte: „Wer Ohren hat, der höre!" Und als Johannes die Offenbarung schrieb, was glauben Sie, welche Botschaft er an die sieben Gemeinden schreiben sollte? Richtig: „Wer Ohren hat, der höre."

Das ist eine deutliche Hervorhebung. Man gewinnt den Eindruck, daß Jesus seine Jünger (und uns) dazu bringen wollte, unbedingt auf das achtzugeben, was er zu sagen hat. Durch die konsequente Verwendung dieser Formulierung zur Gewichtung seiner Worte gab er seinen Zuhörern einen Fingerzeig in bezug auf die Bedeutung seiner Lehre.

Ich möchte Sie auf verschiedene Kategorien von Wiederholungen hinweisen, auf die Sie achten sollten.

Begriffe, Redewendungen und einzelne Sätze

Die Schrift wiederholt Begriffe, Redewendungen und einzelne Satzteile, um ihre Bedeutung hervorzuheben. In Psalm 136,1-2 lesen wir z. B.:

> „Preist den HERRN, denn er ist gütig.
> *Denn seine Gnade währt ewig!*
> Preist den Gott der Götter,
> *denn seine Gnade währt ewig!"*
> (kursiv hinzugefügt)

Der Psalmist wiederholt „seine Gnade währt ewig" nicht weniger als sechsund-

20. Dinge, die wiederholt sind

zwanzigmal in diesem Psalm. Warum? Hatte er nichts anderes zu sagen? Nein, es lag ihm daran hervorzuheben, daß Gottes Gnade ewig währt. Wenn Sie an das Ende des Psalms gelangt sind, wissen Sie bestimmt, daß seine Gnade ewig währt. Im Grunde will der Psalmist sagen: „Was brauchst du sonst noch zu wissen?"

Oder nehmen wir Hebräer 11 - die Ruhmeshalle Gottes oder die Halle des Glaubens. Die Wendung „durch Glauben ..., durch Glauben ..., durch Glauben ..." wird achtzehnmal gebraucht. Der Schreiber spricht von verschiedenen Personen, die zu verschiedenen Zeiten unter ganz verschiedenen Umständen gelebt haben. Aber alle hatten denselben Lebensstil: „durch Glauben".

Beachten Sie auch, wie wichtig das kleine Wort *wenn* in 1. Korinther 15 ist. Paulus verwendet es in den Versen 12-28 siebenmal, während er über die entscheidende Bedeutung der Auferstehung Christi für unseren Glauben schreibt. „Wenn" betont die Tatsache, daß alles, an das wir glauben, von der Auferstehung abhängt. Wenn sie nicht der Wirklichkeit entspricht, dann bricht auch alles andere in sich zusammen.

Charaktere

Redewendungen und Begriffe sind nicht die einzigen Dinge, die ein Schreiber wiederholt, um die Aufmerksamkeit auf etwas zu lenken. Manchmal taucht immer wieder auch ein und dieselbe Person auf.

Barnabas ist ein passendes Beispiel dafür. Wir wissen nur wenig über diesen Mann. Eigentlich hieß er Joseph, aber die Apostel nannten ihn Barnabas, was „Sohn des Trostes" bedeutet (Apg 4,36). Und diese ist auch die wichtigste Information über ihn: er war ein Tröster. Jedesmal, wenn in der Urgemeinde jemand Hilfe brauchte, tauchte Barnabas auf, um ihm beizustehen: Saulus (Apg 9,27); die gläubig gewordenen Heiden in Antiochien (Apg 11,22); und Johannes Markus (Apg 15,36-39). Lukas stellt Barnabas an entscheidenden Stellen seines Berichtes als Vorbild eines geistlichen Ratgebers vor.

Ereignisse und Umstände

Manchmal erzeugt ein Schreiber Aufmerksamkeit durch Wiederholung eines bestimmten Ereignisses oder bestimmter Umstände.

Im Buch Richter beginnt der Schreiber z. B. einige Absätze mit den Worten: „Und die Söhne Israel taten, was böse war in den Augen des HERRN." Diese Wiederholung zeigt uns die Ausgangssituation, in der Gott Richter erweckt, die dann in der Regel das Volk zu Gott zurückführen - doch niemals dauerhaft. Früher oder später fallen die Israeliten erneut ab, und dieser Zyklus wiederholt sich bis zum Ende des Buches, wo der Schreiber dann auf den Kern des Problems zu sprechen kommt: „In jenen Tagen war kein König in Israel. Jeder tat, was recht war in seinen Augen" (Ri 21,25).

Ein anderes Beispiel von sich wiederholenden Ereignissen finden wir bei Matthäus. Im Verlauf seines Evangeliums baut der Autor einen Spannungsbogen zwischen Jesus und den Pharisäern auf. Immer wieder tut oder sagt der Herr etwas, was diese Führer verärgert. Matthäus benutzt diese Vorfälle, um die Aufmerksamkeit des Lesers auf den Machtkampf zwischen dem alten System der selbstgerechten Gesetzlichkeit und dem neuen Weg des Heils in Christus zu lenken.

Motive

Eine vergleichbare Situation liegt mit der Wiederholung eines gleichartigen Motivs vor. Bibelstudenten haben längst die Parallelen zwischen dem Leben Josephs und dem Leben unseres Herrn erkannt. Ebenso gibt es Parallelen zwischen den Erfahrungen Israels und denen von Jesus.

Oder nehmen wir Saul und David im ersten und zweiten Buch Samuel: Was auch immer Saul falsch macht, David macht es richtig. Der Schreiber benutzt diese Gegenüberstellung, um zu zeigen, daß Saul vom Volk als König gewählt wurde, während David Gottes Wahl war.

20. Dinge, die wiederholt sind

Alttestamentliche Zitate im Neuen Testament
Ein letztes und offensichtliches Beispiel für Wiederholung ist das Zitieren des Alten Testamentes im Neuen Testament. Das allein wäre schon ein faszinierendes Studienprojekt. Wenn der Geist Gottes einen Schreiber des Neuen Testaments dazu drängt, eine Stelle aus dem Alten Testament zu zitieren, dann geschieht das offensichtlich deshalb, weil er dieses spezielle Wort Gottes besonders betonen will.

Nehmen wir die Geschichte Jonas. In den frühen Tagen des Glaubens wollten manche dieses Buch nicht in den Kanon der Schrift aufnehmen. Doch Jesus zitierte daraus auf eine Art und Weise, die es unverzichtbar in bezug auf die göttliche Offenbarung werden ließ (Mt 12,39-41).

Oder schauen wir in den Hebräerbrief. Man könnte sich gar keinen Begriff davon machen, was dieses Buch zu sagen hätte, wenn es sich nicht nachdrücklich auf die alttestamentlichen Schriften berufen würde.

Kurz gesagt, immer wenn Sie die Bibel studieren und merken, daß etwas wiederholt oder mehr als einmal erwähnt wird - notieren Sie es. Es geschieht nicht, weil die Schreiber sich nichts Besseres hätten ausdenken können. Es ist einfach ihre Art, auf etwas von Bedeutung aufmerksam zu machen.

Versuchen Sie es selbst

Wiederholung ist eines der meist gebrauchten Mittel zur Betonung in der Bibel. Lassen Sie mich einige Aufgaben vorschlagen, die Ihnen Teile des Wortes aufschließen können, indem Sie auf Einzelheiten achten, die wiederholt werden.

Psalm 119
In diesem Psalm weist David in jedem Vers auf das Wort Gottes hin. Betrachten Sie diesen Psalm sorgfältig, und schreiben Sie alle Einzelheiten auf, die David über das Wort Gottes mitteilt.

Matthäus 5,17-48
Beobachten Sie, wie Jesus die Formulierung „Ihr habt gehört ... Ich aber sage ..." in diesem Abschnitt der Bergpredigt gebraucht. Welchen Charakter verleihen die Formulierungen dem Abschnitt? Warum legt Jesus so viel Wert darauf, sich so auszudrücken?

Rechenaufgaben in der Apostelgeschichte
Nehmen Sie eine Konkordanz und schlagen Sie alle Stellen in der Apostelgeschichte nach, in denen Zahlenangaben gemacht werden, z. B. wenn eine

Anzahl von Menschen zur Gemeinde „hinzugetan" wird oder wenn die Gläubigen sich „mehrten". Es gibt sogar „Divisionen" und „Subtraktionen". Können Sie solche entdecken? Wie benutzt Lukas diese Begriffe, um das Wachstum der frühen Gemeinde zu beschreiben?

1. Korinther 15,12-19
Untersuchen Sie die Bedeutung des Wortes „wenn" für die Beweisführung von Paulus.

21

DINGE, DIE VERBUNDEN SIND

Bis hierhin haben wir an Ihrer Hand den Daumen und den Zeigefinge belegt mit Dingen, die betont bzw. wiederholt werden. Jetzt kommt ein Drittes, was Sie beachten sollten - und das ist für Ihren Mittelfinger:

Dinge, die miteinander verbunden sind

Mit „verbunden" meine ich Dinge, die in irgendeinem Zusammenhang oder in einer Wechselbeziehung stehen. Beachten Sie, daß allein die Tatsache, daß zwei Dinge nebeneinanderstehen, noch nicht bedeutet, daß sie auch miteinander verbunden sind. Sie müssen in irgendeiner Weise aufeinander einwirken. Es muß ein Element geben, das sie miteinander verbindet.

Achten Sie bei Ihrem Schriftstudium auf drei Arten von Verbindungselementen.

Bewegung vom Allgemeinen zum Spezifischen
Dies meint die Beziehung zwischen dem Ganzen und seinen einzelnen Teilen, zwischen einer Gruppe und ihren einzelnen Gliedern, zwischen dem Gesamtbild und den einzelnen Details. Wir haben auf diese Beziehung bereits einige Male vorher hingewiesen.

Ich möchte das gerne am Beispiel von Matthäus 6 verdeutlichen, einem Abschnitt aus der Bergpredigt. Das Kapitel beginnt folgendermaßen:

> „Habt acht, daß ihr eure Gerechtigkeit nicht übt vor den Menschen, um von ihnen gesehen zu werden; sonst habt ihr keinen Lohn bei eurem Vater, der in den Himmeln ist" (Vers 1).

Sie werden Lohn erhalten: Wenn Sie rechtschaffen handeln, um von Menschen gesehen zu werden, wird das Ihre Belohnung sein. Aber dann wird es nicht vom Vater gesehen werden, sagt Jesus.

Dann kommt er ausgehend von diesem allgemeinen Prinzip auf drei einzelne Beispiele zu sprechen. Das erste kommt aus dem Bereich des Gebens (Vers 2-4), das zweite aus dem Bereich des Betens (Vers 5-15) und das dritte aus dem Bereich des Fastens (Vers 16-18).

Ein anderes Beispiel finden wir in 1. Mose 1. Vers 1 gibt uns einen Überblick: „Im Anfang schuf Gott die Himmel und die Erde."

Wenn der Bericht hier enden würde, hätten wir keine weiteren Informationen darüber, wie Gott die Himmel und die Erde erschaffen hat. Wir wüßten lediglich, daß er es tat. Aber der Rest des Kapitels teilt uns nun einzelne Details mit: Am ersten Tag schuf er das Licht (Vers 3-5); am zweiten Tag trennte er die Wasser vom Himmel (Vers 6-8); am dritten Tag formte er das trockene Land und ließ die Pflanzenwelt wachsen (Vers 9-13); und so weiter.

Immer wenn Sie auf eine umfassende, allgemeine Aussage in der Schrift stoßen, achten Sie darauf, ob der Schreiber einige spezifische Details folgen läßt, die diese Aussage auf irgendeine Weise erhellen.

21. Dinge, die verbunden sind

Fragen und Antworten
Die Frage ist eines der mächtigsten Werkzeuge bei der Verständigung. Wenn Sie eine Frage stellen, zwingen Sie sich dazu nachzudenken. Natürlich kann es sehr frustrierend sein, wenn jemand immer nur Fragen stellt und nie Antworten darauf gibt. Man fragt sich dann, ob er überhaupt weiß, wovon er redet. Wir werden aber noch sehen, daß biblische Schreiber beides verwenden - gezielte Fragen und hilfreiche Antworten.

Der Römerbrief ist ein klassisches Beispiel dafür. Er wurde wie eine juristische Abhandlung verfaßt, so als ob Paulus ein Rechtsanwalt wäre. Er stellt andauernd Fragen, und dann beantwortet er sie. Lesen Sie z. B. Römer 6,1: „Was sollen wir nun sagen? Sollen wir in der Sünde verharren, damit die Gnade überströme?" Dann beantwortet er diese Frage: „Das sei ferne!"

In Vers 15 gebraucht er wieder eine rhetorische Frage: „Was nun, sollen wir sündigen, weil wir nicht unter Gesetz, sondern unter Gnade sind?" Das ist die Frage. Die Antwort ist erneut: „Das sei ferne!" Er fährt dann fort und erklärt es im Detail.

Manchmal erhält eine Frage ein solches Gewicht, daß gar keine Antwort nötig ist. Ist Ihnen schon einmal der ganze Schwall von Fragen aufgefallen, den Gott auf Hiob losläßt? „Gürte doch wie ein Mann deine Lenden! Dann will ich dich fragen, und du sollst mich belehren!" (Hiob 38,3).

„Ich werde dich befragen." Das ist bittere Ironie. Gott läßt ganze Kaskaden von Fragen los, die sich über zwei Kapitel erstrecken, bis Hiob sie kurz unterbricht (40,3-5). Dann bricht der Sturzbach erneut los. Es sind allesamt Fragen, die ihre eigenen Antworten schon beinhalten.

Was ist mit den scharfen Fragen, die Jesus seinen Jüngern stellte: „Wer aber unter euch kann mit Sorgen seiner Lebenslänge eine Elle zusetzen?" (Matthäus 6,27); oder: „Warum seid ihr so furchtsam? Wie, habt ihr keinen Glauben?" (Markus 4,40); oder damit: „Also nicht eine Stunde konntet ihr mit mir wachen?" (Matthäus 26,40).

Fragen und Antworten erregen Ihre Aufmerksamkeit. Sie sind wichtige Schlüssel zur Erschließung des Textes.

Ursache und Wirkung
Dies meint das Prinzip von Billardkugeln. Man stößt mit dem Billardstock gegen die weiße Kugel (das ist die Ursache), um die farbigen Kugeln in die Löcher zu schießen (das ist die Wirkung). In der Schrift finden wir alle möglichen den Text umspannende Ursache-Wirkung-Beziehungen.

Ich möchte auf ein lebendiges Beispiel dafür in Apostelgeschichte 8,1 hinweisen: „An jenem Tag entstand aber eine große Verfolgung gegen die Gemeinde in Jerusalem." Sie fragen sich bestimmt, an welchem Tag? Wenn Sie den Zusammenhang untersuchen, finden Sie heraus, daß es der Tag war, an dem Stephanus gesteinigt wurde. Dies verstärkte die Verfolgung, und alle

Gläubigen, außer den Aposteln, wurden durch ganz Judäa und Samaria hindurch zerstreut. Aber Vers 4 teilt uns auch mit: „Die Zerstreuten nun gingen umher und verkündigten das Wort."

Mit anderen Worten, die Verfolgung war die Ursache, und die Verkündigung war die Wirkung. Die Gläubigen standen nicht herum und schrien: „Was in aller Welt läßt Gott nur mit uns geschehen? Wir haben gebetet, daß er uns gebrauchen möge, und nun erleben wir nichts als Verfolgung." Nein, sie nutzten den Druck der Verfolgung als Hebelkraft, um das Evangelium in alle Welt hinauszutragen.

In Kapitel 18 haben wir einen Abschnitt aus Nehemia 1 studiert. Erinnern Sie sich an Nehemias Gebet? Er erinnerte Gott an einige Verheißungen, die er in den Büchern Mose gegeben hatte. Gott hatte gesagt, wenn sein Volk ihm nicht gehorchte, würde er es ins Exil schicken. Natürlich war das Volk ungehorsam (die Ursache), und Gott machte seine Ankündigung wahr, indem er es zuließ, daß es durch die Babylonier deportiert wurde (die Wirkung).

Ganz eindeutig zählte Nehemia auf diese Ursache-Wirkung-Beziehung, denn Gott hatte auch versprochen, sein Volk wieder ins Land zurückzuführen (Wirkung), wenn es Buße tun würde (Ursache). Deshalb war es Nehemia so wichtig, Sünde zu bekennen. Hat Gott darauf geantwortet? Ja, und er gebrauchte Nehemia, um sein Versprechen wahr zu machen.

Mit welchen Verheißungen Gottes rechnen Sie konkret? Psalm 1 z. B. sagt uns, daß die Person, die sich auf den Rat Gottes in seinem Wort stützt, wie ein gut gewässerter Baum ist. Beachten Sie, daß dies eine direkte Ursache-Wirkung-Beziehung zwischen dem Sich-Stützen auf die Schrift und dem Segen Gottes ist. Erleben Sie diese Wirkung? Die entscheidende Frage ist, ob Sie die Ursache in Gang setzen, wie dort gesagt wird: durch Freude am Wort Gottes und durch das Nachsinnen darüber.

Wenn Sie das tun wollen, dann achten Sie auf Dinge, die betont, die wiederholt, und die - wie wir in diesem Kapitel gesehen haben - miteinander verbunden sind.

Versuchen Sie es selbst

Eines der Hauptziele der Beobachtung ist das Aufdecken von Beziehungen in Texten aus der Bibel. Testen Sie Ihre Fähigkeiten zur Beobachtung in diesen beiden Abschnitten.

Matthäus 1,1-18
Die meisten überspringen einfach die Stammbäume. Sie sind von der eintönigen Wiederholung der Wendung „Dieser zeugte jenen" gelangweilt.

21. Dinge, die verbunden sind

Stammbäume sind aber wichtige Mittel, durch welche die Schreiber der Bibel ihre Absichten kundtun.

Lesen Sie sich die Liste der Namen durch, die in Matthäus 1 erwähnt werden. In welcher Beziehung standen diese Leute zu Jesus? Und zueinander? Welche vier Personen fallen besonders auf? Warum? Was können Sie über die Personen, die hier erwähnt werden, herausfinden? Vergleichen Sie diese Liste mit dem Stammbaum, den Lukas niedergeschrieben hat (Lukas 3,23-38). Wo liegen die Unterschiede? Worin gleichen sie sich? Was hat nach Ihrer Meinung die Auflistung des Matthäus mit der Absicht seines Buches zu tun?

Amos
Sie werden einen Atlas benötigen, um die Bedeutung der Beziehungen im alttestamentlichen Buch Amos entdecken zu können. Suchen Sie alle Orte, die in Kapitel 1 - 4 erwähnt werden. Womit endet der Prophet schließlich in Kapitel 5? Was bezweckt Amos damit, wenn er diese Orte auf diese Weise erwähnt?

22

DINGE, DIE ÄHNLICH UND VERSCHIEDEN SIND

Ich habe zwei Enkelinnen, die eineiige Zwillinge sind. Sie gleichen sich so sehr, daß ich sie absolut nicht auseinanderhalten kann. Ihrem Vater gelingt es meistens auch nicht. Nur ihre Mutter scheint in der Lage zu sein, sie voneinander zu unterscheiden. Wenn ich mit ihnen unterwegs war, habe ich oft beobachtet, daß Fremde auf sie reagierten, als würden sie plötzlich doppelt sehen. Sie zeigen auf sie und sagen: „Seht mal, Zwillinge!" Warum ist das so? Weil in dem Moment, wo wir zwei Dinge sehen, die sich völlig gleichen - insbesondere dann, wenn wir es am wenigsten erwarten -, ihre Ähnlichkeit unsere Aufmerksamkeit auf sich zieht.

Das gleiche Phänomen gilt auch für das Bibestudium. Deshalb sind die Hinweise vier und fünf, auf die Sie achten sollten, wenn Sie die Schrift studieren:

Dinge, die sich gleichen, und Dinge, die sich unterscheiden

Wir haben Dinge, die betont werden, dem Daumen, Dinge, die wiederholt werden, dem Zeigefinger und Dinge, die miteinander verbunden sind, dem Mittelfinger zugeordnet. Demnach gehören Dinge, die sich gleichen, an den Ringfinger und Dinge, die sich voneinander unterscheiden, an den kleinen Finger.

Gleichnisse
Die Schreiber der Bibel verwenden eine Reihe von Begriffen, die Ähnlichkeiten anzeigen. Die zwei gebräuchlichsten Wörter, die man in diesem Zusammenhang beachten muß, sind „wie" und „so". Sie kündigen eine Sprachfigur an, die „Vergleich" genannt wird, ein Wortbild, das zwei Dinge miteinander vergleicht.

Psalm 42 z. B. beginnt: *„Wie eine Hirschkuh lechzt nach Wasserbächen, so lechzt meine Seele nach dir, o Gott!"* (Vers 2, kursiv hinzugefügt). Das ist ein

22. Dinge, die ähnlich und verschieden sind

packendes Bild, nicht wahr? Es schafft Atmosphäre. Der Psalmist vergleicht sein Verlangen nach Gott mit einem erhitzten, durstigen Hirsch.

Denken Sie zurück an 1. Petrus 2,2, einen Vers, den wir im Zusammenhang mit der Frage, warum wir die Bibel selbständig studieren sollen, betrachtet haben. Petrus benutzt den Vergleich: „Seid *wie* neugeborene Kinder begierig nach der geistigen, unverfälschten Milch - damit ihr durch sie wachset zur Errettung" (kursiv hinzugefügt). Er zieht einen Vergleich zwischen dem Verlangen eines Kindes nach der Muttermilch und dem Appetit eines Gläubigen auf Nahrung aus Gottes Wort.

Betrachten wir noch einen Vergleich - einen, der eigentlich gar nicht gemacht werden kann. In Jesaja 44,6-7 stellt der Herr eine deutliche Frage:

„So spricht der Herr,
der König Israels und sein Erlöser, der Herr der Heerscharen:
Ich bin der Erste und bin der Letzte,
und außer mir gibt es keinen Gott.
Und wer ist *wie* ich?"
(kursiv hinzugefügt)

Die Antwort muß natürlich lauten: keiner. Gott allein ist Gott, der Allerhöchste und einzige Herrscher. Aber das Wort „wie", das gewöhnlich einen Vergleich ankündigt, steigert in diesem Fall den Gegensatz.

Metapher
Etwas, das einem Vergleich sehr nahe kommt, ist die Metapher, bei der ein Vergleich vorgenommen wird, ohne ein „wie" oder „so" zu verwenden. Jesus sagt: „Ich bin der wahre Weinstock, und mein Vater ist der Weingärtner" (Joh 15,1). Er meint das offensichtlich im bildlichen Sinn, nicht buchstäblich. Er malt ein Bild, das seine Beziehung zum Vater und genauso auch zu den Gläubigen illustriert.

Jesus verwendet in Johannes 3 eine erweiterte Metapher, als er mit Nikodemus spricht. „Ihr müßt von neuem geboren werden" (Vers 3.5.7). Jesus zieht einen Vergleich: „Genauso wie du physisch geboren wurdest, Nikodemus, und das Rüstzeug für das natürliche Leben bekommen hast, mußt du geistlich wiedergeboren werden, um das Rüstzeug für das ewige Leben zu bekommen."

Das verblüffte Nikodemus. Er war keineswegs dumm, aber er dachte nur auf menschlicher Ebene. So stellte er die Frage: „Wie kann ich noch einmal diesen Geburtsprozeß durchlaufen?" (Vers 4). Sehen Sie, er begriff nicht, daß Jesus eine Metapher verwendete. Deshalb antwortete ihm der Herr: „Du mußt *von oben geboren* werden, Nikodemus, sonst wirst du es nie ins Reich schaffen" (Vers 5-6).

Dann gebrauchte Jesus einen Vergleich: „Und *wie* Mose in der Wüste die

Schlange erhöhte, so muß der Sohn des Menschen erhöht werden" (Vers 14, kursiv hinzugefügt). Jetzt spricht er die Sprache des Nikodemus. Nikodemus war ein Pharisäer, er wußte also besser als jeder andere, was die eherne Schlange in der Wüste bedeutete (4. Mose 21,4-9). Jesus zog einen Vergleich zwischen diesem Ereignis und seiner eigenen, vor ihm liegenden Kreuzigung.

War die Verwendung dieses Vergleichs durch Jesus von Nutzen? Anscheinend ja, denn im späteren Verlauf des Buches hilft Nikodemus dabei mit, den Leib Jesu ins Grab zu legen (Johannes 19,39) - unter den bestehenden Umständen ein gefährliches Unternehmen und eine Handlung, die seinen Glauben an den Heiland bewies.

Wir werden Metaphern später noch einmal behandeln. Für jetzt halten Sie erst einmal fest, daß Gleichsetzungen die Eigenart besitzen, Aufmerksamkeit auf sich zu ziehen. Dennoch sollten Sie sich angewöhnen, darauf achtzugeben. Man findet sie insbesondere in der Weisheitsliteratur, z. B. in den Psalmen. Wann immer Sie derartiges entdecken, markieren Sie es. Der Schreiber versucht, sich mit Ihnen durch das wirksame Mittel des Vergleichs zu verständigen.

22. Dinge, die ähnlich und verschieden sind

Dinge, die unähnlich sind

Die Kehrseite der Gleichsetzung ist der Gegensatz - Dinge, die unähnlich sind. Wir könnten sagen, daß im Bibelstudium, genauso wie in der Liebe, sich Gegensätze anziehen. Auf jeden Fall ziehen sie die Augen eines aufmerksamen Lesers auf sich. Auf verschiedene Art und Weise deuten biblische Schreiber Gegensätze an.

Die Verwendung von *aber*
Das Wort *aber* ist ein Hinweis darauf, daß ein Richtungswechsel kommt. Wir haben bereits gesehen, wie wichtig dieser Begriff an einigen Stellen war. In der Bergpredigt sagt Jesus wiederholt: „Ihr habt gehört ..., ich *aber* sage euch ..." (Matthäus 5; kursiv hinzugefügt).

In Galater 5 schreibt Paulus: „Offenbar *aber* sind die Werke des Fleisches" (Vers 19), und dann stellt er eine Liste auf. Dann sagt er in Vers 22: „Die Frucht des Geistes *aber* ist ..." und stellt dazu ebenfalls eine Liste auf. Er zeigt also einen Gegensatz auf zwischen dem, was das Fleisch und dem, was der Geist hervorbringt.

Ein Vers, den wir bereits im Detail betrachtet haben, Apostelgeschichte 1,8, beginnt mit „aber". Denken Sie daran, wie uns das veranlaßt hat, den Zusammenhang zu beachten. Wir entdeckten, daß der Herr ein Gespräch mit seinen Aposteln führte. Sie wollten wissen, ob er sein Reich jetzt aufrichten würde. Er antwortete ihnen, daß es nicht ihre Sache war, den Zeitpunkt dafür zu kennen. *Aber* ... und dann kommt all das, was wir in Vers 8 gesehen haben.

Im weiteren Verlauf der Apostelgeschichte beginnt Philippus mit Erfolg eine Großevangelisation in Samaria (8,5-8). Die Reaktion darauf ist tatsächlich so überwältigend, daß die Apostel in Jerusalem Petrus und Johannes losschicken, um herauszufinden, was los ist. Nachdem sie fertig waren und nach Hause zurückkehrten, sagt uns Vers 26: „Ein Engel des Herrn *aber* redete zu Philippus und sprach: 'Steh auf und geh gegen Süden auf den Weg, der von Jerusalem nach Gaza hinabführt, der öde ist'" (kursiv hinzugefügt).

Wieder zeigt das kleine Wörtchen *aber* einen Richtungswechsel an. Es zeichnet einerseits einen Gegensatz zwischen Petrus und Johannes, die von einer Stadt zur anderen gehen, und andererseits Philippus, der sich plötzlich - zu einem Dienst beauftragt - in der Wüste wiederfindet.

Es wäre ungefähr so, als würde ich in Houston mit dem Billy-Graham-Team predigen, Leute kommen zu Christus, der Geist wirkt, und wir stellen mit dem Evangelium die ganze Stadt auf den Kopf. Eines Abends spricht dann der Herr zu mir: „Hendricks, steig in einen Bus und fahre nach Texas. Ich werde dir zeigen, wo du aussteigen sollst." Wissen Sie, ich würde mich zurückgesetzt fühlen. In der Großstadt geschieht so viel Aufregendes, und ich werde in die Wüste geschickt.

Nicht so Philippus. Er gehorchte, und der Geist Gottes führte ihn zu einem Beamten aus Äthiopien. Philippus führte diesen Mann zu Christus, und das Evangelium breitete sich aus bis nach Afrika. Das Wort *aber* in Vers 26 stellt dies alles heraus, indem es einen Gegensatz aufzeigt.

„Aber" ist eines der wichtigsten Wörter, auf die Sie beim Studium der Schrift stoßen werden. Wenn Sie eins entdecken, halten Sie inne, und fragen Sie sich: Welcher Gegensatz wird hier angezeigt?

Metaphern
Genauso wie Dinge, die einander gleichen, können auch Dinge, die ungleich sind, durch Metaphern angezeigt werden.

Erinnern Sie sich an das Gleichnis vom ungerechten Richter in Lukas 18? Eine arme Witwe geht Tag für Tag zu einem Richter, der wenig Rechtschaffenheit besitzt. Sie weint und fleht ihn an, ihr zur Gerechtigkeit zu verhelfen. Doch er weigert sich, auf sie zu hören. Schließlich aber bringt ihn die Beharrlichkeit der Frau doch dazu, zu ihren Gunsten zu entscheiden.

Was sollen wir mit dieser Geschichte anfangen? Schließlich repräsentiert der ungerechte Richter die Stellung, in der Gott sich befindet. Ergibt dies einen Sinn? Nun, der Schlüssel liegt in der Tatsache, daß Jesus einen wirkungsvollen Gegensatz aufstellt. Er sagt im Grunde: „Wenn ein unehrlicher und gleichgültiger menschlicher Richter schließlich auf die beharrlichen Bitten einer Witwe hin nachgibt, *wie viel mehr* wird der himmlische Vater die Bitten seiner Kinder beantworten?" Das ganze Gleichnis baut auf die geschickte Verwendung eines Gegensatzes auf. (Ich werde auf Gleichnisse zu sprechen kommen, wenn wir uns in Kapitel 36 mit bildlicher Sprache auseinandersetzen.)

Ironie
Ich möchte Ihnen noch ein weiteres hervorragendes Beispiel eines Gegensatzes zeigen. Es ist ebenfalls im Lukasevangelium zu finden. In Kapitel 8 hält sich Jesus im Gebiet von Galiläa auf. Er lehrt und heilt dort. Große Volksmengen folgen ihm. Lukas sagt sogar ausdrücklich, wie viele Menschen um ihn herum sind: Es sind die Zwölf (Vers 1), eine Gruppe von Frauen, die ihn finanziell unterstützen (Vers 2-3), und eine „große Volksmenge" (Vers 4).

Jesus verläßt diese Gruppe für eine Weile, um sich in die Gegend der Gerasener zu begeben, wo er eine ganze Legion von Dämonen austreibt (Vers 26-39). Als er wieder zurückkehrt, warten bereits alle auf ihn (Vers 40).

Es wird dann spannend, als ein Beamter namens Jairus seinen Notruf an Jesus richtet: „Herr, komm schnell! Es geht um meine Tochter. Sie ist sehr krank. Sie wird es sicher nicht schaffen, wenn du nicht kommst."

Das steigert die Aufregung der Menge natürlich. Es geht um Leben oder Tod für das kleine Mädchen. Wird Jesus rechtzeitig hinkommen? Alle wollen es herausfinden, und Lukas trägt Sorge darum, uns in Vers 42 mitzuteilen, daß

22. Dinge, die ähnlich und verschieden sind

die Volksmenge ihn drängte. Hier sind Leute, die auf einen Rettungswagen Jagd machen!

An dieser Stelle kommt es zu einem ironischen Gegensatz. Eine Frau, die an einem chronischen Blutfluß leidet - wohl ein gynäkologisches Leiden, möglicherweise auch etwas anderes; der Text sagt es uns nicht -, erkämpft sich irgendwie einen Weg durch die Menge und kommt von hinten an Jesus heran. Als sie ihn anrührt, wird sie geheilt. Und plötzlich bleibt Jesus stehen, und auch das Drängen der Menge hört auf. Er fragt in die Menge hinein: „Wer ist es, der mich angerührt hat?" (Vers 45)

Die Frage wirkt fast komisch. Es macht regelrecht Spaß zu sehen, wie die Jünger reagieren: „Wer dich angerührt hat? Herr, die Leute berühren dich, seit wir aus dem Boot gestiegen sind."

Aber Jesus spürte die Berührung des Glaubens. Und dies ist der Gegensatz, den Lukas uns zeigen will: Mitten in einer Krisensituation, mitten in der Menge nähert sich dem Heiland eine unbekannte Frau im Glauben, ganz still und für sich - und er erkennt es. Sie ragt aus der Menge heraus wegen ihres Glaubens. Lukas stellt es so dar, damit wir sie bemerken und von ihrem Beispiel lernen.

Dinge, die ähnlich oder unähnlich sind, nutzen die wirkungsvolle menschliche Angewohnheit, sich durch Vergleiche und Gegensätze auszudrücken. Wenn Sie die Schrift studieren, hören Sie auf Ihre innere Stimme, die Ihnen sagt: „Dies gleicht genau der Stelle, die ich gestern betrachtet habe", oder „dieser Teil unterscheidet sich von einem anderen in diesem Buch". Dies sind klare Hinweise darauf, daß der Autor Dinge, die ähnlich und unähnlich sind, gebraucht, um seine Botschaft mitzuteilen.

Versuchen Sie es selbst

Johannes 11,1-46 ist ein hervorragender Studientext in bezug auf Vergleiche und Gegensätze. Es ist die Geschichte von der Auferweckung des Lazarus, aber Lazarus ist, genaugenommen, nur eine Randfigur. Johannes konzentriert sich auf die beiden Schwestern von Lazarus, Martha und Maria.

Lesen Sie die Erzählung sorgfältig durch, dann untersuchen Sie solche Fragen wie folgende: Welche Beziehung bestand zwischen Jesus und diesen beiden Frauen? Gibt es andere Texte, die diese Frage erhellen können? Wie begegnen die beiden Schwestern Jesus? Wie antwortet er ihnen? Was sagt er? Vergleichen Sie den Glauben dieser beiden Frauen. Wie verhalten sie sich im Vergleich zu den Jüngern und den Leuten, die dieses Ereignis miterlebten?

23

DINGE, DIE LEBENSNAH SIND

Es gibt zwei wichtige Aspekte einer guten Beobachtung. Erstens muß man lernen zu lesen. Zweitens muß man lernen, worauf man beim Lesen zu achten hat. Wir haben fünf Aspekte genannt, die Sie beachten sollten, wenn Sie das Wort Gottes aufschlagen. Der sechste und letzte Anhaltspunkt gehört auf Ihre Handfläche:

Dinge, die lebensnah sind

Hierbei geht es um Echtheit: Was sagt Ihnen dieser Abschnitt über die Wirklichkeit? In welchen Teilen des Textes spiegeln sich Ihre Erfahrungen wieder?

Dabei müssen Sie Ihre ganze Phantasie einsetzen. Sie müssen nach allgemeinen Grundsätzen Ausschau halten (mehr darüber in Kapitel 43). Offensichtlich leben wir in einer Kultur, die ganz anders ist als die zur Zeit der Bibel. Doch die Ereignisse, welche die Personen der Bibel erlebt haben, sind die gleichen, die wir erleben. Wir haben die gleichen Gefühle wie sie. Wir haben die gleichen Fragen wie sie. Sie waren reale, lebendige Persönlichkeiten, die den gleichen Kämpfen, Problemen und Versuchungen ausgesetzt waren wie Sie und ich.

Wenn ich etwas über diese Personen in der Schrift lese, muß ich mich fragen: Was waren die Motive dieser Leute? Was waren ihre Ziele? Welchen Problemen waren sie ausgesetzt? Wie fühlten sie sich? Was waren ihre Reaktionen? Was wäre meine Reaktion gewesen?

Oft studieren oder lehren wir über die Schrift, als ob es eine Unterrichtslektion wäre statt wirkliches Leben. Kein Wunder, daß sich so viele mit ihrer Bibel langweilen. Wir verpassen die besten Lehrstunden aus Gottes Wort, weil wir es versäumen, auf die Erfahrungen der Menschen darin achtzugeben.

Ich möchte Ihnen gerne einige Persönlichkeiten der Bibel vorstellen, die uns, meiner Meinung nach, helfen können, die Wahrheiten realistisch zu sehen. Was ich an der Bibel so liebe, ist die Tatsache, daß sie mich immer wieder mit der Realität konfrontiert. Sie wäscht ihre Charaktere nicht von allem rein. Wenn notwendig, hängt sie die schmutzige Wäsche sogar direkt vors Fenster, um zu zeigen, was wirklich passiert ist.

23. Dinge, die lebensnah sind

Abraham
In 1. Mose 22,2 sagt Gott zu Abraham: „Nimm deinen Sohn, ich meine deinen einzigen Sohn, ich meine den, den du liebhast, den Verheißungsträger - und opfere ihn als Brandopfer!" So geht Abraham also los, um mit seinem Sohn Isaak, der ungefähr zweiundzwanzig Jahre alt ist, den Berg Morija zu besteigen. Isaak sagt zu ihm: „Papa, wir haben das Holz. Wir haben das Feuer. Aber wo ist das Opfer?" Abraham weiß, daß sein Sohn das Opfer sein soll. Was glauben Sie, wie ihm in diesem Moment zumute war? Wie würden Sie sich in so einer Situation fühlen?

Mose
Mose war eine außerordentliche Führerpersönlichkeit, wahrscheinlich der größte Führer aller Zeiten. Er gelangte jedoch nie in das verheißene Land. Warum nicht? Weil er einen Felsen zweimal schlug (4. Mose 20,1-13). Nur einen Moment unbeherrscht, und er wird vom Hineingehen ausgeschlossen. Wie

hat ihn diese Strafe getroffen? Wie mag es seine Gefühle Gott gegenüber beeinflußt haben? Gegenüber dem Leben? (Siehe Psalm 90.) Wie reagiere ich auf die Folgen meiner eigenen Sünden?

Noah
Noah war ein Mann von großer Gerechtigkeit. In einer Generation, die durch und durch verdorben war, gehorchte er Gott und rettete so seine Familie vor der Sintflut. Und doch teilt uns der Bericht mit, daß er auch stockbetrunken war (1. Mose 9,20-21). Ich denke mir: *Wie war das nur möglich?* Nun, die Schrift beschreibt ihn nicht als vollkommene Person, sondern als eine reale und lebendige Person. Gerecht? Geehrt bei Gott? Durchaus. Aber er hat auch versagt, er war auch schwach und sündhaft. Was hat mir das zu sagen?

David
Von allen Persönlichkeiten der Bibel studiere ich König David wohl am liebsten. In vieler Hinsicht ist er brillant und begabt. Er ist eine absolut kompetente Persönlichkeit. Ich weiß nicht, wie es Ihnen ergeht, aber wenn ich eine Person wie ihn studiere, komme ich mir beinahe minderwertig vor. Er ist nicht nur ein großer Krieger, nicht nur ein großer Athlet, nicht nur ein großer Dichter und Musiker, sondern er ist auch ein großer Führer. Es scheint, als hätte er alles. Er ist die einzige Person in der Schrift, die von Gott als „Mann nach meinem Herzen" bezeichnet wird (1Samuel 13,14).

Doch dieser von Gott auserwählte Mann verfiel eines Tages einer Leidenschaft, als er zu Hause blieb, statt draußen auf dem Kriegsfeld bei seiner Truppe zu sein. Es genügte eine einzige Frau, um ihn zu Fall zu bringen. Was will uns der Geist Gottes sagen, wenn er diese Tragödie mit in den Bericht über Davids Leben einschließt? Welche Warnung richtet er damit an uns? Was wird dadurch über unser menschliches Wesen deutlich gemacht?

Petrus
Wenn die meisten von uns Petrus mögen, dann deshalb, weil er uns so oft an uns selbst erinnert. Immer, wenn wir ihn gerade abschreiben wollen, geht uns auf: „Na, so was! Er sagt oder tut genau das, was ich auch sagen oder tun würde." Er ist z. B. bereit, hundert Mann ganz alleine anzugreifen, um seinen Herrn zu retten (Johannes 18,10). Doch als eine unbedeutende Magd zu ihm kommt und ihn fragt: „Bist du nicht auch einer von seinen Jüngern?", kann er nur entgegnen: „Was, ich?"

„Ich weiß, daß du einer von ihnen bist", sagt sie.

„Laß mich doch in Ruhe!" antwortet er ihr. „Ich weiß gar nicht, wovon du überhaupt sprichst."

Schließlich sagt sie auch noch: „Ich erkenne dich an deinem Akzent. Du hast einen galiläischen Akzent. Du bist einer seiner Jünger, nicht wahr?"

23. Dinge, die lebensnah sind

Und Petrus beginnt, sich zu verwünschen und zu schwören: „Ich kenne diesen Menschen nicht."

Wenn wir zurückblicken auf das, was geschehen ist, wundern wir uns: Wer sagt das alles? Nun, es ist derselbe Mann, der zu Jesus sagte: „Du kannst auf mich zählen!" Aber im Augenblick der Krise hat er versagt - genauso wie Sie und ich wohl auch versagt hätten. Auch Petrus war nur ein Mensch.

Johannes Markus
Johannes Markus ist einer dieser Charaktere, die man leicht übersehen kann, weil so wenig über ihn mitgeteilt wird. Er geht mit Paulus und Barnabas auf die erste Missionsreise. Sie segeln von der Küste Palästinas nach Zypern und gelangen schließlich nach Kleinasien. Und sobald sie das Festland erreichen, kehrt Johannes Markus nach Hause zurück (Apg 13,13).

Später beschließen Paulus und Barnabas, eine weitere Reise zu machen, und Barnabas schlägt vor, Johannes Markus wieder mitzunehmen. Paulus sagt jedoch: „Auf keinen Fall. Wir nehmen ihn nicht mit. Er hat das letzte Mal versagt, und ich will dasselbe nicht noch einmal riskieren." Der Text sagt uns, daß ihre Meinungsverschiedenheit darüber so groß war (beschönigen Sie es nicht!), daß sie sich getrennt haben (Apg 15,36-39).

Gegen Ende seines Lebens schreibt Paulus dann aber: „Nimm Markus und bringe ihn mit dir, denn er ist mir nützlich zum Dienst" (2. Timotheus 4,11). Wie in aller Welt ist Johannes Markus auf einmal nützlich geworden? Bestimmt nicht durch Paulus. Nein, es war Barnabas, der ihn unter seine Fittiche nahm, ihn förderte und zu einer Persönlichkeit machte, die Gott gebrauchen konnte.

Es liegt ein hohes Maß an Glaubwürdigkeit in den Berichten über all diese Menschen. Sie ist aber leicht zu übersehen, wenn Ihre Augen nicht auf Dinge achten, die einen Bezug zum wirklichen Leben haben. Wenn Sie das Wort Gottes studieren, sehen Sie zu, daß Sie es mit dem wirklichen Leben in Verbindung bringen. Dann werden Sie entdecken, daß die Menschen in den Berichten der Bibel gerade so sind wie Sie und ich. Sie sind aus demselben menschlichen Holz geschnitzt.

178   **Schritt 1: Beobachtung**

Dinge, auf die Sie achten sollten

In diesem Bild sind Dinge versteckt, die lebensnah sind. Wie viele davon können Sie entdecken? (Antworten auf Seite 189)

Hier also sind sie: sechs Fingerzeige, auf die Sie achten sollten, wenn Sie Ihre Bibel aufschlagen.

1. Welche Dinge werden betont? (Daumen)
2. Welche Dinge werden wiederholt? (Zeigefinger)
3. Welche Dinge sind miteinander verbunden? (Mittelfinger)
4. Welche Dinge sind ähnlich? (Ringfinger)
5. Welche Dinge sind verschieden? (Kleiner Finger)
6. Welche Dinge sind lebensnah? (Handfläche)

23. Dinge, die lebensnah sind

Gibt es einen biblischen Präzedenzfall, der uns berechtigt, diese Fragen zu stellen? Ich glaube schon. Betrachten Sie dazu Sprüche 20,12. Es ist die offensichtlichste „audivisuelle" Stelle in der Bibel. „Das hörende Ohr (audi) und das sehende Auge (visuell), der HERR hat sie alle beide gemacht."

Ihre Aufgabe ist also klar: Lernen Sie, zu hören und zu sehen.

24

VERSCHAFFE DIR EINEN GESAMTEINDRUCK

In diesem Kapitel werden wir auf eine höhere Ebene in der Schule der *Beobachtung* gelangen. Wir haben mit einem einzelnen Vers begonnen, Apostelgeschichte 1,8. Das war leicht. Dann sind wir weitergegangen zu einem Absatz, Nehemia 1,4-11, wo wir eine Reihe von Versen untersucht haben, die sich um ein gemeinsames Thema drehten, das Gebet Nehemias.

Jetzt werden wir das betrachten, was wir als Abschnitt bezeichnen, eine Reihe von Absätzen, die durch ein gemeinsames Thema miteinander verbunden sind. Zunächst werde ich einen Abschnitt überfliegen, um Ihnen zu zeigen, wie *Beobachtung* auf dieser Ebene funktioniert. Dann werde ich einige spezielle Vorschläge machen, um Ihnen zu helfen, biblische Abschnitte selbständig zu beobachten.

Beginnen Sie mit einem Überblick

Der Abschnitt, den wir betrachten wollen, ist Markus 4 - 5. Schlagen Sie ruhig Ihre Bibel auf, denn dieser Text ist zu umfangreich, um ihn hier abzudrucken. Nehmen Sie sich einige Minuten Zeit, um diese zwei Kapitel zu lesen, bevor Sie weitergehen.

Zwei Abschnitte

Eigentlich haben wir in diesem Teil zwei Abschnitte vor uns. Markus 4,1-35 enthält das, was ich als Gleichnisabschnitt bezeichnen möchte. Beachten Sie, daß Kapitel 4 damit beginnt, wie Jesus am See von Galiläa lehrte. Vers 2 sagt uns: „Und er lehrte sie vieles in Gleichnissen." Dies ist also eine Lehrsituation, und Gleichnisse sind vorrangige Verständigungsmittel. In der Tat lesen wir in den Versen 33-34:

> „Und in vielen solchen Gleichnissen redete er zu ihnen das Wort, wie sie es zu hören vermochten. Ohne Gleichnis aber redete er nicht zu ihnen; aber seinen Jüngern erklärte er alles besonders."

24. Verschaffe dir einen Gesamteindruck

Beginnend mit 4,35 und bis 5,43 haben wir dann den Wunderabschnitt. Er enthält eine Aneinanderreihung von vier Wundern: das Wunder der Sturmstillung (4,35-41), die Befreiung des Besessenen (5,1-20), die Heilung der Frau mit dem Blutfluß (5,25-34) und die Auferweckung der Tochter des Jairus (5,21-24.35-43). Was können wir über die Reihenfolge sagen, in der Markus über diese Ereignisse berichtet? Beachten Sie, daß sie auf einen Höhepunkt zusteuern.

Schauen Sie sich nun die Gleichnisse an. Welcher Schlüsselsatz wird mehrmals wiederholt? „Wer Ohren hat zu hören, der höre" (4,9.23). Ich erinnere mich noch daran, als mir dieser Satz zum ersten Mal auffiel. Ich dachte: *Was in aller Welt hat das zu bedeuten?* Nun, was sollte man denn sonst mit seinen Ohren tun? Seit damals habe ich entdeckt, daß die Leute alles Mögliche mit ihren Ohren anstellen - Ohrringe dranhängen, Ohrenschmalz herauspulen, alles - nur Hören nicht.

Ich überlasse es Ihnen, diesen ersten Teil selbst genauer zu untersuchen.

Erstellen Sie eine Tabelle

Nachdem Jesus gelehrt hatte, begann er zu prüfen. Ist Ihnen klar, welch ein guter Lehrer er war? Er hielt Prüfungen ab. Nicht solche, die wir heute in Schulen einsetzen, um festzustellen, wieviel ein Schüler in seinen Kopf hineinbekommt, um es dann bei der Prüfung wieder herauszulassen. Wenn Jesus einen Test ansetzte, dann prüfte er auf einem realen Hintergrund, auf der Ebene der Lebenserfahrung. Wir können also festhalten, daß die ersten vierunddreißig Verse aus Kapitel 4 der Lehrvortrag sind; danach geht es weiter ins Labor. Jesus wußte, daß man den Glauben nicht durch einen Vortrag erlernen kann, sondern nur in der Laborwerkstatt des Lebens.

Ich möchte mich auf die vier Wunder konzentrieren, und zwar auf eine ungewöhnliche Weise. Sie werden eine Menge Entdeckungen beim Bibelstudium in der Phase der Beobachtung machen. Aber dies wirft eine Frage auf: Wie kann man den vielen Stoff so anordnen, damit man später sinnvoll davon Gebrauch machen kann? Ich empfehle eine Vorgehensweise, die als *Rastertabelle* bezeichnet wird und auf der nächsten Seite zu sehen ist. Wenn wir so viele Absätze und so viel Stoff haben wie hier, dann kann ein Tabellenraster sehr hilfreich sein, um Stoff übersichtlich zusammenzufassen.

Ich habe die vier Wunder in der linken Spalte aufgeführt. Wir wollen sie in bezug auf fünf Gesichtspunkte, die in der obersten Reihe aufgeführt sind, miteinander vergleichen: In welchem Bereich geschah das Wunder? Welche Personen waren an dem Geschehen beteiligt? Welche Mittel gebrauchte Christus, um das Wunder zu tun? Was war das Ergebnis? Und schließlich - die wichtigste Frage im Blick auf das Kapitel mit den Gleichnissen: Welche Rolle spielte der Glaube?

Markus 4,35 - 5,42

Wunder	Bereich	Menschen	Mittel	Folgen	Glaube
Sturm-Stillung					
Besessener					
blut-flüssige Frau					
Tochter des Jairus					

Der Bereich

Beginnen wir mit der Stillung des Sturms (4,35-41).

Offensichtlich betraf dieses Wunder vorrangig den physischen Bereich. Wir können das also in die Tabelle eintragen. Sie sind draußen auf dem See, als ein gewaltiger Sturm aufkommt und Jesus diesen Sturm stillt.

Was ist mit dem Besessenen? Das ist schon ein bißchen schwieriger. Es ist gar keine Frage, daß er von einem Dämon besessen war. Ein Problem, das mehr im geistlichen Bereich liegt. Ich glaube aber, daß die meisten sagen würden, daß er als Folge davon geistesgestört war, und das wiederum ist ein psychologisches Problem.

Was ist mit der blutflüssigen Frau? Sie hatte offensichtlich ein physisches Problem. Aber nach zwölf Jahren auf der Suche nach jemandem, der ihr helfen konnte, gab es wahrscheinlich auch ein paar emotionale Bedürfnisse bei dieser Frau.

Und die Auferweckung der Tochter des Jairus? Dieses Wunder schließt alle drei Bereiche mit ein - physisch, emotional und geistlich. Diese Beobachtung ist sehr wichtig. Deshalb steht dieses Wunder am Schluß des ganzen Abschnitts.

24. Verschaffe dir einen Gesamteindruck

Natürlich könnte jemand über die Stillung des Sturms sagen: „Nun, das war nur ein ungewöhnlicher Zufall." Jemand anders könnte über den Besessenen zu dem Schluß kommen: „Er lebte zu einer Zeit, in der es noch keine psychiatrische Hilfe gab. Wenn er heute lebte, könnten wir sein Problem schon lösen." Ebenso könnte jemand von der Frau behaupten: „Sie brauchte eigentlich nur einen guten Gynäkologen." Aber was sagen Sie zur Auferweckung der Tochter des Jairus? Wer könnte dieses Problem heute lösen? Ich finde niemanden auf der Welt, dem es gelänge, Tote aufzuwecken.

Die Wunder steuern also auf einen Höhepunkt zu: Jesus hat nicht nur die Macht über das Geistige, Seelische und Körperliche, er hat auch Macht über den Tod.

Die Menschen
Gehen wir weiter zu den Menschen, die an dem Geschehen beteiligt sind. Beachten Sie, wer die Stillung des Sturms miterlebte - die Jünger. Einige von ihnen waren Fischer. Es ist sehr wichtig, den Zusammenhang zwischen dem Bereich des Wunders und den beteiligten Personen zu beachten. Dies sind keine Professoren und Seminaristen, die vor Angst zittern, sobald das Schiff anfängt zu schwanken. Es waren professionelle Fischer. Sie waren auf diesem See zu Hause und hatten schon manchen Sturm überstanden.

In der Gegend von Galiläa gibt es Winde, die vom Westen in das Tal herunterfegen, was wie ein Trichter funktioniert. Der See liegt 210 m unter dem Meeresspiegel, es entstehen also gewaltige Abwinde. Dieses Phänomen ist heute noch zu beobachten. Als ich das letzte Mal den See von Galiläa besuchte, konnte ich beobachten, wie in weniger als zehn Minuten ein heftiger Sturm aufkam.

Diese Männer hatten also ihr ganzes Leben lang mit Stürmen zu tun gehabt, aber noch mit keinem wie diesem.

Beachten Sie, wer ebenfalls noch anwesend war: Jesus - und zwar fest eingeschlafen.

Richten wir unsere Aufmerksamkeit jetzt auf den Besessenen. Sicher, der Herr war daran beteiligt. Im Mittelpunkt steht aber offensichtlich dieser Mann. Er hat eine interessante Lebensgeschichte. Andere Menschen haben andauernd versucht, sein Problem zu lösen, jedoch ohne Erfolg.

Dann ist dort eine weitere Gruppe - die Menschen aus der Stadt. Sie faszinieren mich. Hier ist ein bedauernswerter, von Dämonen besessener Mann, und jeder kennt ihn. „Paßt auf ihn auf!" schreien sie. „Bindet ihn mit Ketten! Haltet ihn von anständiger Gesellschaft fern!" Dann wird er eines Tages geheilt, und man sollte doch annehmen, daß nun jeder sagt: „Wunderbar! Was für eine Geschichte! Die müssen wir unbedingt in die Zeitung bringen."

Aber die Menschen aus der Stadt sind alles andere als begeistert - insbesondere als sie feststellen, daß die Dämonen in ihre Schweine gefahren sind, was eine panische Flucht unter den Schweinen ausgelöst hat, so daß sie sich über die Klippen gestürzt haben und allesamt im See ertrunken sind. Ihre gesamte Kapitalanlage ist damit verlorengegangen. Wie wütend sie darüber sind! Sie interessieren sich mehr für ihren eigenen wirtschaftlichen Vorteil als für die Heilung eines Mitmenschen.

Markus 4,35 - 5,42

Wunder	Bereich	Menschen	Mittel	Folgen	Glaube
Sturm-Stillung	körperlich	Jünger Jesus			
Besessener	geistig	Jesus Mann Stadtbewohner			
blutflüssige Frau	körperlich/emotional	Jesus Frau Jünger			
Tochter des Jairus	körperlich/emotional/geistlich	Jesus Jairus Tochter Jünger Klageweiber			

Was ist mit der blutflüssigen Frau? Wir haben uns mit ihr in Kapitel 22 schon beschäftigt. Hier spielen die Jünger eine sehr wichtige Rolle. Sie beschreiben die Atmosphäre in Vers 31: „Du siehst, daß die Volksmenge dich drängt, und du sprichst: 'Wer hat mich angerührt?'" Mit anderen Worten: „Wie in aller Welt sollen wir wissen, wer dich angerührt hat?" Natürlich geht es auch um die Frau. Der Text sagt uns, daß sie seit zwölf Jahren krank war. Das ist eine sehr lange Zeit. Es macht deutlich, daß ein ernstzunehmendes Problem vorliegt. Und auch Jesus ist dort.

Gehen wir weiter zur Tochter des Jairus. Wir begegnen Jairus, seiner Tochter und der Mutter. Da ist Christus, der Petrus, Jakobus und Johannes mitnimmt. Das ist sehr lehrreich. Es sind auch professionelle Klagefrauen da. Jesus erscheint und gibt eine Erklärung ab: „Das Kind ist nicht gestorben, sondern es schläft." Und sie brechen in lautes Gelächter aus. Es ist wahrscheinlich das erste Mal, daß sie bei einer Beerdigung gelacht haben.

Die Mittel
Schauen wir uns nun die Mittel an, die Jesus bei jedem seiner Wunder verwendet. Es gibt einige überraschende Dinge, die hier stattfinden. Beim Sturm spricht er einfach nur. „Schweige, verstumme!" sagt Jesus. Oder es kann auch übersetzt werden mit: „Halt an!" Der Sturm legt sich. Der See wird still.

Auch mit dem Besessenen spricht er einfach nur.

Für die Frau braucht er nicht einmal Worte. Er heilt sie durch Berührung; eigentlich berührt sie ihn.

Und in der Angelegenheit des Jairus handelt er in Verbindung mit Berührung und Worten. Er nimmt das kleine Mädchen bei der Hand und ruft es beim Namen.

Die Folgen
Wir wollen jetzt die Mittel mit den Folgen verknüpfen. Die Folge bei der Sturmstillung war „eine große Stille", so sagt uns der Text. Ich weiß nicht, ob Sie jemals einen Sturm auf See erlebt haben. Jeder Fischer und Seeman weiß aber, daß die See nicht deshalb ruhig wird, nur weil ein Sturm aufhört. Sie bleibt noch lange in heftiger Bewegung, manchmal tagelang. Aber dies war ein Wunder, und es trat sofortige Stille ein.

Bei dem Besessenen fahren die Dämonen aus, und der Mann kehrt zur Normalität zurück. Eigentlich sagt uns der Text, daß man ihn „bekleidet und vernünftig" fand. Das war vor dem Wunder nicht der Fall.

Für die blutflüssige Frau war die Folge der Berührung Jesu die sofortige Heilung. Das ist wesentlich, denn ihr Problem dauerte nun schon zwölf Jahre. Es dauerte jedoch keine zwölf Tage, ja nicht einmal zwölf Minuten, bis sie wiederhergestellt war.

Schließlich noch die Tochter des Jairus. Sie steht sofort auf, was auf eine augenblickliche Wiederherstellung hindeutet. Sie fängt sofort an zu laufen, und sie nimmt unverzüglich Nahrung zu sich.

Glauben
Der Glaube ist ein wesentlicher Bestandteil bei jedem dieser Wunder. Im Sturm verlieren die Jünger allen Glauben. Sie sind zu Tode geängstigt. Sogar nachdem Jesus alles beruhigt hat, sind sie noch ängstlich. Sie haben keinen Glauben, sondern sind voller Furcht.

Und doch haben die Jünger gerade eben, im ersten Teil des 4. Kapitels, den Ausführungen Jesu zugehört. Sie saßen zu Füßen des größten Lehrers aller Zeiten. Aber als sie in die Prüfung auf dem See kommen, erhalten sie ihre

Hefte mit einem klaren „ungenügend" zurück. Sie sind durchgefallen. Jesus fragt sie knallhart: „Wie, von allen Menschen habt ausgerechnet ihr keinen Glauben?" (Vers 40).

Bei dem Besessenen beginnt sein Glaube mit der Erkenntnis Jesu. Er begegnet der richtigen Person. Und er will ihm nachfolgen - ein klarer Beweis für seine Hingabe. Doch Jesus sagt ihm: „Nein, du mußt nach Hause gehen und dort ein Zeugnis sein."

Markus 4,35 - 5,42

Wunder	Bereich	Menschen	Mittel	Folgen	Glaube
Sturm-Stillung	körperlich	Jünger Jesus	Worte	eine große Stille	kein Glaube/ nur Furcht
Besessener	geistig	Jesus Mann Stadtbewohner	Worte	Normalität sitzend/ bekleidet/ vernünftig	Wunsch zur Nachfolge
blutflüssige Frau	körperlich/ emotional	Jesus Frau Jünger	Berührung	sofortige Heilung	Ihr Glaube hat sie geheilt
Tochter des Jairus	körperlich/ emotional/ geistlich	Jesus Jairus Tochter Jünger Klageweiber	Berührung Worte	steht auf geht umher ißt	großer Glaube

Die Frau ist vielleicht der Star dieses ganzen Abschnitts, was den Glauben angeht. Sie ergreift die Initiative auf Grund von allem, was sie über Jesus gehört hat. Und Jesus bestätigt, daß ihr Glaube sie geheilt hat. Das ist beeindruckend.

Jairus zeigt seinen Glauben an Christus in zweierlei Hinsicht. Zunächst kommt er zu Jesus und sagt: „Mein Töchterchen liegt in den letzten Zügen." Das ist ein Anfang. Aber dann eilen seine Freunde herbei und berichten ihm, daß seine kleine Tochter gestorben ist. Können Sie sich vorstellen, was da in ihm vorging? Solange noch Leben da war, gab es Hoffnung. Aber ich bin sicher, sobald sie einmal tot war, wollte er gewiß aufgeben. Er muß am Boden zerstört gewesen sein.

24. Verschaffe dir einen Gesamteindruck

Aber Jesus sagt: „Nein, glaube weiter." Und er tut es. Er richtet sich nicht nur im Glauben mit seiner Bitte an Jesus, sondern er hält auch bis zum Schluß an seinem Glauben fest. Und jetzt raten Sie mal, wer das alles mitbekommt. Die Jünger! Erinnern Sie sich, das waren die, die ohne Glauben waren. Sie sind mit dabei und sehen diesen Mann, der eigentlich keinen Grund mehr hat zu hoffen. Er war bei den Vorträgen nicht dabei. Trotzdem beweist er großen Glauben, weil der Herr ihm gesagt hat: „Halte durch. Vertraue mir. Folge mir." Und er tut es.

Wie die Tabelle zu verwenden ist

Schauen Sie sich die Tabelle genau an. Wir haben eine erstaunliche Menge an Stoff, aber er ist so zusammengefaßt, daß wir alles leicht überschauen können. Wir können die Tabelle auf zweierlei Weise studieren. Erstens können wir sie Schritt für Schritt durchgehen, indem wir von links nach rechts über die Tabelle gehen. Das heißt, wir nehmen jedes der Wunder und werten es aus unter den Gesichtspunkten des Bereichs, der Menschen, der Mittel, der Folgen und dem Maß des Glaubens.

Andererseits können wir vergleichend vorgehen, indem wir von oben nach unten durch die Tabelle gehen. Zum Beispiel: Welchen Glauben hatten die Jünger? Welchen Glauben hatte der Besessene? Welchen Glauben hatte die Frau? Und schließlich: Welchen Glauben hatte Jairus?

Der Wert einer solchen Tabelle wie dieser ist unermeßlich, weil sie den größtmöglichen Gewinn in bezug auf Ihren Einsatz für das Bibelstudium bedeutet. Immer wenn Sie sich neu mit dieser Stelle beschäftigen, können Sie einfach Ihre Tabelle herausholen und schnell überblicken, worum es in diesem Abschnitt geht. Sie müssen nicht jedesmal wieder ganz von vorne anfangen. Sie brauchen sich nicht auf Ihr Gedächtnis zu verlassen. Tatsächlich ist eine Tabelle so wertvoll für das Beobachten, daß wir sie im nächsten Kapitel noch genauer betrachten werden.

Wie man einen Abschnitt studiert

Ich möchte einige Vorschläge vorwegschicken, wie Sie das meiste aus einem Abschnitt der Schrift herausholen können.

1. Lesen Sie den ganzen Abschnitt. Versuche Sie, ihn zwei- oder dreimal zu lesen, wenn möglich in verschiedenen Übersetzungen.
2. Ermitteln Sie die Absätze, und versehen Sie jeden mit einer Überschrift. In dem Abschnitt, den wir oben betrachteten, habe ich den vier Wundern die

Titel gegeben, die in der linken Spalte der Tabelle stehen. Denken Sie daran, daß ein Absatz die grundlegende Einheit des Bibelstudiums ist. Es ist wichtig, den Hauptgedanken oder das Thema jedes Absatzes zu ermitteln und es in ein oder zwei Worten zusammenzufassen.

3. Bewerten Sie jeden Absatz im Lichte der anderen Absätze. Verwenden Sie die sechs Hinweise, die ich Ihnen gegeben habe, und achten Sie auf Beziehungen im Text. In der obenstehenden Tabelle habe ich die vier Wunder in bezug auf den Bereich, die Menschen, die Mittel, die Folgen und das Maß des Glaubens miteinander verglichen.
4. Beurteilen Sie, welchen Bezug der Abschnitt als Ganzes zum Rest des Buches hat. Verwenden Sie dabei die gleichen Prinzipien (Dinge, die betont, wiederholt ... werden usw.).
5. Versuchen Sie, den Hauptzweck des Abschnitts zu formulieren. Versuchen Sie, ihn in einem Wort oder in einem kurzen Satz zusammenzufassen. Markus 4 - 5 würde ich z. B. „Vorträge über den Glauben und die Laborwerkstatt des Glaubens" nennen.
6. Erstellen Sie eine Liste von Beobachtungen über den Abschnitt. Noch besser wäre es, wenn Sie Ihre Beobachtungen in Ihre Bibel hineinschreiben würden und dabei kurze und beschreibende Wörter verwenden.
7. Studieren Sie die Personen und Orte, die erwähnt werden. Achten Sie darauf, ob Sie etwas über sie in Erfahrung bringen können, das auf den Abschnitt als Ganzes ein Licht wirft.
8. Erstellen Sie eine Liste aller Fragen, die unbeantwortet geblieben sind, und aller Probleme, die Sie nicht lösen konnten. Dies wird Ihnen Möglichkeiten für weitere Untersuchungen eröffnen.
9. Fragen Sie sich: Habe ich in diesem Abschnitt etwas erkannt, das eine Herausforderung in bezug auf meinen Lebensstil bedeutet? Welche praktischen Fragen spricht diese Stelle an? Was muß sich bei mir ändern, wenn ich Konsequenzen aus meinem Studium ziehen will? Wofür sollte ich beten als Folge von dem, was ich gelernt habe?
10. Teilen Sie die Ergebnisse Ihres Studiums anderen mit.

24. Verschaffe dir einen Gesamteindruck

Versuchen Sie es selbst

Nachdem ich Ihnen gezeigt habe, wie Sie einen Abschnitt betrachten können, habe ich jetzt eine Stelle, mit der Sie es selber versuchen sollen. Es ist das Gleichnis vom vierfachen Acker in Matthäus 13,1-23. Hier ist eine Tabelle, die Ihnen als Starthilfe dienen soll. Sie untersucht anhand von vier Fragen jede der vier Arten des Ackerbodens: Wie beschreibt Jesus den Ackerboden? Welche Art des Wachstums liegt jeweils vor? Was waren die Hindernisse für das Wachstum? Was war das Ergebnis oder die Folge des Säens?

Boden	Beschaffenheit	Wachstum	Hindernisse	Ergebnis

Lösung zum Bild auf Seite 178: Eisbecher, Schlittschuh, Auge, Schlüssel, Kamm, Brille, Löffel, Buch, Horn, Schmetterling, Fisch, Telefon, Erdnuß, Hammer.

25

FASSE DEINE BEOBACHTUNGEN ZUSAMMEN

Eine der faszinierendsten Geschichten des letzten Jahrzehnts ist das Erscheinen von „USA-Today". Es bleibt abzuwarten, ob diese Zeitung ein finanzieller Erfolg wird, aber sie ist ohne Frage in konzeptioneller Hinsicht schon jetzt ein Erfolg. Die Leser scheinen die Art und Weise der Zusammenstellung von Nachrichten, die schnell lesbar sind, zu mögen. Und einfache, bunte Grafiken sind eines der wesentlichen Mittel, um dies zu erreichen. Wie auch immer die Zukunft von „USA-Today" aussehen wird, sie hat schon jetzt die Aufmachung des Mediums Zeitung in den Vereinigten Staaten für immer verändert.

Man kann daraus für das Studium der Schrift eine Lehre ziehen. Bibelstudium bedeutet Information „total". Wenn Sie die Aufgabe der Beobachtung so erledigen, wie ich es Ihnen in den vorhergehenden Kapiteln beschrieben habe, werden Sie mehr Informationen erhalten, als Sie bearbeiten können. Und das ist ein Problem, denn was helfen Ihnen Informationen, wenn Sie keinen Nutzen daraus ziehen können? Eine Lösung besteht in der Strategie des „USA-Today": Zeige es, statt es zu sagen! Fassen Sie Ihre Beobachtungen in einer Tabelle zusammen.

Der Wert von Tabellen

Eine Tabelle ist für den Bibelstudenten das, was einen Karte für den Seemann ist. Sie hilft ihm (oder ihr), die Meere der Wörter, Seiten, Bücher, Ideen, Charaktere, Ereignisse und anderer Informationen zu durchfahren. Ohne eine Karte oder ein ähnliches Werkzeug läuft man Gefahr, an den Klippen der geistigen Überbelastung zu zerschellen. Es gibt zu viele Details, die man im Auge behalten muß.

Aber eine gute Landkarte kann Sie in mehrerer Hinsicht auf Kurs halten. Erstens nutzt sie die Kraft des Bildes. Dies ist besonders in unserer heutigen Kultur hilfreich. Wie ich bereits in einem früheren Kapitel erwähnt habe, leben wir in einer visuell orientierten Gesellschaft. Wir ziehen Bilder dem Text vor.

Tabellen machen sich diese Neigung zunutze. Sie zeigen die Verbindung zwischen Versen, Absätzen, Abschnitten und sogar ganzen Büchern auf. Wenn Sie eine Tabelle verwenden, können Sie den Zweck und die Struktur eines Schriftabschnitts auf einen Blick erfassen.

Eine gut konstruierte Tabelle kann man auch viel leichter behalten. Dies hängt wieder größtenteils mit ihrer visuellen Wirkung zusammen. Nehmen wir z. B. an, Sie hätten nie die Namen der biblischen Bücher auswendig gelernt. Wenn ich Ihnen eine Liste darüber geben würde, würden Sie wahrscheinlich einige Zeit brauchen, um diese Liste perfekt auswendig zu lernen. Wenn ich Ihnen aber eine Tabelle zeigen würde, in der die Bücher nach Kategorien geordnet sind, könnten Sie ihre Namen wahrscheinlich viel schneller auswendig lernen (Vgl. Seite 36). Das liegt einfach daran, daß Ihnen eine Tabelle visuelle Anhaltspunkte gibt.

Ein letzter Vorzug, der erwähnenswert ist, liegt darin, daß eine Tabelle Ihre Beobachtungen illustrieren kann. Ich habe z. B. sechs Hinweise erwähnt, auf die Sie achten sollten: Dinge, die betont werden, Dinge, die wiederholt werden, Dinge, die verbunden sind usw. Eine Tabelle kann die Beobachtungen zeigen. Sie kann Einzelheiten im Lichte des Ganzen illustrieren. Sie kann wichtige Gedanken oder Charakterzüge hervorheben. Sie kann Unterschiede zeigen und Vergleiche ziehen. Sie kann auf Schlüsselbegriffe und -sätze aufmerksam machen. Am wichtigsten aber ist, daß sie die Struktur in großen Zügen darstellen kann, was in bezug auf die Absicht des Autors von entscheidender Bedeutung ist.

Die Kunst der Tabelle

Die Tabelle ist ein wirklich brauchbares Werkzeug für das Bibelstudium, aber vergessen Sie nicht, daß sie nur ein Mittel zum Zweck ist. Ihr endgültiges Ziel beim Studium des Wortes Gottes ist es nicht, eine Tabelle zu erstellen, sondern eine Veränderung in Ihrer Lebensweise zu erreichen. Die Tabelle ist einfach nur eine Möglichkeit, mit den Informationen umzugehen, die Sie aus dem Text herausholen.

Ich werde zunächst die Tabellenbeispiele, die hier gezeigt sind, erläutern. Anschließend werde ich Ihnen einige Vorschläge machen, wie Sie selbst nützliche Tabellen entwickeln können.

Markus

Die erste Tabelle (nächste Seite) zeigt das Evangelium von Markus, das ganze Buch auf einen Blick und auf einem Stück Papier. Die Person, die sie gemacht hat, erkannte, daß der Schlüsselvers, der die Struktur des ganzen Buches zusammenfaßt, Kapitel 10,45 ist: „Denn auch der Sohn des Menschen ist nicht gekommen, um bedient zu werden, sondern um zu dienen und sein Leben zu geben als Lösegeld für viele."

Dies führte ihn zu der Beobachtung, daß das Buch in zwei Hauptteile gegliedert ist: die erste Hälfte beschäftigt sich mit dem Dienst Jesu, und die andere Hälfte beschäftigt sich mit seinem Opfer. Sie können sehen, wie er dies und auch weitere Beobachtungen in der Tabelle angeordnet hat, um den Inhalt und Zweck des ganzen Buches auf einen Blick zu erfassen.

Das Evangelium nach Markus

"kam, um zu dienen"		und	"gab sein Leben"	
Beginn	Dienst		Opfer	Ende
Jesus kam	Wer ist er?	Wer sagen die Leute, daß ich sei?	Wohin geht er?	Jesus wurde auferweckt
1,1-45	2,1 8,26	8,27.30	8,31 15,47	16,1-20
Seine Person		und	seine Bestimmung	

Ich mag Tabellen wie diese, weil sie einfach und überschaubar sind. Wenn wir sie auf eine volle Seite vergrößern würden, könnten wir noch alle möglichen zusätzlichen Details hinzufügen. Wir erkennen auf einen Blick, worüber Markus schreibt.

1. Petrus

Die Tabelle auf der nächsten Seite habe ich für den ersten Petrusbrief entwikkelt, das Buch, welches ich „Abhandlung für leidgeprüfte Heilige" nenne. (Der zweite Petrusbrief ist die „Abhandlung für außergewöhnliche Heilige".)

Als ich den ersten Petrusbrief studierte, stellte ich fest, daß das Buch aus

25. Fasse deine Beobachtungen zusammen

drei Hauptteilen besteht, drei Hauptgesichtspunkte werden angesprochen: die Errettung, die Unterordnung und das Leiden. Es ist interessant, darüber einmal in umgekehrter Reihenfolge nachzudenken: Leiden wird nie einen Sinn ergeben, bis man sich dem Willen des Vaters untergeordnet hat, und Unterordnung solange keinen Sinn ergeben, bis man verstanden hat, was Errettung bedeutet. Auf diese Weise entfaltet der Schreiber seine Argumentation über die fünf Kapitel des Buches hinweg.

1. Petrus
Abhandlung für leidgeprüfte Heilige
Wie man standhält und nicht zusammenfällt

Errettung	Unterordnung	Leiden
Vorrechte der Errettung 1,2-12	im Staat 2,13-17; bürgerlich	als Bürger 3,13 - 4,6
Ergebnisse der Errettung 1,13-25	im persönlichen Umfeld 2,18-25; sozial	als Heiliger 4,7-19
Verlauf der Errettung 2,1-10	in der Familie 3,1-7; häuslich	als Hirte 5,1-7
		als Streiter 5,8-11
Lehre ist dynamisch!	Der Lebensstil des Christen!	Das Werkzeug, um die Seele zu formen!
1,3 2,10	2,11 3,12	3,13 5,11
Die Bestimmung des Christen	Die Pflicht des Christen	Die Disziplin des Christen

Maleachi
Das nächste Beispiel zeigt eine Tabelle über das Buch Maleachi. Ich habe dieses Buch das „Klagelied der verwundeten Liebe" genannt. Möchten Sie ein Buch des Alten Testaments studieren? Hier ist eins. Erinnern Sie sich, wie wir über die Frage-und-Antwort-Methode gesprochen haben? Nun, Maleachi war der Prophet mit dem Fragezeichen über dem Kopf. Immer wieder stellt er die Frage: „Wer, ich?"

Sehen Sie, durch den Propheten Maleachi weist Gott die Nation Israel wegen ihrer Sünden zurecht. Und jedesmal, wenn er das tut, erwidert das Volk: „Beweise es uns." Es verhält sich wie ein kleines Kind mit der Hand in der Keksdose und Krümeln auf dem Hemd. Seine Mutter sagt zu ihm: „Junge, ich habe dir doch verboten, von den Keksen zu nehmen." Und der Junge erwidert: „Welche Kekse?"

Das ist genau die Haltung, die Sie auch in diesem Buch finden.

Maleachi
"Klagelied der verwundeten Liebe"

Einführung	Tadel	Warnung	Appell	Schluß
			Erwiderung	
	Priester	Anklage	3,7-18	
Einführung	1,6 - 2,9	2,17		Schluß
1,1-5				4,4-6
	Volk	Ankündigung	Grund	
	2,10-16	2,17 3,6	3,7 4,3	
	1,6 2,16	2,17 3,6	3,7 4,3	

Lukas
Solche Tabellen sind jedoch keineswegs nur schön anzusehende Endergebnisse Ihres Studiums. Sie sind vielmehr wirkungsvolle Hilfsmittel für eine genaue Untersuchung des Textes.

Hier ist z. B. ein Überblick des Lukasevangeliums, der uns das deutlich macht, was ich das „Gesetz der Größenverhältnisse" nenne. Wir haben bereits darauf hingewiesen, auf Dinge zu achten, die durch den Umfang, der ihnen eingeräumt wird, betont sind. Das Gesetz der Größenverhältnisse besagt, daß die Bedeutung dessen, was der Autor sagen will, in direktem Zusammenhang steht zu der Menge an Platz, die er dafür aufwendet. Eine Tabelle wie diese macht dieses Prinzip deutlich.

25. Fasse deine Beobachtungen zusammen

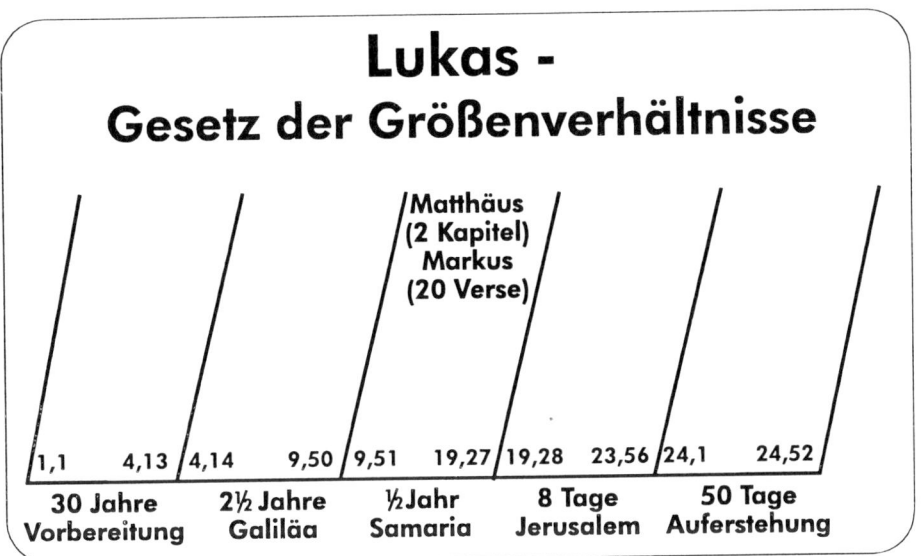

Epheser

Schauen Sie sich die nächste Tabelle an. Ich habe im vorherigen Kapitel schon ein Tabellenraster in Form eines Gitternetzes benutzt, um Markus 4 - 5 zu untersuchen.

Gehen wir davon aus, daß ich gerade den Epheserbrief betrachtet und dabei bemerkt habe, daß vier Themen immer wieder vorkommen: die Gnade Gottes, die Tätigkeit Satans, der „Wandel" oder Lebensstil des Gläubigen und das Gebet. Nun muß ich fragen: Besteht irgendein Zusammenhang zwischen diesen Themen? Wird eines gegenüber den anderen hervorgehoben? In welchem Zusammenhang stehen sie zum Inhalt und zur Struktur des ganzen Briefes?

Eine Gitternetztabelle kann mir dabei helfen, diese vier Themen durch den ganzen Brief hindurch zu verfolgen, so daß ich die Zusammenhänge erkennen kann, wenn ich schließlich fertig bin.

Schritt 1: Beobachtung

Epheser

Gnade						
Satan						
Wandel						
Gebet						

Liebe

Die letzte Tabelle auf Seite 197 unterscheidet sich von den anderen. Sie faßt ein thematisches Studium über Liebe zusammen. Thematische Studien sind faszinierend, weil sie ein Thema behandeln, das an vielen verschiedenen Stellen angesprochen wird, und dann die Bezüge der einzelnen Ergebnisse untereinander herstellen. Hier macht das Studium deutlich, daß zwei Schlüsselstellen im Matthäusevangelium zentrale Bedeutung in bezug auf das Thema Liebe haben. Eine liefert ein Beispiel für die Liebe Gottes, und die andere beschreibt, was es praktisch bedeutet, andere zu lieben wie sich selbst. Beachten Sie auch, daß 1. Korinther 13, das Hohelied der Liebe, in engem Bezug dazu steht.

Das Studium deckt auch auf, daß es drei Bereiche gibt, in denen die Liebe tätig werden soll - Gott lieben, sich selbst lieben und andere lieben. In allen drei Fällen wird eine geoffenbarte Wahrheit und eine mögliche Reaktion darauf herausgestellt.

Es gibt sicher auch andere Möglichkeiten, diesen Sachverhalt darzustellen und die Beziehung der einzelnen Aspekte untereinander aufzuzeigen. Wichtig ist jedoch, daß die Tabelle für die Person, die sie erstellt hat, einen Sinn ergibt. Sie muß herausstellen, was im Text gefunden wurde. Sie ist Ihr persönliches Werkzeug, Ihr eigenes Mittel, mit dem Sie sich den Text aneignen können.

25. Fasse deine Beobachtungen zusammen

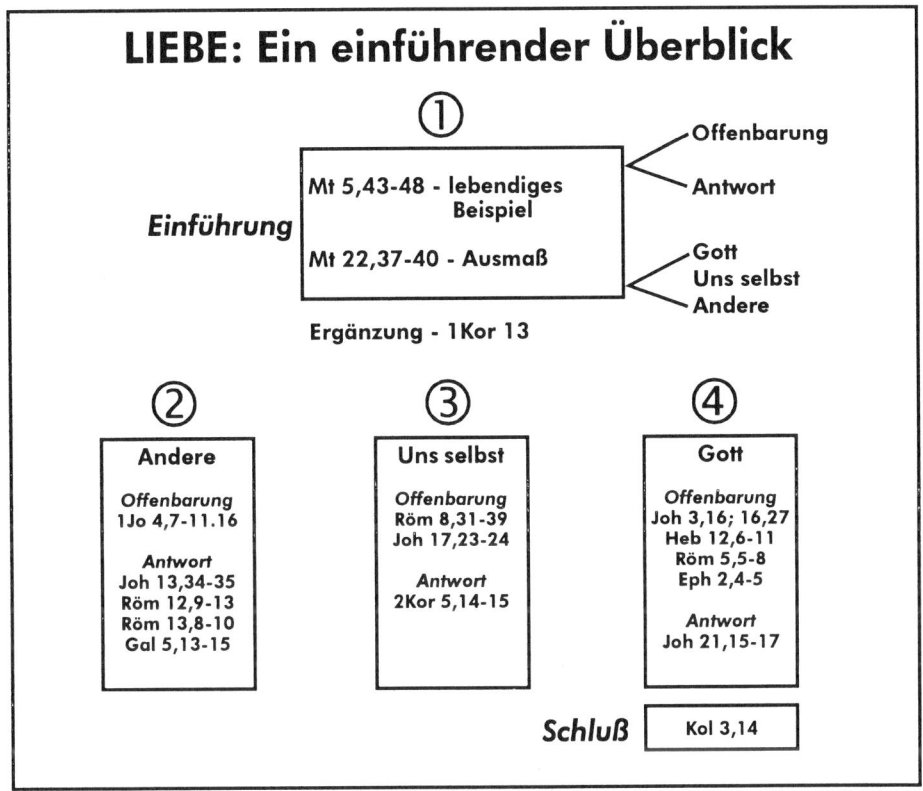

Hinweise zur Erstellung einer eigenen Tabelle

Sind Sie bereit zu versuchen, Ihre eigene Tabelle zu erstellen? Ich möchte Ihnen dazu ein paar Tips geben.

1. Wenn Sie einen Text studieren, suchen Sie nach Titeln und Überschriften, die den Inhalt angemessen wiedergeben. Seien Sie kreativ! Ich habe davon gesprochen, die Bibel lernbegierig zu lesen und sich den Text anzueignen. Verse, Absätze, Abschnitte und ganze Bücher der Bibel mit eigenen Titeln zu versehen ist eine gute Möglichkeit, dies zu erreichen. Sie helfen Ihnen, Ihre Erkenntnisse in übersichtlichen Paketen aufzubewahren.
2. Wenn Sie sich eine Tabelle gedanklich vorstellen, fragen Sie sich: Welche Zusammenhänge gibt es? Was will ich deutlich machen? Über was alles soll

diese Tabelle informieren? Was fange ich mit ihr an, wenn sie fertiggestellt ist?
3. Gestalten Sie Ihre Tabelle einfach und übersichtlich. Sie können später immer noch zusätzliche Details hinzufügen; es kommt darauf an, ein Durcheinander zu vermeiden. Welche Schlüsselgedanken, -charaktere, -themen, -verse, -begriffe und andere Fakten aus dem Text sind vorrangig zu berücksichtigen? Was ist der Hauptgedanke? Welche Struktur soll aufgezeigt werden? Welcher Sachverhalt soll auf einen Blick erkennbar sein?
4. Wenn Sie zuviel Stoff haben, um alles in einer Tabelle darzustellen, teilen Sie ihn auf mehrere Tabellen auf. Übrigens, zuviele unzusammenhängende Einzelheiten sind ein Hinweis darauf, daß Sie den Text noch nicht gründlich genug untersucht haben.
5. Seien Sie kreativ! Ich habe nur eine Handvoll von Möglichkeiten aufgezeigt. Es gibt noch Dutzende von weiteren Möglichkeiten, Zusammenhänge im Text deutlich zu machen. Lassen Sie Ihrer Phantasie freien Lauf. Zeichnen Sie Bilder oder Symbole, wenn Ihnen das eine Hilfe ist. Es ist Ihre persönliche Tabelle, lassen Sie sie also für sich arbeiten.
6. Überarbeiten und revidieren Sie Ihre Tabellen im Lichte Ihres Studiums. Keine Tabelle kann alles erfassen. Wenn Sie eine Stelle noch intensiver studieren, werden Sie wieder neue Einsichten gewinnen, die Sie dazu bringen, Ihre Tabelle zu überarbeiten oder ganz neu zu erstellen. Vergessen Sie nicht, Tabellen sind nur Mittel zum Zweck, nicht zum Selbstzweck. Sie sind hilfreich in dem Maße, wie sie darstellen, was im Bibeltext steht.

Versuchen Sie es selbst

Nachdem Sie nun einige Beispiele gesehen haben, wie man eine Tabelle erstellen kann, versuchen Sie nur, Ihre eigene Tabelle von der Apostelgeschichte zu erstellen, und berücksichtigen Sie dabei die Vorschläge, die in diesem Kapitel gemacht wurden. Bevor Sie beginnen, wiederholen Sie Kapitel 6, wo wir Apostelgeschichte 1,8 betrachtet haben. Ich habe deutlich gemacht, daß die vier Orte, die dort erwähnt werden - Jerusalem, Judäa, Samaria und das Ende der Welt - eine Inhaltsangabe des ganzen Buches darstellen. Vielleicht können Sie diese Information nutzen, um Ihren Stoff zu ordnen. Oder geben Sie Ihren eigenen Überblick an. Entwickeln Sie eine Tabelle, die den Bericht so zusammenfaßt, daß Sie möglichst schnell erfassen können, wovon dieses Buch handelt.

26

„FAKTEN SIND SO LANGE BELANGLOS, BIS ..."

Erinnern Sie sich noch an die Geschichte von Louis Agassiz und seine Methode, den Studenten beizubringen, wie man Beobachtungen an einem Fisch vornimmt? Er ließ seine Studenten tagelang mit ihrem Forschungsexemplar allein und stellte ihnen nur die eine Aufgabe: „Beobachte! Beobachte! Beobachte!"

Wenn ich allen Studenten der Schrift nur eine einzige Aufgabe geben könnte, wäre es genau diese: „Beobachte! Beobachte! Beobachte!" Göttliche Wahrheiten finden sich in der Bibel, aber die meisten bekommen es gar nicht mit, weil sie nicht danach Ausschau halten. Sie nehmen sich nicht genügend Zeit und wenden zuwenig Mühe auf, um sich die grundlegende Frage der Beobachtung: Was sehe ich? zu beantworten. Das hat zur Folge, daß sie keine richtige Grundlage haben, um zu verstehen, was Gott geoffenbart hat.

In diesem ersten Teil des Buches habe ich Ihnen eine Einführung über den Vorgang des Sehens gegeben. Wie ich schon angedeutet habe, ist Beobachtung nur der erste Schritt dieser Bibelstudienmethode. Es ist ein äußerst wichtiger Schritt, dem aber leider die meisten zu wenig Aufmerksamkeit schenken.

Wir haben gesehen, daß wir zunächst lesen lernen müssen, wenn wir richtig beobachten wollen. Wir müssen lernen, besser und schneller zu lesen, so als wäre es das erste Mal und so als wäre die Bibel ein Liebesbrief. Und wir haben zehn Strategien kennengelernt, die uns zu erstklassigen Bibellesern machen können.

Dann haben wir gelernt, wonach man in den Berichten der Bibel Ausschau halten soll. Wir haben sechs Merkmale entdeckt, die uns den Text aufschließen: Dinge, die betont werden; Dinge, die wiederholt werden; Dinge, die verbunden sind; Dinge, die ähnlich sind; Dinge, die unähnlich sind; und Dinge, die lebensnah sind.

Wir haben diese Fähigkeiten anhand drei verschiedener Arten von biblischen Texteinheiten eingeübt - einem Vers, einem Absatz und einem Abschnitt. Wir haben gesehen, daß es kaum eine Grenze in bezug auf die Vielfalt von Details gibt, die ein aufmerksamer Leser aufdecken kann. Und all dies führte uns zu tiefen Einsichten.

Schließlich haben wir uns den praktischen Nutzen von Tabellen vor Augen geführt, um die Früchte unseres Studiums zusammenzufassen. Wir sahen, daß Tabellen wirksame Mittel sind, um Sachverhalte so zu veranschaulichen, daß sie den Text verständlicher werden lassen.

Nun sollten wir weitermachen. Professor Agassiz trainierte seine Studenten darin, Fakten zu entdecken und sie in einer vernünftigen Reihenfolge anzuordnen, doch er gab sich nie damit zufrieden, es dabei zu belassen. „Tatsachen sind solange unsinnig", würde er sagen, „bis sie mit irgendeinem allgemeinen Gesetz in Verbindung gebracht werden."

Das bringt uns zum zweiten Schritt dieser Bibelstudienmethode. Nachdem wir gesehen haben, was der Text uns sagt, sind wir jetzt bereit zu fragen: Was bedeutet es? Legen wir also den zweiten Gang ein und schauen uns den zweiten Schritt dieses Verfahrens an: Auslegung.

Versuchen Sie es selbst

Einer meiner Studenten zeigte mir folgende Beobachtungsaufgabe zum Bericht über den Sündenfall in 1. Mose 3,1-7. Es ist eine ausgezeichnete Möglichkeit, alle die Fähigkeiten, die Sie in diesem ersten Teil des Buches gelernt haben, anzuwenden.

Montag
Lesen Sie 1. Mose 3,1-7 aus der Perspektive des himmlischen Vaters, der die Sünde seiner Geschöpfe vom Himmel aus miterlebt.

Dienstag
Lesen Sie den Bericht mit der Zielsetzung, den wichtigsten Vers des Absatzes herauszufinden.

Mittwoch
Lesen Sie den Text aus der Perspektive Satans, als er die Geschöpfe Gottes in Versuchung führte.

Donnerstag
Lesen Sie mit der Zielsetzung, herauszufinden, was diese Stelle zum Verständnis dessen beiträgt, was Jesus am Kreuz erduldete.

Freitag
Lesen Sie aus der Perspektive Adams und Evas, als sie sündigten. Was ging ihnen durch den Sinn?

Samstag
Lesen Sie aus der Perspektive eines Menschen, der die Bibel nicht kennt, von „Religion" keine Ahnung hat und diese Stelle zum ersten Mal liest.

26. „Fakten sind so lange belanglos, bis ..."

Der Wissenschaftler und der Floh

Ein Wissenschaftler verwendete die induktive[8] Methode, um die Eigenschaften eines Flohs zu beobachten. Er riß dem Floh ein Bein aus und befahl: „Spring!"

Unverzüglich sprang der Floh.

Er riß ihm noch ein Bein aus und befahl erneut: „Spring!"

Der Floh sprang wieder.

In dieser Weise fuhr der Wissenschaftler fort, bis er zum sechsten und letzten Bein kam. Nun hatte der Floh etwas mehr Schwierigkeiten zu springen, aber er versuchte es trotzdem.

Der Wissenschaftler riß ihm schließlich auch das letzte Bein noch aus und befahl dem Floh erneut zu springen. Aber diesmal reagierte der Floh nicht.

Der Wissenschaftler erhob seine Stimme etwas und befahl: „Spring!" Aber der Floh reagierte nicht.

Ein drittes Mal schrie der Wissenschaftler jetzt, so laut er konnte: „Spring!" Aber der unglückliche Floh lag nur regungslos da.

Der Wissenschaftler schrieb daraufhin die folgende Bemerkung in sein Notizbuch: „Wenn man einem Floh die Beine entfernt, verliert er sein Gehör."

---

[8] Induktive Methode: So wird ein textanalytisches Verfahren bezeichnet, welches aus Einzelfällen allgemeine Regeln herleitet.

Schritt 2

Auslegung

 **Was bedeutet es?**

27

DER WERT DER AUSLEGUNG

Einmal habe ich erlebt, wie ein Redner einen brillanten Vortrag über eine Schriftstelle hielt. Auf dem Weg nach draußen hörte ich zufällig die Unterhaltung von zwei Zuhörern mit an.

„Na", fragte einer von ihnen, „was hältst du davon?"

Die andere Person zuckte mit den Schultern. „Nicht sehr viel. Er hat nichts weiter getan, als die Bibel zu erklären."

Nichts weiter, als die Bibel zu erklären? Nun, das ist das größte Kompliment, das ich mir vorstellen kann. Die wichtigste Aufgabe eines Bibellehrers ist es ja gerade, die Bedeutung des Textes zu erklären. Sehen Sie, es ist unmöglich, das Wort Gottes anzuwenden, wenn man es nicht verstanden hat. Je mehr man es versteht, desto besser kann man es anwenden. Deshalb betete der Psalmist: „Gib mir Einsicht, und ich will dein Gesetz bewahren und es halten von ganzem Herzen" (Psalm 119,34).

Darauf zu reagieren, was Gott sagt, setzt voraus, daß man auch verstanden hat, was er sagt. Deshalb ist der zweite wichtige Schritt beim Bibelstudium der Schritt der Auslegung. Hier beantwortet man die Frage: Was bedeutet es?

„Verstehst du auch, was du liest?"

Apostelgeschichte 8 gibt uns den Bericht über Philippus. Philippus war der Top-Evangelist seiner Zeit. Er predigte das Evangelium in Samaria, und die ganze Region kam in Bewegung. Aber eines Tages forderte der Geist Gottes ihn auf: „Geh nach Süden auf den Weg, der von Jerusalem nach Gaza hinabführt, der öde ist!" (Vers 26).

„Was?" hätte er einwenden können. „Ich bin ein Stadt-Mensch. Ich führe nur Großevangelisationen durch. Für persönliche Evangelisation von Mann zu Mann bin ich nicht geeignet."

Statt dessen geht er unverzüglich nach Süden und trifft unterwegs auf einen Mann, diesen äthiopischen Eunuchen. Dieser Mann ist sogar der Finanzminister seines Landes. Sie beginnen ein Gespräch. Der Beamte war gerade dabei, eine Stelle aus der Schrift zu lesen.

Philippus fragt ihn also: „Verstehst du auch, was du liest?"

Stellen Sie sich vor, Sie besteigen ein Flugzeug und setzen sich neben jemanden, der gerade eine Zeitschrift liest, und sie fragen ihn: „Na, verstehen Sie auch, was Sie da lesen?" Ich denke, daß der Betreffende Ihnen ganz schön die Meinung sagen würde.

Doch Philippus muß gewußt haben, warum er diese Frage zu stellen hatte, denn der Mann antwortet: „Wie könnte ich denn, wenn nicht jemand mich anleitet?" (Vers 31).

Merken Sie sich das gut: Dieser Mann besaß die Abschrift eines biblischen Buches, aber er brauchte Hilfestellung, um es zu verstehen. Er war voll und ganz mit dem Schritt der Auslegung beschäftigt. Das geht aus der Frage hervor, die er stellt, nachdem er den Text gelesen hat: „Ich bitte dich, von wem sagt der Prophet dies? Von sich selbst oder von einem anderen?" (Vers 34).

Philippus half dem Mann, Klarheit über die Bedeutung dessen, was der Text sagt, zu bekommen. Und nachdem er es verstanden hatte, war er auch in der Lage zu glauben. Vers 39 teilt uns mit, daß er mit Freuden nach Hause ging. In gewissem Sinn hat also der Schritt der Auslegung dazu beigetragen, dem Evangelium in Afrika die Tür zu öffnen.

Was verstehen wir unter Auslegung?

Jedes Buch der Bibel hat eine Botschaft, und diese Botschaft kann verstanden werden. Haben Sie sich nicht schon des öfteren gefragt, welch großes Rätsel die Bibel doch ist? Gott wollte aber etwas offenbar machen und nicht verschlüsseln. 2. Timotheus 3,16 sagt uns: „Alle Schrift ist ... *nützlich*" (Kursiv hinzugefügt). Das heißt, sie hat einen bestimmten Zweck, sie hat eine Bedeutung. Gott spielt mit Ihnen kein Verstecken. Er lädt Sie nicht ein, sein Wort zu lesen, nur um Sie zu verwirren oder zu verblüffen. Er ist weit mehr als Sie selbst daran interessiert, daß Sie es auch verstehen.

Aber die Frage ist: Was meinen wir mit „Bedeutung"? Ich möchte Ihnen ein Beispiel dazu geben. Ich bin farbenblind, also kann ich nicht so leicht zwischen grün und blau unterscheiden. Nehmen wir an, Sie zeigen mir einen Pullover mit den Worten: „Herr Professor, ich liebe diesen blauen Pullover." Wir können den gleichen Pullover anschauen, aber die Farbe, die Sie sehen, ist nicht die gleiche, die ich sehe.

Dies geschieht andauernd bei der Auslegung der Bibel. Zwei Menschen betrachten den gleichen Vers und kommen zu unterschiedlichen Auslegungen. Es können sogar völlig gegensätzliche Auslegungen zustande kommen. Können beide richtig sein? Nicht, wenn die Gesetze der Logik auf die Schrift anwendbar sind.

Aber leider haben heutzutage viele die Entscheidung getroffen, daß die Gesetze der Logik nicht auf die Schrift angewandt werden können. Es macht ih-

27. Der Wert der Auslegung

nen nichts aus, ob sie den Text als blau ansehen und ich als grün. Es interessiert sie überhaupt nicht, welche Farbe der Text wirklich hat. Für sie liegt die Bedeutung des Textes nicht im Text, sondern in ihrer Meinung über den Text. Und jeder ist schließlich frei, seine eigene Meinung zu haben. „Bedeutung" wird so etwas völlig Subjektives.

Nun gibt es gute Gründe dafür, weshalb sich Christen in der Auslegung einer Stelle nicht einig sind. Wir werden darauf im nächsten Kapitel zurückkommen. Wenn es aber nur einen kleinen Hoffnungsschimmer dafür gibt, Gottes Wort genau und richtig auszulegen, dann müssen wir mit einer grundlegenden Voraussetzung anfangen: „Bedeutung" heißt nicht, unsere eigenen subjektiven Gedanken in den Text hineinzulesen, sondern Gottes objektive Wahrheiten aus dem Text herauszulesen. Wie jemand es so schön ausdrückte: Die Aufgabe des Bibelstudiums ist es, „Gottes Gedanken nachzudenken". Gott hat einen Willen, und er hat ihn in seinem Wort geoffenbart.

Das Wunder besteht darin, daß er dazu menschliche Autoren benutzte. Der Heilige Geist wirkte durch ihre Persönlichkeit, ihre Umstände und ihre Anliegen und wachte über die Entstehung der biblischen Dokumente. Jeder dieser menschlichen Autoren - wir könnten sie auch als Mitautoren Gottes bezeichnen - hatte eine besondere Botschaft im Sinn, als er seinen Teil des Textes niederschrieb.

Deshalb bezeichne ich den Schritt der Auslegung gerne als einen Wiederherstellungsprozeß. Wir versuchen, uns in die Situation des Autors zu versetzen und seine Erfahrungen nachzuempfinden - so zu denken, wie er dachte, so zu fühlen, wie er fühlte, und so zu entscheiden, wie er sich entschieden hat. Wir fragen zuerst: Was bedeutet dies für ihn? - bevor wir uns fragen: Was bedeutet dies für mich?

Der Aufbau der Bedeutung

In welcher Beziehung steht Auslegung zur Beobachtung? Sie erinnern sich, daß wir uns bei der Beobachtung die Frage: Was sehe ich? gestellt haben. Das ist die grundlegende Phase des Bibelstudium, das Setzen des Ecksteins. Nachdem wir dies getan haben, müssen wir nun weitergehen zur Auslegung, bei der wir auf der gelegten Grundlage aufbauen.

Sehen Sie, bei der Beobachtung haben wir die Ausschachtung und Grundsteinlegung vorgenommen. Bei der Auslegung beginnen wir mit dem Aufbau. Die Qualität eines Gebäudes ist immer abhängig von dem Fundament, auf dem es steht. Je stärker das Fundament, desto sicherer auch das Gebäude.

Stellen Sie sich vor, wir gingen ins Stadtzentrum und beobachteten einige Arbeiter dabei, wie sie ein Fundament ausheben. Sie sind schon zweieinhalb Jahre damit beschäftigt. Dann gießen sie eine Platte darüber, und bald findet die Einweihungsfeier statt. Wir gehen hin und stellen fest - nicht mehr als ein Hühnerstall steht mitten auf der Grundplatte. Wir würden unwillkürlich denken: „Was soll das? Warum so ein massives Fundament für so ein mickriges Gebäude?"

In der gleichen Weise wird die Qualität Ihrer Auslegung von der Qualität Ihrer Beobachtung abhängen. Es ist unmöglich zu verstehen, was ein Schreiber meint, wenn Sie nicht festgestellt haben, was er überhaupt sagt. Deshalb bedeutet gute Beobachtung auch gute Auslegung. Sie müssen mit der Perspektive beobachten, später die Schrift auch auszulegen (und schließlich anzuwenden). Beobachtung geschieht nie zum Selbstzweck, sondern ist immer nur ein Mittel zum Zweck.

Warum überhaupt Auslegung?

Die Frage, warum wir die Schrift auslegen sollen, bleibt immer noch offen. Warum können wir nicht einfach die Bibel aufschlagen, darin lesen, was wir zu tun haben, und dann danach handeln? Warum müssen wir uns soviel Mühe machen, um den Text zu verstehen? Die Antwort darauf ist, daß sich durch zeitlichen Abstand und räumliche Entfernung Barrieren zwischen uns und den Schreibern der Bibel aufgebaut haben, die unser Verständnis blockieren. Wir müssen lernen, richtig einzuschätzen, was diese „Straßensperren" bedeuten. Sie sind nicht unüberwindlich, aber sie sind beträchtlich.

Sprachbarrieren
Haben Sie eine Fremdsprache erlernt? Wenn ja, dann wissen Sie, daß es nicht genügt, nur die Vokabeln auswendig zu lernen. Sie müssen die persönliche Einstellung, die Kultur und Weltanschauung derer kennenlernen, die diese Sprache sprechen, wenn Sie wirklich verstehen wollen, was sie sagen.

In ähnlicher Weise haben wir es in bezug auf die Bibel zwar mit vorzüglichen Übersetzungen aus der hebräischen, griechischen und aramäischen Sprache zu tun, in denen die Bibel ursprünglich geschrieben wurde. Trotzdem sind wir mit dem Text in unserer Sprache noch weit davon entfernt, die Bibel vollkommen zu verstehen. Deshalb beinhaltet der Schritt der Auslegung den Gebrauch von Bibellexika und ähnlichen Hilfsmitteln. Wir müssen zurückgehen und die verschieden Nuancen der Bedeutung wiederentdecken, die durch die Übersetzung allein nicht vermittelt werden kann.

Kulturelle Barrieren
Diese sind eng mit den Sprachproblemen verbunden, weil Sprache immer kulturgebunden ist. Die Bibel ist das Produkt und die Darstellung von Kulturen, die sich ganz erheblich von der unsrigen unterscheiden - und auch untereinan-

27. Der Wert der Auslegung

der völlig verschieden sind. Um richtig einzuschätzen, was in der Schrift vor sich geht, müssen wir uns wieder neu den kulturellen Zusammenhang vergegenwärtigen in bezug auf die damaligen Kommunikationsmittel und Beförderungsmöglichkeiten, Handel, Landwirtschaft, Berufswesen, Religion, Alltagsleben usw.

Dabei erweist sich die Archäologie als hilfreiche Disziplin. Ich werde in Kapitel 34 einige Nachschlagewerke vorstellen, die Sie zu Rate ziehen können.

Literarische Barrieren
Ein anderes Problem, dem wir bei der Auslegung der Schrift begegnen, ist die Vielfalt des biblischen Terrains. Wenn es nur „Gebirge", „Wüsten" oder „Meere" gäbe, könnten wir uns entsprechend ausrüsten und es mutig angehen. Aber die literarischen Stile der Bibel sind ganz unterschiedlich und erfordern auch die Anwendung ganz unterschiedlicher Methoden. Wir können das Hohelied nicht mit der gleichen nüchternen Logik lesen, die wir beim Römerbrief anwenden. Mit den gleichen ausführlichen Wortstudien, die uns die Wahrheiten des Galaterbriefes erschließen, würden wir kaum den Sinn der Gleichnisse erfassen.

In Kapitel 29 werde ich auf die verschiedenen Arten von Literatur in der Bibel eingehen und Vorschläge machen, wie man sie auslegen kann.

Verständnisbarrieren
Ich kenne eine Karikatur, in der das erste Bild einen Mann zeigt, der seinem Hund eine Standpauke hält und sagt: „Also, Waldi! Ich habe es jetzt satt! Du sollst von dem Müll wegbleiben! Hast du verstanden, Waldi? Bleib von dem Müll weg, sonst knallt's!" Dieses Bild ist überschrieben mit der Bemerkung: „Was der Mensch sagt." Das nächste Bild zeigt die Situation aus der Perspektive des Hundes und ist überschrieben mit: „Was der Hund hört." Und was hört der Hund? Nichts als Blabla.

Manchmal komme ich mir als Lehrer genauso vor. Ich frage mich, was meine Studenten wirklich hören. Und offen gesagt, fragen sie sich wahrscheinlich, worüber ich überhaupt rede.

Es ist das alte Problem der Kommunikation. Obwohl Gott selbst durch die Schrift spricht, müssen wir mit dem Mißlingen der Verständigung rechnen. Als begrenzte Geschöpfe können wir nie vollständig erkennen, was in den Gedanken eines anderen vor sich geht. Wir müssen uns deshalb damit zufriedengeben, daß wir bei unserer Auslegung der Schrift an Grenzen stoßen.

Können wir dann überhaupt etwas auslegen? Ist es überhaupt möglich, die Bibel auszulegen? Natürlich. Aber Sie müssen sich darüber im klaren sein, daß Sie dabei immer vor Probleme gestellt werden. Sie können niemals jede Frage beantworten - wie ein alter, erfahrener Prediger einmal sehr weise bemerkte. Er saß in einem Restaurant, als ein stadtbekannter Atheist hereinkam, der wohl glaubte, er könnte sich einen Spaß mit ihm machen. Der Zweifler setzte sich, deutete auf die Bibel des Predigers und fragte ihn: „Mein Herr, glauben Sie etwa noch an dieses Buch?"

„Gewiß!" antwortete der alte Mann.

„Sie meinen, Sie glauben an alles, was darin steht?"

„An jedes Wort."

„Nun, gut", sagte er daraufhin, „gibt es irgend etwas, das Sie nicht erklären können?"

„Ach, da gibt es eine ganze Menge, was ich nicht erklären kann", antwortete der Prediger. Er schlug seine Bibel auf und zeigte dem Mann all die Fragezeichen am Rand.

Überrascht fragte ihn der Mann: „Ja, aber was machen Sie mit all den Dingen, die Sie nicht erklären können?"

Er sagte: „Ganz einfach. Ich mache das gleiche, was ich mit diesem Fisch tue, den ich gerade esse. Ich verzehre das Fleisch und schiebe die Gräten an den Tellerrand, und dann kann von mir aus jeder Narr, der Lust dazu hat, versuchen, sie herunterzuwürgen."

Ich begegne Leuten, die wirklich überrascht sind, daß selbst ich und andere Mitglieder der theologischen Fakultät nicht alles erklären können, was in der Bibel steht. Also fordere ich ihren Verstand heraus und frage sie: Stört es Sie wirklich, daß ich als ein begrenzter Mensch eine unbegrenzte Persönlichkeit nicht verstehen kann? Stört es Sie wirklich? Es würde mich mehr stören, wenn ich es könnte, denn dann würde ich Gott nicht brauchen. Ich wäre klüger als er.

Verstricken Sie sich auf keinen Fall in die Probleme und unlösbaren Fragen, auf die Sie bei Ihrem Studium der Bibel mit Sicherheit stoßen werden. Das eigentliche Wunder ist, daß Sie alle wesentlichen Dinge verstehen können, die für Ihr Heil und Ihr tägliches Leben wichtig sind.

Dies bringt uns zu dem, was in der Tat eine ernstzunehmende fünfte Barriere für das Verständnis des biblischen Textes ist - das Problem einer falschen Auslegung. Ich möchte Sie deshalb im nächsten Kapitel vor einigen Gefahren warnen.

27. Der Wert der Auslegung

„Ich beherrsche kein Griechisch oder Hebräisch!"

Haben Sie sich jemals vom Verstehen der Bibel ausgeschlossen gefühlt, weil Sie keine der Sprachen beherrschen, in der die Bibel ursprünglich geschrieben wurde? Diese Sorge brauchen Sie nicht mehr zu haben, dank vieler außerbiblischer Quellen, die in den letzten Jahren veröffentlicht worden sind. Ich werde einige davon in Kapitel 34 besprechen. Doch hier ist zunächst eine Übersicht von dem, was für die Auslegung der Schrift zur Verfügung steht.

Art der Quelle	Beschreibung	Verwendung, um Folgendes zu überwinden:
Atlanten	Zusammenstellung von Landkarten, welche die Orte zeigen, die im Text vorkommen, und vielleicht einige Beschreibungen über ihre Geschichte und ihre Bedeutung enthalten	Geographische Barrieren
Bibellexika	Erklären den Ursprung, die Bedeutung und die Verwendung von Schlüsselwörtern und Begriffen im Bibeltext	Sprachliche Barrieren
Bibelhandbücher	Geben hilfreiche Informationen über Themen im Bibeltext	Kulturelle Barrieren
Kommentare	Enthalten die Gedanken eines Bibellehrers oder Theologen zum Bibeltext	Sprachliche, kulturelle und literarische Barrieren
Interlineare Übersetzungen	Übersetzungen mit dem griechischen oder hebräischen Text zwischen den Zeilen zum direkten Vergleich	Sprachliche Barrieren

28

GEHE SORGFÄLTIG DAMIT UM

Eines Sonntags morgens war ich zu Hause und erholte mich gerade von einer Operation, als zwei Männer, ein älterer und ein jüngerer, an die Tür kamen, beide gut gekleidet. „Wir sind hier in der Gegend, um mit den Leuten über Gott und Religion zu reden", erzählten sie mir. „Dürfen wir hereinkommen?"

Ich war neugierig und sagte: „Sicher, kommen Sie nur herein."

Schnell kamen wir miteinander ins Gespräch. Sie redeten die ganze Zeit über eine bestimmte Stelle, und ich sagte nur immer wieder: „Aber, das sagt die Bibel doch gar nicht."

„Oh doch!" sagte der jüngere beharrlich. „Im Griechischen steht es so."

Er wußte natürlich nicht, daß ich an einem Seminar unterrichtete. Also fragte ich ihn: „Was hat das Griechische damit zu tun?"

„Nun, Herr Hendricks, offenbar wissen Sie nicht, daß das Neue Testament in Griechisch geschrieben wurde."

„Wirklich, sehr interessant", antwortete ich. „Das fasziniert mich. Studieren Sie Griechisch?"

Er bejahte: „Es ist ein Teil unseres Schulungsprogramms."

„Gut", erwiderte ich und drückte ihm mein griechisches Neues Testament in die Hand. Ich hätte alles darum gegeben, auf Band festzuhalten, was nun geschah. Er bastelte am Text herum und versuchte krampfhaft, damit zurechtzukommen. Der ältere Mann schaltete sich ein und versuchte, ihm zu helfen. Schließlich sagte ich: „Einen Moment, bitte!" Ich las ihnen die Stelle vor, erst auf Griechisch, dann auf Englisch und sagte zu ihnen: „Sehen Sie. Es steht dort so nicht. Und es bedeutet auch nicht das, was Sie behaupten."

Der jüngere Mann war ziemlich beeindruckt, doch sein älterer Begleiter hatte es plötzlich sehr eilig, wegzukommen. (Ich bin seitdem nie wieder von diesen Leuten besucht worden. Bestimmt haben sie unter sich die Devise ausgegeben, daß man die Hendricks besser meiden sollte.) Solche Dinge geschehen aber fast jeden Tag in der Woche überall in der Welt. Das Problem liegt nicht beim Wort Gottes, sondern in der falschen Auslegung des Textes.

28. Gehe sorgfältig damit um

Gefahren, die man vermeiden sollte

Ich möchte Sie auf sechs Stolpersteine bei der Auslegung hinweisen. Hüten Sie sich vor ihnen, wenn Sie die Schrift lesen und studieren.

Den Text falsch lesen
Sie werden nie zu einem richtigen Verständnis der Schrift kommen, wenn Sie den Text nicht richtig lesen. Wenn Jesus sagt: „Ich bin der Weg" (Johannes 14,6), aber Sie lesen: „Ich bin ein Weg", dann lesen Sie den Text falsch. Wenn Paulus schreibt: „Denn eine Wurzel alles Bösen ist die Geldliebe" (1. Timotheus 6,10), aber Sie lesen: „Geld ist die Wurzel alles Bösen", dann lesen Sie den Text falsch. Wenn der Psalmist ruft: „Habe deine Lust am HERRN, so wird er dir geben, was dein Herz begehrt" (Psalm 37,4), aber Sie lesen nur: „So wird er dir geben, was dein Herz begehrt", dann haben Sie den Text falsch gelesen.

Deshalb betonte ich zu Beginn dieses Buches so sehr, daß man richtig lesen lernen muß, wenn man Gottes Wort studieren will. Es gibt keinen anderen Weg. Mangelnde Kenntnis von dem, was der Text sagt, ist ein unverzeihlicher Fehler bei der Auslegung. Es zeigt, daß Sie Ihre Hausaufgaben nicht gemacht haben. Sie haben den ersten Schritt der Bibelstudienmethode übersprungen - Beobachtung.

Den Text verdrehen
Die zwei Männer, die mich an dem Sonntagmorgen besuchten, haben den Fehler gemacht, den Text zu verdrehen. Sie verdrehten ihn so, daß er das sagte, was sie wollten, und nicht das, was eigentlich da steht.

Petrus ist offenbar auf ein ähnliches Problem in der Urgemeinde gestoßen, denn er schreibt in 2. Petrus 3,16: „... wie auch in allen Briefen, wenn er (Paulus) in ihnen von diesen Dingen redet. In diesen Briefen ist einiges schwer zu verstehen ...". (Ich fand das immer sehr mutmachend. Denn wenn Petrus diese Dinge nicht verstanden hat, dann denke ich, daß es um mich gar nicht so schlecht bestellt ist.)[9] „... was die Unwissenden und Unbefestigten verdrehen, wie auch die übrigen Schriften zu ihrem eigenen Verderben."

Sehen Sie, es ist eine Sache, mit Schwierigkeiten bei der Auslegung zu ringen; es ist aber etwas anderes, wenn man anfängt, die Aussagen des Wortes Gottes zu verdrehen. Das ist eine ernste Angelegenheit. Das ist etwas, was wir vor Gott verantworten müssen. Also sollten wir alles dafür tun zu lernen, wie wir die Schrift auf die richtige Weise, praxisbezogen und zum Nutzen aller auslegen können.

---

[9] Aus dem Bibeltext geht nicht hervor, daß Petrus die Schriften des Paulus nicht verstanden hat (Anm. d. dt. Hrsg.)

Dem Text widersprechen

Dem Text zu widersprechen ist noch schlimmer, als den Text zu verdrehen. Es bedeutet, daß man Gott zum Lügner macht. Das klassische Beispiel dazu ist Satan im Garten Eden:

> „Und sie *(die Schlange)* sprach zu der Frau: Hat Gott wirklich gesagt: Von allen Bäumen des Gartens dürft ihr nicht essen? Da sagte die Frau zur Schlange: Von den Früchten der Bäume des Gartens essen wir; aber von den Früchten des Baumes, der in der Mitte des Gartens steht, hat Gott gesagt: Ihr sollt nicht davon essen und sollt sie nicht berühren, damit ihr nicht sterbt! Da sagte die Schlange zur Frau: Keineswegs werdet ihr sterben!"
> (1. Mose 3,1-4; kursiv hinzugefügt)

Das ist ein direkter Widerspruch gegen Gottes ausdrücklichen Befehl (1. Mose 2,16-17). Kein Wunder, daß Jesus Satan einen Lügner nannte und ihn als den Vater der Lüge bezeichnete (Johannes 8,44). Satan lügt seit Beginn der Menschheitsgeschichte, und er lügt heute noch, indem er Menschen dazu anstiftet, dem Text der Bibel zu widersprechen.

Eine seiner beliebtesten Taktiken ist es, Gottes Wort dafür zu mißbrauchen, eine Überzeugung oder eine Gewohnheit, die dem Wesen Gottes widerstrebt, gutzuheißen. Ist Gott ein Spielverderber, der sich hämisch freut, wenn Menschen von Schuld belastet sind und sich selbst geißeln? Belohnt Gott unseren Glauben und unser vorbildliches Verhalten mit materiellem Wohlstand? Spricht sich Gott etwa für wilde, sexuelle Orgien und ähnliche Zügellosigkeiten aus? Sagt er etwa ja zu den Völkermorden an Schwarzen, Juden, Orientalen, den Ureinwohnern Amerikas, Moslems, älteren Menschen, Ungeborenen, Geistesgestörten und geistig Behinderten oder den „genetisch Minderwertigen"? Natürlich nicht. Und doch haben Menschen die Schrift dazu mißbraucht, um genau diese Dinge zu tun.

Subjektivismus

Viele Christen tolerieren eine Form des Mystizismus beim Lesen der Bibel, die sie sich in keinem anderen Bereich erlauben würden. Sie übertreten jedes Gebot der Vernunft und des gesunden Menschenverstandes. Ihr Bibelstudium ist völlig subjektiv. Sie wandern in der Schrift herum und warten auf ein Kribbeln im Bauch, das ihnen sagt, daß sie etwas gefunden haben.

Nun, es ist nicht gegen eine emotionale Reaktion auf Gottes Wort einzuwenden. Wie ich aber bereits im letzten Kapitel erwähnt habe, liegt die Bedeutung des Textes im Text und nicht in unserer subjektiven Reaktion auf den Text.

Ich fürchte, daß dies heute der Zustand bei vielen ist. Für sie bedeutet

28. Gehe sorgfältig damit um 215

„Glauben", einen tiefen Atemzug zu nehmen, die Augen zu schließen und fest davon überzeugt zu sein, daß das, was wir tief in unserem Inneren spüren, einfach unglaublich ist. Der christliche Glaube wird oft sogar als Religion eines nicht denkenden Menschen lächerlich gemacht.

Aber nichts ist weiter von der Wahrheit entfernt als das. Jesus bezeichnete als das größte Gebot, den Herrn zu lieben „mit deinem ganzen Herzen, mit deiner ganzen Seele, mit deiner ganzen Kraft und mit deinem ganzen *Verstand*". Wenn man Christ wird, schaltet man seinen Verstand nicht aus. Man steckt nicht seinen Kopf in einen Eimer Wasser oder gibt seinen Verstand an der Garderobe ab. Man begeht keinen intellektuellen Selbstmord.

Ich frage Sie also: Lieben Sie den Herrn mit ihrem ganzen Verstand? Wenn wir jetzt zur Auslegung kommen, kann ich Ihnen versichern, daß Sie Ihren Verstand gebrauchen müssen, wenn Sie die Schrift genau und scharfsinnig auslegen wollen. Wie ich bereits sagte, teilt die Bibel ihre Früchte nicht an Faule aus - und das schließt auch intellektuell Faule mit ein. Machen Sie sich also bereit, Ihre geistigen Muskeln anzustrengen.

Relativismus

Manche begeben sich mit der Annahme an das Studium der Heiligen Schrift, daß sich die Bedeutung der Bibel mit der Zeit ändert. Der Text bedeutete damals, als er geschrieben wurde etwas Bestimmtes, heute jedoch etwas anderes. Seine Bedeutung sei eben relativ.

Nehmen wir die Auferstehung Jesu. Wie Frank Morison herausfand (Kapitel 8), gibt es keine glaubwürdigere Erklärung für das Verhalten der Jünger Jesu nach seinem Verschwinden, als daß sie wirklich an eine leibliche Auferstehung geglaubt haben. Darüber spricht Paulus in 1. Korinther 15. Heute haben aber manche Theologen die Aussagen des Paulus umgedeutet. Ja, er spricht von einer Auferstehung, sagen sie; aber er meint damit eine geistliche Auferstehung, eine Art „Neuheit des Lebens". Es spielt für sie keine Rolle, ob Jesus wirklich auferstanden und aus dem Grab herausgekommen ist - solange er nur „in deinem Herzen lebt". Das ist eine relativierende Schriftauslegung.

Wenn wir zur Anwendung kommen, werden wir sehen, daß manche Stellen in der Schrift mehrere praktische Bedeutungen haben können. Es kann aber nur eine richtige Auslegung geben, eine Bedeutung - letztendlich die Bedeutung, die sie für den ursprünglichen Autor hatte. Wir müssen seine Botschaft rekonstruieren, wenn wir ein genaues Verständnis von der Schriftstelle bekommen wollen.

Vermessenheit

Im Bibelstudium wie im täglichen Leben kommt Hochmut vor dem Fall. In dem Moment, wo Sie denken, daß Sie einen Teil der Schrift beherrschen, stehen Sie schon vor dem Sturz. Warum? Weil die Erkenntnis aufbläht (1. Korinther 8,1). Sie kann Sie überheblich und unbelehrbar machen. Einige der schlimmsten Mißbräuche in der Lehre geschehen, wenn sich jemand als die letzte Autorität des Textes darstellt.

Manche von uns studieren die Schrift ihr ganzes Leben lang. Doch kein Mensch kann jemals von sich behaupten, daß er die ganze Bibel im Griff hat, auch nicht bei einem das ganze Leben währenden vollzeitigen Studium. Erwarten Sie also nicht, daß Sie zu endgültigen Antworten kommen, wenn Sie sich eine halbe Stunde oder fünfundvierzig Minuten mit der Bibel beschäftigen.

Das heißt weder, daß Sie zu keinen Schlüssen kommen werden über das, was der Text sagt, noch, daß Sie zuversichtlich sein können in dem, was Sie glauben, erkannt zu haben. Bedenken Sie nur, daß Auslegung nie aufhört. Sie werden nie zum Ende Ihres Studiums kommen und sagen: „So, das habe ich jetzt begriffen. Jetzt verstehe ich diese Stelle endlich."

Das Recht, anderer Meinung zu sein

Ist es angesichts all dieser Gefahren überhaupt möglich, zu einer genauen Auslegung des biblischen Textes zu kommen? Ja, das ist es. In den nächsten Kapiteln werde ich Ihnen zeigen wie.

Ich möchte aber noch einen letzten Punkt hervorheben, bevor wir uns an die Arbeit machen. Obwohl eine Bibelstelle schließlich nur eine richtige Auslegung hat, wird man immer zwei Christen finden, die unterschiedlicher Meinung darüber sind, wie diese Auslegung lauten sollte. Das kann einen zur Verzweiflung bringen, aber es ist unvermeidlich. Zwei Leute können genau den gleichen Banküberfall beobachten, aber vor Gericht werden sie ihn völlig unterschiedlich schildern.

Unterschiede bei der Auslegung sind gut, solange wir beachten, daß der Konflikt nicht im Text liegt, sondern bei unserem begrenzten Verständnis vom Text. Auch wenn wir es sind, Gott ist bestimmt nicht verwirrt über das, was er gesagt hat.

Wir dürfen uns das Recht bewahren, eine andere Meinung über den Text zu haben, jedoch haben wir die Verantwortung, so treu und genau wie möglich mit dem Text umzugehen, wie wir nur können. In 2. Timotheus 2,15 ermutigt uns Paulus: „Strebe danach, dich Gott bewährt zur Verfügung zu stellen als einen Arbeiter, der sich nicht zu schämen hat, der das Wort der Wahrheit in gerader Richtung schneidet."

Dieser Vers hängt ein großes Schild an die Bibel, auf dem steht: „Mit Vorsicht behandeln!" Das ist ein passendes Sprichwort für den Schritt der Auslegung. Beginnen wir also damit. Ich will Ihnen zeigen, wie Sie Stolpersteine vermeiden und die Früchte eines genauen Verständnisses von Gottes Wort ernten können.

28. Gehe sorgfältig damit um

Was sagt die Bibel wirklich?

Fast jede größere Irrlehre beginnt mit einem ungenauen Lesen des biblischen Textes. Hier ist eine Gegenüberstellung von gewöhnlich falschen Aussagen und dem, was die Bibel wirklich sagt.

Was manche Leute sagen	Was die Bibel sagt
„Geld ist die Wurzel alles Bösen."	„Denn eine Wurzel alles Bösen ist die Geldliebe." (1Tim 6,10)
„Jesus hat nie behauptet, Gott zu sein."	„... weil er (Jesus) ... Gott seinen eigenen Vater nannte und sich so selbst Gott gleich machte." (Joh 5,18) „Ich und der Vater sind eins." (Joh 10,30)
„Wir sind alle göttlich oder ein Teil von Gott."	„Du hast es zu sehen bekommen, damit du erkennst, daß der Herr der alleinige Gott ist." (5Mo 4,35) „Gibt es einen Gott außer mir? Es gibt keinen Fels, ich kenne keinen." (Jes 44,8)
„Jesus war nur ein großer Morallehrer."	„Diese aber sind geschrieben, damit ihr glaubt, daß Jesus der Christus ist, der Sohn Gottes." (Joh 20,31)
„Die Bibel sagt, daß Christen ihren ganzen Besitz weggeben sollen."	„Den Reichen in dem gegenwärtigen Zeitlauf gebiete, nicht hochmütig zu sein, noch auf die Ungewißheit des Reichtums Hoffnung zu setzen - sondern auf Gott." (1Tim 6,17) „... und mit euren Händen zu arbeiten, ... damit ihr ... niemanden nötig habt." (1Thes 4,11-12)
„Die Bibel sagt, daß Arbeit ein Fluch ist." (1Mo 3,17)	„... so sei der Erdboden verflucht." „Was ihr auch tut, arbeitet von Herzen ... ihr dient dem Herrn Christus." (Kol 3,23-24)
„Alle Religionen haben das gleiche Ziel. Es gibt keine alleinseligmachende Religion."	„Und es ist in keinem anderen das Heil." (Apg 4,12)

29

UM WELCHE ART VON LITERATUR HANDELT ES SICH?

In „Ein Vorwort zum Verlorenen Paradies" schreibt C. S. Lewis:

„Das allererste Beurteilungskriterium, um irgendeine Arbeit - vom Korkenzieher bis zur Kathedrale - zu beurteilen, ist, zu wissen, was es eigentlich genau ist - zu welchem Zweck es bestimmt und wie es zu verwenden ist. Erst wenn man dies entdeckt hat, kann der Abstinenzler sich entscheiden, daß der Korkenzieher für einen schlechten Zweck geschaffen wurde, und der Kommunist könnte das gleiche über eine Kathedrale denken. Solche Überlegungen kommen aber später. Priorität hat immer das Objekt, das man zu verstehen hat: Solange man denkt, daß ein Korkenzieher dazu erfunden wurde, um Büchsen zu öffnen, oder die Kathedrale, um Touristen zu unterhalten, kann man nichts über den wirklichen Zweck dieser Dinge sagen. Das erste, was ein Leser über das „Verlorene Paradies" wissen muß, ist, was Milton damit bezwecken wollte."[10]

Das erste, was ein Leser wissen muß, bevor er sich in das Studium eines der biblischen Bücher stürzt, ist, welche Absicht der Autor mit diesem Buch verband. Mit anderen Worten, welche Art von Literatur ist es? Welche literarische Form verwendete er?

Sehen Sie, die literarische Form ist entscheidend für die Auslegung. Angenommen, ich wähle aufs Geratewohl einen Text aus der Schrift: „Mögest du, o Gott, den Gottlosen töten!" (Psalm 139,19). Oder: „Was plant ihr gegen den HERRN? Ein Ende macht er" (Nahum 1,9). Oder: „Vater Abraham, erbarme dich meiner und sende Lazarus!" (Lukas 16,24). Oder: „Nach diesem sah ich: Und siehe, eine Tür, geöffnet im Himmel" (Offenbarung 4,1). Wenn ich nicht genau weiß, zu welcher Art von Literatur diese Aussagen gehören, bin ich auch nicht in der Lage, ihre Bedeutung zu erfassen.

---

[10] C. S. Lewis, *A Preface to Paradise Lost*, London/Oxford 1942, Seite 1.

Stilformen der Bibel

In diesem Kapitel möchte ich eine kurze Einführung zu sechs verschiedenen Stilformen, die in der Bibel vorkommen, geben und zeigen, wie sie unser Verständnis beeinflussen. Es gibt sicher noch mehr, insbesondere wenn man feine Nuancierungen derer berücksichtigt, die ich vorstellen werde, und manches davon wird sich auch teilweise überschneiden. Hier sind aber die wichtigsten literarischen Stilformen, die Gott verwendet, um seine Botschaft zu übermitteln.

Erklärung
Eine Erklärung ist ein direktes Argument oder die Darlegung des Kerns einer objektiven Wahrheit. Es ist eine Stilform, die sich hauptsächlich an den Verstand richtet. Das Argument hat meistens eine feste Struktur, die sich nach den Gesetzen der Logik von einem Punkt zum nächsten bewegt.

Die Briefe des Paulus sind ausgezeichnete Beispiele für die Stilform der Erklärung in der Schrift. Der Römerbrief ist eine konzentrierte, wohlbegründete Erklärung des Evangeliums. Paulus argumentiert wie ein Jurist, der vor Gericht einen Fall vertritt, was keineswegs überrascht, weil wir wissen, daß Paulus als junger Mann eine rabbinische Ausbildung genossen hat, die auch die Kunst des Redens beinhaltete.

Er verbindet zum Beispiel Absätze und Kapitel durch überleitende und verbindende Wörter wie „denn", „deshalb", „und" und „aber". Er macht auch umfassenden Gebrauch von der rhetorischen Frage (zum Beispiel: 2,17-21.26; 3,1.3.5; 4,1.3.9). Er benutzt lange, ausgedehnte Sätze (zum Beispiel: 1,28-32; 9,3-5). Andererseits setzt er schnellfeuerartig auch kurze und treffende Formulierungen ein, die genau ins Schwarze treffen (zum Beispiel: 7,7-25; 12,9-21).

Erklärende Texte sind besonders geeignet, wenn Sie gerade erst dabei sind, mit dem Bibelstudium zu beginnen. Ihre Bedeutung liegt nahe an der Oberfläche. Sie sprechen die Vorliebe des Durchschnittsmenschen für Logik, Strukturierung und Ordnung an. Und ihre Absichten sind so leicht zu begreifen; sie erklären sich eigentlich selbst. Doch eignen sie sich auch hervorragend für aufregende und tiefgründige Untersuchungen, weil ihre Wahrheiten unerschöpflich sind.

Der Schlüssel zum Verständnis eines erklärenden Textes liegt in der Beachtung seiner Struktur und der Begriffe, die verwendet werden. In Kapitel 37 werden wir uns dazu mit einem Beispiel aus dem Römerbrief näher beschäftigen.

Erzählungen und Lebensberichte
Eine Erzählung ist eine Geschichte. Die Bibel ist voll von Geschichten, ein Grund dafür, warum sie so beliebt ist.

Das erste Buch Mose erzählt zum Beispiel die Geschichte von der Erschaffung der Erde durch Gott, die Geschichte von der Sintflut, die Geschichte vom Turmbau zu Babel und die Geschichte der Patriarchen Abraham, Isaak, Jakob und Joseph. Das zweite Buch Mose fährt mit der Geschichte fort und berichtet vom Auszug Israels aus Ägypten unter der Führung des Mose. Das Buch Rut erzählt die Geschichte von Rut, der Urgroßmutter des Königs David.

Im Neuen Testament erzählen die vier Evangelien die Geschichte von Jesus aus vier verschiedenen Blickwinkeln. Eines davon, das Lukasevangelium, fährt mit der Erzählung in der Apostelgeschichte fort, wie wir bereits gesehen haben. In diesen Berichten über Jesus finden wir wiederum Geschichten, die er seinen Jüngern erzählt (davon später mehr).

Die Bibel ist also stark von Geschichten durchsetzt. Dies fördert das Interesse des Lesers, aber es fördert auch das Interesse an einer interessanten Auslegung. Was können wir mit den Geschichten der Bibel anfangen? Wie können wir ihre Bedeutung und Wichtigkeit erfassen?

„Es gibt keine Methode, außer vielleicht sehr intelligent zu sein", bemerkte einmal T. S. Eliot. Vielleicht hat er recht, aber ich möchte trotzdem auf drei Dinge hinweisen, die beachtenswert sind.

1. Was ist die Handlung? Mit anderen Worten: Welche fortschreitende Entwicklung gibt es in der Geschichte? Dies kann im buchstäblichen Sinne gemeint sein, wie im Fall der Israeliten, wenn sie über die Sinaihalbinsel wandern (2. Mose); es kann aber auch geistlich gemeint sein, wie im Falle Simsons im Buch der Richter oder bei Jona im gleichnamigen Buch; sie kann aber auch auf zwischenmenschlicher Ebene vonstatten gehen wie im Buch Rut oder im politischen Sinne wie in 1. und 2. Könige. Die Frage ist: Welche fortschreitende Entwicklung wird in der Geschichte erkennbar? Was hat sich zum Schluß des Buches hin verändert und warum?

2. Man kann auch die Charaktere der einzelnen Personen studieren. Wer sind die handelnden Personen? Wie werden sie dargestellt? Welche Rolle spielen sie? Welche Entscheidungen treffen sie? Wie verhalten sie sich zueinander und in bezug auf Gott? Welchen Fortschritt oder Rückschritt machen sie? Versagen sie? Wenn ja, warum? Warum werden sie in der Geschichte erwähnt? In welcher Hinsicht sind sie als Individuen einmalig, und in welcher Hinsicht repräsentieren sie einen bestimmten Typus Mensch? Was gefällt uns an ihnen und was nicht? Was würden wir an ihrer Stelle tun?

3. Ein drittes beachtenswertes Element ist, in welcher Beziehung zum wirklichen Leben die Geschichte steht. Erinnern Sie sich, dies war einer der Hinweise, die bei der Beobachtung eine Rolle spielten. Es ist aber auch eine Tür zum richtigen Verständnis. Die Geschichten der Schrift zeigen uns das Leben, so wie Gott will, daß wir das Leben sehen. Wir können also fragen: Welche existentiellen Fragen wirft die Geschichte auf? Mit welchen Problemen müssen die handelnden Personen fertig werden? Was lernen sie, oder was versäumen sie zu

29. Um welche Art von Literatur handelt es sich?

lernen? Mit welchen Dingen geben sie sich ab, die wir besser vermeiden sollten? Oder: Wie gehen sie mit den Dingen um, die im Leben unvermeidlich sind? Was entdecken sie über Gott?

Es gibt noch viel mehr an Erzählungen in der Heiligen Schrift. Wenn Sie aber anfangen und sich diese Art von Fragen stellen, werden Sie sehr weit vorankommen im Verstehen der Geschichten.

Gleichnisse

Das Gleichnis und seine nahe Verwandte, die Allegorie, sind eng mit der Erzählung verbunden. Ein Gleichnis ist eine kurze Geschichte, die einen moralischen Grundsatz darstellt. Die meisten Gleichnisse in der Schrift sind Bestandteile der Lehren Jesu. Aus dem Bericht des Matthäus können wir sogar schließen, daß das Gleichnis vielleicht sein bevorzugtes Kommunikationsmittel war (Matthäus 13,34).

Es ist leicht zu erkennen, warum. Gleichnisse sind überschaubar, leicht zu behalten und unterhaltend. Die meisten sind sogar einfach zu verstehen. Sie befassen sich mit alltäglichen Dingen wie Landwirtschaft, Fischen, Reisen, Geld und menschlicher Antriebskraft. Gleichnisse haben eine außerordentliche Stoßkraft. Sie machen Gebrauch von wichtigen ethischen Grundsätzen wie richtig und falsch (der Sämann und die drei Arten von Samen), Liebe und Erbarmen (der verlorene Sohn, der barmherzige Samariter), Gerechtigkeit und Gnade (der Pharisäer und der Zöllner).

Dichtung

Die Bibel enthält einige der schönsten poetischen Stücke, die jemals verfaßt wurden. Manche sind sogar zu Ikonen unsere Kultur geworden: „Der Herr ist mein Hirte, mir wird nichts mangeln" (Psalm 23,1); „Gott ist uns Zuflucht und Stärke, als Beistand in Nöten reichlich zu finden" (Psalm 4,2); „Alles hat seine Stunde. Für alles gibt es eine bestimmte Stunde. Für jedes Vorhaben unter dem Himmel gibt es eine Zeit" (Prediger 3,1); „Unser Vater, der du bist im Himmel, geheiligt werde dein Name" (Matthäus 6,9).

Eine bezeichnende Eigenschaft von Gedichten ist das Ansprechen sowohl der Gefühle als auch der Phantasie. Deshalb sind die Psalmen so beliebt. Sie bringen einige der tiefsten Gefühle - das Verlangen, das Entzücken und den Schmerz des menschlichen Herzens - zum Ausdruck.

Wenn Sie aber biblische Dichtung studieren, versichern Sie sich, daß Sie auch die Dynamik der hebräischen Poesie verstehen. Zuallererst waren die meisten Psalmen zum Singen bestimmt, nicht zum Lesen. Sie wurden zur Anbetung verfaßt und enthielten viele einleitende Bemerkungen, von welchen Instrumenten sie begleitet werden sollten. Obwohl wir die Musik, zu der sie gesungen wurden, nicht mehr kennen, sollten Sie immer noch auf ihren Klang lauschen (was auf Poesie jeglicher Art zutrifft).

Eine der Haupteigenschaften hebräischer Dichtung ist der gehäufte Gebrauch von Parallelismen. Wenn Sie zum Beispiel die Psalmen durchgehen, werden Sie bemerken, daß die meisten Verse aus zwei Zeilen bestehen. Diese zwei Zeilen arbeiten miteinander, um eine Aussage mitzuteilen. Manchmal wird die zweite Zeile das, was von der ersten ausgesagt wird, durch die Wiederholung des Gedankens bestärken. Psalm 103,15 sagt zum Beispiel:

„Der Mensch - wie Gras sind seine Tage,
wie die Blume des Feldes, so blüht er."

Manchmal wird der Gedanke durch die Erwähnung einer weiteren Information erweitert, wie zum Beispiel in Psalm 32,2:

„Glücklich der Mensch, dem der HERR die Schuld nicht zurechnet
und in dessen Geist kein Trug ist!"

Und manchmal wird die zweite Zeile der ersten mit einem alternativen Gedanken gegenübergestellt (Psalm 40,5):

„Glücklich der Mann, der den HERRN zu seiner Zuversicht macht
und sich nicht wendet zu den Drängern und den in Lüge Festgefahrenen!"

Ein anderer Schlüssel, um hebräische Poesie schätzen zu lernen, ist das Erkennen einer „Hyperbel", eine extreme und übertriebene Sprachform, die einen Gedanken durch starke Übertreibung vorstellt. Dazu zitiere ich aus Psalm 139. Hier ist der genaue Zusammenhang:

„Mögest du, o Gott, den Gottlosen töten!
Ihr Blutmenschen, weicht von mir!
Sie, die mit Hinterlist von dir reden,
vergeblich die Hand gegen dich erheben!
Sollte ich nicht hassen, HERR, die dich hassen,
und sollte mir nicht ekeln vor denen, die gegen dich aufstehen?
Mit äußerstem Haß hasse ich sie.
Sie sind Feinde für mich."
(Verse 19-22)

Das ist eine ungewöhnliche Sprache für die Bibel. Was ist hier eigentlich los? Man muß natürlich berücksichtigen, von wem David hier spricht - „die Gottlosen", Leute, die Blut vergossen haben, die gegen Gott geredet und seinen Namen mißbraucht haben (alles Übertretungen der Zehn Gebote), die auch sonst deutlich gemacht haben, daß sie den Herrn hassen. Weil sie Feinde Gottes geworden sind, wurden sie auch Feinde Davids. Auf eine formale und rituelle Art verurteilt er sie in der kräftigsten Ausdrucksweise, die ihm geläufig ist.

Hier sind noch weitere Auslegungsfragen, die Sie bedenken sollten, wenn Sie sich mit der Poesie der Bibel beschäftigen: Wer ist der Verfasser dieses Textes? Was war sein Beweggrund? Was ist das zentrale Thema der Dichtung? Welche Gefühle übermittelt der Vers, und welche Reaktion ruft er hervor? Welche Fragen wirft er auf? Welche beantwortet er, und welche läßt er unbeantwortet? Was sagt die Dichtung über Gott aus? Was über den Menschen? Welche Bilder verwendet der Dichter, um unsere Phantasie anzuregen? Gibt es Hinweise auf Menschen, Orte oder Ereignisse, mit denen Sie nicht vertraut sind? Wenn ja, können Sie sonstwo in der Schrift oder durch andere Literatur etwas über sie herausfinden?

Die Sprüche und die Weisheitsliteratur
Eine der reichsten Fundgruben der Bibel ist das umfassende Gebiet der Weisheitsliteratur. In dieser Stilform nimmt der Schreiber die Rolle eines alten weisen Veteranen an, der bereit ist, seine Lebenserfahrung und seine Einsichten mit einem jüngeren und unerfahrenen, aber aufnahmewilligen Leser zu teilen.

Das Buch der Sprüche gehört ganz eindeutig zu dieser Kategorie. Ein Spruch ist ein kurzer, scharfer Kerngedanke einer Wahrheit, in der Regel praxisbezogen und oftmals auch die Folgen einer bestimmten Verhaltensweise aufzeigend. Ähnlich wie bei der Psalmdichtung, die wir oben betrachtet haben, machen die Sprüche gezielt Gebrauch von Parallelismen, insbesondere beim Aufzeigen von Gegensätzen. Als Beispiel nehmen Sie Sprüche 15,27:

„Sein Haus zerrüttet, wer unrechten Gewinn macht;
wer *aber* Bestechungsgeschenke haßt, wird leben." (Kursiv hinzugefügt)

Und Sprüche 20,3:

„Ehre ist es dem Mann, vom Streit abzulassen,
jeder Narr *aber* fängt Streit an." (kursiv hinzugefügt)

Die Sprüche kommen direkt zur Sache. Von allen biblischen Texten sind sie vielleicht am leichtesten zu verstehen, aber manchmal auch am schwersten anzuwenden. Wenn Sie einen „geistlichen Vitaminstoß" brauchen, um munter zu werden, kauen Sie auf einem der Sprüche herum. Es wird ein Leckerbissen für Ihre Seele sein.

Prophetie und Apokalyptik
Die letzte und vielleicht herausforderndste Art von Literatur in der Bibel ist die Prophetie. Wir neigen dazu zu denken, daß Prophetie Voraussage der Zukunft

ist. Und gewiß werfen manche prophetischen Bücher einen Blick in die Zukunft voraus. Eine bemerkenswertere Eigenschaft ist jedoch ihr warnender Ton, die Androhung des Gerichts und die Verwendung einer Formel, um die Worte als direkt von Gott auszuweisen: „So spricht der Herr!"

Die Aufgabe des Propheten in der Schrift war es jedoch nicht, die Zukunft vorauszusagen, sondern die Worte des Herrn bekanntzumachen; nicht vorauszusagen, sondern hervorzusagen, wie es jemand treffend ausgedrückt hat. Gott berief Propheten in Israel, wenn offenbar wurde, daß das Volk entschlossen war, sich Gott zu widersetzen. Es war die undankbare Aufgabe der Propheten, die Nation vor den entsetzlichen Folgen eines fortgesetzten Ungehorsams zu warnen - mit der Hoffnung, sie zur Buße und zur Umkehr zum Herrn zu bewegen.

Wenn man die Propheten liest, ist es wichtig, die damalige Situation zu rekonstruieren. Es ist unbedingt notwendig, daß man den Text mit den sechs Fragen des selektiven Bibellesens bombardiert - wer, was, wo, wann, warum, weshalb. Die Beantwortung dieser Fragen gibt Ihnen eine unschätzbare Informationsgrundlage, um folgende weitere Fragen zu überdenken: Welches Hauptproblem spricht der Prophet an? Welche Bilder verwendet er, um dieses Problem zu beschreiben? Wie reagieren die Menschen? Was teilt Ihnen die Botschaft des Propheten über Gott mit? Was geschieht, nachdem der Prophet seine Botschaft verkündet hat? Warum hat Gott dies wohl in sein Wort mit einbezogen?

Eine besondere Kategorie der prophetischen Literatur ist die Apokalyptik. Das Buch der Offenbarung ist ein gutes Beispiel dafür. Wie der Begriff bereits andeutet, handelt apokalyptische Literatur von katastrophalen Ereignissen weltweiten Ausmaßes, die meist mit dem Ende der Welt zu tun haben. Die Sprache der apokalyptischen Literatur besitzt eine tiefe Symbolik, und die Ereignisse verlaufen in schnellen, verwirrenden Schauspielen von Licht, Lärm und Macht.

Das macht diese Stilform zu einem Nährboden für Spekulation und subjektive Auslegung. Um dies zu vermeiden, schlage ich vor, daß Sie, wenn Sie die Offenbarung lesen, gut auf die Struktur dieses Buches achten. Welche Entwicklung gibt es vom Anfang bis zum Ende des Buches? Was für Veränderungen finden statt? An wen ist der Inhalt geschrieben? Was war der historische und kulturelle Zusammenhang, in dem der Autor arbeitete? Wie könnte dies seine Methode der Kommunikation beeinflußt haben? Wenn Sie die Symbolik dieses Buches verstehen wollen, versuchen Sie sorgfältig, vom Alten Testament her Einsicht in das zu gewinnen, was der Autor beschreibt. Statt sich über den Zeitablauf der zukünftigen Ereignisse Sorgen zu machen, fragen Sie lieber danach, welche Bedeutung dieses Buch für die Christen zur Zeit der Urgemeinde hatte.

Literarische Stilformen der Bibel

Stilform	Eigenschaften	Bibl. Bücher und Beispiel
Apokalyptik	Texte voller Dramatik und tiefer Symbolik; lebendige Bildersprache; scharfe Gegensätze; Ereignisse weltweiten Ausmaßes; oft als Augenzeugenbericht in der ersten Person erzählt; schildert einen kosmischen Kampf zwischen Gut und Böse.	Daniel Offenbarung
Biographie	Gibt tiefe Einblicke in das Leben einer Person; die Hauptperson wird oft im Vergleich zu einer anderen dargestellt. Ausgewählte Ereignisse zeigen die Entwicklung des Charakters, entweder positiv oder negativ.	Abraham, Isaak, Jakob, Joseph, Mose, Saul, David, Elia, Jesus
Lobrede, Hymne	Ein Loblied auf jemanden oder auf etwas; wiederholt mit leidenschaftlichen Worten Herkunft, Taten, Eigenschaften oder die Vorzüge des Subjekts; ermutigt den Leser, die gleichen Qualitäten in seinem eigenen Leben auszuleben.	1Sam 2,1-10 Ps 19; 119 Spr 8,22-36; 31,10-31 Hohelied Joh 1,1-18 1Kor 13 Kol 1,15-20 Hebr 1-3
Erklärung	Ein wohldurchdachtes Argument oder eine Erläuterung; übersichtlich strukturiert; logischer Gedankengang; Begriffe sind wichtig; strebt einem logischen, zwingend notwendigen Höhepunkt zu; das Ziel ist Zustimmung und Umsetzung.	Paulus-Briefe Hebräer Jakobus 1. und 2. Petrus 1. - 3. Johannes Judas
Erzählung	Eine häufig verwendete Stilform, in der eine Geschichte vorrangig ist; enthält geschichtliche Berichte; die Struktur	

Stilform	Eigenschaften	Bibl. Bücher und Beispiel
	wird durch die Handlung vermittelt; die Charaktere unterliegen einer seelischen und geistlichen Entwicklung; ausgewählte Ereignisse werden wiedergegeben, um den Sinn zu vermitteln; Ereignisse sind zum Vergleich nebeneinandergestellt.	1. Mose - Esra Die Evangelien Apostelgeschichte
Rhetorik	Stilisierte mündliche Darstellung einer Streitfrage; verwendet die üblichen Regeln der Rhetorik und Redekunst; zitiert oft Autoritäten, die dem Zuhörer gut bekannt sind; meistens zur Ermutigung und Überzeugung eingesetzt.	Joh 13 - 17 Apg 7; 17,22-31 Apg 22,1-21 Apg 24,10-21 Apg 26,1-23
Gleichnis	Kurze, ursprünglich mündlich weitergegebene Geschichte, die einen Grundsatz verdeutlichen soll; die Wahrheit wird oft auf der Grundlage von Charakteren und Stereotypen aufgebaut; stellt Szenen und Handlungen dar, die alltäglich sind; ermutigt zum Nachdenken und zur Selbstbeurteilung.	2Sam 12,1-6 Pred 9,14-16 Mt 13,1-53 Mk 4,1-34 Lk 15,1 - 16,31
Pastorale Texte	Literatur mit ländlich-rustikalem Hintergrund, insbesondere des Hirtenlebens; mehr beschreibend als eine Handlung darstellend; oft besinnlich und still; betont die Verbindung zwischen einem Hirten und seinen Schafen; idealisierte Darstellung eines einfachen Lebens abseits von städtischer Verderbtheit.	Psalm 23 Jes 40,11 Joh 10,1-18
Dichtung	Verse, die dazu bestimmt sind, vorgesprochen oder gesungen, anstatt gelesen	Hiob Psalmen

29. Um welche Art von Literatur handelt es sich?

Stilform	Eigenschaften	Bibl. Bücher und Beispiel
	zu werden; Betonung von Tonfall und Wortklang; lebhafte Bildersprache und Symbolik; spricht die Gefühle an; kann Einzelheiten der Lobrede, pastoraler Texte und anderer Stilformen verwenden; im Alten Testament häufig in der Form des Parallelismus.	Sprüche Prediger Hohelied
Prophetie	Scharfe, machtvolle Darstellung von Gottes Willen und Wort; oft als Mittel zur Umkehr eingesetzt; bestimmt, um Veränderung durch Warnungen herbeizuführen; sagt Gottes Pläne in Reaktion auf die Entscheidung des Menschen voraus.	Jesaja - Maleachi
Sprüche	Kurze, markante Aussagen einer moralischen Wahrheit; reduziert das Leben auf schwarz-weiß-Kategorien; oft an die Jugend gerichtet; häufig in Form von Parallelismen; weist die Leser auf den rechten Weg, weg vom Bösen; enthält viele Metaphern und Vergleiche.	Sprüche
Satire	Deckt menschliche Laster und Torheiten auf und verspottet sie; wird in verschiedenen literarischen Stilformen verwendet, insbesondere in Erzählungen, Biographien und in den Sprüchen; warnt den Leser durch ein negatives Beispiel.	Spr 24,30-34 Hes 34 Lk 18,1-8 2Kor 11,1 - 12,1
Tragödie	Erzählt den Niedergang einer Person; verwendet ausgewählte Ereignisse, um den Weg zum Verderben zu zeigen; Probleme drehen sich meistens um einen entscheidenden Mangel im Charakter der betreffenden Person und in deren moralischen Entscheidungen; warnt den Leser durch ein negatives Beispiel.	Lot Simson Saul Apg 5,1-11

Stilform	Eigenschaften	Bibl. Bücher und Beispiel
Weisheits-literatur	Ein umfassendes Anwendungsgebiet, bei dem eine ältere, erfahrene Person Weisheit an eine jüngere weitergibt; kann Gleichnisse verwenden; gibt Beobachtungen über grundlegende Bereiche des Lebens weiter - Geburt, Tod, Arbeit, Macht, Geld, Zeit, die Welt usw.; spricht den Leser auf der Basis menschlicher Erfahrung an.	Hiob Sprüche Psalm 37 Psalm 90 Prediger

FÜNF SCHLÜSSEL ZUR AUSLEGUNG

- INHALT
- ZUSAMMENHANG
- VERGLEICH
- KULTUR
- BERATUNG

30

INHALT

Als der Psalmist zu Gott betete: „Gib mir Einsicht, und ich will dein Gesetz bewahren und es halten von ganzem Herzen" (Psalm 119,34), klopfte er an die Tür zur Auslegung. Er hatte erkannt, daß es ohne das Verständnis der Aussage des Textes keine Anwendung des Wortes auf sein persönliches Leben geben kann. Auf der anderen Seite war er bereit, danach zu handeln, was Gott sagte, sobald ihm der Geist Gottes die Tür zur Einsicht öffnete.

Sind Sie ebenso bereit dazu? Ist das Ihr Ziel, wenn Sie die Bibel aufschlagen - Veränderung Ihres Lebens? Wenn ja, dann halten Sie sich bereit, denn für jemanden, der aus diesem Grund anklopft, öffnet Gott immer die Tür.

In diesem Kapitel will ich den ersten von fünf Schlüsseln vorstellen, die Ihnen helfen können, sich den biblischen Text aufzuschließen, fünf grundlegende Prinzipien der Auslegung. Den ersten Schlüssel haben Sie sich bereits angeeignet:

Inhalt

Es gibt eine direkte Ursache-Wirkung-Beziehung zwischen dem Inhalt und der Bedeutung eines Textes. Der Inhalt ist das Rohmaterial, die Informationsgrundlage, mit der Sie den Text auslegen. Und aufgrund Ihrer Vorarbeit bei der Beobachtung wissen Sie schon einiges darüber, wie man sich den Inhalt einer Stelle vergegenwärtigt.

Erinnern Sie sich, daß Sie auf Begriffe, Struktur, literarische Form und Stimmung geachtet haben. Sie haben einige grundlegende Fragen an den Text gestellt: wer, was, wo, wann, warum, weshalb. Sie haben nach Dingen Ausschau gehalten, die betont, wiederholt, verbunden, ähnlich, verschieden und lebensnah sind.

Kurz gesagt, Sie haben den Text mit einer Vielfalt von Untersuchungsmethoden bombardiert, um die Frage: Was sehe ich? zu beantworten. Wenn Sie Ihre Aufgabe gut erledigt haben, haben Sie den Inhalt des Textes aufgedeckt. Mit anderen Worten: Sie haben die Frage beantwortet, Sie wissen jetzt, was der Autor sagen wollte.

Deshalb habe ich so sehr betont: Je mehr Zeit Sie auf die Beobachtung verwenden, desto weniger Zeit werden Sie mit der Auslegung verbringen müssen, und desto genauer werden Ihre Ergebnisse sein. Je weniger Zeit Sie auf die Beobachtung verwenden, desto länger werden Sie sich mit der Auslegung beschäftigen müssen, und desto ungenauer werden Ihre Ergebnisse sein.

Was Sie also bei der Beobachtung tun, wird den grundlegenden Inhalt ergeben, aus dem Sie die Bedeutung des Textes auslegen werden.

Aber brechen Sie hier nicht ab. Gott hat uns vier weitere Schlüssel gegeben, um sein Wort aufzuschließen.

Versuchen Sie es selbst

In diesem Kapitel haben wir den ersten von fünf Schlüsseln zur Auslegung angeschaut: Inhalt. Ich schlage also vor, daß Sie ein umfangreiches Studium beginnen, das über die nächsten fünf Kapitel hinweg fortgesetzt werden soll. Der Abschnitt, den Sie betrachten sollen, ist Daniel 1 - 2, eine der lehrreichsten Stellen für einen Gläubigen heute, insbesondere wenn man im kaufmännischen Bereich tätig ist.

Beginnen Sie damit, sich den Inhalt von Daniel 1 - 2 anzuschauen. Gebrauchen Sie dabei alle Werkzeuge, die ich bereits früher in diesem Buch besprochen habe. Bedenken sie, daß sich Ihre Arbeit in dieser Phase entscheidend darauf auswirkt, was Sie später auslegen werden. Ihre Beobachtungen bilden eine Informationsgrundlage, auf der die Auslegung des Textes aufbauen wird.

Nehmen Sie sich für den ersten Blick auf Daniel 1 - 2 so viel Zeit, wie nur möglich, und beantworten Sie die Fragen des selektiven Lesens: Wer?, Was?, Wo?, Wann?, Warum?, Weshalb?

31

ZUSAMMENHANG

Ich möchte Sie an dieses altbekannte, einfache Lied erinnern:

> Das Knie hängt an dem Oberschenkel,
> der Oberschenkel an der Hüfte,
> die Hüfte hängt an der Wirbelsäule,
> und jetzt hör auf das Wort des Herrn!

Das ist primitive Diagnostik, aber gute Methodik. Es diagnostiziert die Verbundenheit der Gliedmaßen untereinander, alles hängt zusammen. Es ist eine Einheit.

So ist es auch mit der Bibel. Die Bibel ist eine Sammlung von sechsundsechzig Büchern, aber sie sind ein zusammenhängendes Ganzes, eine Einheit. Und genau dies ist das Prinzip, aus dem sich der zweite Schlüssel der Auslegung der Bibel ableitet:

Zusammenhang

Was meine ich mit Zusammenhang? Zusammenhang weist hin auf das, was vorher steht und auf das, was nachher folgt.

Ich denke, daß jeder, der schon einmal mit der Presse zu tun hatte, um die Bedeutung des Zusammenhangs weiß. Eines Tages besuchte ich die Dallas Cowboys in ihrem alten Trainingslager in Thousand Oaks, Kalifornien. Roger Staubach, ein wichtiger Spieler in der Angriffsformation, erklärte sich zu einem Interview mit einem Sportmagazin bereit, und ich saß während der Sitzung mit ihm im gleichen Raum.

Ich hörte jedes Wort, das Roger sagte. Als ich aber in der nächsten Monatsausgabe den Artikel las, konnte ich es kaum fassen. Eine ganze Reihe seiner Aussagen waren völlig aus dem Zusammenhang gerissen und auf eine Weise wiedergegeben, die ihre ursprüngliche Bedeutung völlig verzerrte. Es wurden Roger Dinge unterstellt, die er nie gesagt hatte.

Man kann das gleiche auch mit Gottes Wort tun. Im Grunde geht die Entstehung jeder größeren Sekte auf die Mißachtung dieses Prinzips des Zusammenhangs zurück. Ich erwähnte die beiden Männer, die mich wegen ihrer religiösen Überzeugung besucht haben (Kapitel 28). Sie verzerrten den Text der Schrift. Ein Großteil dieser Art von Irrlehren könnte jedoch schon korrigiert werden, wenn man nur einfach fragt: „Würden Sie bitte die vorhergehenden oder die folgenden Verse lesen?"

Ich wünschte, ich hätte dies bereits als kleiner Junge gewußt. Ich war oft im Haus eines kleinen Mädchens zu Besuch, mit dem ich gerne spielte, weil es so leicht zu erschrecken war (Kleine Jungen erschrecken mit Vorliebe kleine Mädchen). In diesem Haus gab es ein uraltes Wohnzimmer, in dem die Vorhänge immer zugezogen waren, da dieser Raum nur selten benutzt wurde. Ich versteckte mich am liebsten hier, besonders hinter dem Sofa, wenn sie mich suchte. Wenn sie dann endlich hereinkam, sprang ich auf und schrie: „Huh!", und sie erschreckte sich jedesmal fast zu Tode.

Wenn in mich in diesem Wohnzimmer versteckte, lugte ich ab und zu mit meinem Kopf hervor und schaute mich um. An der Wand hing ein Plakat mit dem Spruch: „Bewirkt euer Heil mit Furcht und Zittern!" Ich hatte das sichere Gefühl, daß dies ein Zitat aus der Bibel war. Ich war zutiefst erschrocken und dachte: *Wenn das wahr ist, dann gibt es keine Hoffnung für mich. Ich werde es nie schaffen.*

Ich hatte richtig geraten. Es war ein Vers aus der Bibel. Es ist der letzte Teil von Philipper 2,12. Ich lag aber nicht richtig mit meinem Verständnis dieser Stelle, daß Errettung grundsätzlich durch Werke geschieht. Leider lesen viele den Vers, wie ich ihn gelesen habe, und kommen zu demselben falschen Schluß. Erst viele Jahre später entdeckte ich, was der nachfolgende Vers sagt: „Denn Gott ist es, der in euch wirkt sowohl das Wollen als auch das Wirken zu seinem Wohlgefallen" (Vers 13). Das stellt Vers 12 in ein ganz anderes Licht.

Erinnern Sie sich, daß unsere Beobachtung von Apostelgeschichte 1,8 ähnlich verlief? Wir hatten den Absatz mit Vers 8 begonnen, und weil der Vers mit einem „aber" beginnt, einem Vergleich, waren wir gezwungen zurückzugehen, um den vorhergehenden Zusammenhang zu ermitteln. Dort entdeckten wir, wie die Jünger an Jesus eine Frage über das Reich richteten. Es stellte sich heraus, daß Vers 8 ein Teil seiner Antwort war.

Wir entdeckten aber auch, daß direkt nach Vers 8 die Himmelfahrt folgt. Und das hatte eine erhebliche Auswirkung auf unser Verständnis von Vers 8. Was Jesus dort sagte, stellte sich als seine letzten Worte hier auf der Erde heraus. Und natürlich sind letzte Worte gewichtige Worte. In einem solchen Zusammenhang werden seine Zuhörer nie vergessen, was geschah und was Jesus gesagt hat. Seine Worte mußten sie einfach zum Handeln veranlassen.

Wenn Sie also einen Vers studieren, einen Absatz, einen Abschnitt oder gar ein ganzes Buch - ziehen Sie immer die Nachbarschaft dieses Verses, Absatzes, Abschnittes oder Buches zu Rate. Wenn Sie den Weg aus den Augen verlieren, klettern Sie auf den Baum des Zusammenhangs, und verschaffen Sie sich einen Überblick.

31. Zusammenhang

Verschiedene Arten von Zusammenhängen

Es gibt verschiedene Arten von Zusammenhängen. Jede von ihnen wirft ein anderes Licht auf die jeweilige Stelle, die Sie gerade betrachten.

Literarischer Zusammenhang
In dem Beispiel von Apostelgeschichte 1,8 in Kapitel 6 entdeckten wir einen literarischen Zusammenhang, das heißt, die Worte vor und nach Vers 8. Der literarische Zusammenhang eines Verses ist immer der jeweilige Absatz, zu dem er gehört, der Abschnitt, zu dem wieder der Absatz gehört, und das Buch, von dem der Abschnitt ein Teil ist. Und die Einheit der Schrift vorausgesetzt, besteht der letzte Zusammenhang eines einzelnen Buches in dem ganzen Buch der Bibel.

Geschichtlicher Zusammenhang
Anders ausgedrückt: Wann geschieht das? Wohin gehört diese Stelle im Rahmen der allgemeinen Geschichte? Was geschah in der Welt zum gleichen Zeitpunkt? Was waren die sozialen, politischen und technologischen Bedingungen für den Schreiber und für die, an welche er schrieb?

Kultureller Zusammenhang
Kultur hat einen erheblichen Einfluß auf alle Formen der Kommunikation, und die Kulturen der biblischen Zeiten hatten einen nicht zu unterschätzenden Einfluß auf die Entstehung der Bibel. Je mehr Sie also über die alten Kulturen wissen, desto mehr Einsicht werden Sie in den Text bekommen. Weil dies sehr wichtig ist, werde ich in Kapitel 33 darauf ebenso zurückkommen wie auf die Angelegenheit des geschichtlichen Zusammenhangs.

Geographischer Zusammenhang
Geographie ist ein faszinierendes Thema, das einen unglaublich wichtigen Einfluß auf die Auslegung der Schrift hat.

In Markus 4 untersuchten wir zum Beispiel das Wunder der Sturmstillung. Ich habe Sie über die geographischen Eigenschaften um den See von Galiläa herum, die solche Stürme wie diesen hervorbringen, informiert. Wenn man über solche Informationen verfügt, erhält der Bericht des Markus eine gewaltige

Aussagekraft und einen ungeheuren Realismus. Dies gibt uns auch einen Hinweis darauf, wie heftig dieser besondere Sturm gewesen sein muß; er versetzte diese Fischer, die ein Leben lang Stürme auf diesem See miterlebt hatten, in Angst und Schrecken.

Die Untersuchung des geographischen Zusammenhangs beantwortet Fragen wie folgende: Wie war das Gelände beschaffen? Wie war das Wetter? Wie weit ist diese Stadt von anderen Orten entfernt, die im Text erwähnt werden? Welche Verkehrsrouten benutzten diese Menschen? Wie groß war die Stadt? Wie war diese Stadt angelegt? Wofür war dieser Ort bekannt?

In Kapitel 34 werde ich einige Quellen nennen, wie z. B. Atlanten, die Sie zu Rate ziehen können, wenn Sie den geographischen Zusammenhang untersuchen.

Theologischer Zusammenhang
Die Frage lautet hier: Was wußte der Autor über Gott? In welcher Beziehung standen seine Leser zu Gott? Wie beteten sie Gott zu dieser Zeit an? Zu welchen Schriften hatten der Schreiber und seine Zuhörer Zugang? Welche anderen Religionen und Weltanschauungen waren um Einfluß bemüht?

Eine andere zentrale Frage lautet hier: Wohin gehört diese Stelle in bezug auf den Entstehungsprozeß der Heiligen Schrift? Sehen Sie, die Bibel wurde nicht als fertiges Produkt vom Himmel geworfen. Es dauerte mehrere tausend Jahre, bevor sie vollständig zusammengestellt war. Und im Laufe dieser Zeitspanne offenbarte Gott den Autoren mehr und mehr von seiner Botschaft.

Können Sie sich vorstellen, mit einer Gruppe von Freunden zu einem Essen zu gehen, bei dem Sie im Haus einer Person den Aperitif einnehmen, im nächsten Haus den Salat und wieder woanders das Hauptgericht? Sie gehen von einem zum anderen, bis Sie eine vollständige Mahlzeit eingenommen haben. Nun, einen ähnlichen Weg hat die Bibel hinter sich gebracht, wir bezeichnen es auch als „fortschreitende Offenbarung". Über einen langen Zeitraum hinweg enthüllte Gott die Wahrheiten seines Wortes.

Es ist wichtig, den genauen Ort Ihrer Stelle im Entstehungsprozeß der Schrift ausfindig zu machen. Wenn Sie Noah im ersten Buch Mose studieren, dann befinden Sie sich vor den Zehn Geboten, vor der Bergpredigt und vor Johannes 3,16. Noah besaß nicht ein Stück des biblischen Textes, mit dem er hätte arbeiten können. Was sagt Ihnen das also, wenn Sie lesen: „Noah aber fand Gunst in den Augen des HERRN!" (1. Mose 6,8)?

Eine der hilfreichen Quellen, die Sie zu Rate ziehen können, wenn Sie den theologischen Zusammenhang untersuchen, ist ein Kommentar. Ich werde in Kapitel 34 mehr über Kommentare sagen.

31. Zusammenhang

Versuchen Sie es selbst

Im letzten Kapitel haben Sie damit begonnen, Daniel 1 - 2 zu studieren. Sie haben den Inhalt untersucht und besonders auf die Fragen: Wer?, Was?, Wo?, Wann?, Warum?, Weshalb? geachtet. Ihre Beobachtungen bei dieser Übung haben Ihnen Grundlageninformationen gegeben, die es Ihnen ermöglichen, den Text auszulegen.

Nun ist es an der Zeit, den Zusammenhang unter die Lupe zu nehmen. Weil Daniel 1 der Beginn des Buches ist, müssen Sie zurückgehen und 2. Könige 24 - 25 und 2. Chronik 36 lesen, um den vorhergehenden Zusammenhang festzustellen. Dann schauen Sie sich die folgenden Kapitel des Buches Daniel an und stellen Sie fest, was nach den beiden ersten Kapiteln geschieht.

32

VERGLEICH

Wir kennen alle die protestantische Reformation. Eine ihrer Grundsätze lautete *sola scriptura* - die Schrift allein ist unsere letzte Autorität für Glaube und Leben. Dies führte zu einer entscheidenden Entwicklung in der Geschichte des Christentums: dem Recht auf eigene Auslegung. Die Reformation brachte zusammen mit der Gutenberg-Bibel die Schrift zurück in die Hände des Laien. Trotzdem gilt, wie R. C. Sproul treffend bemerkte:

> „Eigene Auslegung meint nie, daß einzelne das Recht haben, die Schrift zu verdrehen. Mit dem Recht auf eigene Auslegung hat man die ernste Verantwortung für eine genaue Auslegung. Eigene Auslegung gestattet uns auszulegen, aber nicht zu verdrehen."[11]

Wie kann man es vermeiden, Gottes Wort zu verdrehen? Wir haben bereits zwei Schlüssel kennengelernt, die die Tür zu einer genauen Auslegung aufschließen können - Inhalt und Zusammenhang. Nun kommen wir zum dritten Schlüssel, der vielleicht die beste Absicherung gegen Verdrehung bedeutet:

Vergleich

Beim Vergleich vergleichen wir die Schrift mit der Schrift. Und dies bietet ein hohes Maß an Sicherheit, weil der beste Ausleger der Schrift die Schrift selbst ist.

Donald Grey Barnhouse pflegte es so auszudrücken: „Man muß sehr selten aus der Bibel hinausgehen, um etwas in der Bibel zu erklären." Das ist sehr aufschlußreich, weil dieses Zitat von einer Person stammt, die unglaublich belesen war und die es verstand, eine Vielfalt von Sekundärliteratur zu verwenden. Er hatte aber begriffen, daß das Wort Gottes den Vorrang hat. Er erkannte, je mehr man die Schrift mit der Schrift vergleicht, desto mehr wird die Bedeutung der Bibel offenbar. Ihre einzelnen Teile gewinnen an Bedeutung im Lichte des Ganzen.

---

[11] R. C. Sproul, *Knowing Scripture*, Downers Grove, Ill.: InterVarsity 1977, Seite 35-36.

32. Vergleich

Beachten Sie die Tatsache, daß trotz vierzig verschiedener menschlicher Autoren die sechsundsechzig Bücher der Bibel letztendlich das Produkt eines Hauptautors, des Heiligen Geistes sind, der für die Zusammenstellung der gesamten Botschaft der Bibel verantwortlich war. Sein Buch ist eine Einheit. Es hat einen Zusammenhang.

Der Wert einer Konkordanz

Das Vergleichen macht es notwendig, eine Konkordanz zur Hand zu nehmen. Eine Konkordanz ist ein Werkzeug, das Sie befähigt, Begriffe und Gedanken von einem Buch der Bibel zum nächsten zu verfolgen. Wenn Sie eine Konkordanz verwenden, können Sie Dinge miteinander in Verbindung bringen, die im Text isoliert erscheinen. Sie gewinnen dann in Verbindung zueinander an Bedeutung. Ich möchte Ihnen dazu einige Beispiele geben.

„Glauben"
Das Wort *Glauben* ist einer der wichtigsten Begriffe der Bibel. Es wird aber unterschiedlich verwendet. Wenn Sie es in einer Konkordanz nachschlagen, werden Sie herausfinden, daß es besonders im Johannesevangelium auffällt (siehe Seite 253). In Johannes 2,23-25 lesen wir zum Beispiel:

> „Als er (Jesus) aber zu Jerusalem war, am Passah, auf dem Fest, *glaubten* viele an seinen Namen, als sie seine Zeichen sahen, die er tat. Jesus selbst aber vertraute sich ihnen nicht an (oder *glaubte* ihnen nicht), weil er alle kannte und nicht nötig hatte, daß jemand Zeugnis gebe von dem Menschen; denn er selbst wußte, was in dem Menschen war." (kursiv und Text in Klammern hinzugefügt)

Sehen Sie, sie „glaubten" oberflächlich auf Grund der Zeichen. Es war aber offensichtlich, daß Jesus sie tat; diese Tatsache war allen bekannt. Aber Tatsachen allein erretten nicht. Sie sind eine wichtige Grundlage für Errettung, aber jemand muß *glauben*, das heißt, die Wahrheit aufnehmen und diese Tatsachen auf einer persönlichen Ebene anwenden.

Lassen Sie mich an einem Beispiel verdeutlichen, wie Johannen den Begriff Glauben hier verwendet. Nehmen wir an, Sie kommen zu mir und sagen: „Professor, ich möchte eigentlich gar nicht darüber reden, aber ich leide an einer tödlichen Krankheit."

Wir reden eine Weile darüber, und nachdem ich einiges mehr über Ihre Situation erfahren habe, sage ich zu Ihnen: „Ich habe eine großartige Nachricht für Sie. Ich habe einen Freund in Houston, der Arzt ist. Er hat gerade ein erprobtes Heilmittel für diese Krankheit entdeckt. Wenn Sie zu ihm in die

Sprechstunde gehen, garantiere ich Ihnen, daß Sie völlig geheilt werden."

Sie sagen: „Das ist ja wunderbar!"

„Glauben Sie mir?" frage ich.

„Gewiß!" antworten Sie.

Daraufhin nehme ich Ihre Hand, schüttele sie und sage zu Ihnen: „Sie sind geheilt."

Natürlich werden Sie jetzt denken, daß ich nicht ganz klar im Kopf bin. Es spielt keine Rolle, wieviel Informationen Sie über einen Arzt in Houston haben, der ein Heilmittel für Ihre Krankheit hat. Es wird Ihnen nicht nützen. Davon allein können Sie nicht gesund werden. Sie müssen hingehen. Sie müssen sich seiner Behandlung unterziehen. Sie müssen in den Genuß dieser Medizin kommen, die er verschreibt.

Das ist der Zusammenhang zwischen Tatsachen und Glauben im Johannesevangelium. Jesus wußte dies. Deshalb sagt Johannes in Vers 25: „Denn er selbst wußte, was in dem Menschen war." Genaugenommen gibt uns Johannes in Kapitel 3 und 4 dazu drei interessante Beweisstücke vom Wissen des Herrn über das, was „in dem Menschen ist": Nikodemus (3,1-21), die Frau am Jakobsbrunnen in Samaria (4,1-42) und der königliche Beamte (4,46-54).

„Ausrüsten"

Ein zweites Beispiel von vergleichendem Bibelstudium finden wir im Epheserbrief, ein faszinierendes Buch, das uns sagt, wie man ein himmlisches Leben in einer verdorbenen Welt führen kann. Wenn Sie es lesen, werden Ihnen zwei bemerkenswerte Verse auffallen:

> „Und er (Jesus) hat die einen als Apostel gegeben und andere als Propheten und andere als Evangelisten und andere als Hirten und Lehrer, zur *Ausrüstung* der Heiligen für das Werk des Dienstes, für die Erbauung des Leibes Christi." (4,11-12; kursiv hinzugefügt)

Sollte man in diesen Versen irgendwelchen Begriffen nachforschen? Ja, ein wichtiger Begriff lautet „Ausrüstung". Wie wird dieses Wort verwendet? Nehmen Sie Ihre Konkordanz zur Hand, und schlagen Sie es nach. Sie werden drei Dinge entdecken:

1. Das Wort *Ausrüstung* wird verwendet für das Flicken von Netzen. Fischer, wie die Jünger sie waren, haben damals die ganze Nacht gefischt. Ihre Netze waren nach der Arbeit oft an vielen Stellen zerfetzt. Morgens gingen sie also daran, sie zu flicken (wörtlich: „ausrüsten"), damit sie am nächsten Abend wieder eingesetzt werden konnten. Welch ein schöner Ausdruck für das, wozu Hirten und Lehrer berufen sind. Wenn man in dieser Welt lebt, werden die Netze der Menschen zerrissen. Die Arbeit eines Hirten ist es zu helfen, sie wieder zusammenzuflicken oder „auszurüsten".

32. Vergleich

2. Aber das gleiche Wort wird verwendet für das Einrichten von Knochenbrüchen. Es ist ein medizinischer Begriff. Ein Knochen ist gebrochen. Was macht der Arzt? Er renkt die beiden Teile wieder ein, damit sie heilen können. Er „rüstet sie aus". Er fügt sie wieder zusammen, damit sie nach dem Heilungsprozeß ihre ursprüngliche Festigkeit wiedergewinnen. Genau das gleiche geschieht in unserem Leben. Es ist unmöglich, ein Leben in dieser Welt zu führen, ohne zerbrochen zu werden. Wir leben in einer zerbrochenen Gesellschaft. Also müssen wir unter Gottes Wort kommen, zu jemandem, der uns „ausrüstet", der die gebrochenen Gliedmaßen wieder zusammenfügen kann.

3. Das Wort wird aber auch verwendet für ein Schiff, das man für eine Reise ausrüstet. Stellen Sie sich ein Schiff vor, das darauf vorbereitet wird, das Mittelmeer zu überqueren. Es gibt keine Einkaufszentren da draußen. Also muß die Mannschaft alles, was sie brauchen wird, bis sie ihr Ziel erreicht hat, an Bord nehmen. Dieses Bild berührt mich, weil gutes Predigen und Lehren über das Wort die Menschen für ihre Reise durchs Leben ausrüsten sollte. Es sollte sie „ausrüsten", damit sie Kenntnis davon haben, wenn sie draußen in der Geschäftswelt sind, wenn sie in einer Krise stecken und wenn sie wirklich darauf angewiesen sind, Gottes Gedanken zu kennen. Jemand hat sie „ausgerüstet", das zu sein und das zu tun, was Gott will.

Mose

Vergleichendes Studium geht viel weiter, als nur Begriffe zu studieren. Nehmen wir an, sie wollen eine bestimmte Person in der Schrift studieren. Ich empfehle Ihnen so etwas sehr. Biographische Studien sind eine faszinierende Angelegenheit. Nehmen wir einmal an, daß Sie von dem Leben Moses gefesselt sind. Ich schlage vor, Sie holen sich eine Konkordanz herbei und schlagen unter Mose nach.

Als erstes ist ganz offensichtlich das meiste über sein Leben im zweiten Buch Mose zu finden. Das bedeutet, daß Sie das zweite Buch Mose intensiv studieren müssen, um festzustellen, wie seine Geschichte begann. Sie werden mit Interesse seine bemerkenswerten Eltern studieren wollen, die ihn vor dem Pharao versteckt haben, so daß er schließlich der größte Führer des Volkes Israel werden konnte.

In Ihrer Konkordanz werden Sie aber auch entdecken, daß in Apostelgeschichte 7 etwas über Mose geschrieben steht. Sie werden dort sogar einige sehr aufschlußreiche Informationen über diesen Mann finden, die uns der Heilige Geist mitgeteilt hat. Jemand, der die Person des Mose studieren will und nicht auch Apostelgeschichte 7 dazu liest, der versäumt etwas Entscheidendes.

Mose wird auch in Hebräer 11 erwähnt. Tatsächlich nimmt er sogar mehr Platz in dieser Ahnengalerie des Glaubens ein, als jede andere der dort erwähnten Personen. Sie werden an dieser Stelle sein Leben aus der Sicht Gottes beschrieben finden. Wie denkt Gott über ihn? Was stellt er als bedeutsam im Leben Moses heraus?

In Kapitel 34 werde ich mehr über Konkordanzen mitteilen. Wenn Sie Gottes Wort studieren, nehmen Sie immer auch den Schlüssel des Vergleichs zur Hand. Halten Sie daran fest, Dinge auf diese Weise miteinander zu verbinden. Dann werden Sie ein voll und ganz abgerundetes Verständnis der Schrift gewinnen.

Versuchen Sie es selbst

Inzwischen sollten Sie sich bereits den Inhalt und Zusammenhang von Daniel 1 - 2 angeschaut haben. Ist Ihnen schon einiges klar geworden von dem, was in dieser Geschichte vor sich geht? Welche Fragen sind aus Ihrem Bibelstudium hervorgegangen?

Vielleicht werden Sie einige davon beantworten können, wenn Sie den Text ein wenig mit anderen Teilen der Schrift vergleichen. Benutzen Sie Ihre Konkordanz, und schlagen Sie die folgenden vier Dinge nach, die alle wichtig zum Verständnis dieser Stelle sind. Sehen Sie zu, was Sie von anderen Stellen der Schrift her über sie in Erfahrung bringen können.

- Daniel
- Nebukadnezar
- Babel
- Träume

32. Vergleich   **243**

Die Kuh

Ich bekam irgendwann den zu Herzen gehenden Aufsatz eines zehnjährigen Schülers in die Hand. Er enthält einige richtige Beobachtungen, aber auch falsche Deutungen. Andererseits enthält er einige richtige Deutungen, jedoch mit falschen Beobachtungen. Hier ist wiedergegeben, was das Kind geschrieben hat:

„Die Kuh ist ein Säugetier. Sie hat sechs Seiten. Rechts, links, eine obere und eine untere. Hinten hat sie einen Schwanz, an dem eine Bürste hängt. Mit dieser jagt sie die Fliegen weg, damit sie nicht in die Milch fallen. Der Kopf ist zum Wachsen der Hörner da und damit der Mund irgendwo sein kann. Die Hörner sind zum Stoßen da und der Mund zum Muhen. Unter der Kuh hängt die Milch. Sie ist dort für das Melken angebracht. Wenn man die Kuh melkt, kommt die Milch, und es gibt nie ein Ende von dem Vorrat. Wie die Kuh das macht, habe ich noch nicht herausgefunden. Die männliche Kuh wird Ochse genannt. Er ist kein Säugetier. Die Kuh ißt nicht viel, aber was sie ißt, ißt sie zweimal, damit sie genug bekommt. Wenn sie hungrig ist, muht sie, und wenn sie nichts sagt, liegt es daran, daß ihr Inneres voll mit Gras ist."

Wie Sie sehen, kommt es sehr darauf an, bei der Auslegung mit großer Sorgfalt vorzugehen. Wir müssen sicher sein, daß unsere Beobachtungen zutreffend sind, wenn wir eine solide Grundlage für genaues Auslegen haben wollen.

33

Kultur

Ich war einmal bei einem Mann zu Gast, der in San Franzisco wohnte. Er war Importeur von äußerst feiner orientalischer Spitze. Als wir eines Abends sein Haus verließen, fiel mir ein kleiner Tisch in der Vorhalle an der Eingangstür auf. Meine Aufmerksamkeit erregte aber nicht der Tisch, sondern die Spitze, die darauf lag.

Ich bemerkte dazu: „Die ist aber wunderschön!"

Mein Gastgeber schnitt eine Grimasse und rief: „Das ist doch bloß Trödelkram! Ich habe meiner Frau schon so oft gesagt, daß sie das dort wegnehmen soll."

Überrascht fragte ich ihn: „Wie können Sie gute Spitze von minderwertigem Material unterscheiden?"

Er zwinkerte mit den Augen und sagte: „Wenn wir zurückkommen, werde ich es Ihnen zeigen."

Sie können mir glauben, daß ich die folgende Demonstration nicht vergessen habe. Als wir zurückkamen, nahm er mich mit in ein Zimmer, in dem ein großer schwarzer Tisch stand, der mit einer starken Lampe ausgestattet war. Er warf ein schweres Stück orientalischer Spitze auf den Tisch und begann, mir Unterricht zu geben, wie man den Unterschied zwischen feiner Spitze und minderwertigem Material erkennen kann. Dabei erklärte er mir folgendes: „Man wird niemals einen Begriff von kostbarer, hervorragender Spitze bekommen, solange man sie nicht auf einem dunklen Hintergrund betrachtet und ein helles Licht darauf wirft."

Später dachte ich: *Das ist ein Wink für mein Bibelstudium.* Man muß das Bibelwort auf dem richtigen Hintergrund sehen, mit dem richtigen Licht beleuchten, um seine Bedeutung zu erfassen. In Kapitel 31 erkannten wir die Bedeutung des Zusammenhangs in bezug auf den Auslegungstext - achtgeben auf das, was vor und nach der Stelle kommt, die man gerade studiert. Auf die gleiche Weise gilt es achtzugeben auf den kulturellen und geschichtlichen Hintergrund - die Umstände, die zum Aufschreiben des Textes geführt haben, den Einfluß, den sie auf den Text hatten und was aufgrund der Botschaft des Textes geschehen ist. Dies ist also der vierte Schlüssel, um zu einer genauen Auslegung der Schrift zu gelangen.

33. Kultur

Kultur

Lassen Sie mich anhand einiger Beispiele zeigen, was ich mit kulturellem Hintergrund meine.

Rut
Das alttestamentliche Buch Rut ist eine wunderbare Geschichte von Liebe und Wagemut. Die meisten übersehen aber die Tatsache, daß die Ereignisse in der Zeit der Richter stattgefunden haben, einer dunklen Zeit in der Geschichte Israels. Es liegt daran, weil sie es versäumen, Richter 21,25 zu lesen, eine Stelle, die den Hintergrund von Rut 1,1 erhellt. Sie zeigt, daß die Nation tief im Pfuhl der Sünde steckte. Es war eine Zeit in der kulturellen Entwicklung Israels, in der sie sozusagen nicht zwischen Kanal Nr. 5 und Kloake Nr. 9 unterscheiden konnten. Wenn man den Bericht liest, muß man sich dann nicht wundern, daß überhaupt jemand Gott in dieser Zeit treu war?

Die Antwort darauf? Schauen Sie in das Buch Rut. Es ist wie ein Lichtstrahl mitten in diese finstere Zeit hinein. Es ist wie eine schöne Lilie in einem verfaulten Teich. Hier begegnet man sympathischen Menschen, die dem Herrn treu bleiben, obwohl sie inmitten der Abtrünnigkeit leben.

Und doch habe ich aufgrund einiger Passagen in dieser Geschichte gehört, daß manche Leute hämische Bemerkungen darüber machen. Jemand sagte mit einem anzüglichen Grinsen zu mir: „Dies ist ein ziemlich freches Buch, nicht wahr? Ein bißchen sexy."

Ich dachte nur: *Mein lieber Freund, das ist mehr ein Kommentar über dich selbst als über das Buch Rut.*

Sehen Sie, dieser Mensch gab mir seine wahre Natur zu verstehen. Er zeigte mir, daß er vom Anfang bis zum Ende keine Ahnung von den kulturellen Zusammenhängen hatte, in der das Buch Rut seinen Platz hat. Wenn Sie zurückgehen und die Gebräuche studieren, die es beinhaltet, dann werden Sie aus dem Zusammenhang heraus erkennen, daß ein hoher moralischer Maßstab gültig war. Es ist nichts Billiges daran. Dies ist kein minderwertiger Groschenroman, den Sie hier zu lesen bekommen. Es ist eine hochstehende Form von Literatur, sowohl dem Inhalt nach als auch in der Frage der Moral.

Aber sowohl hier als auch anderswo lesen wir die Bibel leider oft nach den Maßstäben unserer eigenen Kultur, wie durch eine Brille, die den Zusammenhang verzerrt darstellt. Kein Wunder, wenn wir mit diesem Abschnitt nichts anfangen können.

Das letzte Abendmahl
Ein klassisches Beispiel für diese Tendenz ist Leonardo da Vincis Meisterwerk *Das letzte Abendmahl*. Es ist ohne Zweifel ein außerordentliches Kunstwerk.

Aber es wäre kaum geeignet dazu, Auskunft darüber zu geben, wie sich das letzte Abendmahl wirklich abgespielt hat. Es gibt ein verzerrtes Bild des Schauplatzes wieder - im Grunde nur die Vorstellung, die man im 15. Jahrhundert davon hatte.

Zunächst läßt Leonardo Jesus und seine Jünger am Tisch sitzen. Zur Zeit Christi saß man jedoch nicht zu Tisch, sondern man lag. Man lag auf sofaähnlichen Möbeln und stützte sich dabei auf seinen Ellbogen. So behielt man die andere Hand frei zum Essen. Dies ist wichtig, wenn man bedenkt, daß Petrus den Johannes fragte: „Wer ist es, von dem er redet." (Johannes 13,24). Die übrigen Jünger konnten Petrus nicht hören. Warum nicht? Weil er sich zurücklehnen und Johannes sich vorbeugen mußte, so daß sich die beiden unterhalten konnten.

Leonardo läßt sie auch alle auf derselben Seite des Tisches sitzen wie bei einer Pressekonferenz. Sie sind so sorgfältig angeordnet, als ob jemand gesagt hätte: „Kommt, Jungs, wir setzen uns zusammen und lassen ein Gruppenfoto machen. Eine letzte Aufnahme, bevor Jesus uns verläßt." Wenn man aber den Bericht in der Bibel nachliest, wird einem sofort klar, daß dies nicht die Sitzordnung gewesen sein kann.

Eine andere interessante Besonderheit des Bildes besteht darin, daß Leonardo Fresken aus dem fünfzehnten Jahrhundert in den Hintergrund gemalt hat. Sie zeigen die Zeit Leonardos, nicht die des ersten Jahrhunderts. Und wenn Sie genau hinschauen, werden Sie bemerken, daß es im Bild Leonardos Tag ist. Nach der biblischen Erzählung aber fand das letzte Abendmahl am Abend statt und dauerte wahrscheinlich bis weit in die Nacht hinein.

Verstehen Sie mich nicht falsch. Als Gemälde besitzt *Das letzte Abendmahl* unermeßlichen Wert. Doch wenn die Leute dieses wunderschöne Kunstwerk betrachten, bekommen sie leider eine etwas fehlerhafte Auslegung einer Stelle der Schrift zu Gesicht. (Wenn sie allerdings wissen, wie man Kunst betrachtet, bekommen sie durchaus Einblick in diese Situation. Das ist eines der Merkmale guter Kunst.) Das Gebot der Genauigkeit verlangt von uns, daß jemand bereit dazu ist, in diese Zeit und ihre Kultur zurückzugehen, um herauszufinden, was wirklich damals los gewesen ist. In der Tat, wenn man den ursprünglichen Zusammenhang des letzten Abendmahls nicht versteht, dann kann man Leonardos Meisterwerk gar nicht richtig wertschätzen.

Psalm 24

Ich möchte Ihnen noch ein anderes Beispiel dazu vorstellen. Als ich ein kleiner Junge und in Philadelphia zur Schule ging, erhielten wir die Erlaubnis, in der Bibel zu lesen - aber nur fünf Psalmen. Einer davon war Psalm 24. Ich kann mich heute noch an die Worte dieses Psalm erinnern:

„Erhebt, ihr Tore, eure Häupter,
und erhebt euch, ihr ewigen Pforten,
daß der König der Herrlichkeit einziehe!
Wer ist dieser König der Herrlichkeit?
Der HERR, stark und mächtig!
Der HERR, mächtig im Kampf!
Erhebt, ihr Tore, eure Häupter,
und erhebt euch, ihr ewigen Pforten,
daß der König der Herrlichkeit einziehe!
Wer ist er, dieser König der Herrlichkeit?
Der HERR der Heerscharen,
er ist der König der Herrlichkeit!"
(Vers 7-10)

Ich las das und dachte: *Wovon in aller Welt ist hier die Rede?* Es ergab für mich keinen Sinn. (Deshalb hatte auch niemand etwas dagegen, daß wir diesen Psalm lasen; keiner hatte eine Ahnung, was er bedeutete.)

Einige Jahre später studierte ich das Leben Davids, und ich schaute mir dabei auch eine Karte von Palästina an. Die Geschichte teilt uns mit, daß er, bevor er König wurde und immer wenn er vom Süden des Landes zum Norden gehen wollte, an einer Stadt namens Jebus vorübergehen mußte. Jebus war eine alte Festung - ein Überbleibsel aus den Tagen Josuas, weil die Israeliten nie das verheißene Land vollständig eingenommen hatten, so wie es Gott ihnen geboten hatte.

Also immer wenn David an Jebus vorüberkam, erschienen die Verteidiger auf der Stadtmauer und verhöhnten ihn. „Hallo, David!" riefen sie, „wenn du König wirst, versuche nur nicht, diese Stadt einzunehmen. Wir werden Krüppel ans Tor stellen. Wir werden Blinde auf den Wachtturm stellen. Du wirst uns aber trotzdem nicht besiegen können."

Als David König wurde, hatte er diese Worte nicht vergessen. Er sagte zu seinen Kriegern: „Das erste, was wir tun werden, ist, Jebus auszuräumen."

Psalm 24 teilt uns mehr darüber mit. David besiegte Jebus und machte es zu seiner Hauptstadt Jerusalem (2. Samuel 5,3-10). Eine seiner ersten Taten als König war es dann, die Bundeslade nach Jerusalem zu bringen. Psalm 24 ist eine regelrechte Prozessionshymne, die er zusammen mit dem Volk sang, als die Bundeslade zur Stadt hinaufgebracht wurde: „Erhebt, ihr Tore, eure Häupter! Reißt die Mauern ein! Erweitert die Verschlüsse!"

Und die Mauern fragen so, als ob sie die alte Abneigung ihrer Verteidiger teilen: „Wer ist dieser König der Herrlichkeit, der verlangt, daß wir die Tore erweitern?" Prompt kommt die Antwort zurück: „Der Herr der Heerscharen, er ist der König der Herrlichkeit!"

Erkennen Sie jetzt, daß Psalm 24 erst richtig lebendig wird, wenn man auch den geschichtlichen Hintergrund versteht?

33. Kultur

1. Korinther 8
Ein letztes Beispiel ist 1. Korinther 8, wo Paulus das Problem des Verzehrens von Götzenopferfleisch behandelt - nicht gerade eines der wichtigeren Probleme, mit denen wir heute zu tun hätten. Doch als ich aus der Seminarveranstaltung kam, wo dieses Thema behandelt wurde, war ich überzeugt, daß ich mehr über Korinth und den Verzehr von Götzenopferfleisch wußte als jeder andere Mensch. Bis heute, auch nach vierzig Jahren Unterrichtstätigkeit, suche ich immer noch jemanden, der dieses Problem vielleicht hat. Wenn ich ihm jemals begegnen sollte, glauben Sie mir, ich bin darauf vorbereitet.

Ist deswegen 1. Korinther 8 für uns heute überflüssig? Wenn Sie meinen, daß dies zutrifft, dann haben Sie keine Ahnung von dem kulturellen Hintergrund, der hier eine Rolle spielt. Beachten Sie Vers 1: „Was aber das Götzenopferfleisch betrifft, so wissen wir, daß wir alle Erkenntnis haben." Und noch einmal schreibt Paulus in Vers 4: „Was nun das Essen von Götzenopferfleisch betrifft, so wissen wir, daß es keine Götzen in der Welt gibt."

Aber in Vers 7 erklärt er: „Die Erkenntnis aber ist nicht in allen." Also warnt uns Paulus, daß man in dieser Sache sehr vorsichtig sein muß. Warum? Hier kommt der kulturelle Zusammenhang ins Spiel. Ein bißchen Nachforschen enthüllt die Tatsache, daß das beste Fleisch in der Stadt für das Götzenopfer reserviert wurde. Es überrascht also nicht, daß die besten Fleischmärkte und Restaurants neben dem Tempel lagen. Wenn man also jemanden zum Essen ausführen wollte, mußte man ihn dorthin bringen.

Aber nehmen wir an, diese Person ist ein Neubekehrter. Wenn er nun aus einem heidnischen Hintergrund kam, wo man geopfert und Götzenopferfleisch verzehrt hatte? Und nun nötigen Sie ihn, das gleiche Fleisch zu essen - im Grunde führen Sie ihn damit zurück in die Zeit, bevor er Christ wurde. Was wird dann wohl in ihm vorgehen?

Paulus sagt deutlich, daß „wir wissen, daß es keine Götzen gibt", das heißt, daß Götzen keine wirkliche Macht besitzen; es sind falsche Götter. Aber darum geht es hier gar nicht. Es geht vielmehr darum, so zu handeln, wie es für den Bruder oder die Schwester in Christus am besten ist. Auch harmlose Handlungsweisen können für einen schwächeren Bruder, der noch ein unbelehrtes Gewissen hat, zu einer Quelle des Anstoßes werden.

Wenn wir Einblick in den kulturellen Zusammenhang gewonnen haben, dann hat uns 1. Korinther 8 auch heute noch etwas zu sagen. Gibt es irgendwelche Grauzonen in unserem modernen Leben? Gibt es irgendwelche Gewissensentscheidungen, in denen manche Christen frei sind, während andere daran Anstoß nehmen? Ich überlasse Ihnen die Antwort selbst. Wenn Sie aber meinen Rat dazu hören wollen, setzen Sie 1. Korinther 8 auf Ihre Bedarfsliste unbedingt zu lesender Texte.

Wenn Sie diese Stelle studieren - oder irgendeinen anderen Teil des Wortes Gottes -, vergessen Sie auf keinen Fall, den Hintergrund zu untersuchen. Stellen Sie den ursprünglichen kulturellen Zusammenhang wieder her. Denn dann und nur dann wird der Text lebendig werden.

Versuchen Sie es selbst

Was macht Ihr Studium über Daniel 1 - 2? Haben Sie mit Hilfe der Konkordanz brauchbare Hintergrundinformationen über Daniel, Nebukadnezar, Babel und Träume ermitteln können?

Dann sind Sie jetzt soweit, über den biblischen Text hinaus einige außerbiblische Quellen hinzuzuziehen, zum Beispiel ein Bibellexikon oder ein Handbuch zur Bibel. Sie werden sich diese vielleicht in Ihrer Gemeinde- oder Stadtbibliothek besorgen müssen. Einige Titel sind in den Literaturhinweisen am Ende dieses Buches angegeben.

Benutzen Sie eines oder beide Hilfsmittel, und schlagen Sie die vier Dinge nach, die Sie bereits innerhalb des biblischen Zusammenhangs studiert haben - Daniel, Nebukadnezar, Babel und Träume. Sehen Sie zu, welche zusätzlichen Informationen Sie bekommen können, die noch mehr Licht auf Daniel 1 - 2 werfen.

34

BERATUNG

Ich habe einen guten Freund, der Tischler ist. Genaugenommen ist er sogar Kunsthandwerker und unglaublich begabt in der Bearbeitung von Holz. Ich necke ihn ganz gerne, wenn er zu mir ins Haus kommt, weil er immer so viele Werkzeuge mit sich herumschleppt.

Eines Tages, als ich wieder einmal meine Späße darüber machte, antwortete er mir: „Mein lieber Professor, du mußt es doch eigentlich wissen. Je mehr Werkzeuge einer besitzt, ein desto besserer Tischler wird er wahrscheinlich sein."

Das gleiche gilt für das Bibelstudium. Sie können sehr weit kommen, allein, das heißt mit Ihren eigenen Augen und dem Bibeltext in der Sprache, die Sie sprechen. Sie werden aber noch viel weiter kommen, wenn Sie bei ihrem Studium auf einige Hilfsmittel („Werkzeuge") zurückgreifen. Deshalb ist der fünfte und letzte Schlüssel zur Auslegung:

Beratung

Beratung beinhaltet die Verwendung von Sekundärliteratur. Sie kann Licht auf den Text werfen und Ihnen helfen, aus dem, was Sie gerade betrachten, mehr Sinn zu machen.

Sehen Sie, wir wollen unbedingt vermeiden, daß wir im Verlauf des Studiums arrogant und überheblich werden, indem wir z. B. denken, daß wir alle Antworten gefunden hätten oder daß der Heilige Geist zu uns, aber nie zu anderen gesprochen hätte. Die Wahrheit ist doch, daß schon Tausende von Menschen vor uns diesen Weg gegangen sind. Und einige von ihnen haben wertvolle Hilfen hinterlassen. Sie sind wie Bergsteiger, die ihre Kletterhaken im Felsen steckenlassen, damit andere nach ihnen auch hinaufklettern können. Wenn Sie sekundäre Quellen verwenden, können Sie sich mit Hilfe der Beiträge anderer „hinaufschwingen".

Eine Warnung jedoch: Vergessen Sie nie die Reihenfolge. Erst den Text der Schrift, dann die sekundären Quellen. Wenn Sie sich mit Sekundärliteratur beschäftigen, ohne vorher den Bibeltext zu befragen, räumen Sie Gottes Wort einen geringeren Stellenwert ein. Deshalb brauchen Sie als erstes, bevor Sie sich irgendeine von den unten genannten Hilfsmitteln anschaffen, eine gute Studienbibel (siehe auch „Wie man eine geeignete Bibel auswählt", Seite 38). Fangen Sie damit an. Danach können Sie Ihre Bibliothek Stück für Stück erweitern.

Es gibt fünf besonders nützliche Hilfsmittel, die ich im Folgenden näher beschreiben möchte. Weitere sind am Ende des Buches unter „Zusätzliche Hilfsquellen" erwähnt. Diese fünf werden Ihnen aber helfen, den Anfang zu machen. Sie werden Ihnen wertvolle Hilfsmittel bei der Auslegung sein.

Konkordanz
Ich habe Konkordanzen bereits einige Male erwähnt. Neben einer Studienbibel ist es wahrscheinlich das „Werkzeug", auf das Sie auf keinen Fall verzichten sollten. Eine Konkordanz ist so etwas wie ein Inhaltsverzeichnis zur kompletten Bibel. Sie führt alle Wörter des Textes alphabetisch auf und verweist auf die Stellen in der Bibel, wo sie jeweils auftauchen, und fügt einige zusätzliche Worte aus dem Text, die den Zusammenhang deutlich machen, hinzu.

Es gibt viele nützliche Anwendungsmöglichkeiten für eine Konkordanz. Am gebräuchlichsten sind Wortstudien. Wir haben uns bereits in Kapitel 32 im Zusammenhang mit dem Vergleichen damit beschäftigt und werden mehr darüber im nächsten Kapitel erfahren.

Eine Konkordanz kann Ihnen helfen, eine Stelle zu finden, wenn Sie sich an die Stellenangaben nicht mehr erinnern können. Dies kommt immer wieder vor. Nehmen wir zum Beispiel an, Sie studieren den ersten Petrusbrief und lesen: „Denn ihr gingt in der Irre wie Schafe, aber ihr seid jetzt zurückgekehrt zu dem Hirten und Aufseher eurer Seelen" (2,25). Dies ist ein eindeutiger Hinweis auf Christus. Und irgendwo in Ihrem Kopf kommt Ihnen die Erinnerung, daß Jesus der gute Hirte genannt wird. Sie können sich aber nicht mehr erinnern, wo es steht. Sie schlagen also das Wort „Hirte" in Ihrer Konkordanz nach und finden einen Verweis auf Johannes 10,11: „Ich bin der gute Hirte." Hurra! Sie haben Ihre Stelle gefunden.

Was immer Sie auch tun, besorgen Sie sich eine vollständige Konkordanz, keine gekürzte. Nur eine vollständige Konkordanz führt wirklich jedes Wort des Bibeltextes auf und nennt jede Stelle, wo es in der Bibel vorkommt. Zwei wirklich gute Konkordanzen sind „Strongs's" und „Young's".[12] Jede bedeutende Übersetzung hat jedoch ihre eigene Konkordanz, und Sie sollten sichergehen, daß Sie sich eine Konkordanz anschaffen, die auch mit Ihrer Bibelübersetzung

---

[12] Im englischen Sprachraum gebräuchliche Konkordanzen. Sie enthalten neben Bibeltext und Stellenangabe auch einen Nummernschlüssel, der auf den jeweiligen Begriff in der hebräischen bzw. griechischen Sprache verweist. Auf diese Weise wird deutlich, wo der Übersetzung jeweils gleiche oder unterschiedliche Begriffe zugrundeliegen. Vergleichbares gibt es im deutschsprachigen Raum bisher nicht, ausgenommen die Elberfelder Studienbibel, die einen ähnlichen Ansatz anbietet; siehe auch Beschreibung im Anhang (Anm. d. dt. Hrsg.).

34. Beratung

übereinstimmt. Andernfalls schlagen Sie sonst Worte nach, die von der Übersetzung in Ihrer Bibel abweichen.

Wie ich schon sagte, ist eine Konkordanz wahrscheinlich das wichtigste Hilfsmittel für das Bibelstudium. Wenn Sie sonst gar nichts anderes haben, besorgen Sie sich wenigstens eine gute Konkordanz. Sie ist ihr Geld wert.

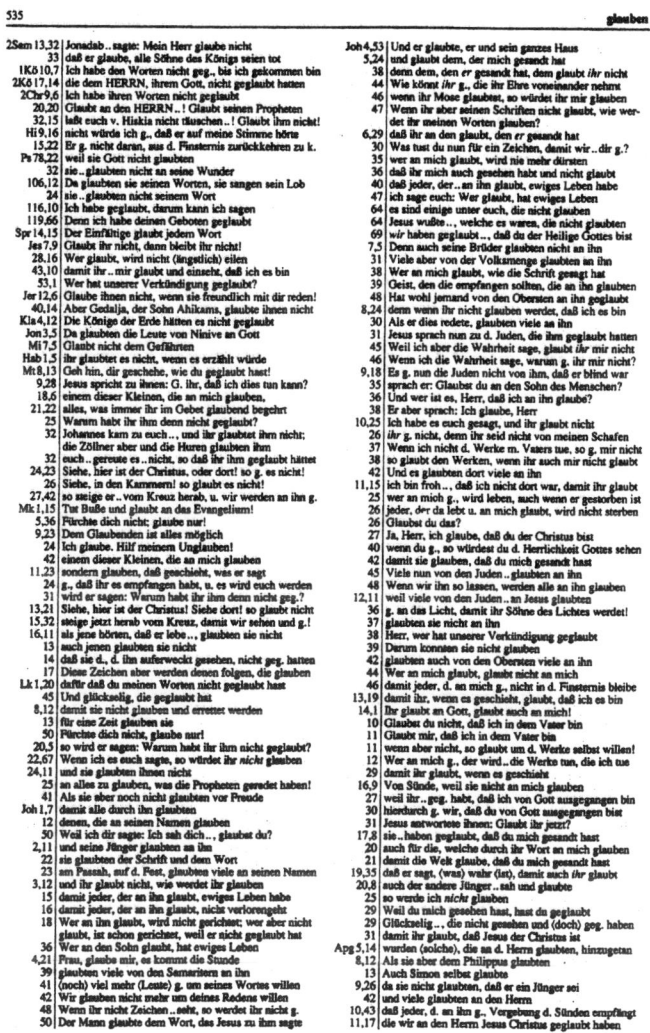

Auszug aus der *Großen Konkordanz zur Elberfelder Bibel*, © 1993 R. Brockhaus Verlag Wuppertal und Zürich. Abdruck mit Erlaubnis.

Bibel- und Begriffslexika

Ich staune immer wieder, wie viele ein Wörterbuch benutzen, um unverständliche Worte aus einem Buch oder aus Zeitungsartikeln nachzuschlagen, aber nie auf den Gedanken kommen, ein Bibellexikon zu Rate zu ziehen, wenn Sie einen unbekannten Begriff in der Bibel entdecken. Bibellexika geben eine Unmenge von Informationen über alle möglichen Themen und Begriffe der Bibel. Es sind einige ausgezeichnete Lexika im Handel erhältlich.

Sehen Sie, in neuerer Zeit ist viel Licht auf das Studium der Bibel geworfen worden, insbesondere durch die Vielzahl archäologischer Entdeckungen. Wir wissen jetzt eigentlich mehr über die Bibel, als es jemals in ihrer ganzen Auslegungsgeschichte der Fall gewesen ist. Eine Menge von diesem Wissen wird Ihnen heute in Bibellexika zur Verfügung gestellt.

Ein Klassiker ist *An Expository Dictionary of New Testament Words*[13], das Lebenswerk eines Gelehrten namens W. E. Vine. Man kann ihm wirklich dankbar sein, denn man benötigt nicht einmal Griechischkenntnisse, um damit das Neue Testament studieren zu können, denn er beschreibt ausführlich die Bedeutung der einzelnen Worte. Er teilt ihre Bedeutung mit, wie sie verwendet werden, sowie ihre verschiedenen Anwendungsmöglichkeiten. Wir werden auf dieses Wörterbuch von Vine zurückkommen, wenn wir uns im nächsten Kapitel mit einigen Wortstudien beschäftigen.

Ein weiteres in jüngster Zeit erschienenes Werk, das ich sehr häufig benutze, ist *The New Bible Dictionary*, herausgegeben von J. D. Douglas.[14] Es ist vollgepackt mit wirklich brauchbarem Material. Nehmen wir an, ich stoße auf den Namen „Babylon" und weiß rein gar nichts darüber. Ich schlage den Begriff nach und entdecke alle möglichen Informationen darüber. Das Buch beinhaltet sogar die Abbildung eines „Ziggurat"[15], so eine Art Anbetungszentrum im alten Babylon. Es beinhaltet ebenfalls einen Grundriß der Stadt. Informationen dieser Art bekommen einen enormen Stellenwert, wenn man solche Abschnitte wie 1. Mose 11 (Turmbau zu Babel) und Bücher wie Nehemia, Daniel und Offenbarung auslegen will.

Noch ein Beispiel[16]. Nehmen wir an, ich stolpere über den Begriff „Lade des Bundes". Was war das für eine Lade? Ich ziehe ein Bibellexikon zu Rate und

---

[13] Vergleichbare Werke im Deutschen: Walter Bauer, Griechisch-deutsches Wörterbuch zu den Schriften des Neuen Testaments, Verlag de Gruyter, völlig neu bearbeit. Aufl. 1988; Theologisches Begriffslexikon zum NT, R. Brockhaus Verlag Wuppertal 1971; siehe auch Beschreibungen im Anhang (Anm. d. deutschen Herausg.).

[14] Vergleichbare Werke im Deutschen: Das große Bibellexikon in drei Bänden, R. Brockhaus Verlag Wuppertal/Brunnen Verlag Gießen 1987; Rienecker/Maier, Lexikon zur Bibel, R. Brockhaus Verlag Wuppertal und Zürich; Jerusalemer Bibellexikon; siehe auch Beschreibungen im Anhang (Anm. d. dt. Hrsg.).

[15] Turmförmige babylonische Tempelanlage (Anm. d. Übers.).

[16] Das folgende Beispiel bezieht sich auf die im Englischen übereinstimmende Übersetzung der Bundeslade (ark of the lovenant) und der Arche Noahs durch den Begriff "ark" (Anm. d. Übers.).

34. Beratung 255

erfahre, daß es ein Gebilde war, das die Hebräer für ihren Gottesdienst benutzten. Es stand in einem Raum, der „Allerheiligstes" genannt wurde. Dazu gäbe es noch viele Einzelheiten zu erwähnen. Aber der Begriff „Lade" (engl.: „ark") wird ebenso für die Arche Noah gebraucht, das Schiff, welches Noah, seine Familie und die Tiere vor der Sintflut rettete. Ich habe Leute gekannt, die eine Abbildung von der Bundeslade - der Lade („ark") des Bundes - sahen und dazu bemerkten: „Absolut unmöglich. In dieses Ding passen doch niemals alle Tiere hinein." Aber wenn Sie genau hingeschaut hätten, wüßten Sie, daß es zwei verschiedene Arten von „Laden" gibt.

Auszug aus Rienecker/Maier: Lexikon zur Bibel, R. Brockhaus Verlag Wuppertal und Zürich

Handbücher zur Bibel
Eine ähnliche Quelle für zusätzliche Informationen wie ein Bibellexikon ist ein Handbuch zur Bibel. Es ist eine Art Enzyklopädie in einem Band.

Ich selbst benutze von Zeit zu Zeit *Eerdman's Handbook to the Bible*.[17] Es ist reich bebildert mit vielen Farbfotografien und behandelt mehr als dreihundert wichtige biblische Begebenheiten. Es behandelt nacheinander alle biblischen

---

[17] Vergleichbare Werke im deutschsprachigen Raum: Ungers großes Bibelhandbuch, CLV Bielefeld, 2. Aufl. 1991; Handbuch zur Bibel, R. Brockhaus Verlag Wuppertal, 7. Aufl. 1991; J. A. Thompson, *Hirten, Händler und Propheten*, Brunnen Verlag Gießen 1992; siehe auch Beschreibungen im Anhang (Anm. d. dt. Hrsg.).

Bücher und bezieht dabei alle möglichen Hintergrundinformationen mit ein.

Sie möchten zum Beispiel etwas über Münzen und Geld erfahren. Der Bibeltext erwähnt Drachmen und Denare. Was war der Wechselkurs? Sie können nachschlagen und herausfinden, wie hoch ihr entsprechender Wert heute wäre.

Sie wollen vielleicht etwas über Kleider und Schuhwerk in Erfahrung bringen. Was trugen die Menschen damals in biblischer Zeit? Wie sahen ihre Kleider aus? Woraus waren sie angefertigt? Ziehen Sie einfach ein Handbuch zur Bibel zu Rate und finden Sie es heraus.

Was ist mit den Nahrungsmitteln? Es gibt viele Stellen in der Bibel, wo von Ernährung die Rede ist, aber es waren ganz andere Nahrungsmittel, als wir sie heute haben. In einem Handbuch zur Bibel können Sie all das nachschlagen und werden einen ganzen Abschnitt über das Essen und Trinken oder über Nahrungsmittel und ihre Zubereitung finden.

Wenn Sie Quellen wie diese zu Rate gezogen und den Hintergrund verstanden haben, werden Sie alle möglichen Einsichten in die Schrift bekommen, die Ihnen vorher entgangen sind. Diese Art von Details läßt Gottes Wort lebendig werden.

Atlanten

Geographie ist eine der wertvollsten Hilfswissenschaften für das Bibelstudium. Doch die meisten gehen einfach über die Bedeutung eines Ortes im Bericht hinweg. So sind zum Beispiel die Städte, die Paulus besuchte - Antiochien, Korinth, Ephesus oder Rom - für die meisten Leser nicht mehr als Punkte auf einem Blatt. Und doch waren dies Metropolen mit Einwohnerzahlen von Hunderttausenden und so bedeutend und weltoffen wie jede Stadt bei uns heute.

Vor kurzem sprach ich mit dem Professor eine Elite-Schule. „Was unterrichten Sie?" lautete meine Frage an ihn.

„Englische Literatur", gab er mir zur Antwort.

„Wunderbar", sagte ich, „und wie kommen Sie damit zurecht?"

Er entgegnete: „Es ist die schlimmste Aufgabe, die ich jemals bekommen habe."

„Warum?"

„Weil meine Studenten die Bibel nicht kennen", erklärte er. „Wie in aller Welt kann man englische Literatur studieren, ohne sich in der englischen Bibel auszukennen?"

Eine gute Frage. In der vorigen Generation wurde das als grundlegendes Wissen vorausgesetzt. Heute verzichten wir darauf. Deshalb brauchen Sie einen guten Atlas. Er bietet die notwendige Ergänzung zur Geschichte der Orte, die in der Bibel erwähnt werden.

34. Beratung

Einer meiner Lieblingsatlanten ist der *Moody Atlas of Bible Lands*[18]. Er hat eine schöne Aufmachung mit vielen Bildern und Übersichtstabellen. Er macht Mitteilung über Dinge wie Edelsteinfunde in Israel oder die Beschaffenheit des Erdbodens dort. Er vermittelt eine Vorstellung von den topografischen Eigenarten des Landes. Als wir die Sturmstillung in Markus 4 betrachteten, haben wir u. a. gesagt, daß der See von Galiläa ca. 210 m unter dem Meeresspiegel liegt. Woher weiß man so etwas? Aus einer Informationsquelle, wie sie ein Bibelatlas darstellt.

Ein anderer nützlicher Bibelatlas ist der *Zondervan Pictorial Bible Atlas*. Im Innenteil enthält er transparente Folien mit zusätzlichen geografischen Informationen, die man über die verschiedenen Landkarten legen kann. Es gibt auch noch den *Macmillan Bible Atlas*, der wahrscheinlich genaueste, weil auf dem neuesten Stand befindlich.

Eine gute Studienbibel wird im hinteren Teil auch Landkarten beinhalten. Wenn Sie aber den geografischen Zusammenhang wirklich intensiv studieren wollen, dann besorgen Sie sich einen vollständigen Bibelatlas.

Bibelkommentare

Haben Sie jemals mit einem Lehrer zu tun gehabt, der sich in einem Teil des Wortes besonders gut auskannte, so daß Sie dachten: Menschenskind! Den würde ich gerne mal neben mir sitzen haben, wenn ich das nächste Mal die Bibel studiere. Nun, ein Kommentar leistet dies im Grunde. Er bietet Ihnen die Einsichten von jemand an, der vielleicht sein ganzes Leben damit verbracht hat, den Text zu studieren. Ein Kommentar kann Ihnen das eigene Studium nicht abnehmen, aber er ist ein ausgezeichnetes Mittel, um Ihr eigenes Studium zu bewerten.

Eine große Anzahl von Kommentaren ist im Handel erhältlich, insbesondere über beliebte Bücher wie die Psalmen, die Evangelien, den Römerbrief usw. Die Frage ist nur, woher soll man wissen, womit man anfangen soll? Ich schlage vor, wenn Sie gerade anfangen, sich Ihre eigene Hilfsbibliothek für das Bibelstudium aufzubauen, daß Sie sich einen guten, allgemeinen Kommentar kaufen - einen, der ein oder auch beide Testamente in mehreren Bänden abhandelt.

Ein hilfreicher Kommentar, mit dem ich sehr vertraut bin, ist der *Bible Knowledge Commentary*[19], der von mehreren Mitgliedern des Dallas Theological Seminary, an dem ich selbst unterrichte, erarbeitet wurde. Er ist in zwei Bänden erschienen, einer zum Alten und einer zum Neuen Testament. Er behandelt jedes einzelne Buch der Bibel von 1. Mose bis Offenbarung. Zu jedem

---

[18] Vergleichbare deutschsprachige Atlanten für die angegebenen englischen Titel: Atlas zur Bibel, R. Brockhaus Verlag, Wuppertal und Zürich, 11. aktualisierte Aufl. 1991; Y. Aharoni/M. Avi-Yonah, Der Bibel Atlas, Hoffmann und Campe Verlag, Hamburg 1982; Herders Großer Bibelatlas, Verlag Herder Freiburg im Breisgau 1989; siehe auch Beschreibungen im Anhang (Anm. d. dt. Hrsg.).

[19] Im Deutschen als fünfbändiger Kommentar erschienen beim Hänssler Verlag, Neuhausen 1990: Das Alte Testament erklärt und ausgelegt (3 Bände); Das Neue Testament erklärt und ausgelegt (2 Bände); siehe auch Beschreibung im Anhang (Anm. d. dt. Hrsg.)

Buch werden Hintergrundinformationen gegeben, Informationen über den Autor, seine Zielsetzung, ein Gesamtüberblick und den Kommentar zum Text, insbesondere zu schwierigen Abschnitten.

Ergänzend zu einem mehr allgemeinen Kommentar sind Sie vielleicht auch an einem Einzelkommentar zu einem besonderen Buch der Bibel interessiert. Die *Tyndale Old Testament* Kommentarreihe[20] enthält zum Beispiel auch einen Band über „Prediger". Haben Sie sich schon einmal den Kopf über dieses Buch zerbrochen? Vielleicht sind Sie sogar gebeten worden, darüber zu predigen, aber Sie haben einfach nicht genug Informationen darüber zur Hand. Ein kleiner Kommentar wie der oben genannte kann Ihnen aus der Klemme helfen.

Vielleicht sind Sie sogar daran interessiert, noch ein wenig tiefer in die Materie einzusteigen. Versuchen Sie es einmal mit dem *Expositor's Bible Commentary*[21], ein zwölfbändiger Kommentar von Dr. Frank Gaebelein. Sie können zunächst einmal mit einem Band beginnen, um Ihre momentanen Bedürfnisse zufriedenzustellen. Dann gehen Sie Band für Band durch, so wie Sie in Ihrem Studium durch die Bibel hindurch vorwärtskommen.

Kommentare können Segen und Fluch zugleich sein. Der Nachteil von Kommentaren besteht darin, daß man sehr leicht von ihnen abhängig werden kann, anstatt sich mit dem Text der Bibel vertraut zu machen. Es ist nichts gegen Kommentare einzuwenden, aber vergessen Sie nicht, daß sie schließlich nur die Meinung einer bestimmten Person wiedergeben. Kommentare sind bestimmt nicht vom Heiligen Geist inspiriert.

Gleichzeitig kann Ihnen aber ein Gelehrter, der sein ganzes Leben damit verbracht hat, die Bibel zu erforschen, an den vielen Barrieren vorbei zum richtigen Verständnis des Textes verhelfen. Seine Anmerkungen können Ihnen ebenso helfen, Ihr persönliches Studium zu bewerten.

Weitere Hilfsmittel
Ich könnte so fast beliebig fortfahren und jede Menge Sekundärliteratur und Studienhilfen auflisten. Es gibt zum Beispiel auch Zeitschriften zur Archäologie der Bibel. Sie informieren über den neuesten Stand der Forschung und vermitteln wertvolle Informationen aus der Forschung, die für das Studium der Bibel von Interesse sind[22].

---

[20] Die derzeit einzige, durchgängig bibeltreue Kommentarreihe zum Alten Testament im deutschsprachigen Raum ist die Wuppertaler Studienbibel, Reihe: Altes Testament; siehe auch Beschreibung im Anhang (Anm. d. dt. Hrsg.).
[21] Vgl. im deutschsprachigen Raum die Wuppertaler Studienbibel, die von den bibeltreuen Kommentarreihen am stärksten auch die theologische Diskussion berücksichtigt; siehe auch Beschreibung im Anhang (Anm. d. dt. Hrsg.).
[22] Vgl. auch die Zeitschrift des Bibelbundes, Bibel und Gemeinde. Sie enthält vielfältige Artikel zu exegetischen, wissenschaftlichen und sonstigen Fragen, die Bibelauslegung betreffend; siehe auch Beschreibung im Anhang (Anm. d. dt. Hrsg.)

Ein anderes fruchtbares Gebiet für weitergehende Studien ist die umfangreiche Literatur, die sich mit der Zeitgeschichte des Alten und Neuen Testamentes beschäftigt. Zeitgleiche Ereignisse der Weltgeschichte, Regierungsformen, Gesetze, Dichtung und antikes Theater füllen mit einer Menge von detaillierten Einzelheiten die Lücken unseres Wissens über die Kulturen der damaligen Welt. Im Zusammenhang damit werden Sie sich möglicherweise auch für ganz spezielle Einzeluntersuchungen moderner Gelehrter interessieren, z. B. über das Leben Jesu oder die Geschichte Israels.

Sie können noch mehr Hilfsmittel den Literaturangaben im Anhang des Buches entnehmen.

Auf los geht's los

Ein regelrechtes Meer von wertvollen Quellen steht Ihnen nun zur Verfügung. Womit fangen Sie an? Welche sollten Sie sich zuerst anschaffen?

Ich schlage vor, daß Sie Ihr Studium mit einer guten Studienbibel und einer Konkordanz beginnen. Meiner Meinung nach sind sie unverzichtbar. Wenn das alles ist, was Sie bekommen können, dann haben Sie schon eine ganze Menge. Sie hätten den Text der Bibel und eine Liste all ihrer einzelnen Wörter. So können Sie frei und ungezwungen mit Ihrem Studium beginnen und die Kenntnisse anwenden, die Sie bei der Beobachtung und Auslegung bis jetzt erworben haben.

Wenn Sie sich darüber hinaus noch ein gutes Bibellexikon, ein Handbuch zur Bibel, einen Bibelatlas und einen einfachen mehrbändigen Kommentar besorgen, können Sie so richtig ans Werk gehen. Sie hätten dann alle grundlegenden Hilfsmittel zur Verfügung, eine bibliothekarische Grundausstattung, mit der Sie arbeiten können. Sie haben später die Möglichkeit, noch mehr hinzuzufügen. Sie haben so aber wenigstens einige gute Quellen zur Verfügung, um erst einmal anzufangen.

Eine Warnung jedoch möchte ich Ihnen mit auf den Weg geben. Wenn Sie sich entschieden haben, diese Hilfsmittel einzusetzen, geben Sie darauf acht, daß Sie sich nicht zu sehr auf Informationen aus zweiter Hand verlassen. Die Verwendung von außerbiblischen Quellen sollte niemals das persönliche Bibelstudium ersetzen, sondern lediglich ein Ansporn dazu sein. Die Reihenfolge ist immer die gleiche: Zuerst das Wort Gottes, dann die Sekundärliteratur.

Versuchen Sie es selbst

Weiter vorne haben Sie bei Ihrem Studium über Daniel 1 - 2 bereits mit einer Konkordanz gearbeitet, und im letzten Kapitel haben Sie ein Bibellexikon und ein Handbuch zur Bibel hinzugezogen. Nun haben Sie zwei weitere Informationsquellen miteinzubeziehen - Bibelatlanten und Bibelkommentare.

Suchen Sie sich einen Bibelatlas, der die Stadt Babel zur Zeit Nebukadnezars zeigt. Wo liegt Babel bezogen auf Israel? Welcher moderne Staat regiert jetzt in diesem Land?

Ziehen Sie einen allgemeinen Kommentar über das Alte Testament und vielleicht einen Einzelkommentar zum Buch Daniel zu Rate. Welche Fragen beantworten Ihnen diese Quellen? Welche zusätzlichen Informationen bieten sie?

Unter Umständen werden Sie vielleicht zum Bibellexikon oder zum Bibelhandbuch zurückgehen müssen, um weitere Einzelheiten nachzuschlagen, die mit diesem Text im Zusammenhang stehen, so z. B. die Regierung in Babel, die Chaldäer, die Ziggurats (babylonische Tempelanlage), Kyrus und Nahrungsmittel der damaligen Zeit.

35

EINZELNE BEGRIFFE

In einer von Gary Larsons Karikaturen sitzt bei einem Konzert ein Trompetenspieler mitten in einem Symphonieorchester. Er zeigt auf das Notenblatt auf seinem Notenständer und sagt: „Du meine Güte, schau dir nur all diese kleinen, schwarzen Punkte an!"

Die einzelnen Wörter im Bibeltext sind für viele Leser nichts weiter als kleine, schwarze Punkte auf einem Blatt, rätselhafte Hieroglyphen, die unergründlich bleiben. Diese Leute werden vielleicht eine Bibel besitzen, aber sie besitzen nicht die Worte in der Bibel. Sie kennen ihre Bedeutung nicht. Das ist eine Tragik, denn ihnen entgehen genau die Worte, die Gott gesprochen hat.

Dies muß aber nicht auch bei Ihnen der Fall sein. Wenn Sie die Verfahren, die in diesem Buch dargestellt sind, einüben, dann haben Sie eine ganze Reihe von Strategien entdeckt, um mit dem, was die Schrift sagt, etwas anfangen zu können. Das Wichtigste, das Sie gelernt haben, ist, auf Begriffe zu achten. In diesem Kapitel will ich Ihnen helfen, biblische Begriffe zu untersuchen, um ihre Bedeutung zu erfassen.

Ein „Begriff" ist ein Schlüsselwort oder eine Wendung, die der Autor gebraucht, um seine Absicht zu verdeutlichen. Er kann das Wort wiederholt verwenden, um es hervorzuheben. Er kann es geradezu in einem auffallenden Vers zur Schau stellen. Er kann eine Geschichte drum herum bauen, um seine Bedeutung hervorzuheben. Oder er kann es einer der Hauptpersonen seiner Erzählung in den Mund legen. Wie auch immer er es präsentiert, der Autor möchte, daß Sie auf seine Begriffe achtgeben, weil sie mit Bedeutung beladen sind. Wenn Sie mit seinen Begriffen nicht zurechtkommen, werden Sie seine Botschaft nie verstehen.

Zwei sekundäre Quellen, die im letzten Kapitel erwähnt wurden, sind besonders hilfreich bei diesem Verfahren - die Konkordanz und das Bibellexikon. Ich möchte Ihnen zeigen, wie Sie sie zu Ihrem Vorteil nutzen können.

Eine Konkordanz für Wortstudien verwenden

Sagen wir, daß Sie über das Wort *Freude* im Brief des Paulus an die Philipper gestolpert sind.

Freude und *sich freuen* scheinen Schlüsselbegriffe für diesen Brief zu sein. Sie schlagen also Ihre Konkordanz beim Stichwort *Freude* auf.

Das erste, was Ihnen auffällt, ist, daß es Dutzende von Stellenangaben gibt, im Alten wie im Neuen Testament. Das ist bedeutsam: *Freude* ist kein unbekannter Begriff; er ist sehr verbreitet in der Bibel. Wenn Sie ein ausführliches Studium dieses Begriffs wagen wollen, müssen Sie jede dieser Stellen aufschlagen, überall wo dieses Wort Verwendung findet. Sie wollen schließlich sehen, welches Licht der jeweilige Zusammenhang auf die Bedeutung und den Stellenwert der *Freude* wirft.

Aber weil Sie sich nun einmal auf den Philipperbrief konzentriert haben, geben Sie besonders auf die Verwendung dieses Begriffes innerhalb dieses Briefes acht. Es folgt eine Auflistung der Stellenangaben zum Philipperbrief:

Phil 1,4	und bete für euch alle mit *Freuden*
Phil 1,18	darüber *freue* ich mich. Ja, ich werde mich auch *freuen*
Phil 1,25	zu eurer Förderung und *Freude* im Glauben
Phil 2,2	so erfüllt meine *Freude*, daß ihr ... dieselbe Liebe habt
Phil 2,17	so *freue* ich mich und *freue* mich mit euch allen
Phil 2,18	Ebenso ... *freut* auch ihr euch, und *freut* euch mit mir!
Phil 2,29	Nehmt ihn nun auf im Herrn mit aller *Freude*
Phil 3,1	Übrigens, Brüder, *freut* euch im Herrn!
Phil 4,1	meine ... Brüder, meine *Freude* und mein Siegeskranz
Phil 4,4	*Freut* euch im Herrn allezeit! ... *Freut* euch!
Phil 4,10	Ich habe mich ... sehr *gefreut*, daß ihr ... aufgeblüht seid

Das Wort *Freude* oder *sich freuen* kommt also 11 mal vor. Sie müssen ein wenig hin- und herschauen, um die verschiedenen Verwendungen miteinander zu vergleichen. Sie werden vielleicht Ihr Studium auf die Verwendung von *Freude* in den anderen Briefen des Paulus ausweiten wollen.

Eine Konkordanz verwenden, um unbekannte Wörter zu studieren

Eine andere Möglichkeit der Verwendung von Konkordanzen ist das Nachspüren von unbekannten Stellenangaben. Nehmen wir an, Sie studieren die Bücher 1. und 2. Könige, und Sie stoßen auf den Namen Moloch in 1. Könige 11,7:

> „Damals baute Salomo eine Höhe für Kemosch, das Scheusal der Moabiter, auf dem Berg, der Jerusalem gegenüber liegt, und für Moloch, das Scheusal der Söhne Ammon."

35. Einzelne Begriffe

Wer oder was war Moloch? Der Text sagt Ihnen, daß es ein Scheusal war und daß Salomo anscheinend eine Anbetungsstätte dafür baute. Sie entscheiden sich zu einem kleinen Vergleichsstudium. Sie schlagen Moloch in Ihrer Konkordanz nach und finden heraus, daß der Name im Alten Testament achtmal auftaucht, aber nicht einmal im Neuen Testament. Dies sagt Ihnen schon etwas über die Zeitepoche, in der Moloch von Bedeutung war.

Sie bemerken ferner, daß von den acht Verweisen fünf im dritten Buch Mose stehen, einer in 1. Könige, einer in 2. Könige und noch einer in Jeremia. Wenn Sie nur diese Konkordanzeintragungen nehmen, lesen Sie in vier von fünf Fällen über Nachkommen, die dem Moloch geopfert werden. Damit haben Sie schon einen ersten Hinweis, warum der Autor Moloch ein „Scheusal" nennt. Leute opferten ihm ihre eigenen Kinder. Und anscheinend hat Salomo auch damit angefangen.

Eine Konkordanz gehört zu den Werkzeugen des Bibelstudiums, die Sie am meisten nutzen werden. Sie eignet sich hervorragend für Wortstudien, weil sie die einzelnen Begriffe im Text herausfiltert. Sie leitet ebenfalls dazu an, die Schrift mit der Schrift zu vergleichen, was der beste Weg ist, um einen biblischen Begriff zu erfassen. Wenn Sie sich nur eine einzige sekundäre Quelle für Ihr Bibelstudium anschaffen, dann sollte es einen vollständige Konkordanz sein - und zwar für die Übersetzung, die Sie verwenden. Diese Anschaffung wird sich in mehrerer Hinsicht bezahlt machen.

Ein Bibellexikon oder ein biblisches Wörterbuch verwenden

Ein anderes Hilfsmittel, um Begriffe in der Schrift zu studieren, ist ein Bibellexikon.[23]

Erinnern Sie sich an unsere Beobachtung von Apostelgeschichte 1,8 (Kapitel 6)? Jesus sagte zu den Aposteln, daß sie das Evangelium „bis an das Ende der Erde" bringen sollten. Ich wies darauf hin, daß das Wort *Erde* die bewohnte Welt bedeutet. Woher wußte ich das? Ich habe es aus einem Lexikon erfahren.

Es gibt zwei griechische Wörter, die wir gewöhnlich mit „Erde" übersetzen: *γῆ* (gé) und *οἰκουμένη* (oikouméne).

γῆ (gé) wurde gebraucht, um fünf verschiedene Aspekte zu beschreiben: Ackerland, die Erde als Ganzes (im Gegensatz zum Himmel), die bewohnte Welt, eine bestimmte Landschaft oder Region, Grund und Boden und ein be-

---

[23] Der Autor bezieht sich im folgenden auf das Lebenswerk W. E. Vines, ein umfangreiches Begriffslexikon zum Neuen Testament.

stimmtes Land. In Apostelschichte 1,8 wird die dritte Bedeutung, „bewohnte Welt", zugrunde gelegt.

Es ist interessant zu bemerken, daß alle Stellen im Lukasevangelium und in der Apostelgeschichte unter diese eine Bedeutung fallen und nicht unter die anderen fünf. Und von den neun Stellen, die mit der Bedeutung „bewohnte Welt" angeführt werden, sind allein sechs in der Aposelgeschichte enthalten. *Erde* ist also ein wichtiger Begriff bei Lukas. Und jedesmal, wenn er ihn verwendet, bezieht er sich auf die „bewohnte Welt". Die mehrmalige Erwähnung dieses Ausdrucks in der Apostelgeschichte mißt unserer Vermutung, daß Apg 1,8 so etwas wie ein Überblick für das ganze Buch ist, noch größere Bedeutung zu. Jesus beauftragt sein Jünger, überall dorthin zu gehen, wo Menschen wohnen - und genau dahin gehen sie dann auch.

Das andere Wort für Erde, οικουμένη (oikouméne), bedeutet auch „bewohnte Welt". W. E. Vine[24] bemerkt dazu: „*Es wird überall da mit 'Welt' übersetzt, wo es diese Bedeutung hat, außer in Lukas 21,26 ... wo es mit 'Erde'[25] übersetzt wird.*" Sehr interessant. Noch einmal, Lukas hat immer die bewohnte Welt im Sinn. Was denken Sie über die naheliegende Absicht dieses doppelten Standbeins?

Wörter sind die grundlegenden Bausteine der Sprache. Um Literatur überhaupt zu verstehen, müssen Sie sich mit dem Autor verständigen. Sie müssen seine Wörter interpretieren. Konkordanzen und Bibellexika sind eine unschätzbare Hilfe dazu. Dennoch besitzen manche Wörter eine Bedeutung, die nicht so offen zu Tage liegt. Wir nennen sie Redewendungen oder Sprachfiguren. Im nächsten Kapitel werden wir sehen, wie man damit umgeht.

Versuchen Sie es selbst

Im letzten Teil Ihres Studiums von Daniel 1 - 2 sollen Sie zwei Wörterstudien durchführen, die eine wichtige Bedeutung für die Auslegung dieses Abschnitts haben. Das erste Wort lautet *unrein* und wird in Daniel 1,8 erwähnt:

„Aber Daniel nahm sich in seinem Herzen vor, sich nicht mit der Tafelkost des Königs und mit dem Wein, den er trank, *unrein* zu machen, und er erbat sich vom Obersten der Hofbeamten, daß er sich nicht *unrein* machen müsse." (kursiv hinzugefügt)

---

[24] W. E. Vine, *An Expository Dictionary of New Testament Words*, Revell 1940.
[25] Die Rev. Elberfelder übersetzt hier: "Erdkreis" (Anm. d. Übers.).

35. Einzelne Begriffe

Der zweite Begriff lautet *am Ende der Tage* und ist in Daniel 2,28 erwähnt:

„Aber es gibt einen Gott im Himmel, der Geheimnisse offenbart; und er läßt den König Nebukadnezar wissen, was *am Ende der Tage* geschehen wird. Dein Traum und die Geschichte deines Hauptes auf dem Lager waren diese ..." (kursiv hinzugefügt)

Benutzen Sie eine Konkordanz, um weitere Stellen in der Bibel zu finden, wo diese Worte erwähnt werden. Was können Sie aus diesen zusätzlichen Stellen lernen? Schlagen Sie anschließend *unrein* und *am Ende der Tage* in einem Bibellexikon nach und sehen Sie zu, was Sie über die Bedeutung dieser Begriffe herausfinden können.

36

BILDLICHE AUSDRUCKSWEISE ENTSCHLÜSSELN

Ein sehr alter Mann saß vor seinen zwölf Söhnen. Sein Augenlicht war erloschen, aber seine Einsicht noch nicht. Er wußte, daß sein Leben zu Ende ging, und er wollte weitergeben, was er über die Zukunft dieser zwölf Männer geschaut hatte. Erwartungsvoll standen sie da und verharrten in andächtiger Stille. Schließlich begann der alte Mann zu reden: „Kommt näher, meine Söhne. Hört gut zu, was euer Vater euch zu sagen hat."

Seine versammelte Nachkommenschaft trat näher heran, und alle waren bemüht, aufmerksam zuzuhören. Robert, der älteste, vorne weg. Zu ihm sprach die nach Luft ringende Stimme zuerst.

„Robert, du bist der erste, mein Stolz und meine Freude. Aber du bist kochendes Wasser. Du wirst nicht länger der erste sein."

Der Gesichtsausdruck des jungen Mannes veränderte sich. Er kämpfte mit Scham und Wut. Aber er wagte es nicht, etwas dagegen einzuwenden. Der alte Mann fuhr ohne Unterbrechung fort.

„Stephan und Lothar. Ihr seid Diebe und Mörder. Für euch habe ich keinen Segen, nur einen Fluch."

„Johannes, du bist ein junger Löwe, du wirst herrschen. Eines Tages aber wirst du deine Kleider in Wein waschen."

„Zacharias ist ein Hafen, wo die Schiffe Schutz finden werden."

„Jan ist nichts weiter als ein wilder Esel. Zufrieden über jeden, der ihn nur füttert, wird er seine Tage mit Zwangsarbeit verbringen."

„Daniel, du bist eine Schlange, die am Weg liegt. Du wirst deine eigenen Brüder schlagen und ihr Richter sein."

„Georg, du bist ein Räuber. Du wirst rauben und beraubt werden und ein unstetes Dasein fristen."

„Albert liebt vorzügliches Fleisch. Er wird aber seine Tage mit Kochen und nicht mit Essen verbringen."

„Nathanael ist ein Hirsch auf der Flucht. Seine Worte werden springen und tanzen."

„Jonathan, du bist mein Baum am Ufer eines kühlen Flusses. Du wirst wachsen und gedeihen und deinen Brüdern Schatten geben. Zu dir wird der

Angst? Sorgen? Einsam?

Dann wählen Sie:

☎ 06298 / 929210

Thema:	Datum:
Es ist umsonst	05.01.-12.01.01
"Ihrer ist das Himmelreich"	12.01.-19.01.01
Freude im Leid	19.01.-26.01.01
Stark im Glauben	26.01.-02.02.01
Drei segensbringende Regeln	02.02.-09.02.01
Echte, gewaltige Hilfe	09.02.-16.02.01
Der Weg zum Sieg	16.02.-23.02.01
Jesus, der gute Hirte	23.02.-02.03.01
Sichere Gebetserhörung	02.03.-09.03.01
Liebliche Füsse	09.03.-16.03.01
Die Lösung aller Probleme	16.03.-23.03.01
Wahre Verwandte	23.03.-30.03.01

Freundes-Dienst Telefonmission, Postfach 1432, 79705 Bad Säckingen

Angst? Sorgen? Einsam?

Dann wählen Sie:

☎ 06298 · 92921 0

Thema:	Datum:
Essst umsonst	05.01.-12.01.01
"Ihr Herr ist das Himmelreich"	12.01.-19.01.01
Freude im Leid	19.01.-26.01.01
Stark im Glauben	26.01.-02.02.01
Drei segensbringende Regeln	02.02.-09.02.01
Echte, gewaltige Hilfe	09.02.-16.02.01
Der Weg zum Sieg	16.02.-23.02.01
Jesus, der gute Hirte	23.02.-02.03.01
Sichere Gebetserhörung	02.03.-09.03.01
Liebliche Flüsse	09.03.-16.03.01
Die Lösung aller Probleme	16.03.-23.03.01
Wahre Verwandte	23.03.-30.03.01

Freundes-Dienst Telefonmission, Postfach 1432, 97705 Bad Stockheim

Segen meiner Väter kommen, und durch dich wird dieser Segen an meine Nachkommen weitergegeben werden."

„Bernd, mein letzter Sohn, ist ein bösartiger, hungriger Wolf. Des Tages wirst du töten, und des Nachts wirst du fressen."

Er brach abrupt ab, und kein Laut war mehr zu hören als nur das Summen der Fliegen. Niemand rührte sich. Jeder grübelte über die Worte nach, die ihm gegeben wurden. Niemand bemerkte, wie der röchelnde Patriarch, nachdem er aufgehört hatte zu reden, den Kopf auf seine Brust senkte und seinen letzten Atemzug tat.

Eine besondere Art der Rede

Was sollten wir mit dieser Erzählung der Bibel anfangen? Oh, habe ich etwa vergessen, Ihnen zu sagen, daß dies eine sehr freie Wiedergabe von 1.Mose 49 ist, wo Jakob seine zwölf Söhne ruft und jedem von ihnen die Zukunft des jeweiligen Stammes prophezeit?

Wenn Sie die Erzählung lesen, werden Ihnen die eigentümlichen Beschreibungen auffallen, mit denen einige von ihnen bedacht wurden: Juda wird ein „junger Löwe" genannt (Vers 9); Sebulon wohnt an „der Küste der Meere" (Vers 30); Issaschar ist ein „knochiger Esel" (Vers 14); Dan ist „eine Schlange am Wegrand" (Vers 17); Naftali ist „eine flüchtige Hirschkuh" (Vers 21); Joseph ist „ein junger Fruchtbaum an der Quelle" (Vers 22); und Benjamin ist „ein Wolf, der zerreißt" (Vers 27).

Was sollen wir mit diesen Beschreibungen anfangen? Wir könnten erwarten, daß Noah so zu seinen Söhnen reden würde, nachdem sie so lange in der Arche eingesperrt waren, aber was sollen solche Worte im Munde Jakobs? Sollen wir sie buchstäblich verstehen? Wenn nicht, warum denn nicht? Wie sollen wir herausbekommen, wann die Schrift wirklich Realität darstellt und wann sie Realität lediglich beschreibt?

Es handelt sich hier um bildliche Redeweise. Wir sind alle vertraut mit bildlicher Redeweise. Wir verwenden sie andauernd: „Sie war zu Tränen gerührt." „Er platzte fast vor Neugier." „Laß die Katze nicht aus dem Sack." „Er kochte vor Wut."

Die Schreiber und Personen der Bibel tun nichts anderes. Sie würzen ihren Text mit lebhaften Bildern und einer oft eigenartigen Ausdrucksweise. David sagt, daß eine Person, die dem Wort Gottes gehorcht, wie ein Baum ist, aber die Sünder sind wie Spreu (Psalm 1,3-4). Die Braut in Hohelied 2,1 sagt von sich, sie ist „eine Narzisse von Scharon, eine Lilie der Täler". Sie nennt ihren Liebhaber eine Gazelle oder einen jungen Hirsch, der „über die Berge springt und über die Hügel hüpft". Jesus nennt Herodes einen Fuchs (Lukas 13,32), die Pharisäer übertünchte Gräber (Matthäus 23,27), und Jakobus und Johannes nennt er die Söhne des Donners (Markus 3,17). Paulus bezeichnet Irrlehrer sogar als Hunde (Philipper 3,2).

Die Bildersprache der Bibel kann noch viel drastischer sein und geradezu zum Anschauungsunterricht werden. Gott befahl Jeremia, einen Tonkrug zu kaufen, ihn zu den Führern des Volkes zu bringen, gegen sie zu prophezeien und dann den Krug zu zerbrechen als Bild dafür, was Gott mit der Nation tun würde (Jeremia 19). Dem Hosea wurde befohlen, eine Hure zu heiraten als Symbol für Gottes treue Liebe gegenüber seinem Volk und dessen Untreue ihm gegenüber (Hosea 1,2-9; 3,1-5).

Wenn wir die Offenbarung des Johannes aufschlagen, entdecken wir eine sehr ungewöhnliche Sprache. Der Herrscher im Himmel erscheint als ein Jaspisstein mit einem Regenbogen rings um den Thron herum (4,3). Johannes sieht ein Lamm mit sieben Hörnern und sieben Augen (5,6). Er sieht weiterhin ein Tier mit zehn Hörnern und sieben Köpfen, das aus dem Meer aufsteigt (13,1). Und am Ende des Buches fällt eine ganze Stadt vom Himmel herab, die fast 5 Millionen Quadratkilometer umfaßt (21,16).

Dies macht das Lesen erst richtig interessant. Was aber bedeutet es? Wie sollen wir diese Art von Sprache im Verlauf unseres Bibelstudiums auslegen? Wie sollen wir wissen, wann wir die Bibel buchstäblich und wann wir sie bildlich zu verstehen haben?

Ich will Ihnen zehn Prinzipien an die Hand geben, wie man bildliche Rede entschlüsseln kann. Zunächst wollen wir uns aber vergewissern, daß wir auch wirklich zwischen „buchstäblich" und „bildlich" unterscheiden können. Manche reden von einer „buchstäblichen Auslegung der Heiligen Schrift". Bedeutet dies etwa, daß sie in 1.Mose 49 Juda als einen wirklichen, lebendigen, jungen Löwen ansehen? Oder daß Joseph neben einem Bach steht, mit Wurzeln, die tief hinunter in die Erde reichen? Oder Benjamin als einen unbezähmbaren Werwolf? Wenn das zutrifft, dann kann ich Ihnen nur zu einem guten Psychiater raten.

Wenn wir von „buchstäblicher Auslegung" reden, meinen wir damit, die Sprache in ihrem normalen Sinn zu verstehen, sie so zu nehmen, wie der Schreiber es sagt, so als ob er redet, wie Menschen eben normalerweise miteinander reden. Jemand drückte es folgendermaßen aus: „Wenn der einfache Schriftsinn einen normalen Sinn ergibt, suche keinen anderen Sinn!"

Nach diesem Prinzip geht es also. Wenn Jesus uns z. B. sagt, dem Kaiser zu geben, was des Kaisers ist (Lukas 20,25), dann müssen wir keine versteckte Bedeutung oder komplizierte Auslegung darin suchen. Ganz offensichtlich fordert er uns dazu auf, daß wir unsere Steuern bezahlen sollen. Wenn er andererseits Herodes einen Fuchs nennt, will er wohl kaum damit sagen, daß dieser Mann ein herumstreunender Fleischfresser ist. Er benutzt eine bildliche Ausdrucksweise und vergleicht Herodes mit dieser schlauen, hundeähnlichen Kreatur.

36. Bildliche Ausdrucksweise entschlüsseln

Bildersprache verstehen

Was geschieht, wenn der „einfache Sinn" keinen Sinn ergibt? Gibt es irgendwelche Regeln, die maßgeblich dafür sind, wann wir eigenartige Ausdrücke bildlich verstehen sollen und wann wir sie buchstäblich nehmen müssen? Ich fürchte, daß es keine idiotensicheren Regeln dafür gibt. Hier sind aber zehn Prinzipien, die Sie vor den schlimmsten Fehlern bewahren können.

1. Den buchstäblichen Sinn verwenden, wenn es keinen besonderen Grund gibt, es nicht zu tun
Das bezieht sich offensichtlich auf das, was wir gerade eben besprochen haben. Wenn wir die Bibel lesen, müssen wir davon ausgehen, daß die Schreiber normale und vernünftige Menschen waren, die sich grundsätzlich auf die gleiche Weise wie wir auch mitgeteilt haben. Und doch „vergeistlichen" Menschen den Text immer wieder und versuchen alles mögliche herauszulesen, was der Text ganz offensichtlich nicht sagen will.

Ein klassisches Beispiel dafür ist das Hohelied. Jahrelang haben Ausleger sehr einseitig betont, daß dieses Buch sinnbildlich die Beziehung zwischen Christus und seiner Gemeinde darstellt. Wie aber paßt das mit dem Text zusammen? Er besitzt eine deutlich lyrische Form und muß zunächst auch nach den Regeln dieser Stilform gelesen werden. Darüber hinaus gibt es eine einfache, sehr naheliegende Verstehensweise: es handelt sich um ein Buch, welches in erster Linie die erotische Liebe preist, so wie Gott sie in der Ehe gewollt hat.[26]

2. Den bildlichen Sinn verwenden, wenn die Stelle ausdrücklich darauf hinweist
Manche Stellen sagen von vornherein, daß sie bildliche Symbolik verwenden. So zum Beispiel immer, wenn Sie es mit Träumen oder Visionen zu tun haben, können Sie davon ausgehen, darin symbolische Sprache zu finden, weil das einfach die Sprache der Träume ist. In 1.Mose 37 geht aus dem Zusammenhang hervor, daß die Träume Josephs von Dingen handeln, die in der Zukunft geschehen werden. Das gleiche gilt für die Träume des Pharao in 1.Mose 41 und für Daniels prophetische Visionen in Daniel 7 - 12.

3. Den bildlichen Sinn verwenden, wenn eine buchstäbliche Auslegung unmöglich ist oder unsinnig erscheint
Das ist eine der Gelegenheiten, bei denen wir einen „geheiligten", gesunden

---

[26] Erst dann können Anwendungen auf die Beziehung zwischen Christus und seiner Gemeinde gemacht werden: vgl. Epheser 5,25-32 (Anm. d. dt. Hrsg.).

Menschenverstand brauchen. Gott verhüllt sich nicht in geheimnisvoller Mystik. Wenn er uns etwas sagen will, dann sagt er es uns. Er verwirrt uns nicht mit irgendwelchen unsinnigen Dingen. Dennoch benutzt er oft Symbolik, um seine Absichten deutlich zu machen. Doch er erwartet von uns, sie als Symbole und nicht als etwas Unsinniges zu lesen.

Denken Sie an Offenbarung 1,16, wo der Herr erscheint: „Aus seinem Mund ging ein zweischneidiges, scharfes Schwert hervor." Was bedeutet das? Ist es wahrscheinlich, daß buchstäblich ein Schwert aus dem Mund unseres Herrn hervorkam? Die naheliegendste Erklärung ist eine bildliche. Wir müssen also den Text genau untersuchen, um zu verstehen, was dieses Bild ausdrückt.

Es bedeutet wohl nicht das, was Sie jetzt vielleicht denken. Sie denken gewiß an Hebräer 4,12, eine Stelle, die uns sagt, daß das Wort Gottes „schärfer ist als jedes zweischneidige Schwert". Aufgrund dieses Verses werden Sie vielleicht annehmen, daß die Offenbarung uns ein Bild von Christus und seinem Wort zeigt. Ein genaues Wortstudium aber macht etwas anderes deutlich.

Das Wort für „Schwert" in Offenbarung 1,16 ist nicht das gleiche wie das Wort, das in Hebräer 4,12 verwendet wird. Im Hebräerbrief ist das Schwert ein kurzes Kampfschwert, wie sie von den römischen Soldaten benutzt wurden. Das Schwert in der Offenbarung aber ist ein großes zeremonielles Sieges- und Richtschwert. Es wurde von Königen getragen und dazu benutzt, um die Besiegten nach dem Triumphzug hinzurichten. Beachten Sie, wie sehr dies mit dem Thema und der Symbolik der Offenbarung übereinstimmt.

Bildliche Sprache kann also beschreibend und genau zugleich sein.

4. Den bildlichen Sinn verwenden, wenn eine buchstäbliche Auslegung etwas Unmoralisches einschließt
In Johannes 6,53-55 bringt Jesus mit folgenden Worte einige Juden in Verwirrung, die ihm widerstehen:

> „Wahrlich, wahrlich ich sage euch: Wenn ihr nicht das Fleisch des Sohnes des Menschen eßt und sein Blut trinkt, so habt ihr kein Leben in euch selbst. Wer aber mein Fleisch ißt und mein Blut trinkt, hat ewiges Leben, und ich werde ihn auferwecken am letzten Tag; denn mein Fleisch ist wahre Speise, und mein Blut ist wahrer Trank."

Dies ist eine recht seltsame Art, sich auszudrücken. Will Jesus seine Jünger zu Kannibalen machen? Nein, das wäre eine unerträgliche Übertretung des alttestamentlichen Gesetzes. Und keiner seiner Zuhörer hat es so verstanden. Sicherlich waren sie durch seine Worte verwirrt: „Wie kann dieser uns sein Fleisch zu essen geben?" riefen die Pharisäer aus (6,52). Sehen Sie, sie hatten mit dem richtigen Verständnis dieser Worte zu kämpfen. Andere sagten: „Diese Rede ist hart. Wer kann sie hören?" (6,60). Aber sie erkannten, daß der Herr bildlich redete.

36. Bildliche Ausdrucksweise entschlüsseln

Gott widerspricht niemals seinem eigenen Wesen. Und weil sich sein Wort auf sein Wesen gründet, können wir sicher sein, daß seine Gebote mit dem übereinstimmen, wer er ist. Er verlangt niemals von uns, etwas zu tun, was er selbst nie tun würde oder getan hat.

5. Den bildlichen Sinn verwenden, wenn der Ausdruck eindeutig eine Redewendung ist
Im Bibeltext wird die Verwendung von Redewendungen oft angezeigt. In Gleichnissen werden zum Beispiel die Wörter *wie* und *so* verwendet, um einen Vergleich einzuleiten: „Ein goldener Ring im Rüssel einer Sau, *so* ist eine Frau, die schön, aber ohne Feingefühl ist" (Sprüche 11,22; kursiv hinzugefügt). „Er läßt sie hüpfen *wie* ein Kalb, den Libanon ..." (Psalm 29,6; kursiv hinzugefügt).

Die Schrift verwendet noch andere Redewendungen, die nur Sinn machen, wenn sie bildlich verstanden werden. Wenn Jesaja voraussagt, daß „der Mond schamrot werden und die Sonne sich schämen wird" (24,23), verwendet er offensichtlich das Mittel der Personifizierung. Wenn Paulus Hosea zitiert: „Wo ist, o Tod, dein Sieg? Wo ist, o Tod, dein Stachel?" (1. Korinther 15,55), verwendet er die Form der persönlichen Anrede. Er redet eine Sache so an, als ob es eine Person wäre. Ausdrücke wie „er wurde zu seinem Volk versammelt", ein Mann „erkannte" seine Frau, der Herr gab das Volk „in die Hände" seiner Feinde, oder daß jemand „eingeschlafen" sei, gehören zur allgemeinen Ausdrucksweise der Bibel.

6. Den bildlichen Sinn verwenden, wenn eine buchstäbliche Auslegung dem Zusammenhang und der direkten Umgebung der Stelle widerspricht
Offenbarung 5,1-5 beschreibt eine faszinierende Szene vor dem Thron Gottes. Wir lesen von dem „Löwen aus dem Stamm Juda". Redet der Schreiber von einem Löwen im buchstäblichen Sinn? Offensichtlich nicht, denn das ergäbe vom Zusammenhang her keinen Sinn. Ein kurzes Vergleichsstudium zeigt uns, daß er einen Titel verwendet, mit dem der Messias bezeichnet wurde. Wir müssen also herausfinden, was dieser Titel zum Ausdruck bringt und warum er ihn hier verwendet.

Beachten Sie das: Zum Verständnis bildlicher Rede weist Ihnen der Zusammenhang am besten den Weg.

7. Den bildlichen Sinn verwenden, wenn eine buchstäbliche Auslegung dem allgemeinen Charakter und Stil des Buches entgegensteht
Dies ist eigentlich eine Ergänzung zu dem, womit wir uns gerade beschäftigt haben. Erinnern Sie sich, daß der Zusammenhang eines Verses zunächst der Absatz, dann der Abschnitt und schließlich das ganze Buch ist, zu dem er gehört.

Dieses Prinzip trifft besonders auf zwei Arten von Literatur zu: Die Prophetie, die oft nur Sinn macht, wenn sie bildlich verstanden wird, und die Poesie, die allgemein eine phantasievolle Sprache verwendet.

Zum Beispiel sagt der Psalmist: „Im Schatten deiner Flügel kann ich jubeln" (Psalm 63,8). Das bedeutet wohl kaum, daß Gott Federn hat. Er schützt aber seine Kinder mit der gleichen Wachsamkeit und Sorge, wie ein weiblicher Adler seine zwitschernden Nestlinge. Dieses Bild paßt ganz und gar zu der allgemeinen Stimmung und dem allgemeinen Stil dieses Psalms.

8. Den bildlichen Sinn verwenden, wenn eine buchstäbliche Auslegung dem Plan und der Absicht des Autors entgegensteht

Hier ist wieder der Zusammenhang wichtig. Haben Sie jemals erlebt, daß jemand eine Auslegung eines Verses vornimmt, die für sich genommen recht glaubhaft klingt, aber geradezu ketzerisch im Vergleich zu den Nachbarversen? Das ist so wie mit dem „häßlichen Entlein". Es paßt einfach nicht zusammen. Irgend etwas ist am falschen Platz. Es ist wirklich eine gute Gewohnheit, immer dann, wenn man eine Stelle ausgelegt hat, zurückzutreten, um die eigene Auslegung noch einmal zu überdenken und sich zu fragen: Was stimmt daran nicht? Oder: Paßt wirklich alles zusammen?

Wir haben in Psalm 1 gesehen, daß die Person, die Gefallen am Gesetz Gottes hat, sein wird wie ein gut bewässerter Baum. Und Vers 3 fügt hinzu: „Alles, was er tut, gelingt ihm." Nun, manche Leute kommen zu dem Schluß und behaupten, daß hier jedem treuen Gläubigen materieller Wohlstand garantiert wird. Stimmt das aber wirklich mit dem Zusammenhang oder mit dem überein, was der Autor sagen will?

Wohl kaum. Wenn Sie Psalm 1 und die übrigen Psalmen betrachten, wird deutlich, daß die Psalmisten viel mehr um den Wandel der Menschen mit Gott besorgt sind als um ihr finanzielles Wohlergehen. Psalm 1,3 macht am meisten Sinn, wenn uns klar wird, daß es hier mehr um die Qualität einer Person als Folge ihres Verhaltens geht, statt um die Quantität des Segens, an dem diese Person sich erfreut.

9. Den bildlichen Sinn verwenden, wenn eine buchstäbliche Auslegung einen Widerspruch gegen eine andere Stelle der Schrift einschließt

Der vorrangige Ausleger der Schrift ist die Schrift selbst. Die Bibel ist einheitlich in ihrer Botschaft. Obwohl sie uns manchmal einen Gegensatz aufzeigt, verwirrt sie uns niemals mit einem Widerspruch.

Jesus sagte zu seinen Jüngern: „Es ist leichter, daß ein Kamel durch das Nadelöhr geht, als daß ein Reicher in das Reich Gottes hineinkommt" (Markus 10,25). Was für ein interessantes Bild! Manche sind sehr weit gegangen in ihrem Versuch zu erklären, worüber Jesus hier sprach.

36. Bildliche Ausdrucksweise entschlüsseln

Eines ist klar: Er sagt nicht, daß es keine Errettung für den Reichen geben kann. Gerade darüber wunderten sich die Jünger (Vers 26). Aber er beantwortet ihre Frage diesbezüglich (Vers 27); auch der Rest der Schrift lehrt anders. So warnt Paulus zum Beispiel vor den Gefahren des Reichtums (1. Timotheus 6,17-19), aber er sagt an keiner Stelle, daß die Reichen kategorisch vom Himmel ausgeschlossen sind.

Wenn Markus 10 also alles wäre, was wir über dieses Thema erfahren würden, könnten wir Grund haben, uns ebenso zu wundern wie die Jünger. Wenn wir aber die Schrift mit der Schrift vergleichen, können wir es in den richtigen Zusammenhang bringen.

10. Den bildlichen Sinn verwenden, wenn eine buchstäbliche Auslegung einen Widerspruch in der Lehre enthalten würde

Dies folgt aus dem, was wir gerade behandelt haben. Wir müssen bei unserer Schriftauslegung konsequent sein und ebenso in den Lehrgrundsätzen, die wir von der Schrift her aufstellen. In 1. Korinther 3,16-17 schreibt Paulus:

> „Wißt ihr nicht, daß ihr Gottes Tempel seid und der Geist Gottes in euch wohnt? Wenn jemand den Tempel Gottes verdirbt, den wird Gott verderben; denn der Tempel Gottes ist heilig, und der seid ihr."

Das ist eine ziemlich harte Rede. Was meint Paulus damit: „Wenn jemand den Tempel Gottes verdirbt, den wird Gott verderben"? Ist das eine Drohung, daß jemand, der Selbstmord begeht, sein Heil einbüßen wird? Es gibt manchen, der das so verstanden hat. Das widerspricht aber nicht nur dem Zusammenhang, sondern es steht auch im Gegensatz zur Lehre der Heilssicherheit, die besagt, daß Gott seine Kinder bewahren wird. Darüber hinaus ermutigt uns Paulus, diese Stelle und ihren Zusammenhang bildlich zu lesen (4,6). Eine buchstäbliche Auslegung würde keinen Sinn ergeben.

Versuchen Sie es selbst

Hier ist eine Möglichkeit für Sie, selbst Bildliches zu entschlüsseln. Lesen und studieren Sie Psalm 139, einen der tiefgründigsten und persönlichsten Psalmen der Bibel. Er ist voll von bildlicher Rede. Verwenden Sie die Prinzipien, die in diesem Kapitel besprochen wurden und legen Sie aus, worüber David hier redet. Nehmen Sie Bezug auf die Auflistung von „Redewendungen" auf den folgenden Seiten. Benutzen Sie sie als zusätzliche Hilfe, um die Bildrede Davids zu erkennen und zu verstehen. (Vergessen Sie aber nicht, mit dem Schritt der Beobachtung zu beginnen.)

Redewendungen[*]

Anthropomorphismus
Die Übertragung menschlicher Eigenschaften oder Verhaltensweisen auf Gott.
„Siehe, die Hand des HERRN ist nicht zu kurz, um zu retten, und sein Ohr nicht zu schwer, um zu hören." (Jesaja 59,1)

Anrede
Etwas anreden, wie man eine Person anredet, oder auch eine imaginäre (nicht anwesende) Person ansprechen, als wäre sie gegenwärtig.
„Wo ist, o Tod, dein Sieg? Wo ist, o Tod, dein Stachel?" (1. Korinther 15,55)

Euphemismus (Beschönigende Ausdrucksweise)
Die Verwendung eines weniger anstößigen Ausdrucks, um etwas Anstößiges anzudeuten.
„Meinetwegen können sie, die euch beunruhigen, sich auch verschneiden lassen." (Galater 5,12)

Hyperbel
Übertreibung, die über das hinausgeht, was wirklich gemeint ist.
„Andere Gemeinden habe ich beraubt, indem ich Lohn nahm zum Dienst an euch." (2. Korinther 11,8)

Hypocatastasis (Untertreibung)
Ein Vergleich, bei dem die Ähnlichkeit nur angedeutet, statt geradeheraus gesagt wird.
„Hütet euch vor dem Sauerteig der Pharisäer, das heißt vor der Heuchelei." (Lukas 12,1)

Idiom (Spracheigentümlichkeit)
Eine Ausdrucksweise, die einer bestimmten Gruppe innerhalb eine Volkes zu eigen ist (Mundart, Dialekt)
„Ich (Simson) will zu meiner Frau in die Kammer hineingehen." (Richter 15,1)

---

[*] Eine sehr ausführliche Darstellung bibl. Sprachfiguren findet man in W. Bühlmann/K. Scherer, Sprachliche Stilfiguren der Bibel, Brunnen Verlag Gießen, 2. Aufl. 1994; siehe auch Beschreibung im Anhang (Anm. d. dt. Hrsg.).

36. Bildliche Ausdrucksweise entschlüsseln

Merismus (Zergliederung)
Die Ersetzung eines Ganzen durch seine kontrastierenden oder gegensätzlichen Teile.
„Du kennst mein Sitzen und mein Aufstehen." (Psalm 139,2)

Metapher
Ein Vergleich, bei dem eine bestimmte Sache durch eine andere dargestellt wird.
„Ihr seid das Licht der Welt." (Matthäus 5,14)

Paradox
Eine scheinbar zugleich wahre und falsche Aussage, die der Logik zu widersprechen scheint.
„Denn wenn jemand sein Leben erretten will, wird er es verlieren; wenn aber jemand sein Leben verliert um meinetwillen, wird er es finden." (Matthäus 16,25)

Personifizierung
Menschliche Eigenschaften oder Verhaltensweisen, die leblosen Gegenständen oder Tieren zugeschrieben werden.
„Da wird der Mond schamrot werden und die Sonne sich schämen." (Jesaja 24,23)

Rhetorische Frage
Eine Frage, die eine Antwort eigentlich erübrigt, die aber dazu zwingt, innerlich eine Antwort zu geben und der Argumentation zu folgen.
„Auf Gott vertraue ich, ich werde mich nicht fürchten; was kann ein Mensch mir tun?" (Psalm 56,11)

Gleichnis
Ein Vergleich, der mit „wie" oder „so" eingeleitet wird.
„Er ist wie ein Baum, gepflanzt an Wasserbächen." (Psalm 1,3)

37

ALLES MITEINANDER VERKNÜPFEN

Bis zu diesem Abschnitt habe ich Sie mit einer Menge von Informationen über die Auslegung der Schrift versorgt. Ich habe auf einige Hindernisse, die das Verständnis des Textes verbauen, und einige Gefahren hingewiesen, die es zu vermeiden gilt. Ich bin auf die Bedeutung der Stilformen eingegangen und wie dies alles, was wir lesen, beeinflußt. Ich habe Ihnen fünf Schlüssel an die Hand gegeben, die Ihnen die Bedeutung des Textes aufschließen - Inhalt, Zusammenhang, Vergleich, Kultur und Beratung.

Unter dem Begriff „Beratung" habe ich auf einige der vielen Arten von Sekundärliteratur aufmerksam gemacht, die für die Auslegung hilfreich sind. Dann habe ich mich intensiv mit den Möglichkeiten der Konkordanz auseinandergesetzt, um einzelne Begriffe genauer zu untersuchen. Und endlich habe ich zehn Prinzipien vorgestellt, die es ermöglichen, bildliche Redeweise im Bibeltext zu erkennen und richtig zu deuten.

Nun lassen Sie uns die Sache richtig angehen. In diesem Kapitel möchte ich Ihnen zeigen, wie Sie die einzelnen Teile dieses Verfahrens miteinander verbinden können, wenn Sie eine bestimmte Stelle betrachten, z. B. die ersten beiden Verse von Römer 12. Sie bilden einen Absatz, was sehr hilfreich ist. Erinnern Sie sich daran, daß ein Absatz die Grundeinheit des Bibelstudiums bildet (siehe Seite 278 für den Textaufbau).

Was hat es mit diesem „Nun" auf sich?

Wir haben gesagt, daß der erste Schlüssel zu einer richtigen Auslegung der Schrift der Inhalt ist. Dieser Schritt ist auf die Betrachtung des Textes gegründet. Damit wollen wir also beginnen.

Das erste, was mich an diesem Text anspricht, ist das Element der Dringlichkeit. „Ich ermahne euch." So beginnt Vers 1. „Ich ersuche euch." „Ich flehe euch an." Paulus wendet sich also mit einem dringenden Appell an seine Leser.

Nun ist ein Schlüsselwort in diesem Absatz. Das ist von Bedeutung. Erin-

37. Alles miteinander verknüpfen

nern Sie sich an unser Motto: Immer wenn Sie ein *Nun* oder ein *Aber* sehen, halten Sie inne und prüfen Sie nach, weshalb es da steht. Es zwingt uns hier, zurückzugehen und den vorhergehenden Zusammenhang zu überprüfen. Gehen wir also auf den Vorschlag des Schreibers ein und treten zurück, um das Gesamtbild des Römerbriefes ins Auge zu fassen.

Genaues Nachforschen zeigt uns, daß das Thema des Römerbriefes in Kapitel 1 Vers 17 genannt wird, wo der Schreiber uns sagt, daß er von der „Gerechtigkeit Gottes" redet - nicht von unserer eigenen Gerechtigkeit, sondern von der, die Gott schenkt.

Außerdem kann man das Buch in drei Hauptteile gliedern. Die ersten acht Kapitel behandeln eine Gerechtigkeit, die Gott geoffenbart hat, die wir aber annehmen müssen. Dann wendet sich der Schreiber in Kapitel 9 - 11 dem Thema Israel zu. Paulus sagt, daß die Gerechtigkeit Gottes von seinem Volk abgelehnt wurde. Schließlich, beginnend in Kapitel 12 (die Stelle, an der wir uns befinden - mit dem *Nun* am Anfang), haben wir den praktischen Teil des Briefes, der von einer Gerechtigkeit redet, die im Leben der Gläubigen zum Ausdruck kommt.

Ausgehend von einem kleinen Bindewort haben wir also schon einen recht guten Überblick über den ganzen Brief bekommen.

Es gibt aber noch einen weiteren Ausdruck, der uns zwingt, den Zusammenhang zu beachten: „die Erbarmungen Gottes". Mit anderen Worten, die Erbarmungen Gottes sind die Grundlage für die dringende Bitte des Paulus. Dieser Ausdruck faßt wirkungsvoll die ersten elf Kapitel des Briefes zusammen. Eigentlich will Paulus folgendes sagen: „Aufgrund dessen, was Gott für dich getan hat, will ich, daß du etwas tust."

Dies ist eine wichtige geistliche Wahrheit. Gott bittet uns nie, etwas für ihn zu tun, bevor er uns nicht mitgeteilt hat, was er für uns getan hat.

Was will er, daß wir tun sollen? Vers 1 sagt es deutlich: „eure Leiber darzustellen." Was bedeutet das? Das Wort *darstellen* ist ein Schlüsselbegriff, und wir müssen uns darum bemühen, ihn zu verstehen. Eigentlich ist es ein mehr technischer Begriff. Er wurde für die Darbringung eines Opfers vor Gott im alttestamentlichen Tempel verwendet. Er beinhaltet den Gedanken, jemand anderem etwas zu übergeben oder den eigenen Besitz aufzugeben. Etwas „darzustellen" bedeutet, daß man nicht etwas geben kann und es dann später wieder zurückfordert. Der Begriff drückt etwas Endgültiges aus.

Dringlichkeit! *Thema (1,17)* 1 8,9 11,12 16

Ich ermahne euch nun, Brüder,

durch die Erbarmungen Gottes, *Grundlage – Zusammenfassung der Kap. 1–11*

Entschiedenheit
eure Leiber darzustellen

    als ein lebendiges, heiliges

        Gott wohlgefälliges Opfer,

    was euer vernünftiger Gottesdienst ist.

Und seid nicht gleichförmig dieser Welt,

sondern werdet verwandelt

    durch die Erneuerung eures Sinnes,

    daß ihr prüfen mögt, was der Wille Gottes ist:

        das Gute

            und Wohlgefällige

            und Vollkommene.

Die Begriffe untersuchen

Wie wir gesehen haben, ist es sinnvoll, immer dann, wenn wir einen Begriff wie diesen finden, ausführlichen Gebrauch von einer Konkordanz zu machen. Das wollen wir jetzt auch tun. Eine Konkordanz sagt uns, daß das gleiche Wort, *darstellen*, auch in Lukas 2,22 verwendet wird:

37. Alles miteinander verknüpfen

„Und als die Tage ihrer Reinigung nach dem Gesetz Mose vollendet waren, brachten sie ihn nach Jerusalem hinauf, um ihn dem Herrn *darzustellen*." (kursiv hinzugefügt)

Jesus wurde also von seinen Eltern Gott im Tempel *dargestellt*. Das gibt uns einen Einblick in das Leben unseres Herrn, wenn man sich der Bedeutung von *darstellen* bewußt ist. Seine Eltern stellten ihn Gott zur Verfügung ohne den Hintergedanken, ihn wieder zurückzufordern.

Die Konkordanz sagt uns auch, daß *darstellen* auch an anderen Stellen im Römerbrief verwendet wird. Dies ist hilfreich, denn wenn derselbe Begriff vom selben Autor im selben Buch verwendet wird, ist das sehr aufschlußreich. Es ist, als ob man Brüder und Schwestern in der gleichen Stadt hat, statt entfernte Verwandte weit weg in der Fremde. In Römer 6,13 finden wir folgendes:

„*Stellt* auch nicht eure Glieder der Sünde zur Verfügung als Werkzeuge der Ungerechtigkeit, sondern *stellt* euch selbst Gott zur Verfügung als Lebende aus den Toten und eure Glieder Gott zu Werkzeugen der Gerechtigkeit." (kursiv hinzugefügt)

Mit anderen Worten, Paulus stellt uns vor eine Wahl: Wir können entweder unsere Glieder als Werkzeuge der Gerechtigkeit zur Verfügung stellen, oder wir können unsere Glieder als Werkzeuge der Sünde zur Verfügung stellen.

Ich möchte Ihnen das anhand eines Bildes verdeutlichen. Denken Sie an das Skalpell eines Chirurgen. Es ist leicht, steril und schärfer als eine Rasierklinge. Kurz, es eignet sich perfekt für den Zweck, für den es gemacht wurde. Die entscheidende Frage aber ist, wer es in die Hand bekommt. In meiner Hand würde es Metzelei bedeuten, aber in der Hand eines geübten Chirurgen bringt es dem Patienten Heilung und Gesundheit. Das ist es, was Paulus in Römer 6 beschreibt: Übergebt eure Glieder in die richtigen Hände: Der Person, die sie geschickt gebrauchen kann, um ihre Absichten zu erfüllen.

Beachten Sie aber eines: Paulus spricht über die Darstellung Ihres Leibes - genau wie in Römer 12. Was ist „der Leib"? Ein Wortstudium zeigt uns, daß er für die ganze Person steht, für das ganze Wesen. Er stellt auch das Werkzeug zum Opfer dar. Im Grunde ist es sogar das einzige Werkzeug, das wir besitzen, die einzige Sache, die wir Gott geben können. (Sie werden zwei weitere Anwendungen von *darstellen* im selben Abschnitt des Römerbriefes finden - Kap. 6,16 und 19. Ich überlasse es Ihnen, sie genauer zu untersuchen.)

Darstellen erscheint auch in Epheser 5, in dem Abschnitt über die Männer und Frauen:

„Ihr Männer, liebt eure Frauen, wie auch der Christus die Gemeinde geliebt hat und sich selbst für sie hingegeben hat, um sie zu heiligen, sie reinigend durch das Wasserbad im Wort, damit er die Gemeinde sich selbst verherrlicht *darstellte*." (Vers 25 - 27; kursiv hinzugefügt)

Wieder finden wir dasselbe Wort. Wenn Sie verheiratet sind, überträgt Ihnen die Bibel die Verantwortung, Ihre Frau Gott *darzustellen*. Sie sind verantwortlich für Ihre Beziehung zu der Frau, die Gott Ihnen gegeben hat.

Es gibt noch viele Stellen, die wir betrachten könnten, doch wir wollen uns auf eine davon beschränken - Kolosser 1,28:

„Ihn verkündigen wir, indem wir jeden Menschen ermahnen und jeden Menschen in aller Weisheit lehren, um jeden Menschen vollkommen in Christus *darzustellen*." (kursiv hinzugefügt)

Welche Absicht hatte Paulus, wenn er in das Leben anderer hinein tätig war? Er wollte jeden einzelnen dem Herrn *darstellen*, damit sie alle zur vollen Reife heranwuchsen.

Einsichten gewinnen durch Beratung

Kehren wir zu Römer 12 zurück. Wir haben noch einiges über die Darstellung unseres Leibes für Gott anzumerken. Zunächst stellen wir „lebendige Opfer" dar. Das ist ein Widerspruch - aber nicht im geistlichen Bereich. Sehen Sie, wir reden hier nicht vom Opfer eines toten, sondern eines sehr lebendigen Leibes. Er soll Gott geopfert werden. Und er muß beides, heilig und wohlgefällig sein.

Paulus zieht aus dieser Tatsache eine Schlußfolgerung mit dem Nachsatz: „Was euer vernünftiger Gottesdienst ist." Was teilt er uns dadurch mit? Er zeigt uns, daß die Forderung, unsere Leiber Gott zur Verfügung zu stellen, wirklich das mindeste ist, das wir tun können, und das vernünftigste im Blick darauf, was er für uns getan hat.

Nun kommen wir zu Vers 2: „Und seid nicht gleichförmig dieser Welt." Wir haben das Prinzip des Vergleichs angewandt, indem wir die Schrift mit der Schrift verglichen haben, um die Bedeutung von *darstellen* zu erforschen. Hier können wir dieses Prinzip erneut anwenden, um etwas über „gleichförmig dieser Welt zu sein" herauszufinden.

Wenn wir *gleichförmig* in einem Begriffslexikon nachschlagen, entdecken wir, daß es den Gedanken enthält, etwas in eine Form zu gießen. Das Verfahren, wie man Gelatine herstellt, ist uns allen bekannt. Man löst die Gelatine in kochendem Wasser auf und füllt sie in eine Form. Nach dem Abkühlen behält sie dann ihre Form.

Das ist der Gedanke, den Paulus hier anwendet. „Laß dich nicht von der Welt um dich herum in ihre Form pressen." „Nimm die Form dieser Welt nicht

37. Alles miteinander verknüpfen

an." „Gestatte es der Welt nicht, dich zu veranlassen, das Gegenteil von dem zu tun, was Gott will."

Sie sehen, wir haben die Wahl, uns an dieser Stelle zu entscheiden. Das Wort *sondern* zeigt einen Gegensatz an, und wir haben gelernt, auf die Dinge achtzugeben, die gegensätzlich sind. Wir haben die Möglichkeit - die Alternative zur Anpassung an die Welt -, „verwandelt" zu werden. Dies ist eine sehr ansprechende Formulierung. Sie weist auf einen Umgestaltungsproceß hin, auf eine völlige Umwandlung. Wie bei einer kleinen Raupe, die sich einen Kokon baut. Nach einiger Zeit beginnt er sich zu bewegen, und allmählich arbeitet sich die Raupe ihren Weg heraus und entpuppt sich in völlig veränderter Form als ein Schmetterling.

Geben Sie aber acht: Die Verwandlung des Insekts geschieht von innen heraus. So verhält es sich auch in Römer 8. Paulus zeigt dies dadurch an, daß er sagt: „Sondern werdet verwandelt *durch die Erneuerung des Sinnes*."

Ein anderes Prinzip, das wir gelernt haben, war die Beratung. Das heißt, nachdem wir unser eigenes, ausführliches Studium über den Text durchgeführt haben, können wir nun Sekundärliteratur zur Hand nehmen - vielleicht einen Kommentar -, um festzustellen, welches Licht er auf diese Stelle wirft. Wir haben einen Kommentar zu dieser Stelle befragt und tiefe Einsichten gewonnen. Wir haben gelernt, daß das Wort für „verwandelt werden" eigentlich die passive Form eines Zeitwortes ist, wohingegen das Wort für „Erneuerung" in der aktiven Form steht.

Nun müssen wir zu unserem Schuldeutsch zurückgehen und die alten Lektionen wieder hervorholen. Es wird auf irgend etwas Passives eingewirkt. Wenn es aktiv ist, bewirkt es selbst etwas. Paulus sagt also, daß nicht wir für die Verwandlung zu sorgen haben, das übernimmt Gott. Wir können es nicht, also tut Gott das, was wir nicht tun können. Gibt es denn etwas, das wir übernehmen können? Ja, wir können unseren Sinn erneuern. Das ist unsere Aufgabe. Sozusagen die Generalüberholung unseres Denkens. Das ermöglicht Gott, unsere Verwandlung Wirklichkeit werden zu lassen.

In meiner ersten Zeit als gläubiger Christ wurde ich besonders von Donald Grey Barnhouse beeinflußt, der Leiter der „Zehnten Presbyter-Kirche" in Philadelphia. Genau genommen war er für mich so etwas wie ein Mentor. Ich verbrachte viel Zeit mit ihm zusammen, und ich erinnere mich daran, daß ich ihn einmal gefragt habe, wie ich den Willen Gottes erkennen könne.

Ich werde nie seine Antwort vergessen. In seiner typischen, schroffen Art drehte er sich schnell zu mir um und sagte: „Hendricks, neunzig Prozent des Willens Gottes befindet sich oberhalb deines Hemdkragens!" Dann wandte er sich ab und ging davon. Ich war ein wenig verblüfft. Aber dann dämmerte es mir, warum Dr. Barnhouse so viel Zeit damit verbrachte, mich einer „Gehirnwäsche" durch Gottes Wort zu unterziehen. Genau dort beginnt Gott mit seinen Bemühungen, mich in das Bild Christi zu verwandeln - in meinem Sinn.

Leider sind die meisten eher gleichförmig dieser Welt. Die meiste Zeit überdenken wir kaum unsere Möglichkeiten, um dann eine wohlüberlegte Entscheidung zu treffen. Nein, wir handeln, weil unsere Kultur es tut. Die Gesellschaft preßt uns in ihre Form. Wie macht sie das? Indem sie auf unseren Sinn einwirkt. Deshalb ist es so gefährlich, unseren Sinn in den Zustand der Passivität zu versetzen und einfach mit dem Strom zu schwimmen.

Dringlichkeit! *Thema (1.17)* | 1 8,9 11,12 16 |

Ich ermahne euch nun, Brüder,

Grundlage –
durch die Erbarmungen Gottes, *Zusammenfassung der Kap. 1–11*

Entschiedenheit
eure Leiber darzustellen 6.13; Lk 2.22 / Eph 5.25-27
6.16.19

als ein lebendiges, heiliges

Widerspruch?
Schlüssel **Gott wohlgefälliges Opfer,**

was euer vernünftiger Gottesdienst ist.

Das mindeste, was wir tun können!
Und seid nicht gleichförmig dieser Welt, *negativ*

Gegensatz *passiv*
sondern werdet verwandelt *Verwandlung* *positiv*

durch die Erneuerung eures Sinnes,

daß ihr prüfen mögt, was der Wille Gottes ist:

das Gute

und Wohlgefällige

und Vollkommene.

Gottes Willen „prüfen"

Welchen Zweck verfolgt Gott mit dieser Umgestaltung? Was heißt das für uns? Paulus schreibt: „daß ihr prüfen mögt, was der Wille Gottes ist." Ein genaues Wortstudium zeigt uns, daß *prüfen* bedeutet, etwas zu untersuchen oder gutzuheißen. Jemand geht zum Beispiel mit einem Schmuckstück zu einem Gutachter, der es prüft und seinen Wert einschätzt. „Das ist echtes Silber", sagt er, „und es ist soundso viel wert." Auf eine ähnliche Weise macht Paulus uns klar, daß wir drei Dinge in bezug auf den Willen Gottes prüfen sollen.

Zunächst schätzen wir ihn als „gut" ein. Der Begriff *gut* hat in unserer Kultur eine Abwertung erfahren. Nehmen wir an, ich inseriere, um ein Auto zum Verkauf anzubieten. Ein Kaufinteressent meldet sich und fragt: „In welchem Zustand ist es?"

„In einem guten", sage ich ihm.

Er wird wohl denken: „Irgendwie muß die Sache einen Haken haben." Wir haben unser Wort *gut* ziemlich abgewertet, indem wir alles, was nicht gleich „phantastisch" ist, nur noch als Schrott ansehen.

Doch das Wort, das in Römer 12 verwendet wird, ist das gleiche Wort, welches Gott auch sonst in der Schrift gebraucht. Sie wollen wissen, wie „gut" es ist? Es ist so gut wie Gott selbst!

Weiterhin sagt Paulus, daß der Wille Gottes „wohlgefällig" ist, nicht nur vorausschauend, sondern auch im Rückblick. Wir können nichts zum Willen Gottes hinzufügen und ihn veredeln. Wir können nichts davon wegnehmen oder auf irgendeine andere Weise versuchen, ihn zu verbessern. Sein Wille ist vollständig und absolut annehmbar.

Und als ob dies noch nicht genug wäre, er ist auch „vollkommen". Er ist so vollkommen wie Gott selbst. Er entspricht seinem Charakter und seiner Heiligkeit.

So ist Gottes Wille! Er will, daß wir ihn so in unserem Leben einer Prüfung unterziehen. Leider verbringen die meisten den Großteil ihres Lebens damit, den Willen Gottes herauszufinden, während sie die ganze Zeit über jedoch nie ihre Leiber Gott als lebendiges Opfer dargestellt haben.

Eine weitere Entdeckung, die wir ausgehend von einem Kommentar machen, ist die Tatsache, daß das Schlüsselwort an dieser Stelle, „darzustellen", in der Zeitform geschrieben ist, die „Aorist" genannt wird. Die Form des Aorist bei diesem Begriff deutet Entschiedenheit an. Es ist ein tiefer Einschnitt in unserem Leben, ein Punkt, an dem wir uns Gott *darstellen*, genauso wie Jesus dargestellt wurde. Es gibt kein Zurück. Dieser Ausdruck beschreibt eine völlige Hingabe an Gott, damit er mit uns tun kann, was er will.

Stellen Sie sich ein Notizbuch vor, dessen viele Blätter und Seiten den Willen Gottes für bestimmte Situationen Ihres Lebens darstellen. Und Sie sagen zu

Gott: „Dies ist mein Leben, wie es jetzt, so gut es eben geht, aussieht. Ich möchte dir alles, was ich bin, *darstellen*." Und dann übergeben Sie Gott dieses Notizbuch; Sie *stellen* es ihm *dar* in einem Akt der völligen und endgültigen Hingabe.

> *Dringlichkeit!* *Thema (1.17)* | 1 8;9 11;12 16 |
> **Ich ermahne euch nun, Brüder,**
>
> *Grundlage –*
> **(durch) die Erbarmungen Gottes,** *Zusammenfassung*
> *Entschiedenheit* *der Kap. 1–11*
> **eure Leiber darzustellen** *6.13; Lk 2.22 / Eph 5.25–27*
> *6.16.19*
> **als ein lebendiges, heiliges**
> *Widerspruch?*
> *Schlüssel* **Gott wohlgefälliges Opfer,**
>
> **was euer vernünftiger Gottesdienst ist.**
> *Das mindeste, was wir tun können!*
> **Und seid nicht gleichförmig dieser Welt,** *negativ*
> *Gegensatz* *passiv*
> **sondern werdet verwandelt** *Verwandlung* *positiv*
> *aktiv*
> **durch die Erneuerung eures Sinnes,** *geschieht von innen heraus*
> *Absicht/* *prüfen/testen/billigen/anerkennen*
> *Ziel* **daß ihr prüfen mögt, was der Wille Gottes ist:**
>
> 1
> **das Gute** *so gut wie Gott selbst*
> 2
> **und Wohlgefällige** *im Vorausblick*
> *im Rückblick*
> 3
> **und Vollkommene.** *So vollkommen wie ER selbst!*

Zu einem späteren Zeitpunkt entdecken Sie zusätzliche Informationen, die Sie im ursprünglichen Notizbuch nicht aufführen konnten. Was dann? Nun, Sie wissen ja schon, wo das Notizbuch jetzt ist - Sie haben es Gott gegeben. Ihr

37. Alles miteinander verknüpfen

Leben gehört ihm. Wenn Sie also neue Gebiete in Ihrem Leben entdecken, dann nehmen und *stellen* Sie sie ebenso Gott *dar*.

Natürlich können Sie Ihre Frau nicht Gott *darstellen*, wenn Sie (noch) gar nicht verheiratet sind. Ebensowenig werden Sie wissen, wie viele Kinder Sie vielleicht einmal haben werden. In dem Moment aber, wo Gott Ihnen eine Ehefrau oder Kinder schenkt, wissen Sie schon genau, wo sie hingehören in bezug auf den Willen Gottes. Sie gehören in das gleiche Notizbuch, das Sie Gott bereits *dargestellt* haben.

Das ist der Gedanken des „Darstellens" in der Zeitform des Aorists, wie er an dieser Stelle gebraucht wird.

Nun schauen Sie zurück zu Römer 12,1-2, wie wir es in diesem Kapitel besprochen haben. Überlegen Sie, ob es nicht manche der Auslegungsprinzipien veranschaulicht, mit denen wir uns beschäftigt haben. Zunächst haben wir den Inhalt des Textes beobachtet. Das hat uns eine Informationsbasis für das Verständnis der Botschaft des Paulus gegeben. Wir haben auch den Zusammenhang betrachtet. Das Wörtchen „nun" veranlaßte uns dazu, den Brief als Ganzes zu untersuchen. Wir haben mit Hilfe einer Konkordanz einige Vergleiche innerhalb der Schrift vorgenommen. Wir haben die Zeitwörter „darstellen" und „gleichförmig" erforscht.

Dann haben wir uns ein wenig in Sachen „Beratung" geübt. Wir haben einiges in einem Kommentar nachgeschlagen und haben dabei entdeckt, daß „darstellen" eine entscheidende Hingabe unser selbst an Jesus Christus bedeutet. Wir haben auch herausgefunden, was Verwandlung beinhaltet. Es ist etwas, das Gott tut; die Erneuerung unseres Sinnes ist das, was wir tun müssen.

Und so sind wir, obwohl wir gerade mal die Tür zu dieser Stelle geöffnet haben, bereits zu einem genauen, klar umrissenen, biblischen Verständnis von dem gekommen, was Gottes Wille in bezug darauf ist, was wir als sein erlöstes Volk mit unseren Leibern tun sollen.

38

JETZT NUR NICHT AUFHÖREN!

Wir leben in einer Gesellschaft, die in einem Meer von Informationen ertrinkt. Und die Flut steigt weiter. Eine Studie schätzt, daß 90 Prozent von dem, was wir bis zum Jahr 2000 lernen werden, noch nicht entdeckt worden ist. Eine andere Studie geht noch weiter: Die Menge an vorhandener Information wird sich bis zum Ende des Jahrhunderts neunzehnmal verdoppeln. Was für eine Informationsexplosion!

Dieses Übermaß an Information führt zu einem Gute-Nachricht-schlechte-Nachricht-Dilemma. Einerseits müssen wir nicht in Unwissenheit versklavt sein. Man nenne mir ein beliebiges Thema, und es besteht eine hohe Wahrscheinlichkeit, daß es irgend jemand bereits erforscht hat. Dieses enorme Maß an Fachkenntnissen treibt die Entwicklung z. B. im Bereich der Medizin, Physik, Biotechnologie, Landwirtschaft und Transportwesen unwahrscheinlich voran.

Andererseits ist die Frage: Wie finden wir die Information, die wir suchen? Wir suchen nicht mehr nach der sprichwörtlichen Nadel im Heuhaufen; wir suchen eine Nadel in einem „Heuhaufen" von Nadeln. Weiterhin ist es so, daß, obwohl wir viele Informationen haben, wenige davon einen praktischen Nutzen haben. Und dies ist das eigentliche Problem, nicht wahr? Was kann man mit der Information anfangen? Es scheint eher so zu sein, daß mehr und mehr Berufe sich auf das Sammeln von Informationen konzentrieren, statt auf Informationsproduktivität.

Das gleiche Phänomen gilt für das Bibelstudium. Die meisten, die die Schrift studieren, bleiben bei dem Schritt der Auslegung stehen. Zum einen beginnen sie hier - was schon ein großer Fehler ist - und zum anderen hören sie hier auch schon auf -, was ein noch größerer Fehler ist.

Das Ergebnis ist, daß sie sich Berge von Informationen über den Text verschaffen und viele Theorien über das, was er aussagt. Aber welche Wirkung hat es in ihrem Leben? Die Bibel ist kaum mehr als eine Sammlung von theologischen Denkaufgaben, anstatt eine Straßenkarte fürs tägliche Leben.

Was für eine Tragödie, wenn das Wort Gottes keine Frucht trägt und wenn es nur verstanden und nicht auch angewendet wird. Deshalb ermutigt uns Jakobus, „das eingepflanzte Wort" anzunehmen (Jak 1,21). Mit anderen Worten, lassen Sie Gott Wurzeln in Ihrem Leben schlagen. Auf welche Weise? Indem

38. Jetzt nur nicht aufhören!

Sie beweisen, daß Sie nicht nur ein Hörer, sondern auch ein Täter des Wortes sind (Jak 1,22).

Stellen Sie sich vor, Sie pflügen ein Feld und streuen anschließend den Samen in die Erde. Sie bemühen sich um die zarten Pflänzchen, die nach kurzer Zeit aufwachsen, ziehen Unkraut heraus, warten auf Regen und dann, wenn die Zeit zur Ernte gekommen ist, gehen Sie hin und überlassen es jemand anderen. Einer, der so handelt, würde wohl bald verhungern. Doch genau das geschieht, wenn Sie es versäumen, den nächsten Schritt des Bibelstudiums weiterzugehen: Anwendung. Sie können sich alle Mühe gemacht haben, um eine reiche Ernte einzufahren, und doch geistlich verhungern, wenn Sie es versäumen, die Sache vernünftig zu Ende zu bringen.

Ich hoffe, daß Sie jetzt so richtig hungrig darauf sind, Konsequenzen in Ihrem Leben zu sehen. Wenn ja, dann lade ich Sie ein, mit mir zum nächsten Abschnitt weiterzugehen, in dem wir einige Wege erforschen werden, wie man biblische Studien zu praktischen Anwendungen machen kann.

Schritt 3

Anwendung

 **Wie funktioniert es?**

39

DER WERT VON ANWENDUNG

Ein Reporter interviewte den bekannten Psychiater Karl Menninger von der berühmten Menninger Klinik in Topeka, Kansas. Als das Gespräch auf das Thema „Gefängnisreform" kam, reichte der Doktor seinem Gesprächspartner ein Buch, das er über dieses Thema geschrieben hatte. Der Reporter versprach höflich, es zu lesen.

„Nein, das werden Sie nicht tun", schoß Dr. Menninger in seiner schroffen Art sofort zurück. „Und selbst wenn Sie es lesen, was würden Sie dann tun? Das Buch zur Seite legen und einfach zur Tagesordnung übergehen?"

Das ist genau die Situation, mit der sich die meisten in bezug auf das Bibelstudium auseinandersetzen müssen. Sie beteuern, das Wort aufzunehmen, aber das bedeutet meistens kaum etwas. Die entscheidende Frage ist doch: Auch wenn sie Gottes Wort treu lesen und studieren, was machen sie dann daraus? Welche praktische Auswirkung des Wortes werden sie wirklich in ihrem Leben zulassen?

Dies ist eine Frage, die Sie erwägen sollten, wenn wir zum dritten Schritt unserer Bibelstudienmethode kommen: Anwendung. Anwendung ist das, was am meisten vernachlässigt wird, und doch ist sie der Schritt, welcher am nötigsten ist. Zu viel Bibelstudium fängt am falschen Ort an und hört auch dort auf: Es beginnt mit Auslegung und endet auch damit. Wir haben aber gelernt, daß man nicht mit der Frage beginnt: Was bedeutet es?, sondern mit der Fragestellung: Was sehe ich? Weiterhin beendet man das Studium nicht mit der Frage: Was bedeutet es? - sondern mit der Frage: Wie funktioniert es? Noch einmal - nicht: Funktioniert es überhaupt? - sondern: Wie funktioniert es?

Vertehen ist nur dann ein Mittel zum Zweck, wenn die Wahrheit auch wirklich im täglichen Leben umgesetzt wird. Beobachtung plus Auslegung, aber ohne Anwendung ergibt Abtreibung. Mit anderen Worten, jedesmal wenn Sie beobachten und auslegen, aber dann versäumen, es anzuwenden, begehen Sie eine klassische Abtreibung: Die eigentliche Absicht der Schrift, Ihr Leben zu verändern und Frucht hervorzubringen, kommt bei Ihnen nicht zum Durchbruch. Die Bibel wurde nicht geschrieben, um Ihre Neugier zu befriedigen; sie wurde geschrieben, damit sich Ihr Leben verändert. Das höchste Ziel des Bibelstudiums ist es nicht, etwas für die Bibel zu tun, sondern der Bibel zu erlauben, daß sie etwas für Sie tut, damit ihre Wahrheiten sich in Ihrem Leben auch auswirken.

Sehen Sie, wir nehmen oft die Bibel zur Hand, um sie zu studieren, über sie zu lehren und zu predigen, ihre Grundlinien aufzuzeigen - alles, außer durch sie verändert zu werden.

Die Wahrheit anziehend machen

Titus 1,1 enthält eine klare Aussage über die Absicht der Schrift: Paulus beschreibt sie als die „Wahrheit, die der Gottseligkeit gemäß ist". Dann in Kapitel 2 gibt er einen besonderen Hinweis dazu:

> „Die Sklaven ermahne, ihren eigenen Herren sich in allem unterzuordnen, sich wohlgefällig zu machen, nicht zu widersprechen, nichts zu unterschlagen, sondern alle gute Treue zu erweisen, *damit sie die Lehre, die unseres Heiland-Gottes ist, in allem zieren.*" (Vers 9-10; kursiv hinzugefügt)

Eine andere Übersetzung drückt es so aus: „damit sie die Lehre schmücken." Mit anderen Worten, sie sollen sie anziehen wie ein Kleid. Biblische Wahrheiten sind die Kleidersammlung der Seele. Sie sind exklusiver als alles, was sie im renommiertesten Modeshop kaufen können. Sie sind immer aktuell, alles paßt hervorragend zusammen und ist das ganze Jahr über reizvoll anzuschauen.

Anziehende Wahrheiten sind angewendete Wahrheiten. Ein Mann sagte mir einmal: „Wissen Sie, Bruder Hendricks, ich bin zwölfmal durch die ganze Bibel gegangen." Das ist wunderbar. Die entscheidende Frage aber ist, wie oft die Bibel durch ihn gegangen ist.

Sehen Sie, dem Bibelstudium wohnt eine Gefahr inne: Es kann zu einer Angelegenheit werden, die zwar intellektuell faszinierend, aber geistlich frustrierend ist. Sie können durch die Wahrheiten geistig angeregt werden und es doch versäumen, durch sie auch moralisch verändert zu werden. Falls das der Fall ist, wissen Sie jetzt, daß etwas mit Ihrem Bibelstudium nicht in Ordnung ist.

Unsere Aufgabe ist also zweiseitig. Zunächst müssen wir uns selbständig mit Gottes Wort beschäftigen. Dann aber müssen wir dem Wort Gottes auch erlauben, von uns Besitz zu ergreifen, damit es zu einer dauerhaften Veränderung unseres Wesens und unserer Gesinnung kommt.

In dem letzten Abschnitt dieses Buches möchte ich in dieses dritte Gebiet des Bibelstudiums eindringen. Es geht ziemlich nahe. Halten Sie sich fest, denn es wird wahrscheinlich stürmisch werden. Ich möchte, daß dieser Stoff Ihr Denken anregt - und nicht lahm legt.

Vier Dinge, die an die Stelle von Anwendung gesetzt werden

Was geschieht, wenn Sie die Schrift nicht anwenden? Ich möchte Ihnen vier Dinge vorstellen, die an die Stelle von Anwendung gesetzt werden, vier Wege, auf die viele Christen beim Studium des Wortes leider ausweichen. Jeder dieser Wege ist eine Sackgasse.

Wir ersetzen Anwendung durch Auslegung
Wie leicht ist es doch, sich mit Wissen zufriedenzugeben, statt Erfahrungen zu machen. Wenn Sie genug Predigten gehört haben, haben Sie wahrscheinlich auch schon eine dieser Binsenwahrheiten gehört, z. B.: „Möge der Herr diese Wahrheit in Ihrem Herzen segnen." Als jemand, der seinen Lebensunterhalt damit verdient, andere darin anzuleiten, wie man predigt, habe ich herausgefunden, daß dies soviel bedeutet wie: „Ich habe keine Ahnung, wie diese Wahrheit in deinem Leben funktionieren könnte."

Das ist geradezu ein Verbrechen, denn nach der Bibel bedeutet, etwas zu wissen und es nicht anzuwenden, soviel, wie es überhaupt nicht zu wissen.

Kennen Sie das tragische Schicksal von Kitty Genovese? Sie war eine junge Frau, die in einer vornehmen Gegend in New York brutal überfallen, geschlagen, vergewaltigt und schließlich ermordet wurde. Nach dem Verbrechen haben Reporter unzählige Leute aus der Nachbarschaft interviewt, um herauszufinden, ob jemand irgendwelche Hinweise geben könnte. Es war unglaublich, aber sie erfuhren, daß achtunddreißig Menschen Kittys Schreie gehört hatten. Einige waren sogar Augenzeugen dieses Überfalls gewesen. Aber niemand war ihr zu Hilfe gekommen. Nur ein einziger hat schließlich die Polizei angerufen, und das auch nur nach dem dritten und tödlichen Angriff auf die Frau.

Der Mord an Kitty Genovese war ein Wendepunkt in der amerikanischen Kultur, ein Ereignis, über das die Soziologen viel nachgedacht haben: Wie konnten wir eine Gesellschaft entwickeln, in der ein menschliches Wesen in aller Öffentlichkeit auf so brutale Weise mehrfach überfallen wird und sich niemand fand, der helfend eingegriffen hätte? Das ist die Tragödie eines bloßen Wissens ohne Verantwortungsbewußtsein.

Fehlendes Engagement entspricht nicht dem, was die Schrift sagt. Vom Anfang bis zum Ende lehrt die Bibel, daß man in dem Moment, wo man Gottes Wahrheiten erkennt, an der Reihe und dafür verantwortlich ist, sie auch in die Tat umzusetzen. Deshalb wies Jesus so oft darauf hin, daß von dem, dem viel gegeben ist, auch viel verlangt wird (Matthäus 13,12; Lukas 12,48). Oder wie er zu seinen Jüngern sagt: „Was nennt ihr mich aber: Herr, Herr! und tut nicht, was ich sage?" (Lukas 6,46). Das heißt soviel wie: „Entweder ihr hört auf, mich 'Herr' zu nennen, oder ihr fangt an zu tun, was ich euch sage."

Bei einer anderen Gelegenheit sagte Jesus: „Viele werden an jenem Tage (Hinweis auf das letzte Gericht) sagen: Herr, Herr! (beachte die genaue Fachsprache) Haben wir nicht durch deinen Namen viele Wunderwerke getan?" (Matthäus 7,22). Jesus leugnete nicht, daß sie dies getan hatten. Er lehnte sie aber trotzdem ab mit den Worten: „Ich habe euch niemals gekannt! Weicht von mir."

Was bedeutet das? Hat er sie nie wahrgenommen? Nein, das wäre eine Irrlehre. Jesus Christus ist allwissend; er wußte alles, was geschah. Er sprach hier aber über die Erfahrung einer Beziehung: „Ich habe euch nie gekannt in bezug auf eine persönliche Beziehung."

Ein klassisches Beispiel für Auslegung ohne Anwendung sind die Schriftgelehrten und Pharisäer. Diese religiösen Eiferer besaßen alle Informationen. Sie beherrschten das Alte Testament, aber niemals hat die Wahrheit sie beherrscht. Wußten sie, wo der Messias geboren werden sollte? Aber gewiß. Sie waren Autoritäten auf diesem Gebiet: in Bethlehem in Judäa natürlich. Gingen sie aber, als die Nachricht darüber sie erreichte, hin, um es zu überprüfen? Nein, obwohl die Stadt nur acht Kilometer entfernt lag.

Ihr Wissen brachte leider keinerlei Verantwortung in ihnen hervor. Kein Wunder, daß Jesus in Matthäus 5,20 sagt: „Wenn nicht eure Gerechtigkeit vorzüglicher ist als die der Schriftgelehrten und Pharisäer, so werdet ihr nicht in das Reich der Himmel eingehen." Und warum nicht? Weil all ihre Gerechtigkeit äußerlich war. Sie stützte sich auf Fakten. Sie führte jedoch nie zu einer persönlichen Konsequenz.

Ich meine, die Gefahr wird in Jakobus 4,17 recht gut ausgedrückt: „Wer nun weiß, Gutes zu tun, und tut es nicht, dem ist es Sünde." Fühlen Sie sich dadurch getroffen? Jemand, der die Wahrheit kennt, aber nicht danach handelt, macht nicht nur einfach einen Fehler oder fällt ein schlechtes Urteil - er sündigt! Bei Gott bedeutet Wissen ohne Gehorsam Sünde.

Wir ersetzen konkrete Veränderung in unserem Leben durch oberflächlichen Gehorsam

Das ist noch weit mehr verbreitet als das Problem, das wir gerade behandelt haben. Können Sie das auf sich beziehen? Hierbei werden biblische Wahrheiten in Bereichen angewendet, wo wir es sowieso schon tun, und nicht in neuen Bereichen, wo wir sie noch nicht angewendet haben. Die Folge: Es findet keine bemerkenswerte Veränderung in unserem Leben statt.

Nehmen wir zum Beispiel an, ein Geschäftsmann stößt auf Epheser 4,25 - eine Stelle, die sich mit der Frage der Ehrlichkeit auseinandersetzt: „Deshalb legt die Lüge ab und redet Wahrheit, ein jeder mit seinem Nächsten, denn wir sind untereinander Glieder."

Eine ziemlich klare Aussage, nicht wahr? Was tut er also? Er denkt an all die

39. Der Wert von Anwendung

Bereiche, wo er bereits ehrlich ist. Er ist zum Beispiel seiner Frau gegenüber ehrlich; es käme ihm nie in den Sinn, sie anzulügen. Ebenso ist er gegenüber seinen Kindern ehrlich; sie können sich immer auf ihren Papa verlassen. Er wird ihnen immer die Wahrheit erzählen. Er ist gegenüber seinen Kollegen auf der Arbeit ehrlich; die Leute vertrauen ihm. Wenn er Epheser 4,25 liest, denkt er an all diese Bereiche, in denen er dieser Wahrheit bereits gehorcht, und schlägt sich selbst auf die Schulter. „Sage ich anderen gegenüber die Wahrheit?" fragt er sich. „Aber sicher!" ist seine Antwort.

Dabei übersieht er jedoch die Tatsache, daß er seinen Geschäftskonkurrenten gegenüber nur zum Teil ehrlich ist. Er denkt nie an diesen Bereich. Dieser liegt im sogenannten „toten Winkel", mit der Konsequenz, daß diese Wahrheit nie in diesem Bereich seines Lebens wirksam wird.

Was würde geschehen, wenn er seine Ehrlichkeit im Hinblick auf diesen Lebensbereich einschätzen würde? Er würde wahrscheinlich den dritten Weg nehmen ...

Wir ersetzen Buße durch Rationalisierung
Die meisten von uns haben eine Art Frühwarnsystem gegen geistliche Veränderung eingebaut. In dem Moment, wo man einer Wahrheit zu nahe kommt und dabei ist, von ihr überführt zu werden, geht eine Alarmglocke los, und wir fangen an, uns zu verteidigen. Unsere Lieblingstaktik ist es, Sünde zu rationalisieren, statt darüber Buße zu tun.

Wie würde dies in bezug auf den Geschäftsmann funktionieren, der mit der Frage um mehr Ehrlichkeit ringt? Nun, er wird seinen Mangel an Redlichkeit rationalisieren. Er kann die Realität, daß er lügt, um vorwärts zu kommen, nicht leugnen, also sagt er sich: „Okay. Ich gebe es zu. Ich schummle hier und da ein bißchen bei meiner Konkurrenz. Man muß aber Verständnis dafür haben. Sie sind schließlich alle ungläubig. Sie lügen alle. Ich meine, man kann von mir nicht erwarten, daß ich sauber bleibe, wenn ich gegen solche Leute ankämpfen muß. Ich habe es schließlich mit der Welt da draußen zu tun. Ich denke schon, daß man so ehrlich wie möglich sein sollte, aber sehen wir doch den Tatsachen ins Gesicht - so wird das Spiel eben nun mal gespielt." Letztendlich ändert sich bei ihm nichts. Das Schlimmste aber ist, daß er sich auch noch ganz wohl dabei fühlt.

Woher weiß ich über so etwas Bescheid? Weil mich eines Tages jemand zu sich nach Hause zum Abendessen einlud und damit prahlte - leider auch noch in Gegenwart seiner Kinder -, wie er den Staat um einen Steuerbetrag von 500 Dollar betrogen hatte. Natürlich kam von mir nicht die Reaktion, die er erwartet hatte. Also holte er einen Artikel herbei, den er aus einer Zeitung ausgeschnitten hatte und in dem darüber berichtet wurde, wie der Staat durch irgendeinen Skandal 5 Millionen Dollar verloren hatte.

„Stell dir das einmal vor, fünf Millionen Dollar!" sagte er. „Wenn der Staat damit aufhört, das Geld so aus dem Fenster herauszuwerfen, dann werde ich auch meine Fünfhundert bezahlen."

Das überzeugte mich aber immer noch nicht. Also änderte er seine Taktik. „Ich habe das ganze Geld in die Mission gegeben", sagte er ziemlich fromm. Ich dachte nur bei mir, *sicher wird Gott davon sehr beeindruckt sein.*

Das meine ich damit, wenn ich von einem sorgfältig konstruierten System der Rationalisierung spreche.

Je älter Sie werden, desto mehr Erfahrung gewinnen Sie, um so zu reagieren. Sie füllen einen ganzen Speicher mit möglichen Antworten auf. Immer wenn die Wahrheit der Schrift Sie von Ihrem falschen Verhalten überführen will, haben Sie mindestens sechzehn Gründe parat, weshalb es alle anderen betrifft, nur nicht Sie selbst.

Wir ersetzen eine willensmäßige Entscheidung durch eine emotionale Erfahrung
Mit anderen Worten, wir studieren das Wort Gottes und reagieren mit unseren Gefühlen auf das Gelesene - aber wir tun nichts für eine wirkliche Veränderung. Es ist nichts gegen eine emotionale Reaktion auf geistliche Wahrheiten einzuwenden. Die Gläubigen heute könnten davon sogar einiges mehr vertragen. Wenn dies aber unsere einzige Reaktion bleibt - wenn wir nur unsere Taschentücher befeuchten, ein paar wehmütige Gebete seufzen und dann fröhlich und unbekümmert auf unserem Weg weitergehen, ohne unser Verhalten im geringsten zu ändern - dann ist unser geistliches Leben nicht mehr als eine oberflächliche emotionale Erfahrung.

Wenn ich in einer Gemeinde predige, muß ich oft etwas ertragen, was ich als die Zeremonie der „Verherrlichung des Wurmes" bezeichne. Damit meine ich das, was beim Herausgehen nach dem Gottesdienst geschieht. Die Leute kommen herbei, schütteln mir die Hand und sagen: „Ach, Bruder Hendricks, das war eine wunderbare Predigt. Es war so, als ob wir Paulus zugehört hätten." Ich habe erlebt, daß Leute mit Tränen in den Augen auf mich zukamen und sagten: „Sie haben mich wirklich getroffen heute. (Schluchz!) Ich bin Ihnen so dankbar dafür. Wirklich. Vielen Dank." Sie sind in der Tat innerlich aufgewühlt und getroffen. Doch was tun sie? Sie gehen nach Hause und schauen sich Fußball im Fernsehen an. Es findet keine Änderung in ihrem Leben statt.

Der Punkt ist, daß sie nur emotional auf die Predigt reagiert haben. Werden sie aber jemals eine willensmäßige Reaktion auf Gottes Wahrheiten erleben? Werden sie auf Grund dessen, was die Schrift sagt, jemals wesentliche, grundlegende und lebensverändernde Entscheidungen treffen?

Glücklicherweise begegne ich ab und zu einem seltenen Phänomen - echte Veränderung als Antwort auf biblische Wahrheiten. Wenn so etwas geschieht, vergesse ich das nie.

Ich predigte einmal über die Wichtigkeit der Evangelisation in dem Bereich, wo man persönlich Einfluß nehmen kann - Beziehungen aufzubauen, Freundschaften zu schließen und sich Gehör zu verschaffen. Nachher ging ich nach hinten und hörte mir das übliche Gerede mit den Höflichkeitsfloskeln an. Schließlich kam aber ein junges Ehepaar vorbei, von denen ich wußte, daß sie echt waren. Sie schüttelten mir herzlich die Hand und sagen: „Danke. Vielen Dank. Wir werden nie mehr dieselben sein. Danke, daß Sie ein Werkzeug waren, das der Heilige Geist gebrauchen konnte."

Sie gingen nach Hause, bereiteten das Mittagessen für ihre Kinder zu, legten sich hin, um ein kleines Nickerchen zu halten, gingen anschließend in ihr Wohnzimmer, schlugen ihre Bibeln an der Stelle auf, die ich am Morgen erklärt hatte, lasen sie noch einmal, überdachten sie in bezug auf ihre Bedeutung für ihr persönliches Leben, knieten nieder und begannen zu beten: „Herr, gib uns ein Anliegen für unsere Nachbarn."

Als sie von ihren Knien aufstanden, schauten sie aus dem Fenster. Sie sahen ihren Nachbarn, der gerade seinen Rasen mähte, hin und her gehen. Der Mann schaute seine Frau an und sagte: „Bekommst du die gleiche Botschaft wie ich?"

„Ja", sagte sie, „wir müssen diese Leute kennenlernen."

Also begab sich der Mann hinüber und begann ein Gespräch mit seinem Nachbarn. Schließlich schlug er ihm vor: „Wie wäre es, wenn Sie diese Woche zum Grillen zu uns herüberkämen? Wäre Mittwoch in Ordnung?

„Na klar", sagte der überraschte Nachbar. „Es würde mich freuen."

Das war es, was sie taten. Es brachte einen Prozeß in Gang, der bis zum heutigen Tag weitergeht: Ein stetiger Strom von Männern, Frauen und jungen Leuten haben durch die Beziehungen und den Einsatz dieses Ehepaares zu Christus gefunden. Sie gaben sich nicht damit zufrieden, Gottes Wahrheiten nur zu hören oder von ihnen überführt zu werden; sie wurden auch durch sie verändert. Sie trafen eine willensmäßige Entscheidung als Antwort auf das, was sie Gott hatten sagen hören. Und das ist genau der Punkt, wo wirkliche Veränderung in unserem Leben immer beginnt - in unserem Willen.

Schau in den Spiegel

Der Apostel Jakobus stellt im ersten Kapitel seines Briefes eine eindringliche Frage: Funktioniert das Wort? Antwort: Ja, wenn es *aufgenommen* wird (Vers 21). Er gebraucht ein interessantes Wort. Im Grunde bedeutet es, jemandem einen freundlichen Empfang zu bereiten. Begrüßen Sie die Wahrheit in Ihrem Leben? Öffnen Sie der Wahrheit Ihre Tür, und lassen Sie sie ihre Arbeit in Ihrem Leben tun?

Sehen Sie, wenn wir die Gemeinde am Sonntagmorgen verlassen, geht es nicht um die Frage, was der Prediger gesagt hat, sondern welche Konsequenzen Sie aus dem ziehen, was er gesagt hat? Oft hören wir aber eine Predigt oder gehen zu einem Bibelkreis und erleben, daß uns eine gehörige Lektion erteilt wird, die uns ganz und gar überführt - und was tun wir? Wir gehen nach Hause und sagen: „Wann ist das nächste Mal Bibelkreis?"

Jakobus sagt: „Du mußt die biblische Wahrheit aufnehmen." Und er gibt uns ein anschauliches Beispiel dafür, um uns das zu verdeutlichen - den Vergleich mit einem Spiegel (Vers 23-25). Die meisten verbringen täglich eine beträchtliche Zeit vor dem Spiegel, um das Beste aus sich zu machen. Jakobus beschreibt jemanden, der genau das Gegenteil tut.

„Ach, du meine Güte", sagt also so ein Kerl beim morgendlichen Blick in den Spiegel. „Ich sollte mich wohl besser rasieren. Meine wenigen Haare müßten auch in Ordnung gebracht werden." Nachdem er aber dies alles zur Kenntnis genommen hat, geht er weg und unternimmt gar nichts.

Er geht ins Büro, und wenig später kommt sein Chef herein und sagt: „Sind Ihnen die Rasierklingen ausgegangen?"

„Ich werde mir später welche in der Drogerie besorgen", antwortet er.

„Nun, Sie sollten besser sofort etwas gegen diese Stoppeln unternehmen", warnt ihn der Manager, „oder Sie werden nicht mehr lange für diese Firma arbeiten."

Das ist die Situation, die Jakobus beschreibt. Wenn Sie in den Spiegel schauen und sehen, daß Ihr Gesicht schmutzig ist, Ihre Haare gekämmt und Ihre Zähne geputzt werden müssen, doch Sie gehen weg und unterlassen es - genau das geschieht im Grunde auch, wenn Sie das Wort Gottes studieren, aber dadurch keine Veränderung in Ihrem Leben erfahren.

Es gibt eine Alternative: „Wer aber in das vollkommene Gesetz der Freiheit hineingeschaut und dabei geblieben ist, indem er nicht ein vergeßlicher Hörer, sondern ein Täter des Werkes ist, der wird in seinem Tun glückselig sein" (Vers 25).

Wir wünschen uns alle, von Gott gesegnet zu werden. Zeigen wir aber auch Reaktion auf die Offenbarungen Gottes? Folgen Sie mir ins nächste Kapitel, und wir werden vier Wege kennenlernen, wie man das macht.

39. Der Wert von Anwendung

40

Vier Schritte bei der Anwendung

Viele Christen gleichen schlechten Fotographien - überbelichtet und unterentwickelt. Sie haben viel Input vom Wort Gottes gehabt, aber was für eine Wirkung hat es in ihrem Leben erzielt? Geistliches Wachstum ist verbunden mit Veränderung. Und doch widerstrebt dem menschlichen Herzen nichts mehr als Veränderung. Wir tun alles, nur um sie zu vermeiden.

In diesem Kapitel möchte ich Hilfen vorstellen, wie man die Neigung zur geistlichen Trägheit überwinden kann. Es gibt ein Anwendungsverfahren in vier Schritten, vier Prinzipien, die ich auf vier Wörter reduziert habe; nicht um die Dinge zu vereinfachen, sondern damit man sie besser im Gedächtnis behalten kann. Diese vier Prinzipien werden Ihnen helfen, die Schrift in jeder Situation anzuwenden.

Schritt 1: Wissen

Wenn Sie die Bibel anwenden wollen, müssen Sie sich über zwei Dinge im klaren sein:

Den Text kennen
Zunächst müssen Sie die Auslegung des biblischen Textes kennen. Anwendung ist auf Auslegung gegründet. Wenn Ihre Auslegung also an einer Stelle fehlerhaft ist, wird auch Ihre Anwendung wahrscheinlich ebenso fehlerhaft sein. Wenn Ihre Auslegung richtig ist, besteht berechtigte Hoffnung, daß auch Ihre Anwendung richtig sein wird.

Hier ist ein Merksatz, den Sie zuallererst im Gedächtnis behalten sollten: *Es gibt nur eine Auslegung, aber eine Vielzahl von Anwendungsmöglichkeiten.* Es gibt nur eine grundlegende Auslegung einer Schriftstelle. Der Text bedeutet nicht heute das eine und morgen etwas ganz anderes. Was auch immer er bedeutet, er hat diese Bedeutung für immer. Sie werden allerdings nie damit zu Ende kommen, die Wahrheiten der Schrift in Ihrem Leben anzuwenden. Die Schlußfolgerung: Seien Sie vorsichtig, wie Sie auslegen. Sie werden es nur

40. Vier Schritte bei der Anwendung

noch schlimmer machen, wenn Sie schon mit einer fehlerhaften Auslegung beginnen.

Einer meiner Freunde machte mir das Angebot, mich im Jet seiner Firma nach Kanada zu fliegen. Ich hatte einen knappen Zeitplan einzuhalten, und er bot mir an, mich hinzubringen. Wir kletterten also ins Cockpit und - bevor wir die Starterlaubnis bekamen - mußten wir alle Instrumente vorbereiten, insbesondere unseren Flugplan.

Ich fragte ihn: „Was passiert, wenn du ein paar Grad abweichst?"

Er antwortete: „Erinnerst du dich an die Korean Airlines 007?" Ich nickte zustimmend und dachte an dieses schreckliche Ereignis zurück. Ein Jumbojet kam Hunderte von Kilometern von seinem geplanten Kurs ab und verletzte den russischen Luftraum. Es wurde von einem Kampfflugzeug abgefangen und abgeschossen. „Das ist es, was dabei passieren kann", sagte mein Freund, der Pilot, grimmig. „Ein paar Grad Abweichung kann uns kilometerweit von unserem Ziel abbringen."

Das gleiche gilt für das Bibelstudium. Ich nenne es „den Fehler an der Gabelung". Nehmen wir an, Sie gehen in der Auslegung der Bibel „eine Straße entlang" und gelangen an ein schwieriges Problem. Zur Verdeutlichung unseres Vergleichs nehmen wir an, daß es zwei Auslegungsmöglichkeiten gibt: Auslegung A und Auslegung B. Nehmen wir weiter an, daß A eigentlich die richtige ist; Sie entscheiden sich aber für B. Je weiter Sie nun die Straße entlanggehen, um so mehr weicht Ihre Anwendung von der biblischen Wahrheit ab.

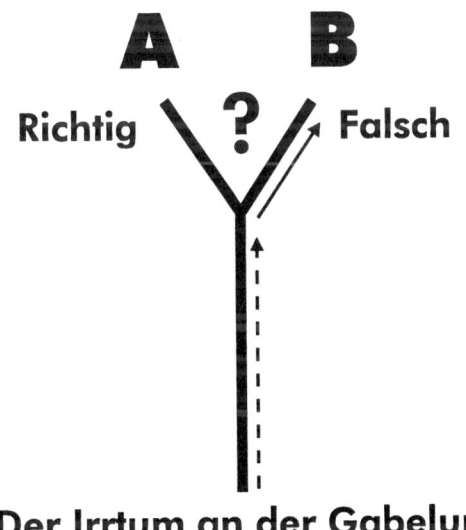

Der Irrtum an der Gabelung

Kurz gesagt, je besser Sie eine Stelle verstehen, um so besser können Sie sie auch anwenden.

Sich selbst kennen
Sie müssen nicht nur die Auslegung kennen, Sie müssen auch sich selbst kennen. In 1. Timotheus 4,16 warnt Paulus den Timotheus: „Habe acht auf dich selbst und auf die Lehre." Beachten Sie die Reihenfolge: Habe zuerst auf dich selbst acht; dann erst darauf, die Wahrheit an andere weiterzugeben. Und warum? Wenn man sich selbst nicht kennt, ist es schwierig, anderen zu helfen, die Bibel in ihrem Leben anzuwenden.

Einer der Hauptgründe dafür, warum es bei vielen kaum zu einer Anwendung kommt, liegt offensichtlich in der Tatsache begründet, daß sie sich selbst nicht kennen. Wie ist das bei Ihnen? Ich möchte Ihnen zwei Fragen dazu stellen. Erstens: Was sind Ihre Vorzüge? Was haben Sie an sich, das für Sie spricht? Können Sie spontan drei Ihrer größten Vorzüge auf eine Karte schreiben? (Nach meiner Erfahrung fällt dies den meisten sehr schwer.) Zweitens: Wo liegen Ihre Schwächen? Wo sind Ihre Grenzen? Was ist Ihr größtes Hindernis für Ihr geistliches Wachstum?

Nehmen Sie beides zusammen, und Sie werden den Wert von Anwendung erkennen. Wenn Sie Ihre Vorzüge kennen, wird dies Ihr Vertrauen stärken. Wenn Sie Ihre Schwächen kennen, wird dies Ihren Glauben mehren. Ihre Vorzüge sagen Ihnen, was Gott für Sie getan hat. Ihre Schwächen sagen Ihnen, was Gott bei Ihnen noch entwickeln muß. Der Grund, weshalb die meisten nicht wachsen, liegt darin, daß sie sich oft nicht darüber im klaren sind, woran es ihnen eigentlich mangelt.

Römer 12,3 kann uns da weiterhelfen: „Denn ich sage durch die Gnade, die mir gegeben wurde, jedem, der unter euch ist, nicht höher von sich zu denken, als zu denken sich gebürt, sondern darauf bedacht zu sein, daß er besonnen sei, wie Gott einem jeden das Maß des Glaubens zugeteilt hat." Manchmal haben wir eine etwas überzogene Meinung von uns selbst. Ein anderes Mal wiederum haben wir ein verzerrtes Bild von uns selbst. Paulus sagt uns: „Hör auf! Hör auf damit, dir Illusionen über dich selbst zu machen. Sieh aber auch zu, daß du dich nicht als minderwertig betrachtest." Jedesmal, wenn Sie Ihren Wert mindern, nehmen Sie dem Teufel die Arbeit ab - und er braucht Ihre Hilfe wirklich nicht. Er ist Spezialist darin.

Einsicht ist dann der erste Schritt zum geistlichen Wachstum - Einsicht in die Schrift und Einsicht über sich selbst.

40. Vier Schritte bei der Anwendung

Ziehen Sie eine Bilanz Ihres geistlichen Lebens

Wollen Sie Gottes Wort in Ihrem Leben anwenden? Beginnen Sie mit Selbsterkenntnis. Um Ihnen dabei zu helfen, hat Doug Sherman von Career Impact Ministries ein Verfahren zur Bestandsaufnahme entwickelt, das Ihre Gewohnheiten und Einstellungen, verglichen mit Gottes Erwartungen an Sie, in mindestens fünf Hauptbereichen Ihres Leben überprüft. Hier sind einige der Fragen zum Überdenken.

In Ihrem persönlichen Leben:
- In welchem Zustand befinden sich Ihre geistlichen Disziplinen - solche, die bekanntlich mit geistlichem Wachstum zusammenhängen, z. B. Bibelstudium, Lernen von Bibelversen, Gebet oder Lesen von Andachtsbüchern?
- Was ist mit Ihrer körperlichen Verfassung, mit Ihren Eß- und Schlafgewohnheiten, mit Ihrem Programm zur körperlichen Bewegung und Entspannung?
- Welches Verhalten wollen Sie unbedingt ablegen: eine Laune, Selbsttäuschung oder sexuelle Begierde?
- Welche Verhaltensweisen wollen Sie unbedingt fördern: Geduld, Gastfreundschaft oder Ausdauer?

In Ihrem Familienleben:
- Haben Sie eine bestimmte Zeit, wann Sie von der Arbeit nach Hause kommen und worauf sich Ihre Familie verlassen kann?
- Verabreden Sie sich regelmäßig mit Ihrem Ehepartner zu einem „Rendezvous"?
- Machen Sie sich von beruflichen und häuslichen Arbeiten frei, um ungestört Zeit mit Ihren Kindern zu verbringen?
- Kommen Sie Ihrer Verantwortung gegenüber Ihren Eltern nach? Ebenso gegenüber den Eltern Ihres Ehepartners? Gegenüber anderen Verwandten?

In Ihrem Gemeindeleben:
- Wie oft lassen Sie sich von anderen aus der Schrift belehren?
- Geben Sie treu, großzügig und freudig Geld für die Arbeit im Reich Gottes?
- Beten Sie regelmäßig für die verantwortlichen Führer in Ihrer Gemeinde?
- Wissen Sie, welche Geistesgabe Sie besitzen, und setzen Sie diese auch ein?

An Ihrer Arbeitsstelle:
- Geben Sie Ihrem Arbeitgeber einen vollen Arbeitstag?
- Stehen Sie zu den Verpflichtungen, die Sie gegenüber Ihren Kunden eingehen?
- Lesen Sie und betreiben Sie Fortbildung in bezug auf neue Entwicklungen, Ideen und Methoden auf Ihrem Fachgebiet?
- Gehen Sie, soweit es Ihnen möglich ist, einer regelmäßigen Arbeit nach, die Ihre persönlichen Bedürfnisse und die Ihrer Familie hinreichend zufriedenstellt?
- Führen Sie einen Haushaltsplan? Halten Sie sich auch daran?

In Ihrer Nachbarschaft:
- Kommen Sie Ihren Rechten und Pflichten als Staatsbürger nach?
- Zahlen Sie Ihre Steuern?
- Wie steht es mit Ihrer Fahrweise, wenn Sie mit dem Auto unterwegs sind?
- Halten Sie Ihr eigenes Grundstück in Ordnung?
- Nehmen Sie Anteil am Schicksal der Bedürftigen, und sind Sie in irgendeiner Weise an der Erfüllung ihrer Bedürfnisse beteiligt?

Es gibt noch Dutzende weiterer Fragen, die man hier auflisten könnte. Der Zweck einer solchen Bestandsaufnahme ist eine kritische Selbstbeurteilung, um herauszufinden, auf welchem Gebiet man geistlich wachsen muß. Jede dieser einzelnen Anwendungen ist aus entsprechenden Bibelstellen und biblischen Prinzipien abgeleitet.

Mein Vorschlag ist: Bitten Sie jemanden, der Sie gut kennt - z. B. Ihr Ehepartner oder ein enger Freund -, diese Bestandsaufnahme durchzugehen und eine persönliche Bewertung über Sie abzugeben. Dann vergleichen Sie die Antworten untereinander. Auf diese Weise können Sie sich mehr Objektivität verschaffen und diese Übung effektiver gestalten.

Übernommen von Doug Sherman und William Hendricks, *Your Work Matters to God*, Colorado Springs, Navpress, 1987, Seite 232-233.

Schritt 2: In Verbindung bringen

Wenn wir erst einmal die Wahrheit des Wortes Gottes kennen, müssen wir sie mit unserer Erfahrung in Verbindung bringen. Eigentlich kann man das Christsein am besten als eine Folge von immer neuen Beziehungen verstehen. Das biblische Muster dafür ist 2. Korinther 5,17: „Daher, wenn jemand in Christus ist, so ist er eine neue Schöpfung; das Alte ist vergangen, siehe, Neues ist geworden."

40. Vier Schritte bei der Anwendung

Wenn Sie Christ werden, hält Jesus Einzug in Ihr Leben - mitten ins Zentrum hinein. Einmal dort, beeinflußt er jedes Gebiet. Er verändert Ihr Leben zu Hause: Sie werden einfühlsamer als Ehepartner, als Elternteil, als einzelne Person. Er stärkt Ihre Gedankenwelt: Ihre Gedanken konzentrieren sich auf erbauliche Dinge, Sie entwickeln neue Interessen, und Sie orientieren sich mehr an göttlichen Werten. Er erneuert Ihr Verhalten in der Gesellschaft: Ihre Beziehungen zu Freunden und Kollegen verändern sich, wenn Sie anfangen, sie christusähnlich zu behandeln.

Christus beeinflußt sogar Ihr Sexualleben. Wissen Sie, daß die meisten keine Ahnung haben, daß Jesus Christus auch die Sexualität geschaffen hat. Das bedeutet letztlich, daß er der einzige ist, der wirklich weiß, wie es funktioniert. Manche schämen sich, darüber zu reden, aber er schämte sich nicht, sie zu erschaffen. Er will für eine gesunde Intimität in Ihrem Leben sorgen, um es neu, rein und ehrbar für Gott zu machen.

Was ist mit Ihrem Geschäftsleben, mit Ihrem Beruf? Viele reden von den „Christlichen Geschäftsleuten". Es sind aber keine christlichen Geschäftsleute, sondern Geschäftsleute, die „zufällig" Christen sind. Leider haben viele die biblischen Wahrheiten nicht mit ihrem Leben am Arbeitsplatz verbunden.

Jesus Christus will jedes Gebiet Ihres Lebens erneuern. Deshalb ist geistliches Wachstum ein Prozeß - ein dynamischer Prozeß. Jeden Tag wache ich auf und erkenne, daß es immer noch Bereiche in meinem Leben gibt, über die der Herr keine Kontrolle hat. Ein Christ ist also eine Person, die sich nicht mit dem Status quo zufrieden gibt (was auch als „das Durcheinander, in dem wir uns gegenwärtig befinden" bezeichnet worden ist). Ich muß mich also mein ganzes Leben lang mit dem Wort Gottes beschäftigen. Geistliches Wachstum ist ein langfristiger Prozeß. Und wenn ich dem Wort Gottes keine Beachtung schenke, werde ich das Ziel der Christusähnlichkeit nie erreichen.

Das wirkende Wort
Wenn Sie erkennen, daß Jesus Christus in Ihrem Leben auf eine tiefe Weise einwirken will, sollten Sie nach den Bereichen suchen, in denen sich das Wort mit dem praktischen Leben verbinden läßt. Ich setze dies gern in Beziehung zu dem, was ich „das wirkende Wort" nenne. Bei der Beobachtung und bei der Auslegung haben Sie neue Einsichten gewonnen - Dinge, die Ihnen nie zuvor aufgefallen sind. Diese neuen Einsichten wirken sich auf eine Reihe von neuen Beziehungen aus.

Eine neue Beziehung zu Gott. Er ist jetzt Ihr himmlischer Vater. Sie haben eine persönliche und sehr enge Beziehung zu ihm. Er hat seinen Sohn für Ihr Heil gegeben und den Heiligen Geist, um Sie im Wachstum vorwärts zu bringen und seine Ziele mit Ihnen zu erreichen.

Eine neue Beziehung zu sich selbst. Sie entwickeln ein neues Selbstbewußtsein. Wenn Gott Sie liebt, wenn Christus für Sie gestorben ist, wenn der

Heilige Geist Sie beschenkt und ermächtigt hat, dann bedeutet das, daß Sie von ungeheurem Wert und Bedeutung sind. Ihr Leben gewinnt einen neuen Sinn und ein neues Ziel.

Eine neue Beziehung zu anderen. Sie entdecken, daß andere Menschen nicht Ihre Feinde sind. Sie sind vielleicht Opfer des Feindes, aber sie sind Menschen, die Gott in Ihr Leben hineingestellt hat. Er fordert Sie dazu auf, sie christusähnlich zu behandeln.

Eine neue Beziehung zum Feind. Bitte, beachten Sie folgendes: Wenn Sie zu Christus kommen, wechseln Sie die Seiten im Kampf. Vorher waren Sie nur ein Bauer auf dem Schachbrett des Feindes. Er schob Sie herum, wohin immer er Sie haben wollte. Sie hatten keine Ahnung, daß Sie von ihm übertölpelt wurden. Aber jetzt haben Sie entdeckt, daß Sie auf Gottes Seite stehen. Glauben Sie mir, der Feind ist nicht sehr froh darüber. Deshalb wird Ihr geistliches Leben als Christ immer ein Kampf bleiben.

Die neuen Einsichten, die Sie von der Schrift her gewonnen haben, müssen in all diesen Beziehungen angewandt werden. Beachten Sie, wie das vor sich geht.

Das Wort deckt Ihre Sünden auf. Erinnern Sie sich an 2. Timotheus 3,16? Die Schrift hat eine zurechtweisende und korrigierende Funktion. Sie macht Ihnen klar, wenn Sie vom Weg abgekommen sind, damit Ihr Leben von Sünde gereinigt wird.

Das Wort gibt Ihnen Gottes Verheißungen. Es sagt Ihnen, was Sie von Gott erwarten können und worauf Sie zählen dürfen. Das ist unglaublich tröstend, wenn Ihnen Umstände begegnen, die über Ihre Kräfte hinausgehen.

Das Wort gibt Ihnen Gottes Gebote. Genauso wie es Verheißungen in der Schrift gibt, gibt es auch Bedingungen. Es werden Gebote und Prinzipien aufgestellt, die zu Gesundheit und Leben führen.

Das Wort gibt Ihnen Beispiele zur Nachahmung. Ich studiere gern Biographien in der Schrift, Geschichten von Menschen, die ihr Leben vor Gott gelebt haben. Da wird die Schrift greifbar nahe. Manche bieten ein positives Beispiel, und das sind die, denen ich gerne folgen möchte. Andere wiederum stellen Negativbeispiele dar, die ich vermeiden sollte.

Durch das wirkende Wort verändert Jesus Christus das Leben derer, die biblische Wahrheiten anwenden wollen. Gilt das auch für Sie? Ein guter Test ist folgender: Gibt es jemanden, der Sie schon eine sehr lange Zeit kennt und zu Ihnen sagt: „He! Was hat dich nur so verändert? Ich kenne dich schon so lange, aber du bist nicht mehr dieselbe Person. Irgend etwas ist in deinem Leben geschehen." Welche Erklärung würden Sie abgeben? Daß es daran liegt, daß Christus in Ihrem Leben wirksam geworden ist?

Kurz gesagt: Was gibt es in Ihrem Leben, das Sie nicht anders erklären können als nur durch den Einfluß einer übernatürlichen Kraftquelle?

Schritt 3: Nachsinnen

Als ich ein junger Mann war, kam ich an einen Punkt in meinem Leben, wo ich der aussichtsreichste Kandidat für eine psychiatrische Klinik war, den Sie sich denken können. Die Jungens in den weißen Jacken waren drauf und dran, mit dem Wagen vorbeizukommen und mich mitzunehmen, als einer meiner Freunde, ein leitender Angestellter, von meinem Zustand erfuhr.

Er flog auf eigene Kosten nach Dallas und verbrachte drei Tage zusammen mit mir. Alles, was ich tat, tat auch er. Er ging dahin, wo ich hinging. Er hörte sich jedes Gespräch an, war in jeder Klasse dabei und lebte sogar in meinem Haus. Schließlich gab er mir seine Diagnose bekannt: „Howie, dein Problem ist, daß du keine Zeit zum Nachdenken hast."

Sehen Sie, ich glaube, wenn ich ihm 20.000 Dollar für diese Einsicht gegeben hätte, dann wäre das immer noch nicht genug gewesen. Was er mir klar machte, war, daß ich zu vielen Dingen erlaubte, meine ganze Aufmerksamkeit in Anspruch zu nehmen, daß ich mir aber keine Zeit gönnte, um das alles innerlich zu verarbeiten. Schließlich wurde ich fast verrückt dabei.

Was mein Freund empfahl, war im Grunde die Gewohnheit des Nachsinnens. Diese Kunst ist in unserer heutigen Gesellschaft weitgehend verlorengegangen, abgesehen von den Anhängern des östlichen Mystizismus. Ich rede aber von etwas ganz anderem als von einer Art geistiger Gymnastik, die nur darauf aus ist, den Sinn zu entleeren. Wahre Meditation erwägt Wahrheit unter der Berücksichtigung, daß sie uns hilft und unser Leben wieder in Ordnung bringt. Weil die meisten von uns aktive und vielbeschäftigte Leute sind, urteilen wir einfach, daß Nachsinnen für eine frühere Generation eine schöne Sache war, aber daß es in unseren Tagen und in unserer Zeit kaum mehr eine Bedeutung hat.

Vollkommen falsch! Wie wir in Kapitel 14 sahen, ist Nachsinnen ein wichtiger Schritt bei der Beobachtung. Es ist ebenso wichtig für den Schritt der Anwendung. Erinnern Sie sich an Josua 1,8 und Psalm 1,1-2? Diese Stellen sagen beide, daß der Schlüssel zu geistlichem Wohlstand das Nachsinnen über Gottes Wort ist - und zwar *Tag und Nacht*. Mit anderen Worten, wir sollten die Schrift in den Stoff unseres täglichen Lebens förmlich einweben.

Meine Frau kocht eine Suppe, der ich kaum widerstehen kann. Sie braucht Stunden, um sie zuzubereiten. Sie fängt schon morgens an, und bald ist das ganze Haus von einem herrlichen Duft erfüllt - und mir läuft das Wasser im Mund zusammen, und ich bin gierig darauf, die Suppe zu verschlingen. Aber sie sagt: „Noch nicht. Warte bis zum Essen." Ich nenne sie ihre Begeisterungssuppe - sie gibt alles hinein, was sie hat. Dagegen schmeckt gekaufte Suppe wie Spülwasser.

Warum schmeckt die Suppe so gut? Sie läßt sie bei geringer Hitze auf der

Kochplatte stehen bis alle Zutaten sich miteinander vermischt haben und diesen herrlichen Geschmack ergeben. Was haben Sie auf Ihrer Kochplatte? Was kocht in Ihren Gedanken? Nutzen Sie die Vorteile des biblischen Nachsinnens?

„Aber Nachdenken fällt mir so schwer", wird irgend jemand jetzt einwenden.

Nein, das Problem ist, daß Sie Ihr Gehirn aushungern. Sie versorgen es nicht mit genügend Nahrung. Sehen Sie, es gibt einen direkten Zusammenhang zwischen dem Nachsinnen und Ihrem Erinnerungsvermögen. Erinnerungsvermögen versorgt den Verstand mit der Nahrung, die nötig ist, damit das Nachsinnen auch einen Gewinn bringt.

Etwas, was ich sehr bedaure, wenn ich an meinen geistlichen Werdegang zurückdenke, ist, daß ich als junger Mensch nicht mehr von der Schrift auswendig gelernt habe. Schließlich bin ich doch noch an ein System zum Auswendiglernen von Bibelversen geraten. Dieses Programm half mir, zwei Verse pro Woche auswendig zu lernen. Das ist nicht viel. Aber bedenken Sie einmal folgendes: Wenn Sie das fünfzig Wochen lang während eines ganzens Jahres tun, dann haben Sie nach einem Jahr einhundert Verse der Schrift fest im Griff.

Kann dies eine Wirkung in Ihrem Leben erzielen? Nicht lange, nachdem ich mit diesem Programm zum Auswendiglernen von Bibelstellen angefangen hatte, mußte ich mich einer Operation unterziehen. Die Operation verlief gut, aber ich zog mir anschließend eine Infektion zu. Und es war so ein Fall, wo man nicht weiß, ob man am Leben bleibt oder nicht. Ich machte die Erfahrung, daß es nur eines gab, was mich während dieser Zeit aufrecht hielt - das Wort Gottes, das ich auswendig gelernt hatte. Diese Erfahrung brachte mich zu der Überzeugung, daß das Gedächtnis der Schlüssel zum Nachsinnen ist. Und Nachsinnen ist der Schlüssel dazu, meine Einstellung zu ändern.

Schritt 4: Praxis

Das höchste Ziel des Bibelstudiums ist es, erkannte Wahrheiten in die Praxis umzusetzen. Die Schrift wurde nicht geschrieben, um Gänse zu füttern, sondern um für die Realitäten des Lebens Athleten zu trainieren und Soldaten auszurüsten. „Laufe, um zu gewinnen!" „Kämpfe, um zu gewinnen!" Das ist die Botschaft des Wortes Gottes.

Sie können nicht jede Wahrheit, auf die Sie bei Ihrem Studium stoßen, bewußt anwenden, aber etwas können Sie immer anwenden. Sie sollten sich also immer folgende Frage stellen: *Gibt es irgendeinen Bereich meines Lebens, für den diese Wahrheit von Nutzen ist?*

Ich möchte Ihnen ein persönliches Beispiel dazu geben. Philipper 2,14 ist ein Vers, der sehr betroffen macht: „Tut alles ohne Murren und Zweifel." Das

40. Vier Schritte bei der Anwendung

bereitet Ihnen vielleicht keine Probleme, aber für mich ist es ein äußerst schwieriger Vers. Am liebsten würde ich von Vers 13 direkt zu Vers 15 übergehen. Aber es gibt nun mal diesen kleinen unbequemen Satz dazwischen.

Sehen Sie, es gibt viele Bereiche in meinem Leben, wo das Sich-Beklagen und Herumlamentieren kein Thema ist. Das Unterrichten z. B. liebe ich über alles. Ich gehe ganz darin auf. Für mich bedeutet Unterrichten das Größte im Leben. Ich würde wahrscheinlich sogar dafür bezahlen, nur um unterrichten zu können. Doch der Vers sagt klar: „Tue *alles* ohne Murren" - nicht nur das Unterrichten.

„Alles" bedeutet für mich also auch die tägliche Korrespondenz. Ich hasse es, Briefe zu schreiben, fast mit der gleichen Leidenschaft, wie ich das Unterrichten liebe. Aber schließlich stapeln sich die Briefe, und ich habe gar keine andere Wahl, als es anzupacken. Das ist also ein Bereich, wo ich Philipper 2,14 anwenden kann. Der Vers sagt nicht, daß ich meine Korrespondenz lieben muß; er sagt nur, daß ich lernen soll, sie ohne Murren zu erledigen.

Das ist scheinbar nur eine belanglose Kleinigkeit. Es gibt aber keine Belanglosigkeiten in bezug auf Veränderungen, die Gott in Ihrem und meinem Leben bewirken will. Er hat uns sein Wort gegeben, um unsere Erfahrungen zu verändern. Und ich versichere Ihnen, Ihr Hunger auf dieses Wort wird in direktem Zusammenhang mit Ihrem Gehorsam stehen. Man kann es eigentlich als einen Kreislauf beschreiben: Je mehr Sie es verstehen, desto mehr werden Sie es anwenden; und je mehr Sie es anwenden, desto mehr wollen Sie es verstehen. Beides ist notwendig.

Im Grunde gehören immer zwei Seiten zum geistlichen Leben: Sie brauchen Nahrung, und Sie brauchen Bewegung. Zu viel Essen macht dick. Zu wenig Essen verursacht Blutarmut. Nahrung wird aber in Energie umgewandelt, und diese Energie befähigt Sie, das zu tun, was Gott will. Doch dabei werden Sie erschöpft und müde. Sie verlieren Ihre Perspektive. Also müssen Sie sich wieder neu von Gottes Wort erquicken lassen. Bedenken Sie, Erfahrungen mit dem Wort Gottes zu machen bedeutet, sich an Gottes Wort zu erfreuen.

Versuchen Sie es selbst

Es gibt eine direkte Wechselbeziehung zwischen dem Nachsinnen und dem Auswendiglernen. Je mehr Sie aus der Schrift auswendig lernen, desto mehr haben Sie, worüber Sie nachsinnen können.

Leider hat das Auswendiglernen der Bibel oft eine schlechte Presse bekommen. Eigentlich hat Auswendiglernen überhaupt keinen sehr guten Ruf. Viele können sich an die Schulzeit erinnern, wo man oft gezwungen war, sinnlose Fakten und Zahlen in Fächern wie Geschichte und Mathematik auswendig zu lernen. Fast jeder, der diese Übungen hinter sich gebracht hatte, schwor sich, so etwas nie wieder zu tun!

Aber wenn Gott verspricht, unser Leben als Folge des Nachsinnens über sein Wort zu segnen (Josua 1,8; Psalm 1), und wenn Nachsinnen von Auswendiglernen abhängig ist, dann sollten wir uns die Sache besser noch einmal genauer anschauen. Hier ist eine kleine Übung, mit der Sie beginnen können. Lernen Sie Psalm 100 auswendig:

1 Ein Psalm. Zum Dankopfer.
    Jauchzt dem HERRN, alle Welt!
2 Dient dem HERRN mit Freuden!
    Kommt vor sein Angesicht mit Jubel!
3 Erkennt, daß der HERR Gott ist!
    Er hat uns gemacht, und nicht wir selbst -
    sein Volk und die Herde seiner Weide.
4 Zieht ein in seine Tore mit Dank,
    in seine Vorhöfe mit Lobgesang!
    Preist ihn, dankt seinem Namen!
5 Denn gut ist der HERR. Seine Gnade ist ewig
    und seine Treue von Geschlecht zu Geschlecht.

Dieser Psalm umfaßt nicht mehr als fünf Verse. Er ist ein großartiger Psalm, über den es sich lohnt nachzusinnen, weil er Ihr Herz zur Freude vor dem Herrn erhebt. Er bestätigt in überzeugender Weise Gottes treuen Charakter. Hier sind einige Vorschläge:

1. Lesen und studieren Sie den Psalm nach den Prinzipien der Beobachtung und Auslegung.
2. Lesen Sie den Psalm mehrmals, und verwenden Sie die obenstehende Übersetzung.

40. Vier Schritte bei der Anwendung

3. Konzentrieren Sie sich einige Tage lang auf einen einzigen Vers, und lernen Sie ihn auswendig. Lernen Sie zum Beispiel am ersten Tag Vers 1 auswendig. Lesen Sie ihn mehrmals. Dann wiederholen Sie ihn mehrmals aus dem Gedächtnis. Überprüfen Sie nach einer oder mehreren Stunden, ob Sie ihn noch auswendig aufsagen können.
   Fahren Sie einen ganzen Tag lang auf diese Weise damit fort. Am nächsten Tag lernen Sie Vers 2 auf die gleiche Weise auswendig; wiederholen Sie aber auch Vers 1 dazu. Fügen Sie im Verlauf der Woche Vers um Vers hinzu.
4. Wiederholen Sie, was Sie auswendig gelernt haben, indem Sie es laut vor einem Freund oder einem Familienmitglied aufsagen. Die Person sollte die Stelle nachschlagen, um zu kontrollieren, ob Sie den Psalm auch wirklich perfekt auswendig können.
5. Wenn Sie dazu die Begabung besitzen, dann komponieren Sie eine Melodie zu diesem Psalm und singen Sie ihn. (Die meisten Psalmen wurden ursprünglich gesungen und nicht nur gelesen.)
6. Wiederholen Sie den Psalm während der nächsten Wochen immer wieder in Ihrem Gedächtnis, bis Sie sicher sind, daß er in Ihrem Gehirn wirklich festsitzt.

Wie verläuft der Prozeß der Veränderung unseres Lebens? Er beginnt mit dem Wort Gottes. Die Bibel ist Gottes heiliges Mittel, Veränderungen in unserem Leben zu bewirken. Beachten Sie aber, daß das Wort erst mein eigenes Leben verändern muß. Dann erst kann es anfangen, meine Welt zu verändern. Sehen Sie, wenn Gottes Wahrheiten mein Leben verändern, kann ich ein Grundbaustein zur Veränderung in meinem Lebensbereich werden. Haben Sie sich einmal gefragt, wie Sie in Ihrer Umgebung Veränderungen bewirken können? Der einzige Weg, bleibende und bedeutende Veränderungen zu bewirken, führt über die Veränderung des einzelnen.

41

NEUN FRAGEN ZUR ANWENDUNG

Weiter vorn, wo wir den Schritt der Beobachtung behandelt haben, habe ich auf etwas hingewiesen, was man bei jeder Stelle der Schrift tun sollte: sie mit Fragen bombardieren. Das gleiche gilt auch für die Anwendung. Hier sind neun Anwendungsfragen, die Sie stellen können, wenn Sie das Wort Gottes aufschlagen:

1. Gibt es ein Beispiel, dem ich nacheifern sollte?
Haben Sie bemerkt, wieviel Biographisches es in der Bibel gibt? Das ist kein Zufall, es ist so gewollt. Gott füllt sein Wort mit Menschen, weil es nichts Besseres gibt, um die Wahrheiten lebendig werden zu lassen, als von Menschen zu berichten, die danach leben.

Natürlich bedeutet es eine Herausforderung, Parallelen zwischen Ihrer Situation und der der jeweiligen Person zu ziehen, die Sie studieren wollen. Sehen Sie sich Abraham in 1. Mose 18 an. Der Herr offenbart ihm, daß er in Kürze Sodom und Gomorra zerstören wird, wo Abrahams Neffe Lot mit seiner Familie wohnt. Also fleht Abraham den Herrn an, Sodom nicht zu zerstören, wenn er genügend gerechte Menschen findet, die dort wohnen.

Es sind nicht gerade viele Leute zu mir gekommen und haben gesagt: „Hendricks, Gott hat mir gesagt, daß er diese oder jene Stadt zerstören wird, es sei denn, wir finden zehn gerechte Menschen, die dort wohnen." Wenn jemand mir so etwas sagt, dann würde ich mich mit Recht fragen, aus welcher Anstalt er wohl entflohen ist.

Bedeutet dies etwa, daß es in 1. Mose 18 nichts für mich anzuwenden gibt? Keineswegs. Abraham ist ein ausgezeichnetes Beispiel für mitfühlendes Beten zugunsten böser Menschen. Hier liegt er auf seinen Kien und fleht den Herrn an, sie von dem Gericht zu verschonen. Ich muß mich also fragen, ob dies die Art des Gebets ist, wie ich für die Menschen um mich her bete. Oder hoffe ich, daß Gott all diese „bösen Heiden" endlich von hier wegnehmen wird?

2. Gibt es eine Sünde, die ich vermeiden sollte?
Eine der wertvollsten Eigenschaften des Wortes ist, daß es Ihr Gewissen in be-

zug auf moralische Dinge aufweckt. Bevor ich gläubig wurde, tat ich Dinge, die für mich ganz normal waren. Wenn mir jemand gesagt hätte, daß es Sünden sind, hätte ich gesagt: „Du scherzt wohl." Ich hatte einen völlig anderen Maßstab von dem, was recht und was unrecht ist.

Als ich dann Christ wurde und begann, die Schrift zu lesen, lernte ich, was Sünde wirklich ist. Es war wie bei meinem Freund, der mir sagte: „Mann, ich habe nicht gewußt, wie schlecht meine Ehe war, bis ich Christ wurde. Ich dachte, so würde jeder leben. Dann las ich Epheser 5 und begann zu erkennen, wie kaputt meine Ehe in Wirklichkeit war."

3. Gibt es eine Verheißung, die ich in Anspruch nehmen könnte?

Gottes Wort ist voll von Verheißungen - Verheißungen, die von einer Person gegeben wurden, die nicht lügen kann und die ganz und gar in der Lage ist, sie zu erfüllen. Erinnern Sie sich an unser Studium über Nehemia 1? Nehemia nahm Gottes Verheißungen in Anspruch, was die Wiederherstellung des Landes betraf, für den Fall, daß das Volk bekennen und Buße über ihre Sünden tun würde. Gott achtete sein Wort. Er benutzte Nehemia als Teil seiner Antwort auf das Gebet.

Natürlich gelten nicht alle Verheißungen in der Schrift Ihnen oder mir. Manche Verheißungen gab Gott ganz bestimmten Personen, nicht den Menschen allgemein. Andere gab er einzelnen Gruppen, wie z. B. die Nation Israel. Wir können keine Verheißungen in Anspruch nehmen, die nicht für uns bestimmt ist. Wir können aber bestimmte Verheißungen, die der Gemeinde gegeben sind, in Anspruch nehmen oder auch solche, die „den Gerechten" im Buch der Sprüche und in anderen Teilen der Weisheitsliteratur gegeben worden sind.

4. Gibt es ein Gebet, das ich wiederholen sollte?

Abraham lehrt uns etwas über Gebet in 1. Mose 18. Ebenso Nehemia. Ich ermutige Sie, die großen Gebete der Schrift zu studieren: Davids Bekenntnis in Psalm 51; Hannas Dankgebet nach der Geburt Samuels (1. Samuel 2,1-10); Jonas Gebet im Bauch des Fisches (Jona 2); Marias Gebet in Lukas 1,46-55; Paulus Gebet für die Epheser in Epheser 3,14-21; Jesu Gebet im Garten von Gethsemane (Matthäus 26,36-46; Markus 14,32-42; Lukas 22,39-46); und das Gebet, das der Herr seine Jünger lehrte (Matthäus 6,5-15).

Wenn Sie diese Stellen studieren, fragen Sie sich: *Was gibt es in diesen Gebeten, das ich ebenfalls beten sollte?*

5. Gibt es eine Anweisung, der ich gehorchen sollte?

Die Bibel ist voll von kraftvollen und klaren Anweisungen. Allein im Jakobusbrief gibt es vierundfünfzig davon. Ebenso bestehen die „Praxisteile" der Briefe des Paulus hauptsächlich aus Ermahnungen: Römer 12 - 15; Galater 5 - 6; Epheser 4 - 6; Kolosser 3 - 4.

41. Neun Fragen zur Anwendung

Ein weiser, alter Gelehrter wurde einmal gefragt, wie man den Willen Gottes erkennt. Seine Antwort war einfach: „Fünfundneunzig Prozent des Willens Gottes ist in der Schrift geoffenbart. Wenn man seine Zeit damit verbringt, sich daran zu halten, wird man kaum Probleme haben, die übrigen fünf Prozent herauszubekommen."

6. Gibt es eine Bedingung, die ich erfüllen sollte?

Viele der göttlichen Verheißungen sind an Bedingungen geknüpft, die im Text genannt werden. So sagt zum Beispiel Jesus: „Wenn ihr in mir bleibt und meine Worte in euch bleiben, so werdet ihr bitten, was ihr wollt, und es wird euch geschehen" (Johannes 15,7). Erkennen Sie die Bedingungen? „Wenn ihr in mir bleibt und (wenn) meine Worte in euch bleiben." Jesus gibt eine unglaubliche Verheißung: „Bitte, was du willst, und es wird dir geschehen." Zuerst aber müssen die Bedingungen erfüllt werden.

7. Gibt es einen Vers, den ich auswendig lernen sollte?

Offensichtlich kann jeder Vers der Schrift auswendig gelernt werden. Einige werden Ihnen aber mehr zu sagen haben als andere. Deshalb empfehle ich Ihnen, daß Sie ein eigenes Programm für das Auswendiglernen von Bibelversen entwickeln. Wenn Sie dies getan haben, können Sie sich Ihre eigene Liste von Versen erstellen, die für Sie persönlich von Bedeutung sind.

Ich will Ihnen aber auch Mut machen, größere Teile des Wortes auswendig zu lernen. Als meine Söhne noch kleine Jungens waren, hatten sie einen Sonntagsschullehrer, der den Wert des Auswendiglernens der Bibel erkannt hatte. Er veranstaltete Wettbewerbe, um herauszufinden, wieviel sie im Stande waren, aus der Schrift auswendig zu lernen. Schließlich lernten sie ganze Kapitel der Bibel auswendig, z. B. Psalm 1, Jesaja 53 und sogar Johannes 14. Und das perfekt. Es ist also möglich. Und die Vorteile sind kaum zu ermessen.

8. Gibt es einen Irrtum, den ich mir merken sollte?

Eine der positivsten Entwicklungen, die ich während meines Lebens unter Christen beobachten konnte, war eine neue Wertschätzung von Menschen und von Beziehungen untereinander. So etwas sollte die Erkenntnis biblischer Wahrheiten hervorbringen: Liebe und Fürsorge für die Menschen und für ihre Bedürfnisse.

Während der gleichen Zeitspanne habe ich jedoch einen bedauernswerten Rückgang von grundlegendem theologischen und lehrmäßigen Wissen beobachtet. Viele Christen haben nur eine verschwommene Vorstellung von den grundlegenden Bausteinen des Glaubens, wie z. B. die Auferstehung, die Jungfrauengeburt, die Irrtumslosigkeit der Schrift und der Dienst des Heiligen Geistes. Als Folge davon werden sie oft zur Zielscheibe für theologische Irrtümer.

Persönliches Bibelstudium kann helfen, diese Entwicklung umzukehren. Wenn Sie Gottes Wort erforschen, dann fragen Sie sich: *Welche Richtlinien und Wahrheiten lehrt diese Stelle? Welche theologischen Irrtümer deckt sie auf?* Und dann: *Welche Änderungen muß ich in meinem Denken vornehmen, um mit dem, was die Schrift lehrt, übereinzustimmen?*

9. Gibt es eine Herausforderung, der ich mich stellen muß?
Haben Sie jemals einen Teil der Bibel gelesen und die Verantwortung gespürt, auf Grund dessen, was Sie gelesen haben, handeln zu müssen? Der Geist Gottes wird dies bewirken. Wenn Sie das Wort lesen, wird er Sie in irgendeinem Bereich Ihres Lebens oder in einer Situation, in der Sie sich befinden, herausfordern, darauf zu reagieren. Vielleicht ist es eine Beziehung, die geheilt werden muß. Vielleicht ist es eine Entschuldigung, die Sie aussprechen müssen. Vielleicht müssen Sie sich aus einer Situation lösen, die Sie von Gott wegführt. Oder vielleicht gibt es eine Gewohnheit, die Sie pflegen sollten. Was immer es auch sein mag, der Heilige Geist benutzt die Schrift, um Veränderungen in Ihrem Leben zu bewirken.

Die Frage ist nur, ob Sie offen sind für solche Veränderungen? Sind Sie bereit, seine Herausforderungen anzunehmen? Ich garantiere Ihnen, daß, wenn Sie Gottes Wort nur mit ein wenig Ehrlichkeit und Bereitwilligkeit begegnen, Gott Sie nicht enttäuscht weggehen lassen wird.

41. Neun Fragen zur Anwendung

Versuchen Sie es selbst

Sie sollten es sich zur Gewohnheit machen, die neun Fragen, die in diesem Kapitel aufgeführt sind, jedesmal durchzugehen, wenn Sie das Wort Gottes aufschlagen. Ich möchte Ihnen aber auch Gelegenheit zu einer kleinen Übung geben, um diese Fragen an einen längeren Abschnitt aus dem Lukasevangelium anzuwenden.

Beginnend mit Kapitel 14,25 und fortfahrend bis Kapitel 17,10 gibt Jesus eine Reihe von Gleichnissen und Lehren weiter. Der Schlüssel, um den Zusammenhang zu verstehen, liegt in der Beobachtung, daß drei Gruppen von Menschen Jesus zuhören - große Volksmengen (14,25), zu denen auch eine große Zahl von Taugenichtsen gehören (15,1), die Jünger (16,1; 17,1) und die Pharisäer (16,14). Wenden Sie Ihre Kenntnisse über Beobachtung und Auslegung, die wir behandelt haben, an, um für diesen Teil des Neuen Testamentes Verständnis zu gewinnen. Dann beantworten Sie vom Text her die neun Fragen:

1. Gibt es ein Beispiel, dem ich nacheifern sollte?
2. Gibt es eine Sünde, die ich vermeiden sollte?
3. Gibt es eine Verheißung, die ich in Anspruch nehmen könnte?
4. Gibt es ein Gebet, das ich wiederholen sollte?
5. Gibt es eine Anweisung, der ich gehorchen sollte?
6. Gibt es eine Bedingung, die ich erfüllen muß?
7. Gibt es einen Vers, den ich auswendig lernen sollte?
8. Gibt es einen Irrtum, den ich mir merken sollte?
9. Gibt es eine Herausforderung, der ich mich stellen muß?

42

Damals und heute

Erinnern Sie sich an Ken in Kapitel 1? Ken hatte die höchste Achtung vor der Bibel. Wenn Sie ihn fragen würden, ob die Bibel das geoffenbarte Wort Gottes ist, würde er sagen: „Ja, absolut." Ist sie der Maßstab für Glauben und Leben? „Keine Frage."

Raten Sie aber mal, was geschieht, wenn Ken zur Arbeit geht? Er läßt das Wort zu Hause - nicht physisch, sondern geistig. Er will die Schrift keineswegs gering achten. Die Wahrheit aber ist, daß es ihm nie in den Sinn käme, daß sie etwas dazu zu sagen hat, wie er seine Geschäfte erledigt. Warum nicht? Weil er die Bibel in diesem Zusammenhang für nicht anwendbar hält. „Die Geschäftswelt ist keine Sonntagsschulklasse", sagte er mir. „Man wird mit Dingen konfrontiert, die in der Bibel nicht einmal erwähnt werden. Also ist die Bibel wohl keine besonders gute Praxishilfe für den Alltag."

Ken ist kaum der einzige. Bekannte Meinungsforscher fanden heraus, daß derzeit 57 Prozent der Amerikaner überzeugt sind, daß „Religion die Probleme von heute lösen kann". Das ist ein Rückgang von 81 Prozent gegenüber 1957. Im gleichen Zeitraum ist die Zahl derer, die denken, daß Religion hoffnungslos veraltet ist, von 7 auf 20 Prozent gestiegen. Kein Wunder, daß ein weiterer Meinungsforscher daraus schließt, daß es „keinen bedeutenden Unterschied" zwischen Kirchgängern und Nichtkirchgängern in bezug auf ihre Ethik und ihre Wertvorstellungen im Arbeitsleben gibt.

Wie steht es mit Ihnen? Denken Sie, daß Ihr Glaube so bedeutend wie ein Gesangbuch ist, wenn es um die Arbeit und andere Dinge des täglichen Lebens geht? Oder gehören Sie zu der großen Zahl derer, die ihren Glauben zwar auf die heutigen Fragen anwenden möchten, aber nicht wissen wie? Schließlich findet man die brennenden Fragen unserer Zeit in diesen uralten Schriften nicht direkt angesprochen. Wie kann man hier eine Verbindung herstellen?

Ich schlage vor, vom Zusammenhang auszugehen - dem ursprünglichen Zusammenhang in der Schrift und dem Zusammenhang in der heutigen Zeit, in der wir leben. Der zeitbezogene Zusammenhang spielt eine entscheidende Rolle dabei, wie jemand biblische Wahrheiten anwenden wird.

42. Damals und Heute

Eine unveränderliche Wahrheit in einer stets veränderlichen Welt

Erinnern Sie sich an 1.Mose 2,24, wo Gott die Ehe als Institution einführte?

„Darum wird ein Mann seinen Vater und seine Mutter verlassen und seiner Frau anhangen, und sie werden zu einem Fleisch werden."

Wie muß Adams und Evas Ehe vor dem Sündenfall ausgesehen haben? Stellen Sie sich den Grad der Kommunikation, des gegenseitigen Vertrauens, der Partnerschaft und der Intimität vor, den sie erfahren haben müssen. Aber dann fielen sie in Sünde und mußten sich nun mit ganz anderen Kräften herumschlagen - Mißtrauen, Selbstsucht, Stolz und Lust. Doch Gott läßt die Sehnsucht bestehen, ein Fleisch zu sein. Das ergibt eine ganz neue Ausgangsbasis.

Gehen wir weiter zu Mose, wie er den Bericht von 1. Mose an das Volk Israel weitergibt. Es kommt aus Ägypten, wo Polygamie verbreitet war. Sogar Israels eigene Patriarchen hatten ja ihre Nebenfrauen. Wie sieht eine Ein-Fleisch-Beziehung aus, wenn man ein solches Vermächtnis übernehmen muß? Wieder ein anderer Zusammenhang.

Später finden wir Jesus, wie er mit den Pharisäern über die Ehe spricht (Matthäus 19,1-9). Mittlerweile ist Ehescheidung an der Tagesordnung. Die dringende Frage war, wie ein Mann sich aus der Ehe lösen konnte, nicht wie er darin bleiben kann. Doch Jesus zitiert 1. Mose 2, um die Heiligkeit des Ehebundes zu stärken. Seine Worte haben seine Zuhörer offenbar schockiert. „Wenn das Ehe bedeutet, warum sollte man dann überhaupt heiraten?" fragten seine Jünger äußerst skeptisch. Die gleiche biblische Wahrheit, aber in einem ganz anderen Zusammenhang.

Noch später schreibt Paulus den Ephesern. Ephesus war vielleicht die reichste aller römischen Städte. Es war das Florenz der damaligen Zeit, die touristische Metropole in der Welt des ersten Jahrhunderts. In der Zeit, als Paulus die Bildfläche betrat (Apostelgeschichte 19), war es um die Ehe recht traurig bestellt, insbesondere unter den Reichen. Der römische Philosoph Seneca bemerkte zu den Frauen seiner Zeit geistreich: „Sie scheiden sich, um wieder zu heiraten. Sie heiraten, um sich wieder zu scheiden." Sein ebenso zynischer Sohn definierte eine treue, verheiratete Ehefrau als eine Frau, die nur zwei Liebhaber hat.[27]

Paulus hatte mit seinen neuen und fremden Lehren bereits einen Aufruhr in

---

[27] Will Druant, *Caesar and Christ: A History of Roman Civilization and of Christianity from Their Beginnings to A.D. 325*, New York: Simon & Schuster, 1944, Seite 370.

Ephesus verursacht (Apostelgeschichte 19,23-41). Nun verblüfft er die jungen Gläubigen in Ephesus mit seinem Brief. Wie Jesus zitiert auch er 1.Mose 2,24 und sagt dann: „Jedenfalls auch ihr - jeder von euch liebe seine Frau so wie sich selbst; die Frau aber, daß sie Ehrfurcht vor dem Mann habe" (5,33). Wie verwirklicht ein Ehepaar im Ephesus des ersten Jahrhunderts eine Ein-Fleisch-Beziehung?

Was heißt es eigentlich im zwanzigsten Jahrhundert, eine biblische Ehe zu führen? Mehr als die Hälfte aller neu geschlossenen Ehen enden heutzutage mit der Scheidung. Die sexuelle Untreue steigt ständig trotz einer weiter wachsenden Verbreitung von AIDS und anderen ansteckenden Geschlechtskrankheiten. Zweidrittel aller verheirateten Ehepaare mit Kindern haben ein doppeltes Einkommen mit all den Anforderungen, die das an ihre Zeit und an ihre emotionalen Kräfte stellt. Immer mehr befinden sich in zerrütteten Familienverhältnissen und sind der besonderen Dynamik solcher Beziehungen, die durch solche Verhältnisse geschaffen werden, ausgesetzt. Wie verwirklicht ein Ehepaar angesichts dieses heutigen, kulturellen Klimas eine Ein-Fleisch-Beziehung?

Der entscheidende Punkt ist, daß das Wort Gottes ewig und unveränderlich ist, aber unsere Welt nicht. Deshalb erfordert das Ausleben von Gottes Wahrheiten, daß wir es in unsere besonderen Umstände hineinnehmen. Beachten Sie aber bitte folgendes: Wir verändern nicht die Wahrheit, um sie unserer kulturellen Tagesordnung anzupassen. Vielmehr verändern wir unsere Anwendung der Wahrheit im Licht unserer Nöte und Anfechtungen.

Zusammenhang, Zusammenhang und nochmals Zusammenhang

Wie kann das geschehen? Was können wir mit einer Botschaft anfangen, die Jahrhunderte v. Chr. niedergeschrieben wurde und von der wir mehrere tausend Jahre später Gebrauch machen sollen? Der Schlüssel liegt im zeitgeschichtlichen Zusammenhang. Was war der damalige Zusammenhang, und was ist der Zusammenhang heute?

Wir haben die Bedeutung des Zusammenhangs schon bei der Auslegung erkannt. Nun entdecken wir seine Bedeutung für die Anwendung. Wir müssen die Kultur der Antike verstehen. Je mehr wir von der damaligen Kultur verstehen, die den Hintergrund einer Schriftstelle bildet, auf dem diese ursprünglich angewendet wurde, desto genauer wird unser Verständnis und desto mehr werden wir dazu in der Lage sein, auch in unserer eigenen kulturellen Situation davon Gebrauch zu machen.

Das ist aber noch nicht alles. Wir müssen auch unsere Kultur verstehen. Genauso wie wir versuchen, Einblick in den damaligen Zusammenhang zu be-

42. Damals und Heute

kommen, müssen wir auch Einblick in unseren eigenen haben. Wo sind die wunden Punkte? Wo haben wir die biblische Wahrheit besonders nötig? Welcher kulturelle Einfluß erschwert die Umsetzung der biblischen Wahrheit oder macht sie sogar unmöglich? Was beeinflußt unsere geistliche Einstellung und unser Verhalten? Was würden die Apostel uns heute sagen, wenn sie an unsere Gemeinden schreiben würden? Wo würde Christus tätig werden, wenn er jetzt unter uns wäre?

Es ist interessant zu beobachten, daß David beim Zusammenstellen seiner Armee, mit der er ein Königreich errichten wollte, die Söhne Issaschars rekrutierte. Der Text beschreibt sie als solche, „die die Zeiten zu beurteilen verstanden und wußten, was Israel tun mußte" (1. Chronik 12,33). Wir könnten heute viel mehr Söhne Issaschars im Leib Christi gebrauchen - Leute, die beides, das Wort und die Welt verstehen; Leute, die wissen, was man nach Gottes Willen in der heutigen Gesellschaft tun sollte; Leute, die nicht nur Bibelkenner, sondern auch aufgeweckte Zeitgenossen sind.

Die Kultur studieren

Dennoch ist es gar nicht so leicht, wie man denkt, unsere Kultur zu verstehen. Allein die Tatsache, daß wir in einer Gesellschaft leben, bedeutet noch nicht, daß wir auch wissen, wie sie funktioniert. Eigentlich leben die meisten ihr Leben sogar in Blindheit gegenüber den Kräften, die uns beeinflussen. Es täte uns gut, genauso wie die Kultur der Welt der Bibel auch unsere eigene Kultur zu studieren.

Deswegen möchte ich Ihnen einige Fragen vorschlagen, die Sie stellen können, wenn Sie den kulturellen Zusammenhang von heute erforschen wollen. Es sind keine anderen als die sechs Schlüssel zur Beobachtung, die wir schon kennengelernt haben: Wer? Was? Wo? Wann? Warum? Wozu? Wir haben gesehen, wie wir sie gebrauchen können, um die Gesellschaft der Antike zu studieren. Sie gelten aber genauso auch für die moderne Welt.

Natürlich bringt das ein Problem mit sich. Wenn wir solche Fragen über unsere Situation stellen, erliegen wir leicht der Versuchung, uns mit oberflächlichen Antworten zufriedenzugeben. Denken Sie daran: Wenn etwas jegliches Bibelstudium unterbindet, dann ist es die Haltung: „Ich weiß das. Mir ist das schon längst klar. Ich habe es schon begriffen." Das gleiche gilt für das Studium der Gesellschaft, in der man lebt. Denken Sie niemals, daß Sie die Welt, in der Sie leben, ganz und gar verstanden haben.

Es gibt noch viel mehr Fragen zu bedenken, aber mit den folgenden wollen wir den Anfang machen.

Macht

Wo liegen die Zentren der Macht? Wer hat die Leitung? Wie gewinnen die Machthaber die Kontrolle? Wie halten sie ihren Einfluß aufrecht? Wie erfolgreich sind sie, wenn es darum geht, die Kontrolle in der Hand zu behalten? Welche Herausforderungen werden an ihre Autorität gestellt? Wer trifft Entscheidungen für unsere Gesellschaft ganz allgemein? Wer trifft Entscheidungen auf örtlicher und auf persönlicher Ebene?

Kommunikation

Was sind die Kommunikationsmittel? Wie werden Nachrichten und Informationen verbreitet? Wer hat Zugang dazu? Wer hat Zugang zu den Medien? Wie entscheidet unsere Gesellschaft über die Glaubwürdigkeit und Zuverlässigkeit von Informationen? Wie beeinflussen die Kommunikationsmittel die Informationen, die durch sie weitergegeben werden?

Geld

Welchen Stellenwert weisen wir dem Geld zu? Wie verdienen die Menschen ihren Lebensunterhalt? Mit wem steht unser Land in Handelsbeziehungen? Welche Güter werden ausgetauscht? Was sind die Transportmittel? Wie gelangen die Menschen von einem Ort zum anderen? Welche Bodenschätze besitzen wir? Und welche nicht? Welche technologischen Leistungen hat unsere Gesellschaft hervorgebracht?

Ethnische Zusammensetzung

Aus welchen Völkern setzt sich unsere Gesellschaft zusammen? Wo kommen sie her? Welche Geschichte und welche Wertvorstellungen bringen sie mit? Wie ist unsere Gesellschaft sozial strukturiert? Welche Gesellschaftsschichten gibt es? Wie wird der jeweilige Status bestimmt? Wer steht oben? Wer befindet sich unten? Aus welchem Grund? Mit welchen nationalen Barrieren und Rassenproblemen haben die Menschen zu kämpfen? Wie beinflußt dies das tägliche Leben? Welche Traditionen und Wertvorstellungen charakterisieren die verschiedenen Subkulturen?

Geschlecht

Welche Rollen haben Männer und Frauen inne? Welche Beziehung haben die Geschlechter untereinander? Mit welchen Problemen wird das jeweilige Geschlecht konfrontiert?

Generationen

Welchen Wert hat die Familie in unserer Gesellschaft? Wie sind die Familien aufgebaut? Welches sind die bedeutendsten Familien? Wo wohnen sie? Was ist ihre Geschichte? Wie halten sie ihren Einfluß aufrecht? Wie wird die Macht von einer Generation zur anderen weitergegeben? Wie werden junge Leute erzogen und sozialisiert? Was lehrt man sie? Wer lehrt sie? Wie wird ein Mensch in dieser Kultur zum Erwachsenen?

Weltanschauung und Religion
Was sind die vorherrschenden Religionen innerhalb der Gesellschaft? Woher kommen sie? In welchem derzeitigen Zustand befinden sie sich? Welche Tendenzen kann man erkennen? Welche Gruppen wachsen am schnellsten? Warum? Von welchen philosophischen Annahmen gehen die Menschen aus? Welche Einstellung haben sie zur Welt und zum Leben? Wie wird das Evangelium in unserer Kultur weitergegeben? Wie reagiert man in unserer Gesellschaft darauf?

Kunst
Welche Art von Kunst bringt unsere Kultur hervor? Was sagt die Kunst über uns selber aus? Über unsere Welt? Welchen Platz räumen wir dem Künstler innerhalb unserer Gesellschaft ein?

Geschichte und Zeit
Welche Legenden und Mythen sind an uns weitergegeben worden? Welche Geschichten werden immer und immer wieder erzählt? Wer schreibt unsere eigene Geschichte auf? Welche Geschichten sind uns nicht erzählt worden? Wie messen die Menschen die Zeit? Welchen Platz räumen wir den Altgewordenen ein? Welche Rolle spielen die Kinder? Wer vertritt die junge Generation in unserer Gesellschaft?

Örtlichkeiten und Geographie
Wo ist unsere Kultur geographisch angesiedelt? Welche topographischen und klimatischen Umstände beeinflussen das tägliche Leben? Wie flexibel sind wir im Vergleich zu anderen Gesellschaften? Wie lange leben Familien an einem Ort? Welcher Grundbesitz ist von Generation zu Generation weitergegeben worden? Welche Menschen wurden umgesiedelt? Welche Orte ragen in der Geschichte unserer Kultur hervor? Wo haben kriegerische Auseinandersetzungen stattgefunden? Welche Feste werden gefeiert? Welche Denkmäler und Gedenksteine sind vorhanden?

Machen Sie Gebrauch von den Daten

Wenn Sie fleißig Fragen wie diese über Ihre Welt beantwortet haben, werden Sie einen tiefen Einblick darin bekommen, wie Ihre Gesellschaft, in der Sie leben, funktioniert. Wie verbinden Sie aber diese Daten mit den Wahrheiten der Schrift? Wie wenden Sie Gottes Wort im Zusammenhang mit Ihrer persönlichen Lage konkret an? Schließlich gibt es keinen direkten Zusammenhang zwischen den Versen in der Bibel und dem täglichen Leben. Wie können Sie die Verbindung zwischen beidem herstellen? Das wollen wir im nächsten Kapitel herausfinden.

42. Damals und Heute

Versuchen Sie es selbst

Eine der dringendsten Fragen für die Christen im ersten Jahrhundert war, ob sie Fleisch essen sollten, das den Götzen geopfert wurde (siehe auch Seite 249). Paulus widmet in Römer 14 diesem Thema ein ganzes Kapitel. Wenn wir aber den kulturellen Zusammenhang nicht verstehen und warum diese Frage so umstritten war, können wir diesen Teil der Schrift nie richtig verstehen oder anwenden. Ich möchte Ihnen deshalb eine Aufgabe stellen, die Ihre Fähigkeiten in dieser Hinsicht fördern wird. Wenn Sie verstehen, was im ersten Jahrhundert in Rom vor sich ging, werden Sie es zu schätzen wissen, daß Paulus diese Thematik in seine Briefe mit einbezog und welche Bedeutung sie für uns heute hat.

Beginnen Sie einfach. Lesen und studieren Sie Römer 14. Wenden Sie all die Mittel der Beobachtung an, die Sie schon kennengelernt haben. Gehen Sie nicht zur Auslegung über, bevor Sie nicht den Text mit einer Vielzahl von Beobachtungsfragen bombardiert haben.

Wenn Sie damit fertig sind, beginnen Sie mit der Auslegung. Die zwei brauchbarsten Übungen werden wahrscheinlich Vergleich und Beratung sein. Vergleichen Sie Römer 14 mit anderen Stellen in der Bibel, die sich mit dieser Frage beschäftigen, wie z. B. 1. Korinther 8. Benutzen Sie eine Konkordanz, um soviel wie möglich darüber herauszufinden, welchen Stellenwert Götzen in der Gedankenwelt der ersten Christen eingenommen haben.

Zur Beratung können Sie eine gute Zusammenfassung über die Religion der Römer und über die Anbetung von Göttern und Göttinnen hinzuziehen. Der Historiker Will Durant gibt einen kurzen Überblick über das Leben im Römischen Reich in *Caesar and Christ*, New York: Simon and Schuster, 1944[28]. Ihre örtliche Bibliothek wird Ihnen zusätzliche Quellen angeben können.

Wenn Sie mit dem biblischen Text und mit sekundären Quellen arbeiten, dann verschaffen Sie sich einen Überblick über die wichtigsten Daten der römischen Kultur im ersten Jahrhundert n. Chr. Benutzen Sie die Fragen, die in diesem Kapitel aufgeführt sind. Wenn Sie ein gründliches Studium durchführen und sozusagen in das Rom um 60 n. Chr. hineinspringen und sich dort zu Hause fühlen wollen, werden Sie erkennen, warum die Frage

---

[28] Vergleichbarer Titel im deutschsprachigen Raum: Werner Foerster, Neutestamentliche Zeitgeschichte, Luther-Verlag Bielefeld, 2. Aufl. 1986; siehe auch Beschreibung im Anhang (Anm. d. dt. Hrsg.).

des Götzenopferfleisches in der Urgemeinde so viele Probleme verursachte. Sie werden auch die Parallelen zu unserer eigenen Gesellschaft erkennen und herausfinden, wo Römer 14 heute angewandt werden kann.

43

PRINZIPIEN ABLEITEN

Was hat die Bibel über Gentechnik, sauren Regen und Kernkraft zu sagen? Was ist mit Abtreibung, Geburtenregelung und Euthanasie? Was mit Zwangsversteigerungen, schlechten Wertpapieren und Abwicklung von Produktionsabläufen? Gibt sie uns irgendwelche Hinweise über staatliche Schulen, Gefängnisreformen oder die allgemeine Krankenversicherung? Schauen wir etwa in die Bibel, um Hilfe für Transportsysteme, Wohnungsprobleme oder Abfallentsorgung zu bekommen? Können wir irgendwelche Verse über AIDS, Arthritis oder die Alzheimersche Krankheit finden?

Ich bin keineswegs übergeschnappt. Wenn wir in der einen Hand die Bibel halten und in der anderen die Tageszeitung, müssen wir dieser Art von Fragen ins Auge sehen. Wir müssen uns fragen, was die Verbindung ist zwischen dem geoffenbarten Wort Gottes und der Welt, in der wir leben. Sonst stecken wir in dem gleichen Dilemma wie Ken: Die Bibel hat nicht mehr Bedeutung für uns als ein frommes Andachtsbuch; sie hat keine Bedeutung für die praktischen Dinge des Lebens.

Ein aufmerksamer Leser wird hier aber sofort ein Problem erkennen. Es besteht kein direkter Zusammenhang zwischen den Versen der Bibel und den Fragen der Gegenwart. Wir können uns nicht einfach Bibeltexte „herauspicken", um damit die Nöte und Probleme, denen wir gegenüberstehen, zu beantworten. Das Leben ist viel zu kompliziert dafür.

Die Bibel wurde auch nicht für diesen Zweck geschrieben. Sie ist keine Abhandlung über Fragen der Biologie, Psychologie, Management, Wirtschaftswissenschaften oder Geschichte. Wenn sie sich auf solche Gebiete bezieht, spricht sie wahrheitsgemäß - ohne Zweifel -, aber nicht umfassend. Das Hauptthema der Bibel ist Gott und seine Beziehung zur Menschheit. Und es liegt größtenteils in unserer Verantwortung, daraus die Konsequenzen für das tägliche Leben abzuleiten. Wir müssen die Worte der Bibel durchdenken und Entscheidungen treffen - biblisch begründete Entscheidungen.

Die Bedeutung von Prinzipien

Dies führt uns zurück zu dem bereits erwähnten Grundsatz: eine Auslegung, viele Anwendungen. Es gibt ohne Frage viele einzelne Dinge, die die Bibel nie erwähnt; Dinge, die gar nicht zur Debatte standen zu der Zeit, in der die Bibel geschrieben wurde. Das bedeutet aber nicht, daß die Bibel zu diesen Fragen nichts zu sagen hat. Im Gegenteil, sie nennt uns grundlegende Wahrheiten oder Prinzipien, von denen Gott will, daß wir sie auf die ganze Bandbreite unserer menschlichen Nöte und Sorgen anwenden.

Was meine ich mit „Prinzip"? Ein Prinzip ist die kurze Formulierung einer umfassenden Wahrheit. Wenn wir von Prinzipien reden, gehen wir über vom Besonderen zum Allgemeinen. Sprüche 20,2 sagt zum Beispiel: „Wie das Knurren eines Junglöwen ist der Schrecken des Königs, wer sich seinen Zorn zuzieht, verwirkt sein Leben."

Technisch gesehen, so könnte jemand dagegen argumentieren, trifft dieser Vers auf uns, die wir in einer Demokratie statt in einer Monarchie leben, nicht zu. Wir haben keinen König, also müssen wir uns keine Sorgen über seinen Zorn machen. Damit würden wir aber dieser Stelle kaum gerecht werden. Wir würden die besondere Stilgattung übersehen, zu der das Buch der Sprüche gehört. Die Sprüche geben stets allgemeine Wahrheiten durch Beschreibung konkreter Einzelfälle wieder. Hier wird die Frage angesprochen, welche Beziehung jeder einzelne zur Regierung in seinem Land hat. Das Prinzip ist hier, die jeweilige Autorität und Regierungsmacht des Landes zu respektieren.

Deckt dies umfassend jede mögliche Beziehung zur Regierung ab? Natürlich nicht. Wir sollten das auch nicht erwarten. Nicht einmal Bibliotheken mit kilometerlangen Buchreihen könnten dies tun. Das Prinzip weist uns aber in die richtige Richtung. Es zeigt uns die grundsätzliche Haltung, die unser Verhältnis zum Staat charakterisieren sollte. Unser Verhalten kann sich im einzelnen von Situation zu Situation ändern, aber wir sollten in jedem Fall Respekt gegenüber den örtlichen Behörden zeigen, die Gott über uns setzt.

Wir haben ein anderes Beispiel in bezug auf die Notwendigkeit, ein allgemeines Prinzip abzuleiten, in 1. Korinther 8 behandelt. Die Frage dort betrifft das Götzenopferfleisch. Das ist in unserer Gesellschaft mittlerweile kein Thema mehr. Ich schätze aber, daß es heute noch manchen Christen Sorge bereitet, die in Kulturen leben, wo Götzendienst noch sehr verbreitet ist. Für uns allerdings ist es ohne Belang. Wird dadurch aber 1. Korinther 8 überflüssig? Nein, denn diese Stelle liefert uns wertvolle Grundsätze für so wichtige Fragen wie des Gewissens, der gegenseitigen Toleranz und Achtung gegenüber anderen Christen und der Sensibilität für ihren lebensgeschichtlichen Hintergrund. Dies sind ganz gewiß keine unbedeutenden Fragen.

Nehmen wir aber an, daß wir eine Biographie, sagen wir mal über das Leben Daniels, lesen. Denken Sie an unseren Hinweis, daß Sie auf Dinge achten sollen, die lebensnah sind. Was also in den Erfahrungen Daniels steht in Beziehung zum wirklichen Leben? Eine der bemerkenswertesten Tatsachen ist, daß dieser Mann Gottes in einer völlig ungöttlichen Umgebung zurechtkam. Tatsächlich konnte eine Sonderkommission, die seine Akte überprüfte, keine Spur

43. Prinzipien ableiten

von belastendem Beweismaterial finden, als sie ihn abservieren wollten (Daniel 6,1-5).

Was also hat uns Daniel heute zu sagen? Nun, in welcher Umgebung müssen Sie Ihre Arbeit verrichten? Bestimmt ist es nicht so schlimm wie im alten Babylon. Aber vielleicht haben Sie Kenntnis von einem Betrug oder einer krummen Sache in Ihrer Firma. Vielleicht sind Sie für jemanden eine Zielscheibe geworden, der Ihren Arbeitsplatz haben will. Vielleicht macht Ihnen jemand das Leben schwer, weil Sie für Christus einstehen. Könnte es nicht sein, daß die Geschichte Daniels vielleicht manche Prinzipien enthält, die auf Ihre Situation anwendbar sind? Meinen Sie nicht, daß Sie davon lernen könnten, wie Daniel der Herausforderung, die sich ihm stellte, begegnete? Meinen Sie nicht, daß man die eine oder andere Lektion lernen könnte, wie man als Kind Gottes in einem weltlichen oder sogar bösen System leben kann?

Prinzipien, die Prinzipien regeln

Wenn Sie durch Ihr Schriftstudium Prinzipien erkennen, werden Ihnen einige kraftvolle Werkzeuge zur Verfügung stehen, um die Wahrheiten der Bibel anzuwenden. Sie überbrücken die Kluft zwischen der Welt der Antike und Ihrer eigenen Situation mit Hilfe der zeitlosen Wahrheiten des Wortes Gottes. Wie aber können Sie sicher sein, ob Ihre Erkenntnis richtig ist? Was bewahrt Sie vor Fehlern und extremen Haltungen, wenn Sie vom Text Verallgemeinerungen ableiten? Es gibt keine Garantie dafür, aber hier sind drei Richtlinien, die Sie beachten sollten.

1. Ein Prinzip sollte der allgemeinen Lehre der Schrift entsprechen

Dies bringt uns zurück zu der Gewohnheit, die Schrift mit der Schrift zu vergleichen. Wenn Sie ein Prinzip aus einer bestimmten Stelle ableiten, denken Sie auch darüber nach, ob es noch andere Stellen gibt, die diese Wahrheit bestätigen.

Zum Beispiel habe ich aus Sprüche 20,2 das Prinzip abgeleitet, daß Gläubige staatliche Behörden respektieren sollten. Wenn dies der einzige Text in der Bibel wäre, der diese Frage anspricht, müßte ich sehr vorsichtig sein, diese Sache zu sehr zu betonen. Eine Konkordanz zeigt mir aber, daß viele andere Stellen dieses Prinzip bestätigen, so z. B. Römer 13,1-7 und 1. Petrus 2,13-17. Also fühle ich mich bestätigt, Sprüche 20,2 auf diese Weise anzuwenden.

In ähnlicher Weise spricht Paulus die Frage des Götzenopferfleisches in Römer 14 an. Und das Verhalten Daniels hat Parallelen bei Joseph, Ester und Nehemia, die auch im Dienst heidnischer Machthaber standen und trotzdem ihre Integrität und ihr auf Gott ausgerichtetes Wesen behielten. Ich bekomme also viel Unterstützung, wenn ich versuche, Anwendung aus diesen Bibeltexten abzuleiten.

So manch einer gerät in Schwierigkeiten, wenn er ein „Prinzip" auf einen einzigen Vers gründet und versucht, eine ganze Lehre aufgrund dieses einen Hinweises zu entwickeln.

Ein junger Mann behauptete zum Beispiel, es sei Gottes Wille, daß alle Menschen barfuß gehen. Sein grundlegendes Prinzip leitete er aus 1. Mose 3,22 ab: Gott benutzte Tierfelle, um für Adam und Eva Kleider zu machen. Der Text erwähnt aber keine Sandalen oder Schuhe; daher sei klar, daß es nie in Gottes Absicht gelegen habe, daß Menschen Schuhe aus Leder tragen.

Das ist nicht nur eine sehr schwache Argumentation, es gibt auch andere Texte, die einer solchen Anwendung klar widersprechen (Markus 6,8-9; Johannes 1,27; Apostelgeschichte 12,8); darüber hinaus klingt es auch ausgesprochen albern. Es macht wenig lehrmäßigen oder praktischen Sinn.

Ein anderer Fehler entsteht, wenn jemand die Schrift dazu benutzt, um etwas zu rechtfertigen, was die Schrift verurteilt. Ein Student war einmal fest davon überzeugt, daß er eine bestimmte Frau heiraten sollte. „Gott hat mir klargemacht, daß ich sie heiraten soll", erklärte er mir und zitierte dazu einen bestimmten Vers.

Ich hatte meine Probleme damit, nicht zuletzt aufgrund der Tatsache, daß diese Frau ungläubig war. Ich sagte zu ihm: „Wenn du sie heiraten willst, dann ist das deine Entscheidung. Lege aber Gott keine Worte in den Mund. Er hat deutlich gesagt: 'Seid nicht ungleich gejocht'; es ist also höchst unwahrscheinlich, daß er dir etwas anderes sagt."

Wir müssen sehr vorsichtig damit umgehen, aus der Schrift Verallgemeinerungen abzuleiten. Es geht nicht darum, daß wir das Wort nicht auf breiter Basis anwenden können, sondern darum, daß wir es vernünftig und konsequent anwenden.

2. Ein Prinzip sollte die Nöte, Interessen, Fragen und Probleme des wirklichen Lebens heute ansprechen

Ein Prinzip auf seine Übereinstimmung mit der Lehre der Schrift hin zu überprüfen, ist nur die erste Hälfte des Kampfes. Wie John Stott es einmal ausdrückte, ist es nicht schwer, modern zu sein, wenn man sich keine Sorgen darüber macht, nach der Bibel zu leben, und es ist nicht schwer, nach der Bibel zu leben, wenn man sich keine Sorgen darüber macht, modern zu sein. Aber beides zugleich - biblisch und modern -, das ist eine Kunst.

Hier kommt wieder das Studium unserer Kultur ins Spiel. Wenn Sie Ihre Hausaufgaben über die Gesellschaft gemacht haben, sollten Sie jetzt eine Ahnung davon haben, worauf es ankommt. Sie wissen jetzt, wo die Brennpunkte sind, wo die Wunden schwären, wo etwas danebengeht und wo der Schmerz am größten ist. Sie sollten wissen, wer sich von Gott entfremdet fühlt, wer Zweifel an ihm hat, wer mit ihm hadert und wer ein falsches Denken über ihn hat. Sie sollten einen Eindruck davon gewonnen haben, wo Gottes Volk heute

43. Prinzipien ableiten

aktiv ist, wo es sich mit Nöten und Problemen auseinandergesetzt und wo es versagt hat.

Über kurz oder lang werden Sie als scharfsinniger Bibelstudent Ihrer Kultur wissen, wo die Nöte und Probleme liegen. Wenn es soweit ist, können Sie beginnen, nach allgemeinen Wahrheiten der Schrift Ausschau zu halten, die vielleicht auf die heutige Situation angewandt werden können. Sie sind vielleicht von den Menschen in der Antike anders angewendet worden; aber sie sind trotzdem noch wahr und immer noch anwendbar auf die Fragen und Probleme, denen die Menschen von heute gegenüberstehen.

Ein Mann begann zum Beispiel ein Studium über Nehemia. Das erste, was er entdeckte, war das Gebet in Kapitel 1, das wir bereits ausführlich behandelt haben. Er bemerkte, daß Nehemia für die Menschen, die in Jerusalem in Not geraten waren, zu Gott betete. Es dämmerte ihm und er fragte sich: „Wann habe ich das letztemal für die Leute in meiner Firma gebetet?"

Er war Besitzer einer kleinen Fabrik. Also erstellte er eine Liste mit all seinen Angestellten. Dann eine mit seinen Verkäufern und noch eine mit seinen Konkurrenten. Schließlich begann er zu beten und mit Gott über seine Beziehung zu jeder einzelnen dieser Personen zu reden. Er brachte seine eigenen und ihre Bedürfnisse vor Gott und machte dies zu seiner regelmäßigen Gewohnheit, die er bis heute beibehalten hat. Es begann aber mit der Erkenntnis dieses Mannes von einem einfachen Prinzip des Wortes - daß es Gottes Wille ist, daß wir für die Menschen und ihre Probleme um uns herum beten sollen - und mit der Anwendung dieses Prinzips in seiner ganz persönlichen Situation.

3. Ein Prinzip sollte eine konkrete Handlungsweise andeuten

Der Managementexperte Peter Drucker bemerkte einmal, daß die besten Ideen der Welt nutzlos sind, solange sie niemand in die Tat umsetzt. Früher oder später müssen sie eine konkrete Handlung auslösen. Dies gilt sicher auch für die Prinzipien, die aus der Bibel abgeleitet werden. Um Nutzen zu bringen, müssen sie in eine Handlung münden.

Es ist leicht, hypothetisch zu bleiben und mit theologischen Spitzfindigkeiten „an der Milchstraße zu kratzen". Das war das Problem, dem Paulus in Athen begegnete (Apostelgeschichte 17,21). Die Menschen dort liebten es, herumzusitzen und philosophischen Unsinn zu reden. Gottes Wort wurde uns aber nicht gegeben, damit wir unsere Neugier befriedigen, sondern damit unser Leben verändert wird. Wenn wir Prinzipien der Schrift aufspüren, sollten wir stets fragen: *Was werde ich mit dieser Wahrheit anfangen? Wann, wo und wie werde ich sie anwenden?*

Ich werde im nächsten Kapitel ein einfaches Konzept dazu vorstellen. Vorher möchte ich Ihnen aber noch davon erzählen, wie dies bei jemandem funktioniert hat. Ich erinnere mich an einen von den Dallas Cowboys, der an einem Bibelstudium über den Epheserbrief teilnahm, das ich leitete. Wir kamen an die

Stelle über Ehe in Kapitel 5, der Abschnitt, den ich im vorausgegangenen Kapitel erwähnt habe. Ich werde nie das Erstaunen dieses riesigen Kerls vergessen, als er endlich die Bedeutung dessen, was Paulus sagte, begriffen hatte.

„Sie meinen, ich muß meine Frau lieben?" fragte er skeptisch. „Sie meinen, ich muß es ihr auch sagen?"

Er bekam ein klares Bild davon, wie die Ermahnung von Paulus in die Praxis umgesetzt werden kann. Ich weiß nicht, was die Männer in Ephesus, die den Text zuerst lasen, daraus gemacht haben. Aber dieser Kerl leitete ein grundlegendes Prinzip über die Ehe daraus ab. Und er war dabei, dieses Prinzip auf eine ganz besondere Weise in seiner eigenen Beziehung anzuwenden.

Er ging mit dem Entschluß nach Hause, seiner Frau zu sagen, daß er sie liebt. Gar nicht schlecht für jemanden, dem das seit dem Tag seiner Hochzeit nicht mehr eingefallen war. Den ganzen Nachmittag lang zögerte er und versuchte, den Mut aufzubringen, es ihr zu sagen. Und während des Abendessens suchte er immer noch nach den passenden Worten. Endlich entschloß er sich, ins kalte Wasser zu springen. Er stand auf, ging um den Tisch herum, packte seine Frau und riß sie buchstäblich vom Stuhl hoch. (Sie sagte mir später, daß sie dachte, er hätte den Verstand verloren.)

„Frau!", brüllte er heraus, „ich möchte dir nur eines sagen ... ich liebe dich!" Und dann gab er ihr einen dicken Kuß.

Das mag für Sie nichts Besonderes sein, aber für diesen Mann war es eine völlig neue Erfahrung. Es drückte eine bedeutende Veränderung in seinem Leben aus. Er machte dadurch in seiner Ehe einen großen Schritt nach vorne, indem er in Reaktion auf ein biblisches Prinzip handelte.

Die Wahrheit vervielfältigen

Ich besuchte einmal einen Vortrag des ehemaligen Außenministers der Vereinigten Staaten, Henry Kissinger. In seinen Anmerkungen sprach er über die explosive Natur der Weltereignisse. Alles verläuft in Krisen, sagte er, die natürlich eine enorme Herausforderung an die politischen Führungskräfte darstellen. Wie können sie dabei mithalten? Er erklärte, daß die Dinge so schnell geschehen, daß man kaum Zeit zum Nachdenken hat; man hat gerade genug Zeit zum Reagieren. Man muß also mit seinem ganzen Wissens- und Erfahrungsschatz an diese Arbeit herangehen. Man kann sich nicht den Luxus eines intensiven und ungehinderten Studiums leisten.

Ich dachte mir, daß darin auch eine wichtige Lehre für das Leben als Christ liegt. Sicher müssen wir uns die Zeit nehmen, Gottes Wort intensiv zu studieren. Aber oft begegnen wir Situationen, die uns nicht den Luxus des sorgfältigen Abwägens gestatten, sondern unsere sofortige Reaktion verlangen. Wir haben zum Beispiel eine Auseinandersetzung mit einem Mitarbeiter. Wir stehen in

43. Prinzipien ableiten

der Versuchung, einen unserer Kunden oder Konkurrenten zu täuschen. Unsere Kinder stellen uns knifflige Fragen, wenn wir sie gerade zur Schule bringen. Wir bekommen einen Anruf von einem Freund, der eine wichtige Entscheidung zu treffen hat und unseren Rat sucht.

In Situationen wie diesen müssen wir uns auf unseren Wissens- und Erfahrungsschatz verlassen, der uns in diesem Moment zur Verfügung steht. Hätten wir genug Zeit, würden wir wahrscheinlich mit einer eleganten und raffinierten Lösung daherkommen. Das Leben läßt uns aber oft nicht die Zeit dazu. Die Frage ist also, welches Maß an Vertrautheit mit dem Wort und welche biblischen Grundlagen bringen wir in diese Situation mit hinein? Wir haben keine Zeit für ein intensives Studium. Was also werden wir in dem Moment in die Waagschale werfen?

Wenn wir Prinzipien aus der Schrift abspeichern, besitzen wir eine kraftschöpfende Sammlung von Hilfsmitteln, um mit den Situationen des Leben fertig zu werden. Sehen Sie, Prinzipien ermöglichen es uns, Wahrheiten zu vervielfältigen. Eine Auslegung; viele Anwendungen. Wir haben vielleicht keinen bestimmten Vers, den wir in die jeweiligen Umstände mit einbeziehen können. Wir können aber immer noch eine göttliche Marschroute ansteuern, wenn wir uns von den Wahrheiten leiten lassen, die wir bereits kennen.

Versuchen Sie es selbst

Die Fähigkeit, Prinzipien aus der Schrift abzuleiten, ist eine der stärksten Qualifikationen, die Sie in bezug auf Anwendung entwickeln können. Es wird Sie befähigen, das Wort Gottes auf fast jede Situation, der Sie begegnen, anzuwenden. Allerdings brauchen Sie ein wenig Übung, um dies zu lernen. Sie können nicht einfach mit irgend etwas daherkommen, das Ihnen sinnvoll erscheint, und es dann mit den Worten segnen: „Die Bibel sagt ..."

Nein, um brauchbare und genaue Prinzipien zu bekommen, benötigt man ein genaues Verständnis des Textes und eine tiefgehende Einsicht in die eigenen Lebensumstände. Hier sind einige Fragen, die Ihnen helfen werden, gesunde biblische Prinzipien zu entwickeln und anzuwenden.

1. Was läßt sich über den ursprünglichen Zusammenhang herausfinden, in dem diese Stelle geschrieben und angewendet wurde?
2. Diesen ursprünglichen Zusammenhang vorausgesetzt, was bedeutet dann dieser Text?
3. Welche grundlegenden und allgemeinen Wahrheiten werden in dieser Stelle dargelegt?
4. Können Sie diese Wahrheiten in einem oder zwei einfachen Sätzen ausdrücken, eine Aussage, die jeder verstehen kann?
5. Welche Probleme in Ihrer Kultur und in Ihrer persönlichen Situation werden durch diese Wahrheiten angesprochen?
6. Welche Tragweite haben diese Prinzipien, wenn sie in Ihrem Leben und Ihrer Umgebung angewendet werden?
7. Welche Veränderungen werden dadurch notwendig? Welche Werte unterstützen sie? Welche Konsequenzen haben sie?

Benutzen Sie nun diese Fragen, um anwendbare Prinzipien aus folgenden drei Stellen der Schrift abzuleiten: Sprüche 24,30-34; Johannes 13,1-17; und Hebräer 10,19-25.

44

DER VORGANG DER LEBENSVERÄNDERUNG

Die Gemeindefreizeit war zu Ende. Die Teilnehmer packten ihre Taschen ins Auto und sagten sich auf Wiedersehen. Was für ein herrliches Wochenende hatten sie erlebt, mit viel Spaß, gutem Essen und einer reich gesegneten Zeit des Studiums über den Philipperbrief. Pastor Jones trug ein breites Grinsen zur Schau, als er anerkennende Worte von dankbaren Teilnehmern entgegennahm.

Da kam Larry, einer aus der Gemeinde, auf ihn zu. „Pastor", sagte er, „dieses Wochenende war ... nun, es hat wirklich mein Leben verändert. Ich werde nie mehr derselbe wie vorher sein."

„Ich bin froh, das zu hören, Larry", antwortete der Pastor. „Sag mir, was war für dich das Wichtigste?"

„Nun, ich weiß nicht genau. Eigentlich alles." Er lachte. „Ich habe erkannt, daß ich noch so viel lernen muß. Wenn ich nach Hause komme, werde ich mehr in der Bibel lesen. Und ich werde etwas an meiner Art, wie ich Menschen behandle, verändern. Und ich glaube, ich muß meine Freigebigkeit überprüfen. Von deiner Predigt über Mission war ich wirklich sehr angesprochen."

„Das klingt, als ob du viel von dieser Freizeit gehabt hast", sagte Pastor Jones erfreut. „Ich werde für dich beten." Die zwei Männer gaben sich die Hand und gingen auseinander.

Oberflächlich betrachtet, hört sich dieser Austausch wunderschön an. Aufgrund der Belehrungen von Pastor Jones über den Philipperbrief erkannte Larry, daß bei ihm in bestimmten Bereichen geistliches Wachstum und konkretes Handeln erforderlich war. Das ist großartig. Aber das schöne Bild verliert ein wenig von seinem Glanz, wenn wir herausfinden, daß Larry mindestens schon ein Dutzend Freizeiten wie diese über die Jahre hinweg besucht hat. Nach jeder dieser Freizeiten hat er ähnliche Aussagen gemacht. Doch hat er sich wirklich geändert? Kein bißchen. Er wurde von der Begeisterung des Augenblicks hochgeputscht. Sobald er aber nach Hause kam, lösten sich seine guten Absichten in Luft auf, und er hat nie begonnen, sich wirklich zu verändern.

Womit beginne ich?

Unter dem Problem von Larry leiden unzählige Menschen - es ist das Problem der richtigen Planung. Wir können es auch in Form einer Frage ausdrücken: Womit beginne ich? Das ist vielleicht die entscheidendste Frage, die man zum Bereich der Anwendung stellen kann.

Sehen Sie, jeder kann mit einem großartigen Konzept für Veränderungen aufwarten. Jemand sagt z. B., daß er die Welt für Christus erreichen will. Jemand anders nimmt sich vor, innerhalb der nächsten fünf Jahre jedes Buch der Bibel studiert zu haben. Jemand anders plant, hundert Bibelverse auswendig zu lernen. Wieder ein anderer möchte ein christusähnlicher Ehepartner werden. Wunderbar! Womit werden Sie beginnen?

Bevor Sie diese Frage nicht konkret beantworten, haben Sie nur gute Absichten. Die sind ungefähr so viel wert wie ein ungedeckter Scheck. Was für einen Wert hat es denn, wenn Sie davon träumen, die Welt mit dem Evangelium zu erreichen, es aber nicht fertigbringen, der Person neben Ihnen im Büro von Jesus Christus zu erzählen? Wie sollen Sie jemals die ganze Bibel studieren, wenn Sie nicht einmal wissen, mit welchem Vers Sie morgen anfangen werden? Wie werden Sie jemals hundert Verse auswendig lernen, wenn Sie es nicht einmal mit einem einzigen versucht haben? Und warum fangen Sie, anstatt über eine christusähnliche Ehe zu philosophieren, nicht einfach an, als Ehemann das Geschirr zu waschen oder als Ehefrau Ihren Mann zu ermutigen?

Zu viel „Anwendung" bleibt auf der Stufe der guten Absichten stehen, weil wir über das Ende der Reise reden, ohne festzulegen, wann, wo und wie wir den ersten Schritt dazu machen. Wie es jemand so treffend ausdrückte: Wir planen sicher nicht, etwas zu versäumen, aber wir versäumen es, zu planen.

Deshalb möchte ich Ihnen ein einfaches Konzept vorstellen, nach dem Sie Ihren Veränderungsprozeß planen und gestalten können. Ich möchte dabei keineswegs die Dinge einfacher machen, als sie sind. Das Leben ist sehr komplex, und viele Wachstumsvorgänge können nicht so einfach dargestellt werden. Aber ich weiß auch, daß viele Christen auf geistliches Wachstum verzichten, weil sie nicht wissen, wo sie anfangen sollen. Sie wissen alles über die herrlichen Verheißungen, die sich eines Tages an ihnen erfüllen sollen. Die entscheidende Frage aber ist, was sie heute tun, um sich darauf auszurichten.

Hier sind deshalb drei Schritte, wie man gute Absichten in lebensverändernde Handlungen umsetzen kann.

1. Treffen Sie die Entscheidung, sich zu ändern!

Mit anderen Worten, fassen Sie einen Entschluß! Legen Sie fest, was Sie verändern wollen, und dann entschließen Sie sich, dies konsequent anzugehen. Das bedeutet, sich Ziele zu setzen. Das beinhaltet auch die Frage, was bei Ih-

44. Der Vorgang der Lebensveränderung

nen als Folge der Veränderung anders sein wird. Wie werden Sie nach Abschluß dieses Veränderungsprozesses sein?

Robert Mager, ein Spezialist in Sachen Lernen und Unterricht sagt, daß ein gut formuliertes Ziel beschreibt, was jemand tun wird, wenn er einmal das beabsichtigte Ergebnis erreicht hat. Das Ziel dieses Buches ist es z. B., Ihnen zu helfen, Beobachtungsfragen an den Bibeltext zu stellen, zu erklären, was eine Stelle bedeutet, und dann praktische Wege zu beschreiben, wie Sie das, was Sie gelernt haben, anwenden können. Die Aussage beinhaltet ein bestimmtes Verhalten, an dem wir messen können, ob wir unsere Ziele auch erreicht haben. Wir könnten Ihnen z. B. zuhören, während Sie den Text anhand von Fragen untersuchen. Wir könnten eine Auslegung lesen, die Sie aufgeschrieben haben. Wir könnten Ihren „Fahrplan" studieren, um zu sehen, ob Sie ihn auch in die Praxis umsetzen.

Welche Ziele also wollen Sie sich setzen, um Veränderung auch wirklich zu erreichen? Beschreiben Sie, was Sie tun werden, wenn Sie dieses Ziel erreichen. Wollen Sie ein besserer Vater oder eine bessere Mutter werden? Wie sieht das aus? Können Sie es in Begriffen ausdrücken, die sichtbares und meßbares Verhalten darstellen? Kann z. B. „bessere Elternschaft" vielleicht beinhalten, daß Sie mehr Zeit mit Ihren Kindern verbringen, wenn Sie der Vater sind? Es kann bedeuten, daß Sie den Familienfahrplan zusammenstellen, wenn Sie die Mutter sind? Wir können dieses Verhalten messen und es verwenden, um zu planen (siehe unten). Je klarer und genauer Ihre Ziele formuliert sind, um so wahrscheinlicher ist es, daß Sie auch erreichen, was Sie sich vorgenommen haben. Schwammige Ziele führen zu schwammigen Ergebnissen. Wenn Sie nur sagen, daß sie „mehr evangelisieren" wollen, werden Sie schwerlich feststellen können, wann Sie wirklich mehr evangelisiert haben. Wenn Sie aber sagen, daß Sie mit Ihren Nachbarn Gespräche über Christus führen wollen, wissen Sie genau, wann und ob Sie diese Aufgabe erfüllt haben.

Erscheint Ihnen dies zu streng oder zu einengend? Dann schlage ich vor, daß Sie sich vielleicht mit einem koffeinfreien Christsein zufriedengeben - eines, das verspricht, Sie nicht in der Nacht wachzuhalten. Sehen Sie, Gott gibt uns Sein Wort nicht, um es uns unbequem zu machen, sondern um uns dem Wesen Christi gleichzumachen. Und dies geht weit über fromme Gefühle und gute Absichten hinaus. Es dringt bis zur Ebene unserer Zeitplanung, des Umgangs mit Geld, unserer Freundschaften, unserer Arbeit und Familie vor. Wenn unser Glaube dort keine praktischen Auswirkungen hat, was bewirkt er dann überhaupt?

Klar definierte Ziele helfen uns, Wahrheiten als Handlungen zu verstehen und nicht als Abstraktionen. Ebenso halten sie unsere Erwartungen in Grenzen in bezug auf das, was realistisch erreichbar ist. Ist es Ihre Absicht, das Mitleid einer Mutter Theresa zu entwickeln? Wunderbar. Machen Sie dies aber nicht zu Ihrem Ziel. Der bessere Anfang wäre die Einrichtung einer Suppenküche in Ihrer Nachbarschaft. Legen Sie fest, was durchführbar ist und Ihren Bedürfnissen und Möglichkeiten gerecht wird. Das ist ein realistischer Schritt in die richtige Richtung.

2. Stellen Sie einen Plan auf
Das ist der Schritt, bei dem man nach dem „Wie?" fragt. Wie soll ich die Aufgabe ausführen? Wenn Sie gute Arbeit beim Festlegen Ihrer Ziele geleistet haben, sollte dies ziemlich leicht zu beantworten sein. Wenn nicht, werden Sie vielleicht noch einmal zurückgehen und Ihre Ziele neu formulieren müssen, um sie klarer und ausführbarer zu machen.

Ein Plan ist eine bestimmte Vorgehensweise, wie Sie Ihre Ziele erreichen werden - und ich meine wirklich „bestimmt". Durchdenken Sie die Sache genau, damit Sie Ihre Absichten auch erreichen. Welche Menschen sind davon betroffen? Welche Hilfsmittel benötigen Sie? Wie werden Sie das alles in Ihrem Zeitplan unterbringen? Was ist der beste Zeitpunkt?

Nehmen wir zum Beispiel an, Ihr Ziel ist es, ein besserer Vater zu werden, indem Sie mehr Zeit mit Ihren Kindern verbringen. Wie werden Sie dies in die Tat umsetzen? Vielleicht bedeutet es, daß Sie mit Ihrem Sohn Pizza essen gehen und ihm dabei etwas über Ihre eigene Kindheit erzählen. Das wäre ein ausgezeichneter Plan. Was aber ist erforderlich, um es auch in die Tat umzusetzen? Wann werden Sie es einplanen? Ist Ihr Sohn damit einverstanden? Wieviel Zeit planen Sie dafür ein? Wo werden Sie hingehen, damit Sie miteinander reden können? Was werden Sie sagen?

Oder nehmen wir an, Sie sind eine Mutter, für die „bessere Elternschaft" bedeutet, das Organisieren und Verwalten des Familienzeitplans zu übernehmen. Wie wollen Sie dies in die Tat umsetzen? Vielleicht bedeutet es, daß Sie sich erst einmal einen Kalender in der Küche aufhängen. Wie oft werden Sie ihn auf den neuesten Stand bringen müssen? Was werden Sie darauf aufschreiben müssen?

Nehmen wir weiter an, daß Sie sich dazu entschließen, mit Ihren Nachbarn Johannes und Maria ein Gespräch über Christus zu führen. Sie wissen, daß sie diesbezüglich Fragen haben. Wie können Sie das anstellen? Ein Weg wäre vielleicht, ihnen ein gutes Buch zu geben, um ein Gespräch in Gang zu bringen. Wenn ja, wann werden Sie ein solches Exemplar für sie besorgen? Wann werden Sie es ihnen geben? Wie stellen Sie sich die weitere Entwicklung vor? Werden Sie Ihre Nachbarn irgendwann zum Abendessen einladen, um mit ihnen darüber zu sprechen? Wenn ja, wann werden Sie dies tun? Sind ihre Nachbarn auch damit einverstanden?

Eine konkrete Handlung zu planen bedeutet, sich eine bestimmte Vorgehensweise auszudenken, um eine Absicht auszuführen. Es bedeutet, genau zu durchdenken, was nötig ist, um diesen Plan auch durchzuführen. Das ergibt Namen, Termine, Zeitpunkte und Orte. Je genauer Ihre Planung ist, um so eher werden Sie auch Erfolg damit haben.

3. Zur Tat schreiten
Mit anderen Worten: Fangen Sie an! Beginnt Ihr Plan mit einem Telefonanruf? Dann heben Sie den Hörer ab. Beginnt er damit, daß Ihre Sekretärin Ihren Zeitplan abändert? Dann bitten Sie sie, ihn zu ändern. Haben Sie vor, Ihre Gebefreudigkeit im Licht Ihrer Haushaltsplanung zu bewerten? Dann setzen Sie sich hin, und bringen Sie Ihre Haushaltsplanung auf den neuesten Stand, damit Sie auch die Informationen bekommen, die Sie brauchen.

Der erste Schritt ist immer der schwerste. Aber machen Sie ihn. Verschieben Sie es nicht. Wenn Sie schon so weit gekommen sind, belohnen Sie Ihre Bemühungen, indem Sie jetzt kräftig zur Tat schreiten. Zollen Sie sich selbst den notwendigen Respekt, um Ihre Verpflichtungen zu erfüllen.

Drei konkrete Maßnahmen können Ihnen helfen, dies zu tun.

Erstens: Erwägen Sie die Verwendung einer Checkliste, insbesondere wenn Ihr Plan wiederholte Tätigkeiten oder eine ganze Anzahl aufeinanderfolgender Schritte verlangt. Es wäre zum Beispiel sehr klug, wenn Sie alle die Verse aufschreiben würden, die Sie zu lernen beabsichtigen, und ebenso den Tag, bis zu dem Sie diese Verse auswendig können wollen. Wenn Sie die Verse auswendig gelernt haben, können Sie sie von der Liste streichen. Mit der Zeit werden Sie erkennen, welche Fortschritte Sie gemacht haben, und sich darüber freuen, was Sie in Ihren Bemühungen weiter anspornen wird.

Eine zweite Maßnahme ist es, sich in verschiedener Hinsicht zur Verantwortlichkeit zu verpflichten. Diese können formaler Art oder auch nicht formaler Art sein. Eine freiwillige und spontane Verantwortlichkeit könnte z. B. beinhalten, Ihrem Ehepartner oder einem engen Freund davon zu erzählen, was Sie geplant haben. Wenn Sie sich dann langsam vorarbeiten, können Sie ihn oder sie über Ihre Fortschritte, Kämpfe und Siege in Kenntnis setzen.

Um langfristig Wachstum zu gewährleisten, empfehle ich Ihnen jedoch eine feste Verbindlichkeit, z. B. innerhalb einer Gruppe, einzugehen. Jeanne und ich haben über Jahre hinweg an solch einer Gruppe teilgenommen, und wir würden es gegen nichts in der Welt eintauschen. Eine Gruppe von Menschen, die einander verpflichtet sind, bringt Ermutigung und Weisheit in den Wachstumsprozeß hinein. Und die Dynamik einer Gruppe hilft einem, die Verpflichtungen, die man eingegangen ist, auch zu erfüllen.

Ein dritter Weg, um sicherzugehen, daß man seine Pläne auch ausführt, ist die Bewertung der eigenen Fortschritte, die man macht. Das Führen eines Tagebuchs ist eine ideale Möglichkeit dazu. Wenn Sie sich Ziele setzen und diese erreichen wollen, dann schreiben Sie auf, was jeweils abgelaufen ist. Notieren Sie sich genau, warum Sie bestimmte Veränderungen durchführen wollen, warum Sie in einer bestimmten Art und Weise dabei vorgegangen sind und was Sie dabei gelernt haben. Später können Sie dann leicht zurückverfolgen und überblicken, wo Sie jeweils gestanden haben. Sie werden feststellen, wo Sie Fortschritte gemacht haben und wo Sie noch wachsen müssen.

Eine andere Möglichkeit besteht darin, sich ab und zu für eine Zeitlang zur persönlichen Besinnung und Bewertung zurückzuziehen. Nehmen Sie Ihr Tagebuch, Ihre Bibel, Ihren Kalender und sonstige Aufzeichnungen über alles, was Sie in den vergangenen Wochen und Monaten getan haben, mit. Stellen Sie sich selbst Fragen wie diese: Was sind während dieser Zeit die drei größten Herausforderungen in meiner Nachfolge gewesen? Wie habe ich reagiert? Welche Siege habe ich errungen? Über welche Mißerfolge muß ich nachdenken? An welche Antworten auf meine Gebete kann ich mich im einzelnen erinnern? Habe ich mich zum Guten oder zum Schlechten verändert? Womit habe ich meine Zeit verbracht? Was habe ich mit meinem Geld gemacht? Was ist mit meinen Beziehungen zu anderen?

Es geht einfach darum, sich Wege auszudenken und die eigenen Schritte, die man durchs Leben macht, zu messen. Erkennen Sie sich selbst und auf welche Weise Gott in Ihr Leben hineingewirkt hat.

Gott ist bei Ihnen am Werk

Im vorherigen Kapitel erwähnte ich die Angst, die der zweite Teil von Philipper 2,12 in mir hervorgerufen hat, als ich noch ein kleiner Junge war: „Bewirkt euer Heil mit Furcht und Zittern!" Die Vorgehensweise des genauen Planens, die ich in diesem Kapitel beschrieben habe, ist eine Möglichkeit, wie Sie „Ihr Heil bewirken können". Sie müssen die Verantwortung wahrnehmen, Entscheidungen zu treffen und konkret etwas zu unternehmen, damit Sie im Glauben wachsen.

Vergessen Sie aber niemals die Kehrseite der Medaille: „Denn Gott ist es, der in euch wirkt, sowohl das Wollen als auch das Wirken zu seinem Wohlgefallen" (Phil 2,13). Wenn Sie sich Ziele setzen, Pläne machen und sie ausführen, dann ist Gott mit daran beteiligt. Das ist die ermutigende Tatsache des geistlichen Lebens - Sie sind nie allein. Gott steht Ihnen zur Seite, um Ihnen zu helfen. Er wird keine Entscheidungen für Sie treffen oder das tun, was Sie tun können. Er wirkt aber sowohl auf erkennbare wie auf verborgene Weise dabei mit, um Ihnen zu helfen, Christus ähnlich zu werden.

44. Der Vorgang der Lebensveränderung

> ### *Versuchen Sie es selbst*
>
> Ich will Ihnen noch einmal die Frage stellen, die ich bereits am Anfang dieses Kapitels an Sie gerichtet habe. Vielleicht haben Sie einen Bereich Ihres Lebens entdeckt, in dem eine wesentliche Veränderung notwendig ist. Vielleicht wissen Sie sogar, welche Schritte Sie dazu unternehmen müssen. Die Frage ist aber: Womit werden Sie beginnen? Wie werden Sie Ihre guten Vorsätze in lebensverändernde Taten umsetzen?
>
> Ich möchte Sie auffordern, einen Bereich Ihres Lebens herauszunehmen, in dem aufgrund Ihres Studiums des Wortes Gottes eine Veränderung notwendig ist. Gehen Sie nach diesem Drei-Stufen-Plan vor, der in diesem Kapitel vorgestellt wurde, und erstellen Sie sich ein Handlungskonzept, um diese Veränderung herbeizuführen.
>
> Wie ich schon sagte, ist dies meine persönliche Herausforderung an Sie. Vergessen Sie nicht, daß das Ziel des Bibelstudiums das Bewirken von Veränderung in Ihrem Leben hin zur Christusähnlichkeit ist. Jetzt muß wirklich etwas geschehen. Wenn Sie schon so weit gekommen sind, dann gehen Sie auch den letzten Schritt, indem Sie das Wort Gottes in Ihrem Leben konkret anwenden. Sorgen Sie dafür, daß es Veränderung bei Ihnen bewirkt.

45

DREI TIPS FÜR DEN START

A. W. Tozer, über viele Jahre hinweg der Stachel des Gewissens für den Leib Christi, hat mit folgenden Worten ein Brandmal in mein geistliches Leben gesetzt:

„Eine religiöse Gesinnung, charakterisiert durch Furchtsamkeit und Mangel an moralischem Mut, hat heutzutage ein schlaffes Christentum erzeugt, das geistig verarmt, stumpfsinnig, um sich selbst kreisend und für viele einfach langweilig ist. Dies wird dann auch noch verkauft als der wahre Glaube unserer Väter in direkter Nachfolge von Christus und den Aposteln. Wir speisen unsere fragende Jugend mit geschmackloser Nahrung ab und würzen sie mit fleischlicher Unterhaltung, die wir von einer ungläubigen Welt übernommen haben, um sie schmackhaft zu machen. Es ist leichter, zu unterhalten als zu unterrichten. Es ist leichter, einem degenerierten öffentlichen Geschmack zu folgen, als selbständig zu denken. Zu viele unserer evangelikalen Führer lassen ihr Gehirn verkümmern, während sie mit geschickten Händen religiöse Tricks austüfteln, um die Neugier der Massen zu befriedigen."

Ich fürchte, daß zu viele Gemeindeglieder heutzutage zwar zuhören, aber nicht lernen. Sie sind Zuschauer und keine „Studenten". Sie sind passiv, statt sich zu beteiligen. Und warum? Weil diejenigen, die sie belehren, ihnen oftmals nur Schnittblumen mitgeben, die schnell verwelken, anstatt sie anzuleiten, wie man selbst einen Garten anpflanzen und damit die Wahrheiten, die Gott in seinem Wort geoffenbart hat, aus erster Hand entdecken kann.

Natürlich ist das der Zweck dieses Buchs, Sie mit der Freude bekanntzumachen, die damit verbunden ist, wenn man selbständig die Bibel entdeckt. Ich kann Ihnen versichern, daß wir diesbezüglich gerade mal die Oberfläche angekratzt haben. Wir haben bis jetzt nur unseren Fuß auf die Türschwelle eines riesigen Gebäudes gesetzt. Die Frage ist jetzt: Wie werden Sie Ihren Gewinn sicherstellen? Wie können Sie beständig pflegen, was Sie bis jetzt über diesen Vorgang des Bibelstudiums gelernt haben? Ich möchte Ihnen drei Tips geben, wie Sie auf der Grundlage weiterbauen können, die ich Ihnen mit diesem Buch versucht habe zu geben.

45. Drei Tips für den Start

Beginnen Sie ein persönliches Bibelstudienprogramm

Ich sah einmal ein Plakat, das mich sofort faszinierte: „Was werden Sie sich in zwanzig Jahren wünschen, heute getan zu haben?" Und unter dieser Frage stand in großen, deutlich lesbaren Buchstaben: „Tu es jetzt!" Ich vermute, daß Sie sich in zwanzig Jahren wünschen werden, ein persönliches Bibelstudium angefangen zu haben. Warum also jetzt nicht damit beginnen?

Setzen Sie sich Ziele
Sie brauchen lediglich vier Probleme zu lösen. Zunächst müssen Sie Ihre Ziele festlegen. Was wollen Sie erreichen? Nicht nur jetzt in diesem Augenblick, sondern auch am Ende Ihres Lebens. Viele stehen beruflich auf dem Höhepunkt ihrer Karriere, aber ganz unten in bezug auf ihre Lebenserfüllung. Fragen Sie sich: *Will ich wirklich ein persönliches Bibelstudienprogramm? Habe ich die Notwendigkeit eines solchen erkannt, nachdem ich dieses Buch gelesen habe?*

Legen Sie Prioritäten fest
Als nächstes müssen Sie sich Prioritäten setzen. Das heißt, wie wichtig ist Ihnen die ganze Sache? Welchen Preis sind Sie bereit, dafür zu bezahlen? Es gibt viele Dinge, die ich tun möchte, aber nicht unbedingt so sehr, daß ich bereit wäre, dafür jeden Preis zu bezahlen. Fragen Sie sich: *Will ich wirklich ein Bibelstudium für mich persönlich in Angriff nehmen? Wenn ja, welchen Preis bin ich bereit, dafür zu bezahlen?*

Machen Sie sich einen Zeitplan
Die dritte Sache, die Sie benötigen, ist ein Zeitplan. Das beinhaltet folgende Frage: *Welche Mittel kann ich anwenden, um meine Prioritäten neu zu setzen und um meine Ziele zu erreichen?*
Leider denken die meisten an einen bedrohlichen Schatten, wenn sie von Zeitplanung hören, jemand, der Ihnen über die Schulter schaut und immer bereit ist, ihnen auf die Hand zu schlagen und zu rufen: „Hör damit auf" oder „Jetzt ist es Zeit, dies oder jenes zu tun". Im Grunde ist ein Zeitplan jedoch nur ein Hilfsmittel, um das umzusetzen, wozu Sie sich entschlossen haben und auch bereit sind, den entsprechenden Preis dafür zu bezahlen.

Entwickeln Sie Disziplin
Die vierte Sache, die Sie brauchen, ist Disziplin. Letztendlich ist das eine Frucht des Heiligen Geistes. Er kann die Dynamik bewirken, durch die Sie Ihren Zeitplan einhalten, an Ihren Prioritäten festhalten und Ihre Ziele erreichen können.

Oftmals sagen manche Leute zu mir: „Ich würde ja gern das Wort Gottes studieren, aber ich weiß nicht, ob ich die Zeit dazu habe." Ich antworte darauf jedesmal, daß man alle Zeit der Welt hat, um etwas zu tun, das von entscheidender Bedeutung ist. Die Frage ist nur, ob Sie überhaupt davon überzeugt sind, daß Bibelstudium wichtig ist? Haben Sie sich es zum Ziel gesetzt? Sind Sie bereit, den Preis dafür zu bezahlen?

Ich erinnere mich an eine Hausfrau, mit der ich einmal über diesen Punkt gesprochen habe. Sie war Mutter von fünf Kindern - nicht gerade jemand, dem es an Beschäftigung mangelt. Sie wollte mit einem eigenständigen Bibelstudienprogramm beginnen. „Ich würde alles dafür geben, wenn ich nur die Zeit dazu hätte", sagte sie mir.

Ich entgegnete: „Versuchen Sie, fünfzehn Minuten pro Tag dafür abzuzweigen."

„Ich weiß nicht, ob mir dies gelingt", antwortete sie.

Sie ließ es aber nicht dabei bewenden. Eines Tages kam sie zu mir und berichtete freudestrahlend: „Stellen Sie sich vor, ich habe eine Lücke gefunden. Wenn meine Kinder entweder alle in der Schule sind oder ein Nickerchen machen - da habe ich zwanzig Minuten für mich herausschlagen können."

Ich traf einmal einen Geschäftsmann, der Leiter von drei internationalen Aktiengesellschaften war. Er schaute sich auch nicht gerade nach noch mehr Arbeit um. Genau wie die Hausfrau gestand er mir: „Hendricks, ich würde liebend gern mein eigenes Bibelstudium machen. Ich finde aber einfach nicht die Zeit dazu."

Ich sagte: „Erlauben Sie mir, Ihnen einen Vorschlag zu machen. Wären Sie bereit, dafür zu beten, daß Ihnen Gott etwas Zeit schenkt? Und wenn er dies tut, würden Sie sie nutzen, um sein Wort zu studieren?"

„Nun", bekannte er, „ich schätze, daß ich dies kaum ausschlagen kann."

Eines Tages schlich er mal wieder die Stadtautobahn in Dallas entlang und vergeudete mit vielen anderen seine Zeit auf diesem „Parkplatz", auf dem die Autos Stoßstange an Stoßstange vorwärtskriechen. Plötzlich fragte er sich: *Was in aller Welt tue ich hier eigentlich? Ich bin der Präsident dieser Gesellschaft. Ich kann entscheiden, wann ich komme und wann ich gehe.* Er änderte seine Zeiteinteilung und ging morgens ein halbe Stunde früher zur Arbeit und nachmittags eine halbe Stunde früher nach Hause.

Er gewann dadurch zwanzig Minuten am Morgen und zwanzig Minuten am Nachmittag. Er rief mich an und berichtete: „Hendricks, ich habe es geschafft." Zuerst dachte ich, er hätte irgendeine Offenbarung bekommen. Er war ganz aufgeregt, daß er endlich etwas Zeit gefunden hatte. Und er hielt sein Wort: Er begann sofort damit, die Schrift selbständig zu studieren, und er erfuhr großen Segen dabei.

Als ich studierte, kam ein von Gott berufener Lehrer namens Harry Ironside zu uns. Ich erinnere mich noch an eine Gelegenheit, wo jemand hereinkam

45. Drei Tips für den Start

und zu ihm sagte: „Dr. Ironside, mir ist aufgefallen, daß Sie jeden Morgen früh aufstehen, um Ihre Bibel zu lesen und zu studieren."

„Ach", sagte er, „ich tue das schon mein ganzes Leben lang."

„Gut, aber wie schaffen Sie das nur?" fragte sein Gegenüber. „Beten Sie dafür?"

„Nein", erwiderte er, „ich stehe auf."

Sehen Sie, viele von uns erwarten, daß Gott das tut, was er von uns erwartet zu tun. Ich versichere Ihnen aber, daß Gott Sie nicht aus Ihrem Bett rollen wird. Sie müssen sich entscheiden, ob Sie wirklich ins Wort eindringen wollen, und wenn ja, wann.

Worauf es letzten Endes ankommt, ist nicht, wann Sie Ihr Bibelstudium halten, sondern daß Sie es überhaupt halten und daß Sie es regelmäßig und konsequent tun.

Ein Wort aber zur Vorbeugung: Seien Sie sich im klaren darüber, daß Satan, wenn Sie diese Verpflichtung eingegangen sind, alles daransetzen wird, Ihre Zeitplanung zunichte zu machen. Er wird jeden nur erdenklichen Kniff anwenden. Sie müssen sich also fragen: *Worauf ist mein Herz gerichtet? Was ist mein Ziel? Welche Prioritäten setze ich?* Beachten Sie aber auch dies: Wenn Sie von Ihrer Gewohnheit abkommen sollten, dann denken Sie nicht gleich, daß Sie Ihr Heil verloren haben. Am nächsten Tag können Sie wieder neu anfangen.

Die ersten Schritte
Wenn Sie jetzt entschlossen sind, ein regelmäßiges Bibelstudienprogramm zu beginnen, müssen Sie sich die Frage beantworten, womit Sie beginnen wollen. Ein guter Startpunkt ist ein kurzes Buch. So kann man gleich zu Beginn vermeiden steckenzubleiben. Manch einer hat es mit seiner Begeisterung schon übertrieben. „Ich werde mit Jeremia anfangen", sagen Sie. Ich würde davon abraten.

Ich schlage vor, Sie beginnen mit einem Buch des Neuen Testamentes, z. B. mit dem Philipperbrief. Er hat vier Kapitel mit insgesamt 104 Versen. Oder vielleicht nehmen Sie den Jakobusbrief: fünf Kapitel, 108 Verse. Sie können so kurze Bücher wie diese gut in Ihrem Zeitplan unterbringen und in einer ziemlich kurzen Zeitspanne Fortschritte machen.

Wenn Sie dann etwas Verniges angehen wollen, schlagen Sie das Alte Testament auf, und versuchen Sie es mit dem Buch Jona. Es ist eine schöne Erzählung in nur vier Kapiteln, der Sie leicht folgen können. Auf diese Weise können Sie sich nach und nach zu dem vortasten, was länger und schwieriger ist.

Nehmen wir aber an, Sie sagen: „Mensch, ich will wirklich alles geben." Gut. Dann nehmen Sie das Buch Nehemia, insbesondere wenn Sie Geschäftsmann oder an einer Führungsposition interessiert sind. Dieses Buch hat mehr praktische Prinzipien für Organisation und Verwaltung zu bieten als zehn vergleichbare Bücher aus den Bestseller-Listen von heute. Wenn Sie Anfänger sind, wählen Sie ein Buch aus, das so realitätsnah ist wie dieses.

Und was immer Sie tun, führen Sie ein Heft, in dem Sie Ihre Notizen festhalten. „Aber was ich entdecke, ist nicht sehr beeindruckend", werden Sie vielleicht einwenden. Die Frage ist, ob Ihnen der Heilige Geist diese Einsicht gegeben hat. Wenn ja, achten Sie es nicht gering. Wir fangen alle am gleichen Punkt an, am Nullpunkt. Der berühmteste Ausleger aller Zeiten mußte auch am gleichen Punkt anfangen wie wir alle - mit dem ABC, mit den ersten Grundlagen. Es ist eine gute Gewohnheit, sich aufzuschreiben, was Gott Ihnen deutlich macht. Schreiben Sie es nieder und nehmen Sie die Gelegenheit wahr, es jemand anderem mitzuteilen, denn dann behalten Sie es auch.

Bilden Sie eine kleine Bibelstudiengruppe

In unserem Land lieben wir es, ausgeprägten Individualismus und Selbstinitiative zu glorifizieren. Tatsache aber ist, daß die meisten besser als Mitglied eines Teams funktionieren als alleine. Beim Bibelstudium ist das ganz sicher der Fall.

Bibelstudiengruppen sind ein unglaublicher Motivationsfaktor. Das mag sogar ihr größter Wert sein. Sehen Sie, viele haben furchtbare Angst davor, allein auf sich gestellt mit der Bibel zu arbeiten. „Ich kann es nicht", sagen sie. Eigentlich sind sie aber durchaus dazu in der Lage, sie brauchen nur die Ermutigung durch andere, die zusammen mit ihnen das gleiche machen.

Nichts ist motivierender als die Begeisterung, eine Entdeckung mit anderen zu teilen und jemanden ausrufen zu hören: „Das ist wunderbar. Habt ihr das auch entdeckt?" Ziemlich bald kann dieser Jemand mit noch mehr aufwarten. Er ist außer sich vor lauter Aufregung und Begeisterung. Das stimuliert auch andere, im Wort Gottes auf Entdeckungsreise zu gehen.

Ein weiterer Vorteil des Gesprächs in Kleingruppen ist die Möglichkeit für jeden, sich zu beteiligen. Das ist der Grund, warum mir kleine Klassen so gut gefallen. Ich unterrichte Klassen mit hundert oder sogar zweihundert Studenten. Offen gesagt, es ist mir aber viel lieber, wenn ich mich mit sechs oder acht Studenten an den Tisch setzen und mich mit ihnen wirklich in eine Stelle hineinversetzen kann. Auf diese Weise hat jeder die Möglichkeit, sich zu beteiligen; jeder kann großen Gewinn von der Sache haben.

Diese Art des Lernens ist auch viel weniger bedrohlich. In einer großen Gruppe werden sich manche, die Wertvolles mitzuteilen hätten, vielleicht nie äußern, weil sie durch die Größe der Gruppe eingeschüchtert sind. Aber in einer kleinen Gruppe, wo sie sich wohlfühlen, werden sie richtig loslegen.

Das wirft die Frage auf, welches die ideale Größe einer Studiengruppe ist. Ich glaube, es funktioniert am besten mit sechs bis acht Teilnehmern. Wenn Sie

45. Drei Tips für den Start

sechs Leute zusammenbekommen und denken, das seien immer noch zu viele, dann teilen Sie sie für die erste Hälfte des gemeinsamen Treffens in zwei Gruppen auf. Dann kommen Sie wieder zusammen und tauschen miteinander Ihre Entdeckungen aus.

Was aber ist, wenn Sie keine sechs Teilnehmer zusammenbekommen? Dann fangen Sie mit denen an, die Sie haben. Ist es einer? Sind es zwei? Fangen Sie mit diesen an. Sind Sie verheiratet? Beginnen Sie ein Studium mit Ihrem Ehepartner. Fangen Sie in Ihrer Familie an. Einige der besten Zeiten, die Sie jemals mit Ihrer Familie verbringen können, sind die des gemeinsamen Studiums der Bibel.

Das trifft zumindest für mich zu. Keine Frage, die besten Bibelstudien habe ich zusammen mit meiner Frau Jeanne erlebt. Wir suchen uns eine Stelle aus. Wir studieren sie zunächst getrennt voneinander. Dann kommen wir zusammen, um unsere Ergebnisse auszutauschen. Das ist sehr bereichernd. Manchmal teilt sie mir Dinge mit, daß ich daran zu zweifeln beginne, ob ich diese Stelle jemals richtig gelesen habe. Sie hat sehr scharfsinnige Erkenntnisse.

Leitung ist der Schlüssel

Das Bibelstudium in einer kleinen Gruppe kann unglaublich gewinnbringend sein. Der Schlüssel ist aber immer der Gruppenleiter. Wie bei jeder Art von Teamarbeit sind auch gute Bibelstudien abhängig von guter Führerschaft. Wenn Sie selbst Gruppenleiter sind, möchte ich Ihnen einen Vorschlag machen: Haben Sie keine Angst vor schweren Fragen.

Ich studierte gerade mit einer meiner Klassen das Markusevangelium, als eine Frau mich plötzlich fragte: „Wie viele Götter gibt es eigentlich?" Sehen Sie, wir sprachen gerade über Gott, den Vater, Gott, den Sohn, und Gott, den Heiligen Geist, und sie schien etwas verwirrt zu sein.

Können Sie sich vorstellen, was in einer durchschnittlichen Gemeinde geschehen würde, wenn plötzlich jemand aufstehen und diese Frage stellen würde? Ich sage Ihnen, was wir getan haben - wir haben eine Heldin aus ihr gemacht. „Fantastisch, Margret, wiederholen Sie diese Frage noch einmal." Sehen Sie, hier war eine Frau, die sich wirklich mit Fragen auseinandergesetzt hat.

Was geschieht, wenn Sie eine Frage wie diese nicht beantworten können? Ganz einfach, Sie sagen der betreffenden Person: „Ich weiß es nicht." So werden Sie nie die Achtung der anderen verlieren.

Dem bedeutendsten Professor, den ich jemals hatte, einem Mann von außerordentlicher Brillianz, wurde eine sehr schwierige Frage gestellt, eine, die er nicht beantworten konnte. Also sagte er ganz einfach zu dem Studenten, der ihm diese Frage gestellt hatte: „Junger Mann, das ist eine der scharfsinnigsten Fragen, die mir jemals gestellt wurden. Meine Antwort würde sehr oberflächlich sein, wenn ich sie Ihnen jetzt geben würde. Deshalb will ich lieber einige Zeit darüber nachdenken und Ihnen dann eine Antwort darauf geben. Haben Sie noch mehr solcher Fragen wie diese?"

Ich versichere Ihnen, dieser Mann stieg gewaltig in unserem Ansehen, weil wir andere Professoren hatten, die auf schwere Fragen meist so reagierten: „Nun, insofern ... wogegen ... deshalb ... folglich ..." Und uns war natürlich klar, daß sie keine Antwort parat hatten.

Sie werden nie Ihr Gesicht verlieren, wenn Sie den Leuten bekennen: „Ich weiß es nicht. Ich will aber versuchen, es herauszubekommen." Schreiben Sie es auf und arbeiten Sie später daran. Ermutigen Sie den Rest der Gruppe, sich weitere gute Fragen auszudenken.

Fangen Sie mit einer kleinen Gruppe an

Wenn Sie planen, eine Bibelstudiengruppe ins Leben zu rufen, dann gebe ich Ihnen jetzt einige gute Ratschläge.

1. Leitung ist der Schlüssel

Wenn es einen entscheidenden Faktor beim Bibelstudium in Kleingruppen gibt, dann ist es der Gruppenleiter. Bibelstudienleiter sollten Leute sein, die Freude daran haben, andere anzuleiten, anstatt mit ihren eigenen Ideen zu dominieren. Sie sollten zuverlässig sein, Organisationstalent besitzen und fähig sein, die Diskussion beim Thema zu halten. Auch Bereitwilligkeit zur Vorbereitung auf das Gruppentreffen gehört dazu. Sie sollten entspannte Leute und überzeugt von ihrer Fähigkeit sein, mit der Schrift umzugehen. Originelles und engagiertes Denken ist ebenfalls hilfreich, und natürlich sollten sie Leute sein, die Gottes Wort lieben.

2. Setzen Sie der Gruppe ein klares Ziel

Interessenten am Bibelstudium treffen sich aus verschiedenen Gründen: um sich um ein tieferes Verständnis des Textes zu bemühen; um biblische Wahrheiten auf eigene Nöte und aktuelle Fragen anzuwenden; um das Wort als Ausgangspunkt und Stütze für ihr Gebetsleben zu verwenden; um Ungläubige in die Schrift einzuführen. Was auch immer der Zweck Ihrer Gruppe ist, versichern Sie sich, daß dieser Zweck auch jedem klar ist, den Sie für die Teilnahme gewonnen haben.

3. Gewinnen Sie Menschen, die bereit sind, die Bibel zu studieren

Die Zielsetzung, Menschen zu gewinnen, liegt nicht darin, die Gruppe mit soviel Leuten wie möglich vollzustopfen, sondern Lebensveränderung bei den Teilnehmern herbeizuführen. Treten Sie nur an Interessenten heran, die ein echtes Interesse an der Bibel haben, nicht an einem Gesellschaftsklub oder an einer theologischen Konferenz. Im allgemeinen gilt folgender Grundsatz: Je homogener die Gruppe, desto leichter wird es sein, daran teilzunehmen.

4. Sehen Sie zu, daß jeder die Möglichkeit hat, sich zu beteiligen
Das Ziel des Gruppenleiters ist es, jedem der Teilnehmer Gelegenheit zu Wortbeiträgen und zum Gespräch untereinander zu geben. Eine Gefahr, die man unbedingt vermeiden sollte, ist, jemanden im Gespräch dominieren zu lassen - das gilt auch für den Gruppenleiter.

5. Regen Sie zum Gespräch an
Die wirksamste Kommunkationsform für das Studium in Kleingruppen ist das Gespräch, nicht die Vorlesung oder ein Vortrag. Jeder ist auf die Möglichkeit angewiesen, etwas beizutragen. Der Gruppenleiter kann das erleichtern, wenn er einfache, sinnvoll gestaltete Arbeitsblätter vorbereitet. Sie können oben den Text wiedergeben (damit jeder die gleiche Übersetzung vorliegen hat) und darunter dann ein paar Fragen enthalten. Entwickeln Sie eine Art und Weise zu fragen, die offen ist, das heißt Fragen, die nicht nur eine einzige „richtige" Antwort zulassen.

6. Bleiben Sie bei der Bibel
Dies berührt teilweise die schon erwähnte Notwendigkeit, die Diskussion beim Thema zu halten. Sicherlich werden die Teilnehmer auch berechtigte Fragen stellen, die vom Thema wegführen, aber Sie sollten sich nie zu weit von der Stelle, die Sie betrachten, entfernen. Wenn Leute an der Gruppe teilnehmen und erwarten, daß die Bibel studiert wird, dann sollten sie mit einer kostbaren Zeit in der Schrift belohnt und nicht mit einer theologischen Debatte abgespeist werden.

7. Zeigen Sie Begeisterung
Eines der besten Mittel, andere für ein persönliches Bibelstudium zu motivieren, ist, ihre Entdeckungen zu feiern. Zeigen Sie Begeisterung und Freude über die Einsichten und Erkenntnisse anderer, egal wie einfach sie sind.

8. Halten Sie die Gruppe klein
Sechs bis acht Teilnehmer in einer Gruppe ist ideal. Wenn Sie mehr haben, teilen Sie die Gruppe in kleinere Gruppen auf. Vergessen Sie nicht: das Ziel ist 100-prozentige Teilnahme, und das ist schwer zu erreichen, wenn die Gruppe zu groß wird.

> **9. Teilen Sie die Zeit ein für Beobachtung, Auslegung und Anwendung**
>
> Studiengruppen tendieren zu dem gleichen Problem, worunter auch das Bibelstudium des einzelnen oft leidet: sie verbringen viel zu viel Zeit mit der Auslegung und vernachlässigen das Beobachten und Anwenden. Teilen Sie die Zeit für alle drei Bereiche genau ein. Wenn Sie merken, daß Sie zum Ende des Treffens kommen und gezwungen sind zu sagen: „Nun, Leute, wir werden über die Auswirkungen, die es für unser Leben hat, das nächste Mal reden", ist das ein klares Zeichen, daß Sie wahrscheinlich zu viel Zeit mit der Auslegung verbracht haben.
>
> **10. Halten Sie sich an Ihre Vereinbarungen ... bezüglich Zweck und Zeit**
>
> Stellen Sie sicher, daß die Gruppe beharrlich ihren Weg verfolgt, daß Sie die Ziele erreichen, für die sich die Teilnehmer zusammengefunden haben. Bestimmen Sie das Lerntempo. Beginnen und beenden Sie die Treffen zu den Zeiten, die vorher festgelegt wurden. Wenn Sie eine Gruppe zusammenstellen, legen Sie einen Tag fest, ein konkretes Datum, an welchem das Studium beendet wird. Den meisten fällt es schwer, ihren Verpflichtungen nachzukommen, wenn das Ende offen ist, und Sie werden eine bessere Reaktion bekommen, wenn Sie den Leuten die Möglichkeit geben zu wählen, ob sie weitergehen wollen oder nicht.

Teilen Sie Ihre Studienergebnisse anderen mit

Es gibt fünf Worte, mit denen Sie den Vorgang, der in diesem Buch dargestellt ist, überschreiben können: „Verwende mich oder verliere mich!" Der beste Weg zu behalten, was Sie durch dieses Buch gelernt haben, ist, ihn an andere weiterzugeben. Wenn es irgendeine Bedeutung für Sie hatte, dann ist es viel zu wertvoll, um es für sich zu behalten. Sie sind eine Verpflichtung eingegangen. Sie müssen es anderen mitteilen. Und nichts ist aufregender, als andere in das Wort einzuführen.

Es gibt verschiedene Möglichkeiten, die Frucht Ihres Bibelstudiums mit anderen zu teilen. Erstens können Sie es tun, indem Sie selber darüber unterrichten. Vielleicht in einer Sonntagsschulklasse, in einer Kinderstunde oder in einem Hausbibelkreis.

Vielleicht sollten Sie über einen Bibelkreis an Ihrer Arbeitsstelle nachdenken. Vielleicht sind Sie Jurist oder Arzt, oder Sie sind in der Geschäftswelt tätig. Warum bilden Sie nicht eine Gruppe von Juristen, Ärzten oder Geschäftsleuten und sagen zu ihnen: „Laßt uns jeden Mittwoch mittags einen Bibelkreis abhal-

45. Drei Tips für den Start

ten. Beim Mittagessen werden wir die Bibel studieren. Nur den Bibeltext. Wir wollen nicht über Religion oder Politik reden. Wir reden nur über die Schrift. Was sagt die Bibel zu uns?"

Ein anderer Weg, wie Sie Ihre Ergebnisse anderen mitteilen können - der allerbeste Weg -, ist, nach ihnen zu leben. Der größte Eindruck, den man auf andere machen kann, geschieht durch ein verändertes Leben. Beeindrucken, ohne wirklich etwas auszudrücken, kommt einer Bedrückung gleich.

Walt Disney war eines der schöpferischsten Genien dieses Jahrhunderts. Als er starb, erschien in der *Dalles Morning News* eine Karikatur. Es war eine Nahaufnahme der weinenden Mickey Maus und des Donald Duck. Es gab keinen Untertitel. Worte waren unnötig. Die Karikatur allein sagte alles.

Wie steht es mit Ihnen? Ist Ihr Leben ein lebendiges Zeugnis für andere, das ihnen alles über Ihre Hingabe an Christus, Ihre Wertmaßstäbe und Ihren Glauben sagt? Ich bin der festen Überzeugung, der größte Bedarf im Volk Gottes heute ist, die Schrift selbständig zu studieren. Weil dies nicht geschieht, geht die sprudelnde Kraft des geistlichen Lebens verloren. Gottes Volk ist fade und lauwarm geworden. Nichts ist widerwärtiger. Die Menschen sind der leeren Worte überdrüssig, aber sie lechzen nach Glaubwürdigkeit.

Es ist so, wie es Richard Halverston ausdrückte: „Die Leute sind nicht besonders interessiert an unseren Ideen; sie interessieren sich für unsere Erfahrungen. Sie suchen nicht Theorien, sondern eine überzeugende Lebensweise. Sie wollen hinter unsere glatten Reden vordringen, um die Wirklichkeit unseres Lebens zu entdecken."

In Esra 7,10 haben wir ein Beispiel für den Wert eines persönlichen Bibelstudiums. Der Text sagt: „Denn Esra hatte sein Herz darauf gerichtet, das Gesetz des HERRN zu erforschen und zu tun und in Israel die Ordnungen und das Recht des HERRN zu lehren." Mögen seine Nachkommen sich vermehren!

Sind Sie bereit, eine Verpflichtung einzugehen?

Allein gute Absichten werden Sie nicht dazu bringen, mit einem persönlichen Bibelstudium wirklich anzufangen. Eine willensmäßige Verpflichtung Ihrerseits, verbunden mit entschiedenem Handeln, ist dazu notwendig.

Es kann für Sie eine Hilfe sein, Ihre Verpflichtung zu formulieren, damit mehr daraus wird als ein bloßer Gedanke, der schnell wieder verfliegt. Hier ist eine Aussage, die Sie über das nachdenken läßt, was Sie in Angriff nehmen wollen. Wenn Sie diesen Bedingungen zustimmen, schreiben Sie Ihren Namen darunter als formelles Bekunden, Ihre Verpflichtung einzuhalten. Sie können es vielleicht sogar als Gebet zu Gott beten und ihn um seine Hilfe bitten, es auch auszuführen.

Ich, _____ , bin fest entschlossen, ein regelmäßiges
           Ihr Name

persönliches Bibelstudium zu beginnen. Ich werde am _____ damit
                                                                           Datum

anfangen, und zwar um _____ Uhr an folgendem Ort: _____ .
                           Uhrzeit   Ort

Der Abschnitt der Schrift, mit dem ich beginnen werden ist folgender:

_____ .
Der Name eines der Bücher der Bibel oder eine Stellenangabe

Folgende Übersetzung werde ich dabei benutzen: _____ .
                                                                                           Bibelübersetzung

Bei meinem Studium werde ich die Schritte der Beobachtung, Auslegung und Anwendung, wie sie in diesem Buch dargestellt sind, gehen. Ich bin mir darüber im klaren, daß die Ziele des Bibellesens eine engere Beziehung mit Gott sind und ein Leben, das sich nach seinem Willen und seinem Wort verändert. Zu diesem Zweck verpflichte ich mich, die Bibel mit Gottes Hilfe zu lesen und ihr zu gehorchen.

_____
Datum

_____
Unterschrift

ZUSÄTZLICHE HILFSMITTEL[29]

Bibelausgaben (Auswahl)

Revidierte Elberfelder. Revision der nicht revidierten Elberfelder Bibel (seit 1960). Wie diese eine Übersetzung, die sich um eine möglichst urtextgetreue Wiedergabe bemüht und dabei trotzdem ein gutes und verständliches Deutsch bietet. Die Übersetzung geht vom neuesten Stand der Textforschung aus. Die Revision wurde 1985 abgeschlossen. Die Revidierte Elberfelder Bibel bietet ergänzend zum Bibeltext Überschriften der einzelnen Abschnitte, Fußnoten und Parallelstellen sowie je nach Ausgabe Karten, Übersichten und Tabellen (Maße, Gewichte usw.).

Nicht revidierte Elberfelder. Die Elberfelder Bibel in der unveränderten Textfassung der sog. Perlbibel von 1905, die den Text entsprechend der Übersetzung der Väter der Brüderbewegung (ab ca. 1860) wiedergibt. Ziel dieser Übersetzung war eine gegenüber sämtlichen bereits vorhandenen Übersetzungen genauere Orientierung am Grundtext, um dem des Grundtextes unkundigen Leser eine möglichst wortgetreue Annäherung an das inspirierte Wort Gottes zu ermöglichen. Die möglichst getreue Wiedergabe des Urtextes war dabei der Schönheit der Sprache vorgeordnet. Diese Ausgabe wird von vielen nach wie vor der revidierten Fassung vorgezogen.

Luther. Die traditionelle deutsche Bibelübersetzung, die den offiziellen Bibeltext der evangelischen Kirchen darstellt. In ihrer sprachlichen Prägung ist sie nach wie vor unübertroffen. Die Übersetzung ist in den Fassungen von 1545, 1912 und 1984 (letzter Revisionsstand) wahlweise mit und ohne Apokryphen in vielfältigen Ausgaben erhältlich. Die Erläuterungen zur "Lutherbibel erklärt" enthalten neben ausgezeichneten Hinweisen leider auch bibelkritisches Gedankengut.

Menge. Eine in ähnlicher Zielsetzung wie die Elberfelder neu erstellte Übersetzung von Hermann Menge (erstmalig erschienen: 1926). Sie zeichnet sich durch eine auch den Sinn und die Aussageabsicht des Textes erfassende und ausdrückende Wiedergabe aus. Alternative Übersetzungsmöglichkeiten werden im laufenden Text zusätzlich angeboten. Eine Übersetzung, die sich hervorragend zum Parallellesen eignet, um das eigene Verständnis des Textes zu erweitern.

---

[29] Anstelle der Hinweise im englischen Original erfolgen hier Angaben von Bibeln, Büchern und Nachschlagewerken, die dem deutschen Leser zugänglich sind (Anm. d. dt. Hrsg.).

Hoffnung für alle (NT und Psalmen). Diese Übersetzung hat sich zum Ziel gesetzt, den Gegensatz zwischen Textgenauigkeit und Verständlichkeit zu überbrücken. Die Wiedergabe der biblischen Texte ist daher durch das Bemühen um eine zeitgemäße, einfache und lebendige Sprache geprägt. Der Text ist flüssig zu lesen. Nicht wortgetreu, aber weitgehend dem Sinn nach bibeltreu.

Die Gute Nachricht. Weniger als Übersetzung, vielmehr als Übertragung anzusehen. Einfache Sprache in leicht verständlichem und flüssig zu lesendem Deutsch. Die Wiedergabe des Textes ist teilweise von der Bibelkritik mitgeprägt, ebenso enthalten die Ausgaben mit Erklärungen historisch-kritischen und ökumenischen Einschlag. Nicht frei von Verflachungen und Sinnveränderungen. Der erfahrene, d. h. unterscheidungsfähige Bibelleser kann die Übersetzung trotzdem als alternative Textvariante nutzen.

Hexapla („die Sechsfache"). Ein Bibelwerk in fünf Bänden (AT: 4 Bände, NT: 1 Band), das sechs verschiedene Übersetzungen in sechs Spalten nebeneinander auf einen Blick bietet. Die Übersetzungen zum AT: Zürcher, Luther (1984), Schlachter, Rev. Elberfelder, Menge und die Tur-Sinai (jüdische Übersetzung des AT). Zum NT: Abraham Meister, Luther (1912), Schlachter, Rev. Elberfelder, Menge, Albrecht. Dem Leser bietet sich eine hervorragende Vergleichsmöglichkeit verschiedener bewährter Bibelübersetzungen, die zu einem vertieften Verständnis des Textes führt.

Scofield Bibel (mit der Revidierten Elberfelder Übersetzung). Die Scofield Bibel (erstmalig erschienen: 1909) bietet dem Bibelleser durch ein System von Verweisen und Erklärungen eine Fülle von Verstehenshilfen und Einblicken in die göttliche Heilsgeschichte, kombiniert mit der möglichst wortgetreu am Urtext orientierten Elberfelder Übersetzung. Jedes Buch der Bibel ist mit einer Einleitung versehen. In den vielfältigen Anmerkungen finden sich wichtige Datierungen, Worterklärungen, Parallelstellen, Kettenangaben zu biblischen Themen (z. B. Glaube, ewiges Leben, Rechtfertigung). Das Verweissystem folgt dem Prinzip, daß sich die Heilige Schrift selber auslegt. Für eine Studienbibel bietet sie leider nur wenig Raum für eigene Notizen.

Elberfelder Studienbibel (NT). Hervorragend für das Textstudium geeignete Studienbibel. Sie enthält den mit einem Sprachschlüssel versehenen Bibeltext in der Revidierten Elberfelder Übersetzung mit großzügigem Schreibrand für eigene Notizen sowie in einem zusätzlichen Teil ein umfangreiches Begriffslexikon zu den der Übersetzung zugrundeliegenden griechischen Wörtern, alphabetisch und mit Nummern versehen geordnet. Der Bezug zwischen Bibeltext und Wörterbuch wird durch das Nummernsystem hergestellt. Die im Wör-

Zusätzliche Hilfsmittel 355

terbuch enthaltenen Begriffe sind im laufenden Bibeltext jeweils mit den entsprechenden Nummern versehen. Auch ohne griechische Sprachkenntnisse verwendbar. Auch auf Diskette als Zusatzprogramm für ELBIWIN lieferbar (s. u.).

Thompson Studienbibel. Eine sehr umfangreiche Studienbibel (erste Ausgabe von Dr. Frank C. Thompson: 1908) mit einem einzigartigen mit Kennziffern arbeitenden Parallelstellen- und Verweisnummernsystem. Sie enthält außerdem im Studienteil ein Kettenverzeichnis, eine Evangeliensynopse, Gliederungen der einzelnen biblischen Bücher, Überblicke über Zeitperioden, ein alphabetisches Register mit 7.000 Themen, Namen und Orten sowie vielfältige Zeichnungen, Karten, Tabellen und Informationen zu thematischen und geschichtlichen Zusammenhängen der Bibel. Der Bibeltext ist in der revidierten Lutherübersetzung von 1984 wiedergegeben.

Interlinearübersetzung. Parallele zeilenweise Übersetzung in sechs Bänden (AT: 5 Bände; NT: 1 Band) mit dem Grundtext und einer direkten Übersetzung der einzelnen Worte jeweils in der darauffolgenden Zeile. Dadurch ergibt sich eine direkte Vergleichsmöglichkeit von Grundtext und Übersetzung sowie ein genaues Bild von den Worten, die im Grundtext zu finden sind. Bisher sind zwei Bände erschienen (NT; Band 1, AT).

Konkordanzen

Große Konkordanz zur Elberfelder Bibel. Vollständige Wort- und Zahlenkonkordanz zur Revidierten Elberfelder Bibel. Ca. 16.500 Suchbegriffe und ca. 280.000 Stellenangaben. Gilt als die bis heute vollständigste deutsche Bibelkonkordanz.

Konkordanz zur Luther Bibel. Vollständiges Wortregister zur Luther-Übersetzung von 1984, Apokryphen in Auswahl. Rund 300.000 Fundstellen zu ca. 10.000 Stichwörtern.

Bibellexika

Das Große Bibellexikon in drei Bänden (Brockhaus, Brunnen). Umfangreiches Nachschlagewerk, verfaßt von namhaften bibeltreuen Wissenschaftlern, Theologen und Archäologen. Mit fundierten Informationen und hervorragendem Anschauungsmaterial in 2.500 Artikeln. Reich bebildert mit Fotos, Karten,

Grafiken und Tabellen. Hilfreich und detaillierte Informationen bietend für eine Vielzahl von theologischen, historischen und archäologischen Fragen, die sich beim Studium der Bibel ergeben. Es vermittelt neben dem biblischen Befund auch in verständlicher Form die fachwissenschaftliche Diskussion und die Ergebnisse gelehrter theologischer Arbeit.

Rienecker/Maier, **Lexikon zur Bibel** *(Brockhaus)*. Neue, vollständig überarbeitete Fassung des bekannten und bewährten Lexikons von Fritz Rienecker. Es enthält über 6.000 Stichworte zu Personen, Geschichte, Archäologie und Geographie der Bibel, alle wichtigen theologischen Begriffe sowie viele Fotos, Karten und Farbtafeln. Es führt zuverlässig und allgemeinverständlich in die Bibel ein und ist auch als Diskette lieferbar und ab Windows 3.0 einsetzbar. Das Lexikon zeichnet sich aus durch absolute Bibeltreue.

Jerusalemer Bibellexikon (Hänssler). Biblisches Nachschlagewerk und Konkordanz zu allen wichtigen Stichworten mit z. T. umfangreichen Erläuterungen und einer vollständigen Auflistung aller biblischen Orts- und Personennamen. Etwa 3.000 Begriffe und 1.500 Farbbilder. An dem aus dem Englischen stammenden Werk haben u. a. eine große Anzahl jüdischer Theologen und Archäologen der Hebräischen Universität Jerusalem mitgearbeitet. Die deutsche Ausgabe enthält im Anhang eine schöpfungstheoretische Abhandlung der *Studiengemeinschaft Wort und Wissen* in lexikalischer Form.

Archäologisches Lexikon zur Bibel (Hänssler). Enzyklopädie mit ca. 600 Artikeln über Städte, Befestigungen, Ausgrabungen und archäologische Funde in den Ländern der Bibel (Israel, Ostjordanland, Sinai und Libanon). 58 Farbtafeln, viele Schwarzweiß-Fotos, Karten, Zeittafeln und eine Auflistung antiker Quellen. Das Lexikon bietet eine aktuelle Bestandsaufnahme zu den wichtigsten Grabungsorten der biblischen Länder. Es informiert in zusammenfassenden Überblicksartikeln zu vielen Aspekten des täglichen Lebens von der Urgeschichte bis zur Spätantike. Einschlägige biblische und außerbiblische Texte werden besprochen und ausgewertet.

Begriffslexika

***Wörterbuch zum Neuen Testament** (Baur, Aland)*. Ein umfangreiches griechisch-deutsches Wörterbuch zu den Schriften des NT und der frühchristlichen Literatur. Ein Standardwerk für Theologen, das Grundkenntnisse in der griechischen Sprache vorraussetzt (Lesen). Die griechischen Wörter werden jeweils unter Angabe von entsprechenden Verweisstellen in allen Bedeutungsvarianten

Zusätzliche Hilfsmittel

vorgestellt und ggf. kommentiert.

Theologisches Begriffslexikon zum Neuen Testament *(Brockhaus).* Ein praktikables Lexikon für den Bibelleser, der in tiefere Dimensionen der Textbetrachtung und -analyse einsteigen will. Keine Kenntnis der biblischen Ursprachen erforderlich (griechische Wörter zusätzlich in deutscher Umschrift und Übersetzung). In über 600 Artikeln werden alle wichtigen biblischen Begriffe sehr ausführlich in drei Schritten erklärt: 1. profane Grundbedeutung. 2. Vorkommen und Bedeutung in der LXX (griechisches AT). 3. Vorkommen, Bedeutung und Besonderheit im NT. 4. Zu ausgewählten Begriffen wird in einem weiteren Schritt eine theologische Auswertung und Kommentierung im Horizont der aktuellen Gegenwart angeboten.

Biblisches Wörterbuch *(Brockhaus).* Ca. 200 zentrale biblische Begriffe werden gründlich und allgemeinverständlich von bibeltreuen Autoren und Exegeten in jeweils drei Schritten erklärt: 1. Bedeutung und Herkunft des Wortes im Deutschen sowie die Bedeutung der entsprechenden hebr. und griech. Begriffe. 2. Der Begriff in der Bibel. 3. Der Begriff heute. Eine wertvolle Ergänzung zum Studium der Bibel und wichtiger biblischer Begriffe.

Handbücher zur Bibel

Handbuch zur Bibel *(Brockhaus).* Ein allgemeinverständliches biblisches Nachschlagewerk, das die religiösen, historischen und wirtschaftlichen Hintergründe des alten Palästinas aufzeigt und den Leser in die biblischen Bücher einführt. Reich illustriert mit Fotos, Karten, Tabellen und Übersichten. Viele Sonderthemen werden separat abgehandelt.

Ungers Handbuch zur Bibel *(CLV).* Ein mit über 500 farbigen Fotos und Illustrationen versehener Kurzkommentar zur ganzen Bibel in einem Band. Gesonderte Einführungen zu jedem Buch der Bibel, viele Karten und Tabellen sowie zusätzliche thematische Abhandlungen machen das Werk zu einer wertvollen Hilfe und Begleiter für die erste Begegnung mit der Bibel.

Hirten, Händler und Propheten *(Brunnen).* Ein reich illustriertes Handbuch zur Lebenswelt der Bibel in sieben Hauptkapiteln (u. a. Wohnung und Kleidung, Essen und Trinken, Handel und Verkehr, Kultur und Heilkunde, Kriege und Eroberungen, Religion und Gottesdienst).

Die Welt der Bibel *(Brockhaus).* Ein Nachschlagewerk zur Bibel mit Informationen in Wort und Bild. Folgende Themen werden ausführlich behandelt: Die Umwelt der Bibel, Archäologie und Bibel, Geschichte der Bibel, Gottesverehrung, wichtige Begriffe der Bibel, Familienleben, Menschen der Bibel, Beruf und Gesellschaft, Orte der Bibel, Nationen und Völker der Bibel, Atlas zur Bibel.

Atlanten

Herders Großer Bibelatlas. Ein aufwendig gestaltetes, großformatiges Bild- und Kartenwerk mit ausführlichen Kommentaren zu drei großen Zeitperioden: 1. Altes Testament. 2. Zwischentestamentliche Zeit. 3. Neues Testament. Sehr anschauliches Kartenmaterial mit bestechender Wirkung, umfangreiches Register, viele Illustrationen und Fotos, erfaßt den gesamten geopolitischen und kulturellen Kontext des biblischen Geschehens und der umliegenden Völker und Ereignisse des Orients.

Der Bibelatlas *(Y. Aharoni, M. Avi-Yonah / Hoffmann und Campe).* Enthält die Geschichte des Heiligen Landes 3.000 Jahre vor Christus bis 200 Jahre nach Christus. Mit 264 Karten und kommentierendem Text. Der Atlas informiert umfassend u. a. über Geographie, Bodenschätze, Landesprodukte, Handelsrouten und alle wichtigen Stationen der Geschichte Israels und Judas. Besonderheit: Die Darstellung der Geschichte Israels unter dem Zugriff und der Bedrohung fremder Mächte (sämtliche Kämpfe und Auseinandersetzung sind kartographisch erfaßt).

Der Neue Bibelatlas *(Brockhaus).* Dieser Atlas vermittelt Information zu Geologie, Geographie, Klima, Vegetation und Wirtschaft Palästinas. Karten und Skizzen folgen der Chronologie des AT und NT. Fotografien der Landschaften, wie sie sich heute darstellen. Ausführliche Kommentierung der Karten, Ereignisse und Bilder. Zeittafeln und alphabetisches Register.

Kommentarreihen

Das Alte/Neue Testament erklärt *(Hänssler).* Die deutsche Ausgabe des von Howard Hendricks empfohlenen *Bible Knowledge Commentary*, verfaßt ausschließlich von Mitgliedern des *Dallas Theological Seminary*, die sich durch eine konsequente fundamentalistische Bibelauslegung auszeichnen. Herausgegeben in 5 Bänden (AT: 4, NT: 1). Der Auslegung (abschnitt- und versweise

Zusätzliche Hilfsmittel

mit Zusammenfassungen wichtiger Passagen) liegt das Verständnis der Bibel als der von Gottes Geist eingegebenen Heiligen Schrift zugrunde. Einführungen zu jedem biblischen Buch sowie zahlreiches ergänzendes Illustrations- und Kartenwerk.

W. MacDonald, **Kommentar zum Neuen Testament** *(CLV)*. Allgemeinverständlicher Kommentar eines bewährten Bibellehrers in zwei Bänden mit der Zielsetzung, die Person und das Werk Jesu groß zu machen, Zusammenhänge der Schrift zu verdeutlichen und Auslegung und Auferbauung miteinander zu verbinden. Ein Kommentar, der durch gut gegliederte Erläuterungen zum systematischen und fortlaufenden Studium der Bibel anregt. Sehr empfehlenswert.

Wuppertaler Studienbibel *(Brockhaus)*. Die traditionelle, bibeltreue, gründliche, allgemeinverständliche und auf praktische Bedürfnisse ausgerichtete Kommentierung des Alten und Neuen Testaments. Die Kommentare zum AT (bisher 25 Bände) berücksichtigen stärker den gegenwärtigen Stand der theologischen Diskussion. Die schon lange abgeschlossene Kommentierung des NT wird neuerdings durch zusätzliche aktuellere Kommentare ergänzt.

Edition-C-Bibelkommentar *(Hänssler)*. Eine neuere Kommentarreihe (ab 1979) zum NT mit folgenden Merkmalen: detaillierte historische Hintergrundinformationen, ausführliche versweise Auslegung des Bibeltextes, Praxisbezug zum Alltag des Christseins heute, Gliederungsvorschläge für Bibelarbeiten und Predigten.

Was die Bibel lehrt *(CV)*. Eine ebenfalls neuere Kommentarreihe (ab 1989) zum NT von anerkannten Bibellehrern aus der englischen Brüderbewegung. Eine Vers- für Versbetrachtung, die das Wort Gottes unter Berücksichtigung des wertvollen Erkenntnisguts innerhalb der Brüderbewegung leichtverständlich und doch gründlich erklärt. Besonderheit: Detaillierte Erklärung und Kommentierung vieler wichtiger Begriffe und Wendungen ausgehend vom griechischen Grundtext.

Computerbibeln

Zur Elberfelder Übersetzung (Brockhaus). **ELBIWIN 3.0**: Elektronische Bibelkonkordanz unter Windows. Vielfältige Suchfunktionen und integrierte Textverarbeitung mit Schnittstelle zu gängigen Windows-Textverarbeitungen wie z. B. MS-Word 6.0 oder WordPerfekt 6.0. Komfortable Benutzeroberfläche, über Maus oder Tastatur bedienbar. **ELBIKON 3.2**: Elektronische Bibelkonkordanz für DOS (ab 3.2). Beinhaltet den Text der Revidierten Elberfelder Übersetzung mit Fußnoten und Parallelstellen. Einfügen eigener Kommentare möglich. Auch über Maus bedienbar.

Zur Lutherübersetzung (Deutsche Bibelgesellschaft). Verschiedene Programme zu DOS und WINDOWS sind lieferbar.

Die Online-Bibel auf CD-ROM (über Brockhaus). Bibelsoftware mit einem riesigen Datenfundus, der neue Dimensionen eröffnet. Enthält u. a. den Text der Lutherbibel (1912), der nicht revid. Elberf., zahlreiche internationale Bibelübersetzungen, zehn (!) verschiedene englische Übersetzungen, NT im griech. Grundtext, AT im hebräischen Grundtext, Verweisprogramm mit über 600.000 Parallelstellen, Anm. der Scofield-Bibel (überw. in englisch), Wörterbuch Griech.-Engl./Hebr.-Engl., Thompson-Kettenverweise, Aufschlüsselung nach der engl. Strong's Konkordanz, zahlreiche englische Bibelkommentare und ein englisches Wörterbuch. Erstellung eigener Notiz- und Themendateien möglich. Hervorragend geeignet zur Archivierung persönlicher Studienergebnisse.

Weitere Hilfsmittel

Bibel und Gemeinde. Vierteljahreszeitschrift des Bibelbundes. Enthält zahlreiche Artikel zu exegetischen Fragen sowie zu Themen aus dem gesamten Spektrum von Bibel, Theologie und Hilfswissenschaften und Zeitströmungen. Regelmäßige Buchhinweise und Buchbesprechungen (auch englische Literatur) zu interessanten Neuerscheinungen für den Bibelleser und Bibelstudent.

Werner Foerster, **Neutestamentliche Zeitgeschichte** (Luther Verlag). Zusammengefaßte Ausgabe der beiden Bände *„Das Judentum Palästinas zur Zeit Jesu und der Apostel"* und *„Das römische Weltreich zur Zeit des Neuen Testamentes"* vom gleichen Autor (Erstausgabe 1968). Allgemeinverständliche, jedoch sehr gründliche und überschaubar gegliederte Darstellung der Zeitgeschichte und Umwelt des NT.

W. Bühlmann / K. Scherer, **Sprachliche Stilfiguren der Bibel**, *(TVG Brunnen).* Ein Nachschlagewerk, das Orientierung über die stilistischen Ausdrucksmöglichkeiten der biblischen Sprachen gibt. Begriffe wie Allegorie, Chiffre, Elipse, Hyperbel und Metapher werden knapp beschrieben und an Beispielen veranschaulicht. Dem Anfänger und interessiertem Bibelleser wird deutlich, wie durchstrukturiert hebräische Poesie und wie streng griechische Metrik sein kann. Das Erkennen sprachlicher Figuren ermöglicht ihm in vielen Fällen eine sachgerechtere Auslegung.

Christliche Verlagsgesellschaft, Dillenburg

A. Gibbs, I. Linder, D. Boddenberg
Schritte durch die Bibel
Arbeitsbuch für Bibelstudium und Verkündigung

gebunden
728 Seiten
Bestell-Nr. 273040
DM 29,80

Bitte, Buchauszug beachten!

Gesamtausgabe des seit vielen Jahren bekannten Werkes mit 263 Lektionen aus dem Alten und Neuen Testament und einer Fülle von Anregungen, Skizzen und Entwürfen für das persönliche Bibelstudium, Stille Zeit, Vorbereitung von Kinder- und Jugendstunden, Frauenstunden oder Gesprächskreise. Die systematische Gliederung der einzelnen Themen gibt vielfältige Hinweise, über bestimmte Bibelabschnitte nachzudenken und die so erarbeiteten Gedanken in Predigten oder Andachten weiterzugeben.
Alfred P. Gibbs ist ein anerkannter Bibellehrer und Autor zahlreicher Bücher und Schriften.

J. Dwight Pentecost
Bibel und Zukunft
Untersuchung endzeitlicher Aussagen

gebunden
672 Seiten
Bestell-Nr. 273053
DM 39,80

Bitte, Buchauszug beachten!

Viele haben über die Endzeit geschrieben, aber nur wenigen ist es gelungen, eine derart detaillierte Erläuterung dieses wichtigen Gebiets der systematischen Theologie zu verfassen wie Dr. Pentecost. Mit einer selten gewordenen Sorgfalt behandelt der Autor auch kontrovers diskutierte Themen und bietet eine Gegenüberstellung verschiedener Auslegungsmodelle zu allen nur denkbaren Fragen der Prophetie und der Endzeit. Ein Standardwerk, welches jeder Christ gelesen oder als Nachschlagewerk zur Verfügung haben sollte.
Dr. J.D. Pentecost ist Professor für neutestamentliche Literatur und Exegese am Dallas Theological Seminary.

# Christliche Verlagsgesellschaft, Dillenburg

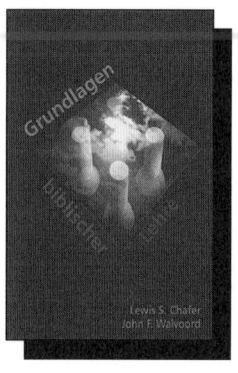

Lewis S. Chafer, John F. Walvoord
Grundlagen biblischer Lehre

gebunden
378 Seiten
Bestell-Nr. 273078
DM 29,80

Bitte, Buchauszug beachten!

Dieses Buch bietet eine konzentrierte Sammlung von 52 biblischen Lehrthemen. Der Leser wird auf allgemeinverständliche Art in die verschiedensten Lehraussagen der Heiligen Schrift eingeführt. Am Ende eines jeden Kapitels wird mit einer Reihe von Fragen der Lehrstoff vertieft. Ein ideales Buch zum Selbststudium. Neben dem ausführlichen Inhaltsverzeichnis erleichtert ein detailliertes Bibelstellenregister die Arbeit mit diesem hervorragenden Werk.
Lewis Sperry Chafer war und John Walvoord ist Präsident und Professor für systematische Theologie am theologischen Seminar in Dallas, USA. Beide sind durch eine Vielzahl von Publikationen und Büchern bekannt geworden.

D. Boddenberg
Einzigartig - Unvergleichlich
Namen und Titel Jesu Christi

Bitte, Buchauszug beachten!

gebunden
198 Seiten
Bestell-Nr. 273053
DM 24,80

Namen, Titel und Tätigkeitsbezeichnungen des Herrn Jesus Christus sind die Themen dieses Buches. An ihnen läßt sich ablesen, wer unser Herr ist oder - biblisch ausgedrückt - "mit wem wir es zu tun haben". Der Autor unterscheidet bei jedem Namen und Titel jeweils die Aussagen des Alten und Neuen Testaments. Jesus Christus hatte recht, als er sagte: "Die Schrift redet von mir!" Man kommt unweigerlich zu dem Ergebnis, das der Titel des Buches schon vorwegnimmt: Der Herr ist wirklich einzigartig und unvergleichlich! Ein Buch, das nicht nur zum segensreichen Bibelstudium anregen, sondern auch das Herz des Lesers auf den Christus ausrichten will.
Dieter Boddenberg ist ein anerkannter Bibellehrer und Autor zahlreicher Bücher.

DER BUCHAUSZUG

Titel: A. Gibbs, Schritte durch die Bibel **Best.Nr.:** 273040

8. 1. Mose 12,1-8

Notizen

Die Berufung Abrams

Leitvers: 1. Mose 12,3

Tontäfelchen aus Ur in Chaldäa, etwa zur Zeit Abrams

I. Die Quelle der Berufung – Gott selbst.
V. 1. Vgl. 2. Kor. 5,18.
1. Der Ruf zum Heil. Vgl. Matth. 11,28; Rö. 1,6; 1. Thess. 2,13.
2. Der Ruf zum Dienst. Vgl. Ap. 13,2; 1. Kor. 12,7; Ap. 1,8; Mark. 16,15.
3. Der Ruf zur Herrlichkeit. Vgl. Offbg. 4,1; 1. Thess. 4,13-18.

II. Das Wesen der Berufung. V. 1.
Trennung von:
1. der Heimat: Siehe ihre Beschreibung Jos. 24,2 und 13. Ein Bild dieser Welt. Vgl. 1. Thess. 9,9-10; 1. Joh. 5,19; Hebr. 11,15-16.
2. der Verwandtschaft: Vgl. Matth. 12,50; 10,37.
3. Der Ruf zum Glauben:
    a) Berufene Heilige: Rö. 1,7.
    b) Zum ewigen Leben: 1. Tim. 6,12.
    c) Zur Freiheit: Gal. 5,13.
    d) Zur Gemeinschaft: 1. Joh. 1,3 und 6-7; 1. Joh. 2,8; 4,17.
    e) Zum Leiden: 1. Petr. 2,21; 4,12.
    f) Zur Segnung: 1. Petr. 3,9.
    g) Zur ewigen Herrlichkeit: 1. Petr. 5,10; 1. Thess. 2,12.

III. Die Kosten der Berufung. V. 1-5.
1. Seine Heimat. V. 1 und 5. Vgl. Phil. 3,20.
2. Seine eigene Verwandtschaft. V. 1. Vgl. Phil. 3,8.
3. Sein Vaterhaus. V. 1. Vgl. Luk. 14, 26-33.
Das Leben des Christen ist das wert, was es kostet! Vgl. Matth. 10,38; Luk. 9,23; Rö. 12,1-2.

Ansicht von Haran

Titel: J. D. Pentecost, Bibel und Zukunft   **Best.Nr.:** 273053

TEIL 1: DIE AUSLEGUNG DER PROPHETIE

KAPITEL I
DIE METHODEN DER AUSLEGUNG

Einleitung

Die Frage, welche Auslegungsmethode auf die prophetischen Schriften angewandt werden muß, ist die wichtigste, die sich einem Studenten der Eschatologie stellt. Die Anwendung unterschiedlicher Methoden der Auslegung hat zu den verschiedensten eschatologischen Positionen geführt und ist für die voneinander abweichenden Ansichten verantwortlich, mit denen ein Student der Prophetie konfrontiert wird. Die grundlegenden Unterschiede zwischen den prämillenialistischen und postmillenialistischen Schulen sowie zwischen den Vertretern der Vor-Entrückung und der Nach-Entrückung basieren letzlich auf dem Ansatz gegensätzlicher, unvereinbarer Auslegungsmethoden.

Diesen strittigsten Punkt zwischen Prämillenialisten und Amillenialisten hat Allis klar erkannt, wenn er schreibt:

*Eines der herausragendsten Kennzeichen des Prämillenialismus in seinen verschiedenen Schattierungen ist seine Betonung der wörtlichen Auslegung der Schrift. So bestehen seine Befürworter mit Beharrlichkeit darauf, daß allein die wörtlich ausgelegte Bibel die recht ausgelegte sei. Jeder, der die Auslegung nicht genauso wörtlich betreibt wie sie, wird als "Spriritualisierer"[1] oder als "Allegorisierer" gebrandmarkt. Keiner hat diese Anschuldigung mit solcher Schärfe vorgetragen wie die Dispensationalisten[2]. **Der Streitfall wörtliche gegen sinnbildliche Auslegung ist daher das allererste, womit man sich befassen muß.** (Hervorhebung durch J.D.Pentecost)[3]*

Allis stimmt mit Feinberg überein, wenn er einräumt,

daß die wörtliche Schriftauslegung immer schon eines der herausragensten Kennzeichen des Prämillenialismus gewesen sei.[4]

Feinberg schreibt:

---

[1] Spiritualisierer: "Vergeistiger"

[2] Dispensationalisten: Verteidiger der Haushaltungslehre.

[3] Oswald t. Allis, *Prophecy and the Church*, Seite 17

[4] Ebd. Seite 244; für weitere Bezugnahme zur wörtlichen Auslegung auf der Grundlage des Prämillenianismus siehe Seiten: 99, 116, 218, 227, 242, 256

DER BUCHAUSZUG

Titel: Chafer/Walvoord, Grundlagen biblischer Lehre **Best.Nr.:** 273078

Grundlagen biblischer Lehre 5

Inhalt

VORWORT 13

EINLEITUNG 14

DIE BIBEL: DAS WORT GOTTES 15
    A. Interne Beweise 15
    B. Externe Beweise 16

DIE BIBEL: VON GOTT INSPIRIERT 21
    A. Theorien der Inspiration 22
    B. Das Zeugnis Christi 25
    C. Wichtige Stellen zur Inspiration 26
    D. Einschränkende Überlegungen 28

DIE BIBEL: IHR THEMA UND IHR ZWECK 31
    A. Jesus Christus als das zentrale Thema der Heiligen Schrift 31
    B. Die Geschichte des Menschen in der Bibel 33
    C. Der Zweck der Bibel 34

DIE BIBEL: EINE GÖTTLICHE OFFENBARUNG 37
    A. Formen göttlicher Offenbarung 37
    B. Besondere Offenbarungen 38
    C. Schriftdeutung 39

DER DREIEINIGE GOTT 43
    A. Der Glaube an die Existenz Gottes 43
    B. Die Einheit der göttlichen Trinität 45
    C. Die Namen Gottes 47
    D. Die Eigenschaften Gottes 48
    E. Gott als oberster Herrscher 48
    F. Der Ratschluss Gottes 49

GOTT, DER VATER 52
    A. Der Vater, die erste Person 52
    B. Die Vaterschaft über die Schöpfung 52
    C. Vaterschaft durch enge Gemeinschaft 53
    D. Der Vater unseres Herrn Jesus Christus 54
    E. Der Vater all derer, die an Christus glauben 56

GOTT, DER SOHN: SEINE GOTTHEIT UND EWIGKEIT 58
    A. Direkte Aussagen über die ewige Existenz und Gottheit 59
    B. Schlussfolgerungen daraus, dass der Sohn Gottes ewig ist 59

Titel: Einzigartig - Unvergleichlich **Best.Nr.:** 273087

Jesus - der Sohn Gottes

Jesus - der Sohn Gottes

Leitverse:

Matthäus 3,17: *Dieser ist mein geliebter Sohn, an dem ich Wohlgefallen gefunden habe.*

Matthäus 16,16: *Du bist der Christus, der Sohn des lebendigen Gottes.*

Markus 1,1: *Anfang des Evangeliums Jesus Christi, des Sohnes Gottes.*

Lukas 1,35: *Das Heilige, das geboren werden wird, wird Sohn Gottes genannt werden.*

Wenn ein Mensch versucht, über Gott und Seinen Sohn nachzudenken, so wird er sehr bald merken, wie schnell seinem Erfassungsvermögen Grenzen gesetzt sind. Und wenn er dann auch noch versucht, das Gedachte oder Erfaßte in Worten auszudrücken, dann wird ihm besonders an dieser Stlle seine Endlichkeit bewußt werden.

Wer könnte das Wesen Gottes erfassen und beschreibend darstellen? Nur ein kleines Stück weit können wir da mit willigem, aufnahmebereiten Herzen eindringen. Was uns durch Offenbarung des darstellenden Wortes, und nur auf diese Weise geht es, einsichtig und erkennbar wird, das ist das Ergebnis des Wirkens des Heiligen Geistes.
" Niemand hat erkannt, was in Gott ist, als nur der Geist Gottes." "Der Geist erforscht alles, auch die Tiefen Gottes" (1.Kor. 2,10f).

Und das, was da erkennbar wird, das will den Menschen überwältigen, will in die Anbetung und in den tätigen Dienst treiben. Wo es nur im Kopf stekken bleibt oder gegebenenfalls nur erhebende Gefühlsaufwallungen bewirkt, da ist es schlecht angebracht und verfehlt sicher die Zielsetzung des göttlichen Geistes.

Das Geheimnis: Vater - Sohn

Im Rahmen dieses Kapitels des Buches und seiner in der Überschrift ausgedrückten Zielvorgabe wollen wir einige Gedanken verfolgen, die das Verhältnis Gott-Vater zu Gott-Sohn deutlicher erkennen lassen. In das Geheimnis dieser Einheit letztlich und völlig einzudringen, vermögen wir nicht. Wir beschränken uns deshalb von vornherein willig auf das, was die Bibel dazu sagt und stellen damit heraus, wer der ist, der die bestimmende Persönlichkeit jedes echten Glaubensbekenntnisses ist und bleibt.